The Fishermen

Dmitry Grigorovich

Рыбаки

Дмитрий В. Григорович

The Fishermen

ISNB: 978-1-60444-877-1

Рыбаки

© Индоевропейских Издание , 2018

ISNB: 978-1-60444-877-1

РЫБАКИ

ЧАСТЬ ПЕРВАЯ

I

ДВА ПЕШЕХОДА

Северная часть Тульской губернии, которая, как известно, отделяется от уездов Московской губернии широкою лентою Оки, может назваться одною из самых живописных местностей средней России. Она подымается крутым хребтом у самой реки и представляет нескончаемую перспективу зеленеющих выпуклых холмов, долин и обрывов, которые с одной стороны смотрятся в Оку, с другой - убегают, постепенно смягчаясь, во внутренность земель. Тут на протяжении нескольких верст не встречаешь иногда гладкой, ровной десятины: холмы идут за холмами, образуя бесчисленное множество изгибов и лощин, на дне которых журчат ручьи, иногда даже маленькие речки вроде Смедвы. На каждом шагу открываются новые ландшафты; глаза не утомляются скучным однообразием степи. Но зато дороги (как и следует, впрочем, ожидать) решительно здесь непроходимы. Этому столько же способствует почва и расположение самой местности, сколько частое сообщение между деревнями и рекою, близость которой всегда оживляет окрестность. Каждый путник, каждая кляча, соображаясь с естественными препятствиями и руководимые своим собственным соображением и опытом, проводят здесь свою тропинку. Кроме того, каждое время года обозначает еще свой путь: где по весне проходила дорога, там к лету образовался овраг, - и наоборот: где был овраг, там благодаря осеннему наносу ила открывалась ровная поверхность. Местами сосновый лес замыкает дорогу и так тесно сжимает ее, что нет ствола, на котором бы оси колес не провели царапины или не положили дегтярного знака; местами предстоит въезжать по самую ступицу в сыпучий песок или, что еще хуже, приходится объезжать на авось топкие места на дне лощин. Все это в совокупности составляет изрядный хаос, часто, впрочем, служащий преддверием наших больших рек с нагорной стороны.

В последних числах марта, в день самого Благовещения, на одной из таких дорог, ведшей из села Сосновки к Оке, можно было встретить оборванного старика, сопровождаемого таким же почти оборванным мальчиком. Время было раннее. Снежные холмистые скаты, обступившие дорогу, и темные сосновые леса, выглядывающие из-за холмов, только что озарились солнцем.

Со всем тем в воздухе начинала уже чувствоваться какая-то легкость, предвещавшая к полудню оттепель. Время полной распутицы еще не наступило; но не было уже никакой возможности ехать на санях: снег, подогреваемый сверху мартовским солнцем, снизу - отходившей землею, заметно осаживался; дорога не держала копыта лошадей; темно-бурый цвет резко уже отделил ее от полей, покрытых тонкою ледяною коркой, сквозь которую проламывались черные засохшие стебли прошлогодних растений. По мере того как солнце подымалось выше, небосклон со стороны Оки синел и покрывался туманом, вернейшим знаком скорой оттепели, по мнению местных пахарей и рыболовов. Скаты холмов, обращенные к югу, начинали желтеть и мокнуть; лощины наполнялись водою; кое-где даже показывалась земля, усеянная камнями. Этим, впрочем, и ограничивались признаки наступавшей весны: на проталинках не видно было покуда ни жаворонка, ни грача - первого возвестника тепла, первой хлебной птицы; землей еще не пахло...

Безнадежное состояние сосновской дороги действовало различно на двух путешественников. Мальчик, бежавший в некотором расстоянии от старика, кричал, свистел, производил отчаянные скачки, умышленно заползал в лужи и радостно бил ногами в воде. Старик был не в духе. Он также приплясывал в лужах; но это приплясыванье выражало скорее явную досаду, нежели радость: каждый раз, как лаптишки старика уходили в воду (а это случалось беспрерывно), из груди его вырывались жалобные сетования, относившиеся, впрочем, более к мальчику, баловливость которого была единственной причиной, заставлявшей старика ускорять шаг и часто не смотреть под ноги. Но мальчик не обращал, по-видимому, внимания на жалобные возгласы преклонного своего товарища; казалось, напротив, он еще усерднее принимался тогда шмыгать по лужам.

- Ах ты, окаянный! - кричал старик, и всякий раз с каким-то бессильным гневом, который походил скорее на жалобу, чем на угрозу. - Ах ты, шавель ты этакая! Ступай сюда, говорят!.. Постой, погоди ж ты у меня! Ишь те!.. Постой! Постой, дай срок!.. Вишь, куда его носит!.. Эхва!.. Эхва, куда нелегкая носит!.. Чтоб те быки забодали... У-у... Ах ты, господи! Царица небесная! - заключал он, ударяя руками об полы прорванной сермяги.

Мальчик останавливался, устремлял на спутника пару черных лукавых глаз и, выкинув совершенно неожиданно новую какую-нибудь штуку, продолжал бежать вперед по дороге.

Видно было по всему, что он подтрунивал над стариком и ни во что не ставил его угрозы.

И в самом деле, жалкий, плаксивый вид старика ни в ком не мог пробуждать страха. Все существо его, казалось, насквозь проникнуто было вялостью и бессилием. Свойства эти не были, однако ж, следствием усталости или преклонности лет: три-четыре версты от Сосновки до того места, где мы застали его, никого не могли утомить; что ж касается до лет, ему было сорок пять, и уж никак не более пятидесяти - возраст, в котором наши простолюдины благодаря постоянной деятельности и простой, неприхотливой жизни сохраняют крепость и силу. Отсутствие энергии было еще заметнее на суетливом, худощавом лице старика: оно вечно как будто искало чего-то, вечно к чему-то приглядывалось; все линии шли как-то книзу, и решительно не было никакой возможности отыскать хотя одну резкую, положительно выразительную черту. Худенький нос совершенно неопределенного очертания печально свешивался над провалившимся полуоткрытым ртом, который, по привычке вероятно, сохранял такое выражение, как будто старик униженно что-нибудь выпрашивал; серенькие глазки постоянно щурились, как будто собирались плакать.

2

Явное намерение усилить по возможности свой и без того уже жалкий, плаксивый вид придавало всей наружности старика что-то полазчивое и униженное.

Дядя Аким (так звали его) принадлежал к числу тех людей, которые весь свой век плачут и жалуются, хотя сами не могут дать себе ясного отчета, на кого сетуют и о чем плачут. Если было существо, на которое следовало бы по настоящему жаловаться дяде Акиму, так это, уж конечно, на самого себя. История его заключается вся в нескольких строках: у Акима была когда-то своя собственная изба, лошади, коровы - словом, полное и хорошее хозяйство, доставшееся ему после отца, зажиточного мужика, торговавшего скотом. Но не впрок пошло такое добро. Не привыкши сызмала ни к какой работе, избалованный матерью, вздорной, взбалмошной бабой, он так хорошо повел дела свои, что в два года стал беднейшим мужиком своей деревни. Крестьянину разориться нетрудно: прогуляй недели две во время пахоты да неделю в страдную, рабочую пору - и делу конец! Детей не было у Акима: после смерти матери он остался один с женою. Жена его, существо страдальческое, безгласное, бывши при жизни родителей единственной батрачкой и ответчицей за мужа, не смела ему перечить; к тому же, как сама она говорила, и жизнь ей прискучила. Молча жила она, молча сошла и в могилу. Дела Акима пошли тогда еще плоше. Остался он наконец без крова и пристанища, или, как выразительно сказал его сосед, остался он крыт светом да обнесен ветром. Аким заплакал, застонал и заохал. До того времени он в ус не дул; обжигался день-деньской на печке, как словно и не чаял своего горя. Но убивайся не убивайся, а жить как-нибудь надо. Пошел Аким наниматься к соседям в работники. Но уживался он недолго на одном и том же месте. Этому не столько содействовала лень, сколько безалаберщина и какая-то странная мелочность его нрава. Требовалось ли починить телегу - он с готовностью принимался за работу, и стук его топора немолчно раздавался по двору битых два часа; в результате оказывалось, однако ж, что Аким искромсал на целые три подводы дерева, а дела все-таки никакого не сделал - запряг прямо, как говорится, да поехал криво! Хозяин поручает ему плетень заплести: ладно! Аким отправляется в болото, нарубает целый воз хворосту, возвращается домой, с песнями садится за работу, но вместо плетня выплетает настилку для подводы или верши для лова рыбы. В самонужную рабочую пору он забавляется изделием скворечниц или дудочек для ребятишек. Требуется ли исправить хомуты - он идет покрывать крышу; требуется ли покрывать крышу - он прочищает колодец. Но зато в разговоре, разговоре дельном, толковом, никто не мог сравниться с Акимом; послушать его: стоя едет, семерых везет! Шаль только, что слова его никогда не соответствовали делу: наговорил много, да толку мало - ни дать ни взять, как пузырь дождевой: вскочил - загремел, а лопнул - и стало ничего!

Раз нанялся он работником у одного смедовского мельника. Мельнику встретилась надобность отлучиться недели на две из дому. Накануне отъезда приводит он Акима к плотине и говорит ему:

- Смотри, - говорит, - вот в этом месте вода начинает подсачиваться; завтра же чем свет вали сюда землю и навоз. Долго ли до греха: нет-нет да и плотину промоет...

- Как не промыть! - говорит Аким рассудительным, деловым тоном. - Тут не

3

только промоет - все снесет, пожалуй. Землей одной никак не удержишь - сила! Я, - говорит, - весь берег плитнячком выложу: оно будет надежнее. Какая земля! Здесь камень только впору!

Но этим еще не довольствуется Аким: он ведет хозяина по всем закоулкам мельницы, указывает ему, где что плохо, не пропускает ни одной щели и все это обещает исправить в наилучшем виде. Обнадеженный и вполне довольный, мельник отправляется. Проходят две недели; возвращается хозяин. Подъезжая к дому, он не узнает его и глазам не верит: на макушке кровли красуется резной деревянный конь; над воротами торчит шест, а на шесте приделана скворечница; под окнами пестреет вычурная резьба...

- Ай да Аким! Вот нажил себе работника: мастак, нечего сказать! На все руки парень!

Но в это время глаза мельника устремляются на плотину - и он цепенеет от ужаса: плотины как не бывало; вода гуляет через все снасти... Вот тебе и мастак-работник, вот тебе и парень на все руки! Со всем тем, боже сохрани, если недовольный хозяин начнет упрекать Акима: Аким ничего, правда, не скажет в ответ, но уж зато с этой минуты бросает работу, ходит как словно обиженный, живет как вон глядит; там кочергу швырнет, здесь ногой пихнет, с хозяином и хозяйкой слова не молвит, да вдруг и перешел в другой дом.

В продолжение семи лет он столько переменил хозяев, что даже прозвища их не помнил.

Живал он в пастухах, нанимался сады караулить, нанимался на мельницах, на паромах, на фабриках, исходил почти все дома во всех приречных селах - и все-таки нигде не пристраивался.

Раз, однако ж, счастие как словно улыбнулось ему. Это произошло ровно за восемь лет до начала нашего рассказа. Аким случайно как-то встретился с одинокой вдовствующей солдаткой, проживавшей в собственном домку, на собственной землице; он нанялся у нее батраком и прожил без малого лет пять в ее доме. Не следует заключать из этого, что Аким взялся наконец за ум и решился сделаться деловым мужиком: ничуть не бывало! Он остался все тем же пустопорожним работником и ни на волос не изменил своего нрава. Еще менее следует отнести такой факт к необыкновенной терпимости или сговорчивости солдатки. Новая хозяйка Акима была самая задорная, назойливая и беспокойная баба; по уверению соседок, она ела и "полоскала" своего работника с ранней утренней зари вплоть до поздних петухов. Несмотря на такое частое полосканье, Аким не думал, однако ж, расставаться с домом солдатки. Словоохотливые соседки утверждали, впрочем - положительно утверждали, что такое упорство со стороны Акима единственно происходило из привязанности его к сыну хозяйки, родившемуся будто бы год спустя после вступления батрака в дом солдатки. Не знаю, насколько верны такие доводы; положительно известно только, что привязанность Акима к ребенку была действительно замечательна. Он не выпускал его из рук, нянчился с ним как мамка; не было еще недели ребенку, как уже Аким на собственные деньги купил ему кучерскую шапку. Он, правда, немножко ошибся в расчете: шапка не только свободно входила на голову младенца, но даже покрывала его всего с головы до ног; но это обстоятельство нимало не мешало Акиму радоваться своей покупке и выхвалять ее встречному и

4

поперечному. Бывало, день-деньской сидит он над мальчиком и дует ему над ухом в самодельную берестовую дудку или же возит его в тележке собственного изделия, которая имела свойство производить такой писк, что, как только Аким тронется с нею, бывало, по улице, все деревенские собаки словно взбесятся: вытянут шеи и начнут выть.

- Эк их подняло!.. Знать, Аким возит своего солдатенка! - говорят бабы.

Так прожил Аким пять лет, вплоть до той самой минуты, когда солдатка его отдала богу душу.

Последующая жизнь его была преисполнена горестей и неудач всякого рода. Если б кто-нибудь из окрестных мужиков нуждался в няньке, Аким мог бы еще как-нибудь пристроиться, но дело в том, что окрестным мужикам нужен был только дюжий деловой батрак. К тому же в эти пять лет Аким окончательно уже обленился и стал негоден ни к какой работе. Поднял он себе на плечи сиротинку-мальчика и снова пошел стучаться под воротами, пошел толкаться из угла в угол; где недельку проживет, где две - а больше его и не держали; в деревне то же, что в городах, - никто себе не враг. "На тебе хлебца, да и бог с тобой!" С этого-то времени, понукаемый большею частью нуждою, и начал он набрасывать на себя жалкенький, плаксивый вид, имевший целью возбуждать сострадание ближних. Цель эта с каждым днем достигалась плоше и плоше. Жаловался он всем, да никто уже его не слушал!

Не далее как накануне того самого утра Благовещения, когда мы застали Акима на дороге, его почти выпроводили из Сосновки. Он домогался пасти сосновское стадо; но сколько ни охал, сколько ни плакал, сколько ни старался разжалобить своею бедностью и сиротством мальчика, пастухом его не приняли, а сказали, чтоб шел себе подобру-поздорову.

- Знаем мы, брат, каков ты есть, - говорили сосновцы, - не дают - просишь, дадут - бросишь. Такой уж ты человек уродился... Ступай с богом!

Поставленный этим отказом в самое крайнее, почти безвыходное положение, Аким решился прибегнуть к одной дальней родственнице по матери. Родственница была замужем за рыбаком, который жил на горной стороне Оки, верстах в семи или восьми от Сосновки. Не будь мальчика на руках у Акима, он ни за что не предпринял бы такого намерения: муж родственницы смолоду еще внушал ему непобедимый страх. Рыбак был человек деятельный, расторопный - крепкий был мужик, пустыми делами не занимался, любил работать, любил также, чтоб и люди не тормозили рук. Аким знал, что муж родственницы не больно его жалует: сколько раз даже рыбак гонял его от себя. Но, с другой стороны, дядя Аким знал также, что парнишка стал в сук расти, сильно балуется и что надо бы пристроить его к какому ни на есть рукомеслу. Вот это-то обстоятельство невольно подавляло в нем страх и заставило его направиться к Оке. Забота его заключалась теперь в том только, чтобы рыбак не отказал взять к себе парнишку. Сокрушаясь мыслями, которые, все без исключения, зарождались по поводу парнишки, дядя Аким не переставал, однако ж, кричать на мальчика и осыпать его угрозами.

- Ах ты, безмятежный, пострел ты этакой! - тянул он жалобным своим голосом. - Совести в тебе нет, разбойник!.. Вишь, как избаловался, и страху нет никакого!.. Эк его носит куда! - продолжал он, приостанавливаясь и следя даже с каким-то любопытством за ребенком, который бойко перепрыгивал с одного бугра на другой. - Вона! Вона! Вона!.. О-х, шустер! Куда шустер! Того и смотри, провалится еще, окаянный, в яму - и не вытащишь... Я тебя! О-о, погоди, погоди, постой, придем на место, я тебя! Все тогда припомню!

В ответ на это мальчик приподнял обеими руками высокую баранью шапку (ту самую, что Аким купил, когда ему минула неделя, и которая даже теперь падала на нос), подбросил ее на воздух и, не дав ей упасть на землю, швырнул ее носком сапога на дорогу.

- Ну вот, поди ж ты! А? - вымолвил дядя Аким с таким выражением, которое ясно показывало, что он скорее удивлялся выходке баловня, чем сердился на него. - Эй, Гришутка, стой! Стой! Не по той дороге пошел! Вернись назад, вернись, говорят! - подхватил немного погодя Аким, отчаянно размахивая оборванными рукавами, - вернись назад: не ходи, говорят; ступай сюда! Ну, так и есть, пошел теперь по снегу шмыгать!.. Да ты обгони лучше дорогу-то, баловень ты этакой!.. Нет, дует себе по снегу, да и полно! Что ты станешь с ним делать? Ну, на то ли я тебе сапоги-то купил, а? - продолжал старик жалобным, плаксивым голосом. - На то ли сапожишки-то купил, чтобы ты шмыгал ими по лужам! Сам лаптишки обул - дырявые лаптишки, ему сапоги дал; а он... ах ты, безмятежный, разбойник ты этакой, пра, разбойник! - заключил он, сворачивая на едва заметную тропинку и суетливо преследуя мальчика, который продолжал бежать вперед, очевидно увлекаемый против воли непомерною тяжестью новых сапогов своих.

II

УТРО БЛАГОВЕЩЕНИЯ

Дорога, на которую свернул теперь дядя Аким вместе с мальчиком, служила в зимнее время единственным сообщением между домом рыбака, куда они направлялись, и Сосновкой. Так как сообщения с этой последней было вообще очень мало - рыбак сбывал по большей части свою добычу в Коломну или села, лежащие на луговой стороне Оки, - то наши путники принуждены были идти почти наобум. Единственною путеводною точкой служил старый дуб, черневшийся в отдалении, на обнаженном холме. Держась этого направления, Аким и непокорный вожак его достигли наконец подошвы горы, за которой располагалась Ока.

Солнце не успело еще обогнуть гору, и часть ее, обращенная к путешественникам, окутывалась тенью. Это обстоятельство значительно улучшало снежную дорогу: дядя Аким не замедлил приблизиться к вершине. С каждым шагом вперед выступала часть сияющего, неуловимо далекого горизонта... Еще шаг-другой, и дядя Аким очутился на хребте противоположного ската, круто спускавшегося к реке.

С этого места открывалось пространство, которому, казалось, конца не было:

деревни, находившиеся верстах в двадцати за Окою, виднелись как на ладони; за ними синели сосновые леса, кой-где перерезанные снежными, блистающими линиями. Ближе тянулись озера: покрытые снегом наравне с лугами, но обозначавшиеся серою каймою лесистых берегов своих, они принимали вид небольших продолговатых кругов; многие из них имели, однако ж, версты три в окружности. Столетние дубы, одиноко возвышавшиеся между озерами, мелькали как точки. Миллионы галок кружились отдельными стаями над лугами и озерами; крики их, пропадавшие в воздухе, еще сильнее давали чувствовать всю необъятность этого простора, облитого солнцем и пропадавшего в невидимом, слегка отуманенном горизонте.

Действие оттепели делалось особенно заметным по всему скату крутого берега, целиком обращенного к солнцу. Ручьи гремели со всех сторон; каждая колея и расселина обращались в поток, кативший мутную желтую воду к Оке, которая начинала уже синеть и отделялась земляною бахромою от снежных берегов своих. Кое-где чернели корни кустов, освобожденные от сугробов; теплые лучи солнца, пронизывая насквозь темную чащу сучьев, озаряли в их глубине свежие, глянцевитые прутики, как бы покрытые красным лаком; затверделый снег подтачивался водою, хрустел, изламывался и скатывался в пропасть: одним словом, все ясно уже говорило, что дуло с весны и зима миновала.

- Эге, овражки-то, овражки как разыгрались! Словно к Святой время пришло! - вымолвил Аким, прикладывая ладонь к глазам и озираясь на стороны, чтоб отыскать мальчика, который, присев на корточки подле потока, швырял в воду камни. - Опять задурил! Вона!.. Вона!.. Эхва! Ах ты, господи! Да угомонись ты хоть на время-то. Ну, куда те несет? А? Куда? А... а?.. Ступай сюда, бесстыжий ты этакой!.. Куда опять побежал? Ступай сюда!.. Вон нам куда идти-то, вон куда! - промолвил старик, указывая левою рукой на подошву ската.

С той точки, где стоял Аким, дом рыбака заслонялся крутыми выступами берега. Он показался тогда лишь, когда старик подошел к краю широкой пропасти, расходившейся амфитеатром. Жилище рыбака располагалось в глубине этого амфитеатра, на возвышенной площадке, которую не затопляла вода даже и в самые сильные разливы. Оно состояло из избы и нескольких навесов, соединенных плетнями; окна избы были обращены на реку. Часть площадки, находившаяся за избою, была занята огородом: ряды тоненьких полосок, которые чернели сквозь снег, явственно обозначали гряды. За огородом, у подошвы кремнистого обрыва, высилась группа ветел; из-под корней, приподнятых огромными камнями, вырывался ручей; темно-холодною лентой сочился он между сугробами, покрывавшими подошву ската, огибал владения рыбака и, разделившись потом на множество рукавов, быстро спускался к Оке, усыпая берег мелким булыжником; плетень огорода, обвешанный пестрым тряпьем и белыми рубахами, не примыкал к избе: между ними находился маленький проулок, куда выходили задние ворота. Тропинка, протоптанная от ворот, вела к задней части огорода, перескакивала через ручей, всползала на кручу и, извиваясь между кустарником, выбегала на окраину пропасти.

Ступив на тропинку, Аким снова повернулся к мальчику; убедившись, что тот следовал за ним не в далеком расстоянии, он одобрительно кивнул головою и начал спускаться.

7

По мере приближения к жилищу рыбака мальчик заметно обнаруживал менее прыткости; устремив, несколько исподлобья, черные любопытные глаза на кровлю избы и недоверчиво перенося их время от времени на Акима, он следовал, однако ж, за последним и даже старался подойти к нему ближе. Наконец они перешли ручей и выровнялись за огородом. Заслышав голоса, раздавшиеся на лицевой стороне избы, мальчик подбежал неожиданно к старику и крепко ухватил его за полу сермяги.

- Э, э! Теперь так вот ко мне зачал жаться!.. Что, баловень? Э? То-то! - произнес Аким, скорчивая при этом лицо и как бы поддразнивая ребенка. - Небось запужался, а? Как услышал чужой голос, так ластиться стал: чужие-то не свои, знать... оробел, жмешься... Ну, смотри же, Гришутка, не балуйся тут, - ох, не балуйся, - подхватил он увещевательным голосом. - Станешь баловать, худо будет: Глеб Савиныч потачки давать не любит... И-и-и, пропадешь - совсем пропадешь... так-таки и пропадешь... как есть пропадешь!..

Аким говорил все это вполголоса, и говорил, не мешает заметить, таким тоном, как будто относил все эти советы к себе собственно; пугливые взгляды его и лицо показывали, что он боялся встречи с рыбаком не менее, может статься, самого мальчика.

- Ну, пойдем... Чего ждать?.. Пойдем, Гришутка... - произнес нерешительно дядя Аким.

- Не пойду! - воскликнул вдруг мальчик, порываясь назад.

Но Аким успел ухватить его за руку.

- Чего же ты нейдешь?.. Чего взаправду боишься?.. Пойдем, говорят...

- Не хочу, не пойду! - повторял мальчик, упираясь ногами.

- А, так ты опять за свое, опять баловать!.. Постой, постой, вот я только крикну: "Дядя Глеб!", крикну - он те даст! Так вот возьмет хворостину да тебя тут же на месте так вот и отхлещет!.. Пойдем, говорю, до греха...

Побежденный таким доводом, мальчик тотчас же замолк и еще плотнее прижался к своему спутнику.

Аким перекрестился, взял мальчика за руку и, придав наружности своей самый жалкенький вид, пошел вперед, приковыливая с ноги на ногу.

Опасения Акима ничем, однако ж, не оправдались: в настоящую минуту он не застал рыбака перед крылечком избы. Тут находилась только жена Глеба Савинова - женщина уже пожилая, сгорбленная, и подле нее младший сын, хорошенький белокурый мальчик лет восьми, державший в руках какое-то подобие птицы, сделанной из теста. Для полноты сходства в глаза и нос этой птицы воткнуты были зерна овса. Такие же точно изображения наполняли подол матери; и тогда как одна рука ее поддерживала складки подола, другая брала поочередно одну птицу за другою и высоко подбрасывала их на воздух.

- Жаворонки прилетели! Жаворонки прилетели! - радостно кричала она, забрасывая простодушные изображения первой весенней птички на соседнюю кровлю и навесы. - Жаворонки прилетели! Вон, вон, еще один! Поглядь-кась, Ванюша, поглядь, соколик! Вон еще один! - продолжала она, суетясь вокруг мальчика, который, успев уже отведать жаворонка, бил, смеясь, в ладоши и жадно следил за всеми движениями матери[1].

Ободренный такою мирною сценою, дядя Аким выступил вперед и очутился против старухи в ту самую минуту, как она подбрасывала свой последний жаворонок.

Аким низко поклонился.

- Матушка... Анна Савельевна... касатушка... - сказал он жалобным, нищенским голосом, - дай ему, парнечку-то моему, жавороночка!.. Дай, касатушка! Оробел добре... вишь... Дай, родная, жавороночка-то...

- Батюшки! Царица небесная! Акимушка! Ты ли это?

- Я, матушка, - произнес Аким, жалостливо свешивая набок голову. - Как вас бог милует? - присовокупил он со вздохом и перевесил голову на один бок.

- Живем по милости царицы небесной... Ну, а ты как, родимый? Откуда тебя бог несет?

- А из Сосновки, матушка, из Сосновки... О-ох, вас пришел проведать. Пойду-ка, мол, погляжу, говорю...

Аким поднял глаза и тут же остановился, увидев в воротах грозную фигуру Глеба Савинова.

Солнце освещало рыбака с головы до ног и позволяло различать тончайшие морщинки на высоком лбу его. То был рослый, плечистый мужик, с открытым, румяным лицом, сохранившим энергическое, упрямое, но далеко не грозное выражение. Черты его были строги и правильны; но они как нельзя более смягчались большими светлосерыми быстрыми глазами, насмешливыми губами и гладким, необыкновенно умным лбом, окруженным пышными кудрями черных волос с проседью. Наружность его принадлежала скорее весельчаку, чем человеку сурового, несообщительного нрава. Со всем тем стоило только взглянуть на него в минуты душевной тревоги, когда губы переставали улыбаться, глаза пылали гневом и лоб нахмуривался, чтобы тотчас же понять, что Глеб Савинов не был шутливого десятка. В настоящую минуту он находился, по-видимому, в отличнейшем настроении духа. Поддерживая обеими руками новенькие верши, которые торчали у него под мышками, он весело пошел навстречу гостю.

Жена дала ему дорогу и поспешила закрыть фартуком сына, который принялся было закусывать вторым жаворонком.

- А-а-а! Здорово, сватьюшка! Добро пожаловать! - воскликнул рыбак, насмешливо тряхнув головою.

- Здравствуй, Глеб Савиныч! - сказал Аким таким голосом, как будто он только что лишился отца, матери и всего имущества.

- Здравствуй, сватьюшка!.. Ну-ну, рассказывай, отколе? Зачем?.. Э, э, да ты и парнишку привел! Не тот ли это, сказывали, что после солдатки остался... Ась? Что-то на тебя, сват Аким, смахивает... Маленько покоренастее да поплотнее тебя будет, а в остальном - весь, как есть, ты! Вишь, рот-то... Эй, молодец, что рот-то

---

[1] Обряд этот совершается простолюдинами Тульской губернии ежегодно в утро Благовещения; в это утро (так, по крайней мере, уверяет народ) прилетают жаворонки - первые возвестители тепла. В ознаменование такой радости домохозяйки пекут из теста их изображения и разбрасывают их на кровли домов. (Прим. автора.)

разинул? - присовокупил рыбак, пригибаясь к Грише, который смотрел на него во все глаза. - Сват Аким, или он у тебя так уж с большим таким ртом и родился?

- Накричал, Глеб Савиныч! - простодушно отвечал Аким.

- Что ж так? Секал ты его много, что ли?.. Ох, сват, не худо бы, кабы и ты тут же себя маненько, того... право слово! - сказал, посмеиваясь, рыбак. - Ну, да бог с тобой! Рассказывай, зачем спозаранку, ни свет ни заря, пожаловал, а? Чай, все худо можется, нездоровится... в людях тошно жить... так стало тому и быть! - довершил он, заливаясь громким смехом, причем верши его и все туловище заходили из стороны в сторону.

- Нет, Глеб Савиныч, что ж мне от людей бегать... Кабы не...

- Скажешь небось: люди виноваты?

- Свет ноне не тот стал, Глеб Савиныч, вот что! - произнес со вздохом Аким. - Я ли отлынивал когда от дела? Я ли не был работником? Никто от меня и синяпороха не видал, не токмо другого худого дела какого, - а все я во всем повинен... Нет, свет ноне не тот стал, Глеб Савиныч: молодых много оченно развелось - вот что! Вот хошь бы вечор: пришел я в Сосновку, прожил там восемь ден; бился, бился - норовил ихнее стадо стеречь. "Я ли, говорю, не пастух? Я ли эвтаго дела не ведаю?..", а они все свое... Взяли да молодого и найми! О-ох, такая уж, знать, моя сиротская доля!.. Ну, как вышло у меня это дело, я и мерекаю так-то себе: пойду-ка, говорю, понаведаюсь к... Глебу Савинычу... с родни он мне... авось, говорю, взмилуется он надо мною... Глеб Савиныч! Будь отцом родным! - промолвил Аким, низко кланяясь и нагибая левою рукою голову Гришки, - Глеб Савиныч, пособи, кормилец!

Но рыбак сделал вид, как будто не слыхал последних слов Акима: он тотчас же отвернулся в сторону, опустил на землю верши и, потирая ладонью голову, принялся осматривать Оку и дальний берег.

- Эк, какую теплынь господь создал! - сказал он, озираясь на все стороны. - Так и льет... Знатный день! А все "мокряк"[2] подул - оттого... Весна на дворе - гуляй, матушка Ока, кормилица наша!.. Слава те, господи! Старики сказывают: коли в Благовещение красен день, так и рыбка станет знатно ловиться...

Во время этого монолога жена Глеба и дядя Аким не переставали моргать и подавать друг другу знаки; наконец последний сделал шаг вперед и кашлянул.

- Чего тебе? - нехотя спросил рыбак.

- Батюшка, Глеб Савиныч, пособи, кормилец!

- Экой ты, братец ты мой, какой человек несообразный! Заладил: пособи да пособи! Застала, знать, зима в летней одежде, пришла нужда поперек живота, да по чужим дворам: пособи да пособи! Ну, чем же я тебе пособлю, сам возьми в толк!

- Ты только выслушай, что я скажу тебе...

- А что слушать-то?

- Да выслушай только... Матушка, Анна Савельевна, хоть ты взмилуйся; скажи ты ему...

Старуха взглянула на мужа, но тотчас же понурила голову и стала перебирать складки передника.

- Ну, ступай в избу! - сказал рыбак после молчка, сопровождавшегося долгим и

---

[2] Юго-западный ветер на наречии рыбаков и судопромышленников. (Прим. автора.)

нетерпеливым почесыванием затылка. - Теперь мне недосуг... Эх ты! Во тоске живу, на печи лежу! - добавил он, бросив полупрезрительный-полунасмешливый взгляд на Акима, который поспешно направился к избе вместе с своим мальчиком, преследуемый старухой и ее сыном.

Глеб Савиныч проводил его глазами; наконец, когда дядя Аким исчез за воротами, рыбак сделал безнадежный жест рукой и сказал, выразительно тряхнув головой:

- Пустой человек!

Затем он приподнял свои верши, сунул их под мышку и решительным шагом направился к берегу, где виднелись две-три опрокинутые лодки и развешанный, сушившийся на солнце бредень.

III

СЕМЕЙСТВО РЫБАКА

Семейство рыбака было многочисленно. Кроме жены и восьмилетнего мальчика, оно состояло еще из двух сыновей. Старший из них, лет двадцати шести, был женат и имел уже двух детей. Дядя Аким застал всех членов семейства в избе. Каждый занят был делом.

У входа располагался второй сын, юноша лет девятнадцати. Он представлял совершеннейший тип тех приземистых, но дюжесплоченных парней с румянцем во всю щеку, вьющимися белокурыми волосами, белой короткой шеей и широкими, могучими руками, один вид которых мысленно переносит всегда к нашим столичным щеголям и возбуждает по поводу их невольный вопрос: "Чем только живы эти господа?" Парень этот, которому, мимоходом сказать, не стоило бы малейшего труда заткнуть за пояс десяток таких щеголей, был, однако ж, вида смирного, хотя и веселого; подле него лежало несколько кусков толстой березовой коры, из которой вырубал он топором круглые, полновесные поплавки для невода. Наружность старшего сына, Петра, была совсем другого рода: исполинский рост, длинные члены и узкая грудь не обещала большой физической силы; но зато черты его отражали энергию и упрямство, которыми отличался отец. Сходства между ними было, однако ж, мало. Лицо Петра сохраняло мрачное, грубое выражение, чему особенно способствовали черные как смоль волосы, рассыпавшиеся в беспорядке, вдавленные черные глаза, выгнутые густые брови и необыкновенная смуглость кожи, делавшие его похожим на цыгана, которого только что провели и надули. Петр и жена его, повернувшись спиной к окнам, пропускавшим лучи солнца, сидели на полу; на коленях того и другого лежал бредень, который, обогнув несколько раз избу, поднимался вдруг горою в заднем углу и чуть не доставал в этом месте до люльки, привешенной к гибкому шесту, воткнутому в перекладину потолка. Тонкая бечевка, привязанная одним концом к шесту, другим концом к правой руке жены Петра, позволяла ей укачивать ребенка, не прерывая работы (простой этот механизм придумал Глеб Савинов, строго наблюдавший, чтоб в доме его никто не бил попусту баклуши). Второй ребенок рыбака Петра, вооруженный ломтем хлеба, которого стало бы на завтрак тридцатилетнему батраку, валялся на неводе, в двух шагах от матери.

Петр, его брат и жена изредка перекидывались словами; все трое, особенно Петр, были как словно чем-то недовольны. Починка невода подвигалась вперед, поплавки умножались под топором Василья (так звали второго сына); но видно было, что работа шла принужденно. Василий часто опускал топор, садился на корточки и, толкнув дверь, устремлял глаза в сени, из которых можно было обозревать часть двора и ворота, выходившие на Оку. Петр реже отрывался от дела; он вязал петлю за петлей и, несмотря на неудовольствие, написанное на каждой черте смуглого лица его, быстро подвигал работу. Время от времени подталкивал он локтем жену, которая, условившись, вероятно, заранее в значении этих толчков, поспешно вставала и принималась глядеть в окно. После этого она завертывала обыкновенно, как бы по дороге, к люльке и снова усаживалась к неводу.

Появление постороннего лица, естественным образом, должно было оживить присутствующих. Этому сильнейшим образом содействовала старушка Анна. Она не на шутку обрадовалась своему гостю: кроме родственных связей, существовавших между нею и дядей Акимом - связей весьма отдаленных, но тем не менее дорогих для старухи, он напоминал ей ее детство, кровлю, под которой жила она и родилась, семью - словом, все те предметы, которые ввек не забываются и память которых сохраняется даже в самом зачерствелом сердце. Оживленная воспоминаниями, она осадила дядю Акима вопросами, обласкала его и, не зная уже, чем бы выразить свою радость, принялась снаряжать для него завтрак. Между тем Петр и Василий, встречавшиеся уже не в первый раз с Акимом, вступили, слово за словом, в разговор. Сначала послышались расспросы о том, как поживают там-то и там-то, что поделывает тот-то, каковы дороги, что говорят на стороне, и проч. и проч.; наконец речь завязалась и сделалась общею. Младший сынишка Глеба, смотревший до того времени с каким-то немым притупленным любопытством на спутника Акима, продолжавшего дико коситься на все окружающее, подсел к нему ближе, начал улыбаться и даже вынул из-за пазухи дудку из муравленой глины. Но все эти попытки первоначального ознакомления были вскоре прерваны старушкой, неожиданно явившейся из-за печки с горшком в одной руке, с чашкой и ложками - в другой. Суетливо перекидывая то одну ногу, то другую через невод, который шел изгибами по всему полу, она добралась наконец до стола.

- Прикушай, батюшка, прикушай, Акимушка, - промолвила она, ставя свою ношу на стол, - я чай, умаялся с дороги-то? Куды-те, я чай, плохи стали ноне дороги-то! Парнишечке-то положи кашки... потешь его... Сядь поди, болезный... А как бишь звать-то его?

- Гришутка, матушка Анна Савельевна, Гришутка!

- Сядь поди, Гриша, сядь, соколик!

- Ах ты, матушка ты наша! Ах, ах! Анна Савельевна, как нам за тебя бога молить! Ах ты, родная ты наша! - воскликнул Аким, разводя руками и умиленно взглядывая на старуху.

Язык Акима, смазанный жирною ячменной кашей, ободренный ласковым, приветливым приемом, скоро развязался и замолол без устали: дядя Аким, как уже известно, не прочь был покалякать. Не прерываясь на этот раз охами и вздохами, которые, за отсутствием грозного Глеба Савинова, были совершенно лишними, он передал с поразительною яркостью все свои несчастия, постигшие его чуть ли не со дня рождения. Из слов его оказалось, что свет переродился и люди стали плохи с того самого времени, как он лишился имущества и вынужден был наниматься батраком. Он ли не был работником? Он ли не старался? Нет! Не только никто не дал цены ему, но даже никто не сказал: спасибо! Затем дядя Аким перешел к воспоминаниям более современным и, пропустив почему-то житье свое у покойной солдатки, принялся пояснять настоящее свое положение. Он повторил вчерашнюю историю свою с сосновскими мужиками и объявил, что вот так и так, коли не вступится теперь Глеб Савиныч, коли не взмилуется его сиротством, придется и не весть за что приниматься.

- Да мне что! Куда бы еще ни шло! Пропадай, старая собака: туда и дорога! - примолвил он, махнув рукою. - Не о себе толкую... Вот кого жаль! - подхватил он, указывая на Гришку. - Его хотелось бы пристроить, к какому-нибудь делу произвести... И то сказать: много ли съели бы мы хлеба у Глеба Савиныча! Много ли нам надыть? Ведь не то чтобы даром, братцы, не даром же, матушка Анна Савельевна! Знамо, не стал бы лежать на печи: послать куда, сделать ли что - во всем подсобил бы ему... Я ли не работник! Ну, вот и паренечек также. Вестимо, он теперь махочка: взять нечего; ну, а как подрастет, произойдет ваше рыбацкое рукомесло, так и он также подмогать станет... Я ведь не даром прошусь. Вот об этом-то более и хотел поговорить с Глебом Савинычем... Да вишь ты, он какой крепкий!.. А чего бы, кажись, ему отнекиваться? Я ведь не из-за денег, не из платы бьюсь: только из хлеба и хлопочу...

При этом Петр сомнительно покачал головою.

- Да поди, столкуй с ним, с отцом-то! Ты ему свое, а он те свое, - произнес он, поворачивая к гостю свое смуглое, недовольное лицо, - как заберет что в голову, и не сговоришь никак! Хошь бы теперь в моем деле: уперся - нет да нет! А что нет?.. Вот теперь верстах во ста отселева звал меня хозяин - также рыбною ловлей промышляет: только куды! Богач: верст на сорок снял берега, да еще три озера нанимает; места привольные, заведение большое, и рыбы много... Тысяч на пять, сказывают, в одну Коломну рыбы-то продает!.. Ну так вот, звал он меня к себе, и деньги дает хорошие. Говорю намедни отцу: нет да нет, только и слышал! Ну, а что нет-то? Ведь ему же стал бы носить деньги. Положим, хозяин дал бы мне полтораста в год (сам сулил столько): ну все же в дом принес бы, по крайности, сколько-нибудь... А теперь что? Что живу я здесь, что нет меня, никакого толку: смерть прискучило! К тому же своя семья на руках, дети: мало ли нужда какая бывает!.. Скажешь отцу, бранится... "Пропьешь", говорит, либо другое что вымолвит. Живешь как словно в ту пору, когда на карачках ползал... Смерть прискучило! Вот хоть бы сама матушка: на что, кажись, тошно ей с нами расставаться, и та скажет: здесь делать мне нечего! Заведение малое - так только кормиться можно... Работа пустая, лов плохой... Останься один брат Вася, и тот управится; а найми он работника подешевле, который... Ну, хоть бы вот возьми он тебя, так и за глаза. Нет же вот, поди! Стал на одном: нет да нет! Что хошь тут делай!

В эту самую минуту заскрипели ворота.

- Батюшка идет! - шепнула жена Петра, подсобляя старушке убрать со стола завтрак и бросаясь к неводу.

Все смолкли и усердно принялись за работу. Хозяйка, стоявшая уже у печки, гремела горшками как ни в чем не бывало.

На пороге избы показался старый рыбак.

Мы уже сказали, что Глеб Савиныч находился в отличном расположении духа; веселость его, несмотря на утро, проведенное в труде, нимало, по-видимому, не изменила ему.

- Хозяйка, - сказал он, бросая на пол связку хвороста, старых ветвей и засохнувшего камыша, - на вот тебе топлива: берегом идучи, подобрал. Ну-ткась, вы, много ли дела наделали? Я чай, все более языком выплетали... Покажь: ну нет, ладно, поплавки знатные и неводок, того, годен теперь стал... Маловато только что-то сработали... Утро, кажись, не один час: можно бы и весь невод решить... То-то, по-вашему: день рассвел - встал да поел, день прошел - спать пошел... Эх, вы!

- По сторонам не зевали, - пробормотал Петр, не подымая головы, - сколько велел, столько и сделали, коли не больше, - добавил он почти шепотом.

- Сделали, сделали! То-то сделали!.. Вот у меня так работник будет - почище всех вас! - продолжал Глеб, кивая младшему сыну. - А вот и другой! (Тут он указал на внучка, валявшегося на бредне.) Ну, уж теплынь сотворил господь, нечего сказать! Так тебя солнышко и донимает; рубаху-то, словно весною, хошь выжми... Упыхался, словно середь лета, - подхватил он, опускаясь на лавку подле стола, но все еще делая вид, как будто не примечает Акима.

- Я чай, умаялся, Глеб Савиныч, устал? - произнес дядя Аким заигрывающим голосом.

- Устал! А с чего устал-то? - полунебрежно-полупрезрительно возразил рыбак. - Нет, сват, нашему брату уставать не показано; наша кость не пареная; всякий труд на себя принимает... А и устал, не бог весть какая беда: поел, отряхнулся - и опять пошел!.. Хозяйка, ну-ткась, чем пустые-то речи говорить, пошевеливайся: давай обедать... пора... Сноха, подсоби ей... Постой, дай-ка мне наперед вон энтого парня-то, что из люльки-то кулаки показывает, - давай его сюда! Экой молодчина! Эки кулачищи-то, подумаешь! - заговорил рыбак, взяв внучка на руки и поставив его голыми ножками к себе на колени.

Во все время, как сноха и хозяйка собирали на стол, Глеб ни разу не обратился к Акиму, хотя часто бросал на него косвенные взгляды. Видно было, что он всячески старался замять речь и не дать гостю своего повода вступить в объяснение. Со всем тем, как только хозяйка поставила на стол горячие щи со снетками, он первый заговорил с ним.

IV

ЗА ЩАМИ И КАШЕЙ

- Чего ж ты, сватьюшка? Садись, придвигайся! - весело сказал Глеб, постукивая ложкою о край чашки. - Может статься, наши хозяйки - прыткие бабы, что говорить! - тебя уж угостили? А?

Старуха, находившаяся в эту минуту за спиною мужа, принялась моргать изо всей мочи дяде Акиму. Аким взял тотчас же ложку, придвинулся ко щам и сказал:

- Маковой росинки во рту не было, Глеб Савиныч!

- Ну, так что ж ты ломаешься, когда так? Ешь! Али прикажешь в упрос просить? Ну, а парнишку-то! Не дворянский сын: гляденьем сыт не будет; сажай и его! Что, смотрю, он у тебя таким бычком глядит, слова не скажет?

- Знамо, батюшка, глупенек еще, - отвечал Аким, суетливо подталкивая Гришку, который не трогался с места и продолжал смотреть в землю. - Вот, Глеб Савиныч, - подхватил он, переминаясь и робко взглядывая на рыбака, - все думается, как бы... о нем, примерно, сокрушаюсь... Лета его, конечно, малые - какие его лета! А все... как бы... хотелось к ремеслу какому приставить... Мальчишечка смысленый, вострый... куды тебе! На всякое дело: так и...

- Что говорить! Всякому свое не мыто бело! С чего ж тебе больно много-то крушиться? Он как тебе: сын либо сродственник приводится? - перебил рыбак, лукаво прищуриваясь.

- Нет... кормилец, приемыш... - проборматал дядя Аким, жалобно скорчивая лицо.

- Вот как, приемыш... Слыхал я, сватьюшка, старая песня поется (тут рыбак насмешливо тряхнул головою и произнес скороговоркою): отца, матери нету; сказывают, в ненастье ворона в пузыре принесла... Так, что ли?

Тут он залился смехом, но вскоре снова обратился к гостю:

- Ну, сказывай, о чем же ты хлопочешь?

- Дядюшка Аким говорит, ему, говорит, хочется произвести, говорит, паренечка к нашему, говорит, рыбацкому делу, - неожиданно сказал Василий, высовывая вперед свежее, румяное лицо свое.

- Ох ты: говорит, говорит! - с усмешкою возразил рыбак. - Что ж, дело, дядя Аким, - подхватил он, снова обращаясь к гостю, - наше ремесло не ледащее. Конечно, рыбаку накладнее пахаря: там, примерно, всего одна десятина - ходишь да зернышко бросаешь: где бросил, тут тебе и хлеб готов... Ну, нашему брату не то... Рыбаку ли, охотнику ли требуется больше простору; к тому же и зернышко-то наше живое: где захочет, там и водится; само в руки не дается: поди поищи да погоняйся за ним! С начатия, знамо, трудненько покажется; ну да как быть! Не без этого - привыкнет! Так-то и во всяком деле: тяжко сдвинуть только передние колеса, а сдвинул - сами покатятся!..

- Кабы твоя бы милость была, Глеб Савиныч, - жалобно начал Аким, - век бы стал за тебя бога молить!.. Взмилуйся над сиротинкой, будь отцом родным, возьми ты его - пристань к себе!..

15

- Куда мне его! У меня и своих не оберешься!

- Кормилец! - воскликнул Аким, подымая на рыбака слезливые глаза свои. - Вестимо, теперь он махочка! Способу не имеет, а подрастет - ведь тебе же, тебе работник будет!

- Коли в тебя уродился, так хоть сто лет проживет, толку не будет, - проговорил рыбак, пристально взглянув на мальчика.

- Батюшка, Глеб Савиныч, да что ж я такое сделал?

- А не больно много - об том-то и говорят!

Глеб окинул глазами присутствующих, посмотрел на младшего сына своего и снова устремил пристальный взгляд на Гришку.

- А который ему год? - спросил он после молчка.

- С зимнего Миколы восьмой годок пошел, батюшка, - поспешил ответить Аким.

- Стало, сверстник моему Ванюшке?

- Однолеточки, Глеб Савиныч, - отозвался Аким таким жалким голосом, как будто дело шло о выпрашивании насущного хлеба обоим мальчикам.

- Что же? - сказал немного погодя рыбак. - Пожалуй, малого можно взять.

- Как нам за тебя бога молить! - радостно воскликнул Аким, поспешно нагибая голову Гришки и сам кланяясь в то же время. - Благодетели вы, отцы наши!.. А уж про себя скажу, Глеб Савиныч, в гроб уложу себя, старика. К какому делу ни приставишь, куда ни пошлешь, что сделать велишь...

Неожиданный могучий смех Глеба прервал дядю Акима.

- Э... э... ох, батюшка!.. Так ты, сват, ко мне в работники пришел наниматься!.. О-о, дай дух перевести... Ну, нет, брат, спасибо!

- Зарок дал...

- Ой ли?

- Как перед господом! Провалиться мне!

Рыбак залился пуще прежнего.

- Ну, нет, сватьюшка ты мой любезный, спасибо! Знаем мы, какие теперь зароки: слава те господи, не впервые встречаемся... Ах ты, дядюшка Аким, Аким-простота по-нашему! Вот не чаял, не гадал, зачем пожаловал... В батраки наниматься! Ах ты, шутник-балясник, ей-богу, право!

При этом дядя Аким, сидевший все время смирно, принялся вдруг так сильно колотить себя в голову, что Василий принужден был схватить его за руку.

- Ах я, глупый! Ах я, окаянный! - заговорил он, отчаянно болтая головою. - Что я наделал!.. Что я наделал!.. Бить бы меня, собаку! Палочьем бы меня хорошенько, негодного!.. Батюшка, Глеб Савиныч, - подхватил Аким, простирая неожиданно руки к мальчику, мешаясь и прерываясь на каждом слове, - что ж я... как же?.. Как... как же я без него-то останусь?.. Батюшка!

- Твое дело: как знаешь, так и делай, - сухо отвечал рыбак. - Мы эти виды-то видали: смолоду напрял ниток с узлами, да потом: нате, мол, вам, кормильцы, распутывайте!.. Я тебе сказал: парнишку возьму, пожалуй, а тебя мне не надыть!

Аким опустил руки и повесил голову, как человек, которому прочли смертный приговор. Минуты две сидел он неподвижно, наконец взглянул на Гришку, закрыл лицо руками и горько заплакал.

Рыбак посмотрел с удивлением на свата, потом на мальчика, потом перенес глаза на сыновей, но, увидев, что все сидели понуря голову, сделал нетерпеливое движение и пригнулся к щам. Хозяйка его стояла между тем у печки и утирала глаза рукавом.

Несколько минут длилось молчание, прерываемое стуком одной только ложки.

- Вот что, Петрушка, - начал вдруг Глеб, очевидно с тою целью, чтоб замять предшествовавший разговор, - весна приходит: пора о лодках побеспокоиться... Ходил нынче смотреть - работы много: челнок вновь просмолить придется, а большую нашу лодку надо всю проконопатить. Сдается мне, весна будет ранняя; еще неделя либо две такие простоят, как нонешняя, глазом не смигнешь - задурит река; и то смотрю: отставать кой-где зачала от берегов. Тогда не до "посудины"[3], - присовокупил он, приходя постепенно в свое шутливое расположение духа, - знай только неводок забрасывай да рыбку затаскивай! А в рыбе (коли только господь создаст ей рожденье), в рыбе недостачи, кажись, быть не должно! По приметам, лов нынче будет удачлив!

Петр, упорно молчавший во все время обеда, провел ладонью по волосам и поднял голову.

- Ты, батюшка, и позапрошлый год то же говорил, - сказал он отрывисто, - и тогда весна была ранняя; сдавалось по-твоему, лов будет хорош... а наловили, помнится, немного...

- Чего ж тебе еще?.. Возами возить, что ли? - возразил отец довольно спокойно, чего никак не ожидали присутствующие, знавшие очень хорошо, что Глеб не любил противоречий, особенно со стороны детей. - Слава те господи, должны и за то благодарить... (Глеб жаловался между тем весь протекший год, что рыба плохо ловилась.) Покуда недостатка не вижу: сводим концы с концами; а что далее будет - темный человек: не узнаешь... Главное - требуется во всяком деле порядок наблюдать - вот что; дом - яма, стой прямо! Этим наш брат только и крепок!.. Вишь чего, возами возить захотел! Эх, ты, умница!.. Кабы с нашего участка, что нанимаем, рыбу-то возами возили, так с нас заломили бы тысячу, не то и другую... Сосновское общество знает счет: своего не упустит; а мы всего сто целковых за участок-то платим; каков лов, такая и плата... А ты как думал?[4]..

- Против этого я не спорю.

- Ну, то-то же и есть! А туда же толкует! Погоди: мелко еще плаваешь; дай бороде подрасти, тогда и толкуй! - присовокупил Глеб, самодовольно посматривая на членов своего семейства и в том числе на Акима, который сидел, печально свесив голову, и только моргал глазами.

- Я не о том совсем речь повел, - снова заговорил Петр, - я говорю, примерно, по нашей по большой семье надо бы больше прибыли... Рук много: я, ты, брат Василий... Не по работе рук много - вот что я говорю.

- Э, Петрушка! Вижу, отселева вижу, куда норовишь багром достать! Ловок,

---

[3] Так рыбаки называют небольшие обиходные лодки. (Прим. автора.)

[4] Берега Оки, равно как и других рек, составляют собственность частных и казенных имений, к которым примыкают. Правление имений, соображаясь с местами более или менее удачными для лова рыбы, назначает им соответственную ценность и отдает их внаймы рыбакам. (Прим. автора.)

нече сказать; подумаешь: щуку нырять выучит... Жаль только, мелки твои речи, пальцем дно достанешь...

- Доставай, пожалуй; я тебе правду говорю.

- Ой ли? А хочешь, я тебе скажу, какая твоя правда, - хочешь? Ноги зудят - бежать хотят, да жаль, не велят... Все, чай, туда тянет? А?

- Куда?

- Чтой-то за хитрец, право? Куда? Куда?.. Знамо, куда: в "рыбацкие слободки".

При этом веселость снова возвратилась к Глебу; лицо его просияло; он зорко взглянул на сына и засмеялся.

- А хоть бы так, хоть бы и в "рыбацкие слободки": я, чай, ведь не даром пойду, - произнес Петр отрывистым тоном.

- Что ж, много сулили? - спросил, посмеиваясь, отец.

- Я уж тебе сказывал, - нетерпеливо отвечал сын и отвернулся.

- Точно, сказывал... Слышь, сват Аким, какого я сынка возрастил?.. Да полно тебе хлюпать-то! Послушай лучше наших речей... Слышь: полтораста рублев сулят, а? А ты все плачешься да жалишься: добрыми людьми, говоришь, свет обеднел. Как нет добрых людей? Я вот, скажу тебе, одного знаю, - промолвил Глеб с усмешкою, кося́сь на Петра, - чарку поднесешь ему - ни за что не откажется! Такой-то, право, добрый, сговорчивый... Хозяйка, давай перемену; ставь кашу: что-то она скажет... Так как же, Петрушка, в рыбацкие слободки, ась? - продолжал, подтрунивая, отец.

- Оставь, батюшка: я с тобой не к смеху говорю, - сказал Петр, встряхивая волосами и смело встречая отцовский взгляд, - я говорю тебе толком: отпустишь на заработки - тебе лучше; и сам смекаешь, только что вот на своем стоишь.

Старый рыбак нахмурил брови; но это продолжалось одну секунду: лицо его снова засмеялось.

- Будь по-твоему, - сказал он, потешаясь, по-видимому, недовольными выходками сына, - ладно; ну, ты уйдешь, а в дому-то кто останется?

- Останутся ты да брат Василий; а когда мало, работника наймешь - все сходнее...

- Ну, а работнику ты, что ли, из своей мошны станешь платить?

- Я на стороне добуду полтораста; работника наймешь ты за половину... другой и меньше возьмет...

Глеб провел ладонью по высокому лбу и сделался внимательнее: ему не раз уже приходила мысль отпустить сына на заработки и взять дешевого батрака. Выгоды были слишком очевидны, но грубый, буйный нрав Петра служил препятствием к приведению в исполнение такой мысли. Отец боялся, что из заработков, добытых сыном, не увидит он и гроша. В последние три дня Глеб уже совсем было решился отпустить сына, но не делал этого потому только, что сын предупредил его, - одним словом, не делал этого из упрямства.

- Ладно, - сказал он, - работник точно сходнее, коли станешь приносить в дом заработки... Ну, а где ж бы ты взял такого работника, который денег-то мало возьмет?

- А вот хошь бы дядюшка Аким; сам говорит: из-за хлеба иду. Чем он тебе не по нраву пришел? Года его не старые...

Дядя Аким встрепенулся.

- Какие еще мои года! - произнес он, охорашиваясь.

- Полно, сват, что пустое говорить! Года твои точно не старые, да толку в том мало! С чего ж тебя никто не держит-то, а?

- Ох, Глеб Савиныч, батюшка, и рад бы жил, - заговорил Аким с оживлением, какого вовсе нельзя было ожидать от него, - и рад бы... Я ж говорил тебе: нынче старыми-то людьми гнушаются...

- Полно врать, - перебил Глеб, - человеку рабочему везде пробойная дорога...

- То-то, что нет, Глеб Савиныч, - подхватил Аким. - Придешь: "Нет, говорят, случись неравно что, старому человеку как словно грешно поперек сделать; а молодому-то и подзатыльничка дашь - ничего!" Молодых-то много добре развелось нынче, Глеб Савиныч, - вот что! Я ли рад на печи лежать: косить ли, жать ли, пахать ли, никогда позади не стану!

- Тебя послушать: как родился, так уж в дело годился! Полно молодцевать! Я ведь те знаю: много сулишь, да мало даешь! А все оттого, сам сказал: мало смолоду били!.. Эх, кабы учить тебя, учить в свое время, так был бы ты человек. Полно куражиться! Где тебе о чужих делах хлопотать, когда сам с собою не управился!.. Отцом обижен, кажись, не был, а куда пошло? Осталось ни кола, ни двора, ни малого живота, ни образа помолиться, ни хлеба перекусить!.. Слоняешься, как шатун-бродяга, по белому свету да стучишь под воротами - вот до чего дошел! Куда ж ты годен после этого?

- Батюшка, Глеб Савиныч! - воскликнул дядя Аким, приподнимаясь с места. - Выслушай только, что я скажу тебе... Веришь ты в бога... Вот перед образом зарок дам, - примолвил он, быстро поворачиваясь к красному углу и принимаясь креститься, - вот накажи меня господь всякими болестями, разрази меня на месте, отсохни мои руки и ноги, коли в чем тебя ослушаюсь! Что велишь - сработаю, куда пошлешь - схожу; слова супротивного не услышишь! Будь отцом родным, заставь за себя вечно бога молить!..

В ответ на это старый рыбак махнул только рукой и встал с места.

- Ну, ребята, - произнес он неожиданно, обращаясь к сыновьям, которые последовали его примеру и крестились перед образами, - пора за дело; бери топоры да паклю - ступай на берег!

Петр и брат его беспрекословно повиновались, взяли топоры и направились к двери. Старый рыбак проводил их глазами.

- Ну, а ты-то что ж, сват? Пойдешь и ты с нами? - принужденно сказал Глеб, поворачиваясь к Акиму, который стоял с поднятою рукой и открытым ртом. - Все одно: к ночи не поспеешь в Сосновку, придется здесь заночевать... А до вечера время много; бери топор... вон он там, кажись, на лавке.

Аким бросился без оглядки на указанное ему место, но, не найдя топора, засуетился как угорелый по всей избе. Хозяйка рыбака приняла деятельное участие в разыскании затерянного предмета и также засуетилась не менее своего родственника.

Во все продолжение этой сцены Глеб Савинов стоял у двери и не спускал с глаз жену и дядю Акима.

Наконец он выразительно тряхнул головою, усмехнулся и вышел из избы.

V

ГЛЕБ САВИНОВ

Старый рыбак, как все простолюдины, вставал очень рано. Летом и весною просыпался он вместе с жаворонками, зимою и осенью - вместе с солнцем. На другое утро после разговора, описанного в предыдущей главе, пробуждение его совершилось еще раньше. Это была первая ночь, проведенная им на открытом воздухе.

Наши мужички начинают спать на дворе с самого Благовещения. Несмотря на то, что в эту пору утренники холоднее зимних, семейства покидают избу и перебираются в сени или клети; даже грудные младенцы, и те (поневоле, впрочем) следуют за своими родителями. На печке остаются одни хворые старики и старухи. Переселение на дачу происходит, как видите, раненько: все, и малые и большие, корчатся от стужи под прорванными тулупишками, жмутся друг к дружке и щелкают зубами; по что прикажете делать! Таков уж исконный обычай!

Трудно предположить, однако ж, чтоб холод именно мог пробудить Глеба Савинова. Вот жар разве, ну, то совсем другое дело! Жар, как сам он говаривал, частенько донимал его; холод же не производил на Глеба ни малейшего действия.

"С начатия-то тебя как словно маненько и пощипывает; а там ничего, нуждушки мало! С холоду-то, знамо, человек крепнет", - утверждал всегда старый рыбак. И что могла, в самом деле, значить стужа для человека, который в глубокую осень, в то время как Ока начинала уже покрываться салом и стынуть, проводил несколько часов в воде по пояс!

В настоящее утро лицо и одежда рыбака достаточно подтверждали всегдашние слова его: несмотря на довольно сильный мороз, он был в одной рубашке; в наружности его трудно было сыскать малейший признак принуждения или того недовольного, ворчливого выражения, какое является обыкновенно, когда недоспишь против воли. Видно было, что пробуждение его совершилось под влиянием самых приятных, счастливых мыслей. Как только приподнялся он с саней, стоявших под навесом и служивших ему ложем, первым делом его было взглянуть на небо.

Заря только что занималась, слегка зарумянивая край неба; темные навесы, обступившие со всех сторон Глеба, позволяли ему различить бледный серп месяца, клонившийся к западу, и последние звезды, которые пропадали одна за другою, как бы задуваемые едва заметным ветерком - предшественником рассвета. Торжественно тихо начиналось утро; все обещало такой же красный, солнечный день, как был накануне.

Простояв несколько минут на одном месте и оставшись, по-видимому, очень доволен своими наблюдениями, рыбак подошел к крылечку, глядевшему на двор. Тут, под небольшим соломенным навесом, державшимся помощию двух кривых столбиков, висел старый глиняный горшок с четырьмя горлышками; тут же, на косяке, висело полотенце, обращенное морозом в какую-то корку, сделавшуюся неспособною ни для какого употребления.

Глеб разбил пальцем ледяные иглы, покрывавшие дно горшка, пригнул горшок к ладони, плеснул водицей на лицо, помял в руках кончик полотенца, принял наклонное вперед положение и принялся тереть без того уже покрасневшие нос и щеки. После этой церемонии, не имевшей, по-видимому, никакой определенной цели, но совершенной, вероятно, по привычке или из угождения давно принятому обыкновению, рыбак повернулся к востоку и начал молиться. Лицо его, за минуту веселое, мгновенно приняло выражение строгой, задумчивой сосредоточенности.

Заря между тем разгоралась. Бледная полоса света, показавшаяся на востоке, окрасилась пурпуром и обняла весь горизонт; зарево росло и разливалось по небу. В дали, покуда еще сумрачной, но постепенно проясняющейся, стали открываться леса и деревни, кой-где задернутые волнистыми туманными полосами. Наконец и самый двор рыбака освободился от мрака. Румяный свет, проникавший сквозь щели плетня, позволял уже различать багры, кадки, старые верши и другие хозяйственные и рыбацкие принадлежности, наполнявшие темные углы. Со всем тем было все-таки очень еще рано. Тишина не прерывалась ни одним из тех звуков, какими приветствуется обыкновенно восход солнца: куры и голуби не думали подавать голоса; приютившись на окраине старой дырявой лодки, помещенной на верхних перекладинах навеса, подвернув голову под тепленькое, пушистое крыло, они спали крепчайшим сном. Все спало на дворе старого рыбака; сам хозяин только бодрствовал. Он принялся за дело тотчас же после молитвы. Дел, правда, больших не было: на всем, куда только обращались глаза, отражался строжайший порядок, каждая вещь была прибрана и стояла на месте. Но хороший хозяин никогда не доволен.

Посмотрите в деревнях на хлопотливых домохозяев, которых называют "затяглыми стариками". Дни целые, с утра и до вечера, проводят они у себя на дворе. Не велики, кажется, владения, имущество также не бог весть какое! Всего один навес, клеть, соха, телега, пара кляч, коровенка да три овцы - и хлопотать, кажется, не над чем! А между тем день-деньской бродит старичок по своему двору, стучит, суетится, и руки его ни на минуту не остаются праздными. Так же точно было и с нашим рыбаком: вся разница заключалась в том, может статься, что лицо его выражало довольство и радость, не всегда свойственные другим хозяевам. И то, впрочем, сказать надо: Глеб Савинов никогда еще не имел столько причин радоваться.

Весь вечер и даже часть ночи раздумывал он о вчерашней беседе. О сыне Петре Глеб, по правде молвить, помышлял не много: он давно уже решил отправить его в "рыбацкие слободы", как уже выше сказано; до сих пор одно только упрямство мешало ему осуществить такое намерение. Все помыслы рыбака исключительно обращались на дядю Акима и его мальчика, и чем более соображал он об этом предмете, тем более приходил к счастливым выводам. По обыкновению своему, он не показал вчера только виду, но тотчас же смекнул, как выгодно оставить их у себя в доме. Недаром же весь прошлый вечер испытывал он дядю Акима, заставляя его приниматься за разные дела; недаром также оставил ночевать его. Как ни плох был дядя Аким, но все-таки легко мог таскать невод, плести сети, грести веслом. Как умом ни раскидывай, а платить за такую работу одним хлебом - дело сходное. Что Аким не станет сидеть сложа руки и даром пропускать трохи, за то ручался хозяин.

Глеб Савиныч, как и все люди, достигнувшие неусыпными трудами целой жизни некоторого благосостояния, крепко стоял за добро свое. Он, например, с трудом решился бы отрезать даром, так себе, здорово живешь, от хлеба, испеченного для собственного семейства. Долгий опыт, научивший его, как тяжко достается хлеб, постоянный, добросовестный труд, горячая привязанность к семейству, к своим - все это невольным образом развило в нем тот грубый эгоизм, который часто встречаем мы в семьянистых мужиках. Впрочем, расчеты рыбака в особенности основывались на мальчике, которого привел женин родственник. Как бы ни велико было семейство простолюдина, лишний мальчик не бремя.

"Дочь - отрезанный ломоть, лишние зубы при хлебе; возрастет, прощайся с нею, выдавай ее замуж, да еще снаряжай и приданое!"

Мальчик - иное дело: лишний столб, подпора и надежда дома, - везде пригодится. В самых многолюдных зажиточных крестьянских семьях встречаешь приемыша. Многие сметливые мужики дают даже денег бедному, обремененному семейством соседу, с тем чтобы тот отдал им на "воспитание" сынишку; они обязуются платить за приемыша подати, справляют за него все повинности. Бывают примеры, что хозяин усыновляет своего приемыша, женит его на родной дочери, передает ему весь дом и все хозяйство. Но такие примеры - исключение из общего правила. По большей части участь приемыша не представляет много утешительного. "Чужой человек!" И растет он, ничьему сердцу не близкий, никем не обласканный; ни одно приветливое слово, ни один ласковый взгляд не осветят детских лет его... Сызмала привыкает он к грубой речи, неправому слову и всякой неправде. Проходят годы, но время не улучшает судьбы бедного горько-одинокого сироты. Продолжает он нести свой трудный, часто непосильный крест, с тем чтобы пойти за хозяйского сына в солдаты или умереть под старость бобылем без крова и хлеба.

Такая участь, конечно, не предстояла Гришке в доме рыбака. Жена Глеба была баба добрая, богобоязливая; к тому же парнишка приходился ей сродни - обстоятельство, имеющее всегда в нашем крестьянстве сильное действие на отношения людей, живущих в одной и той же избе. Сам Глеб также не был злой человек. Он был только крепковат, не любил потачки давать, любил толк во всем и дело. Что говорить, много разных соображений бродило в голове его по поводу приемыша - не без этого, но все же судьба Гришки не обещала больших горестей.

Глеб не заметил, как наступило утро, как пробудились куры и голуби и как затем мало-помалу все ожило вокруг.

Но зато при первом звуке, раздавшемся в сенях, он быстро поднял голову и тотчас же обратился в ту сторону. Увидев жену, которая показалась на крылечке с коромыслом и ведрами, он пошел к ней навстречу, самодовольно ухмыляясь в бороду.

- Что рано поднялась? Куда те несет? - сказал он с обычною своей шутливостью.

- Видишь, с ведрами, за водой иду, - неохотно отвечала Анна, спускаясь по шатким ступеням крыльца.

Тетка Анна, не мешает заметить, находилась в это утро в самом неблагоприятном настроении духа. Прием, сделанный Глебом ее родственнику, и особенно объяснение его с Акимом - объяснение, отнимавшее у нее последнюю надежду пристроить как-нибудь родственника, - все это сильнейшим образом вооружало старушку против мужа. Насмешливый вид Глеба окончательно раздражил ее, и в эту минуту она готова была ведрами и коромыслом проучить сожителя. Ничего этого не случилось однако ж; она ограничилась тем только, что потупила глаза и придала лицу своему ворчливое, досадливое выражение - слабые, но в то же время единственные признаки внутреннего неудовольствия, какие могла только дозволить себе Анна в присутствии Глеба. Дело в том, что тетка Анна в продолжение двадцативосьмилетнего замужества своего не осиливала победить в себе чувства робости и страха, невольно овладевавшие ею при муже. Чувства эти разделяли, впрочем, все остальные члены семейства. Мудреного нет: Глеб был человек нрава непреклонного, твердого как кремень и вдобавок еще горячего и вспыльчивого. Жена ли, дети ли - все это в глазах его не представляло большой разницы: он всех их держал в одинаковом повиновении. В эти двадцать восемь лет он или подтрунивал над детьми и женою (когда был в духе), или же всем доставалось в равной степени, когда был в сердцах. Все бежали тогда куда могли, лишь бы на глаза не попадаться. В делах семейных и хозяйственных никто не смел подавать голоса: жена не смела купить горшка без его ведома; двадцатилетние сыновья не смели отойти за версту от дому без спросу. Замечательнее всего, что при всем том старый рыбак редко поднимал шум в доме и еще реже подымал руку; по большей части он находился в веселом, шутливом расположении духа.

Ответив мужу, что шла за водою, тетка Анна хотела пройти мимо, но Глеб загородил ей дорогу.

- Вижу, за водой, - сказал он, посмеиваясь, - вижу. Ну, а сноха-то что ж? А? Лежит тем временем да проклажается, нет-нет да поохает!.. Оно что говорить: вестимо, жаль сердечную!.. Ну, жаль не жаль, а придется ей нынче самой зачерпнуть водицы... Поставь ведра, пойдем: надо с тобой слова два перемолвить.

Сказав это, рыбак направился к задним воротам, выходившим за огород. Старуха поставила ведра и не без некоторого смущения последовала за мужем.

- Вот что. - начал он, когда оба они очутились в проулке и ворота были заперты, - что ты на это скажешь: отпустить нам Петрушку али нет, не отпущать?

- Как знаешь, твоя воля, - отвечала жена, обнаруживая удивление в каждой черте добродушного лица своего.

Первый раз в жизни Глеб обращался к ней за советом; но это обстоятельство еще сильнее возбудило внутреннюю досаду старушки: она предвидела, что все это делается неспроста, что тут, верно, таится какой-нибудь лукавый замысел.

- Сдается мне, отпускать его незачем, - сказал Глеб, устремляя пытливый взгляд на жену, которая стояла понуря голову и глядела в землю, - проку никакого из этого не будет - только что вот набалуется... Ну, что ж ты стоишь? Говори!

- Что мне говорить, - возразила Анна, знавшая наперед: что бы она ни сказала, муж все-таки поставит на своем.

- Он, может статься, говорил тебе об этом. "Поди, мол, отца попроси!" Либо другое что сказал?

- Словечка не промолвил.

Глеб недоверчиво покосился на старуху.

- По-моему, - вымолвил он, произнося каждое слово с какою-то особенною выдержкою, - пусть лучше дома живет... Ась?

Глеб знал, что мать и дети ничего не таят друг от дружки: выпытывая мнение жены - мнение, до которого ему не было никакой нужды, он думал найти в нем прямой отголосок мыслей Петра; но, не успев в этом, он тотчас же перешел к другому предмету.

- Не видала ли ты нынче Акима? - спросил он неожиданно.

- Нет, не видала.

- Должно быть, спит еще. Ну, пущай его, пущай понежится; встанет, смотри, покорми его.

Старушка подняла голову; но лицо ее, на минуту оживившееся, снова приняло недовольное выражение, когда муж прибавил:

- А там пущай идет, куда путь лежит... Вишь, что забрал в голову: возьми его в работники!

- Не знаю, с чего так не полюбился, - проборотала Анна, обращая, по-видимому, все свое внимание на щепки, валявшиеся подле плетня.

- Пес ли в нем! - продолжал Глеб, не отрывая от жены зоркого взгляда.

- Да что ты, в самом-то деле, глупую, что ли, нашел какую? - нетерпеливо сказала она. - Вечор сам говорил: не чаял я в нем такого проку! Вчера всем был хорош, а ноне никуда не годится!.. Что ты, в самом-то деле, вертишь меня... Что я тебе! - заключила она, окончательно выходя из терпения.

Глеб не спускал с нее глаз и только посмеивался в бороду.

- Так как же, стало, по-твоему, надо взять его? - сказал он.

Тетушка Анна замялась.

- Что ж, не худой он человек какой, - проговорила она смягченным голосом, - ни табашник какой, ни пьяница.

- Главное дело, потому отказать ему как словно не приходится: сродни он нам - вот что! - заметил муж, лукаво прищуриваясь.

- Вестимо, не чужак! - поспешила присовокупить старушка.

- Так-то, так! Я и сам об этом думаю: родня не малая; когда у моей бабки кокошник горел, его дедушка пришел да руки погрел... Эх ты, сердечная! - прибавил, смеясь, рыбак. - Сватьев не оберешься, свояков не огребешься - мало ли на свете всякой шушеры! Всех их в дом пущать - жирно будет!

В ответ на это тетушка Анна только плюнула.

- Ну, так как же, по-твоему, стало, и мальчишку надо взять, а? - продолжал допытывать Глеб.

- Да что я, в самом деле, за дура тебе досталась? - воскликнула Анна. - Что ты умом-то раскидываешь, словно перед махонькой!

- Куды ты? Полно, погоди, постой, - сказал рыбак, удерживая за руку жену, которая бросилась к воротам, - постой! Ну, старуха, - промолвил он, - вижу: хочется тебе, добре хочется пристроить к месту своего сродственника!

- Ничего мне не надыть! Ничего не хочу! Тьфу! - возразила она, порываясь к воротам.

- Полно же, ну! - вымолвил муж, переменив вдруг голос. - Посмеялся и шабаш!

Так уж и быть: будь по-твоему! Пущай оба остаются! Мотри только, не говори об этом до поры до времени... Слышь?

Старуха взглянула на мужа и тотчас же перестала волноваться: видно было, что с последними словами Глеба у ней разошлось сердце.

- Смотри же, ни полсловечка; смекай да послушивай, а лишнего не болтай... Узнаю, худо будет!.. Эге-ге! - промолвил он, делая несколько шагов к ближнему углу избы, из-за которого сверкнули вдруг первые лучи солнца. - Вот уж и солнышко! Что ж они, в самом деле, долго проклажаются? Ступай, буди их. А я пойду покуда до берега: на лодки погляжу... Что ж ты стала? - спросил Глеб, видя, что жена не трогалась с места и переминалась с ноги на ногу.

- Ну, что ты в самом деле умом-то раскидываешь? - промолвила она полуворчливо-полуласково. - Ты говори толком... Ну, что, в самом деле...

Глеб раскрыл удивленные глаза.

- Вестимо, толком говори, - продолжала жена, - слушаешь, слушаешь, в толк не возьмешь... вертит тебя только знает!.. Ты толком скажи: возьмешь, что ли, их в дом-от?

- Эк ее!.. Фу ты, дура баба!.. Чего ж тебе еще? сказал возьму, стало тому и быть... А я думал, и не весть что ей втемяшилось... Ступай...

На этот раз тетушка Анна не заставила себе повторить и, отворив ворота, поспешно заковыляла в избу.

В сенях она наткнулась на дядю Акима и его мальчика. Заслышав шаги, дядя Аким поспешил скорчить лицо и принять жалкую, униженную позу; при виде родственницы он, однако ж, ободрился, кивнул головою по направлению к выходной двери и вопросительно приподнял общипанные свои брови.

В ответ на это старушка заморгала глазами, погрозила пальцем и выглянула на двор; после чего она подошла к родственнику и сказала шепотом:

- Остаешься, Акимушка!

- Что ты, матушка?

- Ей-богу, право! Сам сказал; сначала-то уж он и так, и сяк, путал, путал... Сам знаешь он какой: и в толк не возьмешь, так тебя и дурит; а апосля сам сказал: оставлю его, говорит, пускай живет!

Во время этого объяснения лукавые глаза Гришки быстро перебегали от отца к тетке Анне; с последними словами старушки испуг изобразился в каждой черте плутовского лица; он ухватил дядю Акима за рукав и принялся дергать его изо всей мочи.

- Смотри только, Акимушка, - продолжала между тем старушка, - смотри, в работе-то не плошай, касатик.

- Буду, матушка, буду! Я ли когда на печи лежал, я ли...

- Ну, то-то, родимый, то-то; с тем, говорит, и беру, коли работать станет!.. Сам знаешь, человек он крепкий: что сказал, от того не отступится.

- Знаю, матушка, все знаю... Ах, ты, касатушка ты наша! Родная ты наша! Как нам за тебя бога молить?.. Ах!.. Что ты, Гришутка? Что на рукаве-то виснешь... Вишь его, озорник! Оставь, говорят! - заключил Аким, поворачиваясь неожиданно к парнишке.

- Пойдем! Пойдем! Не хочу я здесь оставаться! - заговорил мальчик, принимаясь теребить еще пуще рукав Акима и обнаруживая при этом столько же азарта, сколько страха.

- Куды ты?.. Ах, ты, безмятежный ты этакой!.. Пусти!

- Не хочу! Не хочу! Пойдем! - кричал мальчик.

- Полно, батюшка, полно тебе, - сказала Анна, стараясь обласкать Гришку, - а я лепешечки дам... Подь-кась в избу: лепешечки дам, соколик...

- Не хочу! Я хочу домой!.. Пойдем!.. Пойдем! - кричал Гришка, цепляясь за ворот Акима, пригибая его к себе и топая ногами.

В самую эту минуту неподалеку, почти у самого крыльца, послышались шаги Глеба Савиныча.

Старуха опрометью кинулась в избу.

- А! Сват Аким, здорово! - сказал рыбак, появляясь в сенях. - Что вы тут делаете?.. Чего это он у тебя, слышу я, не хочет, а? - промолвил он, взглядывая на мальчика, который остолбенел и побледнел как известь.

- Так, батюшка... Глеб Савиныч... глупенек... вестимо... - пробормотал Аким, разводя руками.

- Да чего ж он не хочет-то? А?.. Иду, слышу: не хочу да не хочу!.. Чего не хочу? А?

- Вот, кормилец, - мешаясь, подхватил Аким, - умыться не хочет... воды боится; добре студена, знать!.. Умойся, говорю... а он и того...

- Ну-ткась, сват, возьми-ка зачерпни поди водицы... Вон в углу стоит; давай сюда: мы его умоем, когда так! - проговорил рыбак, ставя перед собою Гришку и наклоняя ему вперед голову. - Лей! - заключил он, протягивая ладонь.

- Бррр... - пробормотал Гришка, мотая головою.

- Лей еще! - повторил Глеб.

Дядя Аким, лицо которого корчилось и ежилось самым жалобным образом, повиновался.

- Бр... р-р... бр-р... батюшки! - кричал Гришка.

- Ничего, врешь, не пуще холодна, лей еще!

- Бр-р...

- Ну, на здоровье; утрись поди! - произнес Глеб, выпуская Гришку, который бросился в угол, как кошка, и жалобно завопил. - А то не хочу да не хочу!.. До колен не дорос, а туда же: не хочу!.. Ну, сват, пора, я чай, и закусить: не евши легко, а поевши-то все как-то лучше. Пойдем, - довершил рыбак, отворяя дверь избы.

Во время завтрака веселье рыбака не прерывалось ни на минуту. Со всем тем он не коснулся ни одного пункта, имевшего какое-нибудь отношение к разговору с хозяйкой; ни взглядом, ни словом не выдал он своих намерений. С окончанием трапезы, как только Петр и Василий покинули избу, а жена Петра и тетка Анна, взяв вальки и коромысла, отправились на реку, Глеб обратился к Акиму:

- Вот, сватьюшка, что я скажу тебе, - произнес он с видом простодушия. - Останься, пожалуй, у нас еще день, коли спешить некуда. Тем временем нам в чем-нибудь подсобишь... Так, что ли? Ну, когда так - ладно! Бери топор, пойдем со мною.

Аким взял топор, подошел к двери и молодцевато нахлобучил шапку. Глеб

26

насмешливо покосился на него, повернулся к Гришке и Ване, которые сидели по разным углам, и погрозил пальцем:

- Смотри, ребятишки, не баловать без нас! Кто забалует, быть тому без вихра на макушке!

VI

ГРИШУТКА

Никогда еще во всю свою долгую, но бесполезную жизнь дядя Аким не трудился так много, как в это утро, когда, обнадеженный словами Анны, остался гостить в доме рыбака. Наставления старушки были постоянно перед его глазами. Опасаясь, с одной стороны, не угодить в чем-нибудь Глебу, исполненный, с другой стороны, сильнейшего желания показать всем и каждому, что он отличнейший, примерный работник - "мастак-работник", Аким не щадил рук и решительно лез из кожи. Подобно ручью, который в продолжение многих верст лениво, едва заметно пресмыкался в густой и болотистой траве и который, выбежав на крутизну, делится вдруг на бесчисленное множество быстрых, журчащих потоков, дядя Аким заходил во все стороны и сделался необыкновенно деятелен: он таскал верши, собирал камыш для топлива, тесал колья, расчищал снег вокруг лодок - словом, поспевал всюду и ни на минуту не оставался без дела. Иногда, уже невмочь одолеваемый одышкой и поперхотой, он останавливался, чтобы перевести дух, но встречал всякий раз пристальный взгляд Глеба и принимался суетиться пуще прежнего. Уж зато и уходился же дядя Аким! Пот катил с него крупными горошинами, ноги подгибались как мочалы, плечи ломило, как словно их вывихнули. Такое усердие, конечно, не ускользало от внимания Глеба; но он оставался, по-видимому, совершенно к нему равнодушным. Хозяева вообще не щедры на похвалы: "Похвала - та же потачка, - рассуждает хозяин, извлекая, вероятно, это правило из наблюдений собственной природы, - зазнается еще, чего доброго! Возьмет "форс" на себя!.." Такие мысли свойственны хозяевам, когда дело идет о работнике и труженике. Русский мужичок в деле практической хозяйственной сметливости никому не уступит. Небрежный, беспечный и равнодушный ко всему, что не имеет к нему прямого, личного отношения, он превращается у себя дома в ломовую, неутомимую лошадь и становится столько же деятелен, сколько взыскателен. Нет народа, который бы так крепко отстаивал свою собственность и так сильно соблюдал свои материальные выгоды, как русский народ. "Ничего, авось, небось и как-нибудь", так часто произносимые русским мужиком, повторяются им точно так же, если хотите, когда он у себя дома; в последнем случае, однако ж, слова эти выражают, поверьте, скорее торопливость, желание сработать больше, сбыть выгоднее, чем беспечность или нерадение. Мужичок производит "кое-как" только для мира, для общества; он знает, что базар все ест: ест и говядину, коли есть говядина, ест и что ни попало, коли нет мяса. Но зато войдите-ка во двор семьянистого, делового, настоящего хозяина, взгляните-ка на работу, которую предназначает он для себя собственно: тут уж на всем лежит печать прочности и долговечности, соединенные с расчетом строжайшей, мудрой экономии; здесь каждым ударом топора управляло уже, по-видимому, сознание, что требуется сделать дело хорошо, а не кое-как! У семьянистого хозяина даром корка не пропадет. Бросил зерно в землю - давай сам-сём; счетом взял - отдавай с лихвою; взял лычко - отдай ремешок; на сколько съел, на столько сработай. Труды батрака соображаются с количеством поглощаемой им каши и числом копеек, следующих ему в жалованье, и потому редкий на свете хозяин остается вполне доволен батраком своим и редкий батрак остается доволен своим хозяином. Впрочем, такие свойства русского мужика издали только бросаются в глаза и кажутся достойными порицания; на самом деле они отличаются от свойств других людей только формою, которая у простолюдина немного погрубее - погрубее потому, может статься, что простодушнее...

Но перейдем к Акиму, который сидит теперь между Глебом и старшими его сыновьями и конопатит лодку.

Солнце до половины уже обогнуло небо, и работа приближалась к концу, когда к работающим подошел младший сынишка Глеба.

Заплаканное лицо его, встрепанные волосы, а рубашонка, прорванная в двух-трех местах и запачканная грязью, обратили на него тотчас же внимание присутствующих.

- Что ты, Ванюшка? - спросили в один голос отец и Василий.

- Должно быть, с моим Гришуткой... Вестимо, ребятеночки еще: что с них взять! - обязательно предупредил Аким, догадавшийся с первого взгляда, что тут, конечно, не обошлось без Гришутки.

- Хорошее баловство, нечего сказать! - возразил Глеб, оглядывая сынишку далеко, однако ж, не строгими глазами. - Вишь, рубаху-то как отделал! Мать не нашьется, не настирается, а вам, постrelам, и нуждушки нет. И весь-то ты покуда одной заплаты не стоишь... Ну, на этот раз сошло, а побалуй так-то еще у меня, и ты и Гришка, обоим не миновать дубовой каши, да и пирогов с березовым маслом отведаете... Смотри, помни... Вишь, вечор впервые только встретились, а сегодня за потасовку!

- Да я его не трогал, - сказал мальчик, утирая рукавом слезы, которые текли по его полным, румяным щекам.

- Стало, он тебя поколотил?.. Ну, полно, не плачь: дай нам прийти домой, мы ему шею-то сами намнем.

- Он меня не колотил, - поспешно сказал мальчик.

- Как же так?

Мальчик замялся и пробормотал несвязно:

- Он меня... все... вот так-то вот... все... вот... все бьет!

- Должно быть, как-нибудь невзначай, - поспешил присовокупить дядя Аким.

- Ну, хорошо, - возразил Глеб, - он тебя поколотил; ну, а ты что?

- Я ничего, - отвечал простодушно Ваня.

- И сдачи не дал?

- Нет.

Глеб и за ним все присутствующие засмеялись.

- За что же он прибил тебя? - спросил отец, очевидно, с тою целью, чтобы позабавиться рассказом своего любимого детища.

- А я и сам не знаю, за что, - отвечал со вздохом Ваня. - Я на дворе играл, а он стоял на крыльце; ну, я ему говорю: "Давай, говорю, играть"; а он как пхнет меня: "Я-те лукну!" говорит, такой серчалый!.. Потом он опять говорит: "Ступай, говорит, тебя тятька кличет". Я поглядел в ворота: вижу, ты меня не кличешь, и опять стал играть; а он опять: "Тебя, говорит, тятька кличет; ступай!" Я не пошел... что мне!.. Ну, а он тут и зачал меня бить... Я и пошел...

- Так, стало, сдачи-то ты и не дал?

- Нет.

- Ну, плохой же ты парнюха после этого! - смеясь, сказал отец. - Авось разве опосля как-нибудь посчитаетесь, а теперь пока он над тобой потешился... Эх ты, мозгляк, мозгляк, право мозгляк!.. Ну, что я стану с тобой делать? Слышь, сдачи не дал!.. Ну, где тебе быть с рыбаками! Ступай-ка лучше к бабам... вот они... ступай-кась туда... Они же, кстати, тебя и умоют! - заключил старый рыбак, подтрунивая над сыном и указывая ему рукою на отдаленную груду камней, из-за которой раздавался дружный стук вальков и время от времени показывались головы Анны и снохи ее.

Мальчик стыдливо потупил голову и молча поплелся к матери.

- А должно быть, шустер твой мальчишка-то, сват Аким, не тебе чета! - начал Глеб, снова принимаясь за работу. - Вишь, как отделал моего парня-то... Да и лукав же, видно, даром от земли не видок: "Поди, говорит, тятька зовет!" Смотри, не напроказил бы там чего.

- И-и-и, батюшка, куды! Я чай, он теперь со страху-то забился в уголок либо в лукошко и смигнуть боится. Ведь он это так только... знамо, ребятеночки!.. Повздорили за какое слово, да давай таскать... А то и мой смирен, куда те смирен! - отвечал дядя Аким, стараясь, особенно в эту минуту, заслужить одобрение рыбака за свое усердие, но со всем тем не переставая бросать беспокойные взгляды в ту сторону, где находился Гришутка.

Ванюша между тем, обмытый и обласканный матерью, успел уже забыть свое горе, и вскоре звонкий, веселый голосок его смешался со стуком вальков, которому, в свою очередь, с другого конца площадки отвечало постукиванье четырех молотков, приводивших к концу законопачиванье лодки.

Солнце приближалось уже к полудню.

- Шабаш, ребята! - весело сказал Глеб, проводя ладонью по краю лодки. - Теперь не грех нам отдохнуть и пообедать. Ну-ткась, пока я закричу бабам, чтоб обед собирали, пройдите-ка еще разок вон тот борт... Ну, живо! Дружней! Бог труды любит! - заключил он, поворачиваясь к жене и посылая ее в избу. - Ну, ребята, что тут считаться! - подхватил рыбак, когда его хозяйка, сноха и Ваня пошли к воротам. - Давайте-ка и я вам подсоблю... Молодца, сватушка Аким! Так! Сажай ее, паклю-то, сажай! Что ее жалеть!.. Еще, еще!

И четыре молотка, как бы подстрекаемые веселым смехом старого рыбака, застучали еще пуще прежнего.

Внезапно с середины двора раздался пронзительный, отчаянный крик. В ту же секунду из растворенных ворот выбежали Анна, жена Петра и Ваня.

- Пожар! Пожар! Горим! - кричали они, отчаянно размахивая руками.

Молотки выпали из рук четырех работников, пораженных ужасом. Глеб быстрее юноши поднялся на ноги; он был бледен как полотно.

- С нами крестная сила! - пробормотал он, крестясь дрожащею рукой, между тем как сыновья его и Аким бежали к избе.

Секунду спустя он бросился за ними.

На дворе происходила страшная суматоха. Жена Петра бегала как полоумная из угла в угол без всякой видимой цели; старуха Анна лежала распростертая посредь двора и заломив руки за голову, рыдала приговаривая:

- О-ох, вы, мои батюшки!.. Остались-то мы, горькие... без крова, без пристанища... И куда-то мы, сиротинушки, куда приклоним головы!..

Нигде, однако ж, не было заметно признаков пожара.

- Где горит? - закричал Петр, вбежавший прежде всех на двор.

Петр, казалось, вырос на целый аршин; куда девался сонливый, недовольный вид его! Черные глаза сверкали; каждая черта дышала суровою энергиею.

- Где горит? - повторил он грозным жестом.

- В избе!

- В избе, в избе! - подхватил Ваня.

- Батюшка! - крикнул Петр, обращаясь к отцу, который вбегал в эту минуту на двор, бледный и смущенный. - Ступай к завалинке и вышибай окна; я с братом в избу!

Сказав это, он бросился на крылечко и исчез в дыме, который повалил клубами из сеничек, как только отворилась дверь.

Благодаря поспешно выбитым окнам и отворенной двери дым очистился и позволил Петру осмотреться вокруг. Пламени нигде не было видно. Посреди серого, едкого смрада, наполнявшего избу, Петр явственно различил густую беловатую струю дыма, выходившую из-под лавки, прислоненной к окнам. Он бросился к тому месту, нащупал руками лукошко с тлеющими щепками и паклею, вытащил его на пол и затоптал ногами. В избе сделалось тотчас же светлее. Осмотрев затем место и убедившись, что не предстояло уже никакой опасности, Петр спокойно, как ни в чем не бывало, вернулся на двор.

- Полно, матушка, - сказал он, обратившись к старухе, - никакого нет пожара; полно тебе выть! Сама посмотри.

- Батюшки! Царица небесная! - воскликнула старушка, падая на колени, и боязливо, все еще как бы глазам не веря, принялась озираться во все стороны.

- Ступай, сама посмотри, - повторил Петр.

Затем он указал ей на крыльцо, мигнул жене и вышел к отцу, который стоял как вкопанный подле дяди Акима.

- Ничего, батюшка, - вымолвил Петр, - сошло; а только... только нас подожгли, - заключил он мрачно, насупив брови.

Он рассказал ему обстоятельно причину чуть было не случившегося несчастья.

- Где Гришка? - вскричал Глеб, как бы озаренный внезапной мыслью. - Где Гришка? - повторил он, неожиданно обратившись к дяде Акиму и грозно подымая кулаки.

Аким раскрыл рот, хотел что-то сказать, затрясся всем телом и бессмысленно развел руками.

Петр и Василий бросились отыскивать мальчика.

Минут десять спустя оба вернулись к отцу.

Гришки нигде не было.

- Так и есть: он! - сказал рыбак.

- Батюшка! - отчаянно вскрикнул дядя Аким и повалился в ноги.

- Ну вот еще, будешь нам рассказывать! Он, вестимо он! Ах, он... Ребята, давай мне его сюда, давай сюда!.. Ступай, догоняй; всего одна дорога; да живо... испуган зверь, далеко бежит... Ну!

Дядя Аким быстро вскочил на ноги и кинулся уже вперед; но рыбак удержал его, сказав:

- Куда тебе! Стой здесь: ведь Васька попрытчее твоего сбегает.

Как ни ошеломлен был Глеб, хотя страх его прошел вместе с опасностью, он тотчас же смекнул, что Аким, запуганный случившимся, легко мог улизнуть вместе с мальчиком; а это, как известно, не входило в состав его соображений: мальчику можно задать таску и раз навсегда отучить его баловать, - выпускать его из рук все-таки не след. Простой народ, не только русский, но вообще все возможные народы, вероятно по недостаточному развитию нравственного чувства и совершенному отсутствию нравственного мнения, снисходительно смотрят на проступки ближнего, к какому бы роду ни принадлежали эти проступки. После первого взрыва отношения Глеба к Акиму и его мальчику ни на волос не изменились; мужики что дети: страх, ненависть, примирение, дружба - все это переходит необыкновенно быстро и непосредственно следует одно за другим.

"Парнишка балуется, чуть было не набедовал! Надо прожустерить парнишку", - вот все, о чем помышлял рыбак.

Василий, побуждаемый частью любопытством, частью перспективой зрелища, которое, по всей вероятности, доставит наказание Гришки, - перспективой, доставляющей всегда большое удовольствие всякому простолюдину, даже самому мягкосердечному, полетел без оглядки за беглецом.

Дядя Аким опустился на завалинку, закрыл лицо руками и безнадежно качал головою. Он и сам уже не рад был (куды какая радость!), что приплелся в дом рыбака. В эту минуту он нимало не сокрушался о поступке сына: горе все в том, что вот сейчас, того и смотри, поймают парнишку, приведут и накажут. Дядя Аким, выбившийся из сил, готовый, как сам он говорил, уходить себя в гроб, чтоб только Глеб Савиныч дал ему хлеб и пристанище, а мальчику ремесло, рад был теперь отказаться от всего, с тем только, чтоб не трогали Гришутку; если б у Акима достало смелости, он, верно, утек бы за мальчиком. При малейшем звуке он поднимал голову, и слезливые глазки его с беспокойством устремлялись на тропинку, изгибавшуюся к вершине ската. Впрочем, не он один убивался. Тетка Анна и сын ее Ванюша принимали также не малое участие в судьбе, ожидавшей Гришку. Старушка, у которой уже совсем прошел страх и отлегло сердце, поминутно отрывалась от дела и выбегала за ворота.

Ваня, прижавшись за плетнем, дрожа от страха и едва сдерживая слезы, не отрывал глаз от тропинки.

Наконец на вершине ската показались две точки; немного погодя можно было уже явственно различить Василия, который с усилием тащил Гришку. В то же время на дворе раздался грубый голос Петра:

- Поймали, батюшка; ведут!

Глеб, сопровождаемый всем своим семейством, кроме Ванюши, вышел к завалинке.

В чертах рыбака не отражалось ни смущения, ни суровости. Чувство радости быстро сменяет отчаяние, когда минует горе, и тем сильнее овладевает оно душою и сердцем, чем сильнее была опасность. Глеб Савинов был даже веселее обыкновенного.

Он с усмешкою посмотрел на Акима, повернулся к горе и, приложив ладони к губам, в виде трубы, закричал:

- Тащи его сюда, Васютка, тащи скорей! Так, так! Держи крепче!.. Ну уж погоди, брат, я ж те дам баню! - заключил он, выразительно изгибая густые свои брови.

- Батюшка, Глеб Савиныч, помилуй! - сказал Аким растерянным голосом.

- Помиловать? Ну, нет, сват; жди, пока рак свистнет!.. Миловать не приходится. Я потачки не дам... Отжустерить-таки надо на порядках. Знал бы, по крайности, что баловать не дело делать!

- Отец родной... не бей его... не бей, кормилец!.. Ты только постращай, только... Он и с эвтаго перестанет...

- Полно, батюшка. Ну что ты, в самом-то деле! Он и так бояться станет, - сказала, в свою очередь, Анна.

- И ты туда же! Ну, видно, и в твоей голове толк есть! - отозвался Глеб.

- Нет, матушка, не дело говоришь, - перебил Петр, лицо которого, как только миновала опасность, сделалось по-прежнему мрачным и недовольным, - этак, пожалуй, невесть что в башку заберет! Пущай его страха отведает. Небось не убьют.

В эту минуту из-за угла избы показался Василий, тащивший Гришку.

На мальчике лица не было. Открытая грудь его тяжело дышала; ноги подламывались; его черные, дико блуждавшие глаза, всклоченные волосы, плотно стиснутые зубы придавали ему что-то злобное, неукротимо-свирепое. Он был похож на дикую кошку, которую только что поймали и посадили в клетку.

- Ага, мошенник, попался! Давай-ка его сюда! - закричал Глеб, у которого при виде мальчика невольно почему-то затряслись губы. - Пойдем-ка, я тебя проучу, как щепы подкладывать да дома поджигать... Врешь, не увернешься... Ребята, подсобите стащить его к задним воротам, - заключил он, хватая мальчика за шиворот и приподымая его на воздух.

- Батюшка, помилуй! - отчаянно закричал дядя Аким, удерживая рыбака.

- Взмилуйся, Глеб Савиныч! - завопила Анна.

- Тятька! - закричал неожиданно Ваня, вырываясь из своей засады, бросаясь к отцу и повиснув на руке его. - Тятька, оставь его!.. Пусти! Пусти!.. - продолжал он, обливаясь слезами и стараясь оторвать Гришку.

- Прочь! - сурово сказал отец. - Прочь!

И, оттолкнув от себя жену и сына, вышел к огороду.

Анна, дядя Аким и Ванюша бросились к воротам; но их снаружи придерживали Петр и Василий.

- Батюшка, Глеб Савиныч, побойся бога! - кричала старушка.

- Батюшка, взмилуйся! - кричал Аким, упав на колени.

32

- Тятька! Тятька! - голосил Ваня.

Но все эти крики покрылись скоро голосом Глеба и жалобными визгами Гришки.

Наконец ворота отворились, и Глеб показался с сыновьями.

- Полно вам, глупые! О чем орете? Добру учат! - сказал он, проводя ладонью по высокому лбу, который снова начал прояснываться. - Небось не умрет, будет только поумнее. Кабы на горох не мороз, он бы через тын перерос!.. Ну, будет вам; пойдемте обедать.

Дядя Аким хотел было юркнуть за ворота, но, встретив взгляд рыбака, не посмел и поплелся за всеми в избу.

Во все время обеда Аким не промолвил слова, хотя сидел так же неспокойно, как будто его самого высекли. Как только окончилась трапеза, он улучил свободную минуту и побежал к огороду. Увидев Гришку, который стоял, прислонившись к углу, старик боязливо оглянулся на стороны и подбежал к нему, отчаянно замотав головою.

- Безмятежный ты этакой! Что ты наделал! Ах ты, разбойник такой!.. Мало тебе, окаянному! Мало! - жалобно заговорил Аким, грозно подымая левую руку, между тем как правая рука его спешила вытащить из-за пазухи кусок лепешки, захваченный украдкою во время обеда.

Но тетка Анна успела уже предупредить Акима: в руках мальчика находилась целая лепешка и вдобавок еще горбушка пирога.

Это обстоятельство мгновенно, как ножом, отрезало беспокойство старика. Всю остальную часть дня работал он так же усердно, как утром и накануне. О случившемся не было и помину. Выходка Гришки, как уже сказано, нимало не изменила намерений старого рыбака; и хотя он ни словом, ни взглядом не обнадеживал Акима, тем не менее, однако ж, продолжал оставлять его каждое утро у себя в доме.

Недели полторы спустя после Благовещения Петр отправился в "рыбацкие слободы". Все сомнения исчезли при этом в душе Акима, который с той же минуты поздравил себя батраком рыбака Глеба Савинова.

К сожалению, недолго попользовался дядя Аким новым своим положением.

VII

МАСТАК-РАБОТНИК

Одного месяца не прошло с тех пор, как дядя Аким поселился у Глеба, и уже над кровлей рыбака воздвиглась скворечница. Мы будем говорить беспристрастно и тут же скажем, что скворечница дяди Акима должна была, по-настоящему, служить образцом всем возможным постройкам такого рода. Шутки в сторону: скворечница была действительно замечательна; ее островерхая крышечка, круглое окошечко, крылечко и даже пучок прутьев, живописно прикрепленный сбоку, невольно привлекали взгляды, показывая вместе с тем в строителе величайшего знатока и мастера своего дела. Конечно, обошлось не без хлопот; потребовались даже два воскресенья. Первый день проведен был на дворе и весь ушел на распилку и сколачиванье дощечек; второй день исключительно проведен был Акимом на крыше. Приняв в соображение усердие Акима, можно было подумать, что он сохранил в душе своей непременную уверенность превратиться на днях в скворца и снаряжал скворечницу для себя собственно. Труд Акима, как и следовало ожидать, не возбуждал большого сочувствия; появление скворечницы встречено было грубыми насмешками. Глеб и сын его Василий не переставали трунить над Акимом. Но таков уже удел всех великих произведений при их зародыше! Судите сами, если Глеб и его сын были правы.

Наступило именно то время весны, когда с теплых стран возвращались птицы; жаворонки неподвижно уже стояли в небе и звонко заливались над проталинками; ласточки и белые рыболовы, или "мартышки", как их преимущественно называют на Оке, сновали взад и вперед над рекою, которая только что вступила в берега свои после недельного разлива; скворцы летали целыми тучами; грачи также показались. Можно ли было после этого обойтись без скворечницы? К тому же дядя Аким ясно, кажется, объяснил Глебу и Василию, что трудился над скворечницей единственно с тем, чтобы потешить ребятишек; но ему как словно не давали веры и все-таки продолжали потешаться. К счастию еще, дядя Аким не обращал (так казалось, по крайней мере) большого внимания на такие насмешки: гордый сознанием своих сил, он продолжал трудиться на поприще пользы и с каждым днем сильнее и сильнее обозначал свое присутствие в доме рыбака. Вскоре весь дом и вся окрестность наполнились звуком тех дудочек, которые так искусно умел он делать. Писк и трескотня немолчно зазвучали в ушах Глеба Савинова. Куда бы еще ни шло, если б потешались только Гришка и Ванюшка: легко было отбить у них охоту к музыке; к тому же и сами они умолкали, завидя еще издали старого рыбака. Но горе в том, что дети Петра были точно так же снабжены дудками, и Глеб, не имея духу отнять у малолетних потеху, поневоле должен был выслушивать несносный визг, наполнявший избу. Глеб не обнаружил, однако ж, своего неудовольствия Акиму: все ограничилось, по обыкновению, двумя-тремя прибаутками и смехом; то же самое было в отношении к другим, более или менее полезным выдумкам работника. С некоторых пор в одежде дяди Акима стали показываться заметные улучшения: на шапке его, не заслуживавшей, впрочем, такого имени, потому что ее составляли две-три заплаты, живьем прихваченные белыми нитками, появился вдруг верх из синего сукна; у Гришки оказалась новая рубашка, и, что всего страннее, у рубашки были ластовицы, очевидно выкроенные из набивного ситца, купленного год тому назад Глебом на фартук жене; кроме того, он не раз заставал мальчика с куском лепешки в руках, тогда как в этот день в доме о лепешках и помину не было. Встречаясь с женою, старый рыбак посмеивался только в бороду; в остальном он и виду не показывал. Тайна такого снисхождения заключалась в том, что рыбак убеждался с каждым днем, как хорошо сделал, взяв к себе приемыша. Мальчик был, правда, озорлив, но обнаруживал необыкновенную сметливость, силу и проворство, обещавшие со временем дюжего, ловкого к работе парня. Что ж касается до Акима, Глеб Савиныч и прежде еще не видел в нем проку; время показало, что дядя Аким был годен

34

делать одни скворечницы. Странно как-то выходило всегда, что труды его ровно ни к чему не служили. Иной раз целый день хлопочет подле какого-нибудь дела, суетится до того, что пот валит с него градом, а как придет домой, так и скосится и грохнет на лавку, ног под собой не слышит; но сколько Глеб или сын его Василий ни умудрялись, сколько ни старались высмотреть, над чем бы мог так упорно трудиться работник, дела все-таки никакого не находили.

- Эх ты, сватьюшка Аким, сватьюшка Аким, высоко поднял, брат, да опустил низко; вожжи-то в руках у тебя, в руках вожжи, да жаль, воз-то под горою!.. Эх, пустой выходишь ты человек, братец ты мой! - скажет Глеб Савинов, махнет рукой да и отойдет прочь.

Со всем тем Аким продолжал так же усердно трудиться, как в первые дни пребывания своего в доме рыбака: прозвище "пустого человека", очевидно, было ему не по нутру.

Не знаю, прискучило ли наконец дяде Акиму слушать каждый день одно и то же, или уж так, духом упал он, что ли, но только мало-помалу стали замечать в нем меньше усердия. Вместе с тем и нрав его как-то изменялся. Бывало, шутливый такой, грохочет с утра до вечера, с ребятишками возится или выйдет за ворота скворцом позабавиться: "Эх, самец-то у меня хорош, скажет, вот разве самка бы не опростоволосилась: не сидит, шут ее знает, на яйцах! Нет, не дождаться, знать, птенцов! Так, знать, ни во что пошли труды наши!" - и частенько выкинет при этом такое коленце, что все держатся только за бока и чуть не мрут со смеху. Ну, а теперь совсем не то: ходит - набок голову клонит, как словно кто обидел его или замысел какой на душе имеет; слова не вызовешь: все опостыло ему, опостыла даже и самая скворечница. Несмотря на то, что сбылись задушевные мечты его - самка не только не опростоволосилась, но вывела даже множество птенцов, которые поминутно высовывали из окошечка желтые носочки, - дядя Аким не думал радоваться.

- Что ты, мой батюшка? - спрашивала иногда тетка Анна, единственное существо из всего семейства рыбака, с которым дядя Аким сохранял прежние отношения. - Что не весел ходишь? Уж не хвороба ли какая, помилуй бог? Недужится, може статься... скажи, родимый!

- Нет, матушка, - отвечал обыкновенно дядя Аким глубоко огорченным тоном, - господь терпит пока грехам - силы не отымает. Одним разве наказал меня, грешного...

- Да чем же, батюшка?

- А вот чем, матушка, - отвечал Аким с горькою усмешкою и всегда вздыхал при этом, - вот чем: старость наслал, матушка. Оно не то чтоб добре стар стал: какие еще мои года! Да так уж, видно, для людей состарелся. И делаешь, кажись, не хуже другого, а все не угодишь, все, по-ихнему, как бы не так выходит! То не так, это не так: не в угоду, стало, пришел. И добро бы, матушка, старые люди так-то осуждали: ну, все бы как словно не так обидно! А ведь иной вот живет без году неделю, молоко на губах не обсохло, а туда же лезет тебе в бороду... Вот, примерно, теперь хошь бы твой Васька... Ну, что я ему дался за скоморох такой? Чего он привязался?.. Нет, матушка, так, видно, завелось ноне на свете: дожил до старости, нет тебе ни в чем уваженья, никуда ты не годен!.. Я и тогда говорил: нам,

35

старикам, житья ноне от молодых не стало... Добре много развелось их, матушка, - вот что!

В последнее время дядя Аким особенно как-то не благоволил к Василию. Нерасположение это, начавшееся с того самого утра, когда парень догнал и притащил Гришку, делалось с каждым днем сильнее и сильнее. Василий, подстрекаемый примером отца, подтрунил разочка два над Акимом. Тем бы, может статься, дело и покончилось, если б Аким не показал виду; но Аким, таивший всегда недоброжелательство к молодому парню, не выдержал: он обнаружил вдруг такой азарт, что все, кто только ни находились при этом, даже Ванюша и его собственный Гришутка, - все покатились со смеху. Это, как водится всегда в подобных случаях, пуще еще раззадорило молодого парня. Сначала дядя Аким огрызался; наконец стало не под силу: он замолк и уже с этой минуты стал отворачиваться всякий раз, как встречался с Василием.

Все шло, однако ж, хорошо до тех пор, пока Аким продолжал мало-мальски трудиться. Глеб молчал. Уверившись раз навсегда, что от свата нельзя было многого требовать, он наблюдал только, чтобы сват не ел даром хлеба. Так прошло два месяца. Не знаю, может статься, Акиму показалось наконец обидным невнимание Глеба, или попросту прискучило долго жить на одном месте, или же, наконец, так уж совсем упал духом, но только к концу этого срока стал он обнаруживать еще меньше усердия. Наступил ли праздник, он уходит ни свет ни заря из дому и целый день на глаза не показывается. Несколько раз случалось даже пропадать ему дён на пяток и подолее. Никто не знал, куда он ходит и за какою надобностью. Если спрашивали его об этом, он отвечал обыкновенно с явным неудовольствием, что есть у него свои дела, что идет получать какие-то должишки, или проведать идет такого-то, или же, наконец, что тот-то строго наказывал ему беспременно навестить жену и детей, и проч., и проч. Зная Акима, никто не сомневался, что все эти объяснения сущие выдумки. Возвращался он обыкновенно в дом рыбака измученный, усталый, с загрязненными лаптишками и разбитой поясницей, ложился тотчас же на печку, стонал, охал и так крепко жаловался на ломоту в спине, как будто в том месте, куда ходил получать должишки, ему должны были несколько палок и поквитались с ним, высчитав даже проценты. Такие проделки повторялись чаще и чаще; вместе с ними усиливался лом в пояснице, сопровождавшийся всегда долгим возлежанием на печке.

- Послушай-ка, сват, - сказал Глеб, потерявший наконец терпение, - что ж ты это, в самом деле, а? Помнится, ты не то сулил, когда в дом ко мне просился. Где ж твои зароки?.. Лежебоков и без тебя много; кабы всех их да к себе в дом пущать, скоро и самому придется идти по миру... Ты думаешь, дал господь человеку рот да брюхо, даст и хлеб. Нет, братец ты мой любезный, жирно то будет! На это я тебе скажу вот еще какое слово: когда хочешь жить у меня, работай - дома живу, как хочу, а в людях как велят; а коли нелюбо, убирайся отселева подобру-поздорову... вот что!

Аким ничего не ответил; он тотчас же сел за дело, но весь этот день был сумрачен и ни с кем слова не промолвил.

Вечером, после ужина, он встретился с Анной в том самом переулке, где некогда высекли Гришку.

Выждав минуту, когда хозяйка подойдет к нему (видно было по всему, что дядя Аким никак не хотел сделать первого приступа), он тоскливо качнул головой и сказал голосом, в котором проглядывало явное намерение разжалобить старуху:

- Прощай, матушка Анна Савельевна!

- Что ты, мой батюшка? Куда ты? Христос с тобою! - воскликнула удивленная старуха.

- Да что, матушка, пришло, знать, время, пора убираться отселева, - уныло отвечал Аким. - Сам ноне сказал: убирайся, говорит, прочь отселева! Не надыть, говорит, тебя, старого дурака: даром, говорит, хлеб ешь!.. Ну, матушка, бог с ним! Свет не без добрых людей... Пойду: авось-либо в другом месте гнушаться не станут, авось пригожусь, спасибо скажут.

- Полно, Акимушка, полно, касатик! Брось это! - заговорила старуха, которая хотя и знала, что родственник ее напрасно жаловался на мужа и действительно в последнее время ел даром хлеб, но со всем тем искренно жалела о нем и всячески старалась удержать его. - Брось это, говорю; тебе это, родной, так только в голову вкинулось: полно! В чужих людях хуже еще горя напринимаешься; там тебе даром и рубашонки-то никто не вымоет. По крайности, хошь я здесь: малость, малость, а все пригляжу... Вестимо, свой человек, не чужак какой.

- Спасибо тебе, матушка, на ласковом твоем слове, - перебил Аким. - Я о тебе не говорю: век буду помнить добро твое. А только, воля твоя, мне здесь жить не приходится; так уж, видно, такая судьба моя!.. Сам сказал: ступай, говорит... И сам вижу, лишний я у вас... То не так, это не так - ну, и не надыть! Что ж, матушка, взаправду, в худого коня корм тратить!.. На всех не угодишь, матушка Анна Савельевна! Брань, да попрек, да глумление всяческое, - только я здесь у вас и слышал; спасиба не сказали! А за что? Худых каких делов за мной не было; супротивного слова никто не слышал; не вор я, не пьяница я, не ахаверник какой: за что ж такая напраслина? Трудился я не хуже ихнего: что велят, сделаю; куды пошлют, иду; иной раз ночь не спишь, все думается, как бы вот в том либо в другом угодить... Бог видит мою работу. Я ли не старался, я ли отнекивался от работы? Ну, да не угодил, матушка, нет... Такая уж, видно, судьба моя!.. Пойду, погляжу, авось-либо в другом месте пригожусь. А здесь, матушка, сам вижу, я здесь лишний у вас. Ведь сам ноне сказал: ступай, говорит, тебя мне не надыть!

Тетка Анна принялась снова увещевать его; но дядя Аким остался непоколебим в своем намерении: он напрямик объявил, что ни за что не останется больше в доме рыбака, и если поживет еще, может статься, несколько дней, так для того лишь, чтоб приискать себе новое место.

Случай не замедлил представиться.

Около этого времени одно из самых небольших озер на луговой стороне Оки было снято каким-то вольным рыбаком, переселившимся из другого уезда. Благодаря близкому соседству Глеб и новый рыбак свели знакомство. Озеро находилось всего в двух верстах от площадки, занимаемой Глебом: стоило только переехать Оку, пройти четверть версты песками, усеянными кустами ивняка, и еще три четверти версты лугами. Новый сосед имел мало общего с Глебом Савинычем. Кондратий (так звали озерского рыбака) был уже человек преклонный, самого тихого, кроткого нрава; в одном разве могли они сойтись: оба были одинаково трудолюбивы и опытны в своем ремесле. Кондратий с первого же разу полюбился Глебу, его жене и всему семейству. Особенно полюбил его дядя Аким. Он тут же решил, что лучшего хозяина не сыскать ему, и нимало не сомневался, что сам господь нарочно послал Кондратия ему на выручку. К сожалению, дядя Аким не мог осуществить своих намерений так скоро, как бы ему хотелось. Из разговоров Кондратия оказалось, что он занимается покуда еще стройкой, рыбную ловлю начнет с осени и до того времени не будет, следовательно, нуждаться в работнике. Делать нечего, надо было потерпеть. Хорошо еще, что терпеть приводилось недолго: осень была уже на носу, чему ясным доказательством служили длинные белые волокнистые нитки тенетника, носившиеся в воздухе, а также и дикие гуси, вереницами перелетавшие каждый день Оку. Близость цели подкрепляла Акима. Нимало не сомневаясь, что при малейшей оплошности с его стороны Глеб Савиныч вытурит его взашей из дому и тем самым, может статься, легко даже повредит ему во мнении нового хозяина, он снова принялся за работу. Надо сознаться, однако ж, что усердие Акима возбуждалось не столько последним этим соображением, сколько страхом, который наводил на него, особенно в последнее время, Глеб Савиныч. Дядя Аким хорохорился только в присутствии Гришутки, Ванюши да еще тетушки Анны - ей одной передавал свои замыслы; в присутствии же старого рыбака он сохранял постоянно свой жалкенький, сиротский вид; один взгляд Глеба обдавал его потом. По поводу этого страха положение дяди Акима делалось день ото дня затруднительнее. Наступила наконец осень; уже полились дожди, уже первый снег выпал, а между тем дядя Аким все еще не мог придумать средства, как бы половчее высвободиться из когтей Глеба Савиныча. Так, попросту, сказать ему: "Не хочу, мол, у тебя оставаться!" - духу не хватает: осерчает добре, даром что сам гнал от себя. Убежать? Глеб Савиныч не токмо за две версты - и на дне океана-моря сыщет. Завалиться без просыпу на печку и дожидаться, пока не вытурят тебя взашей из дому, как словно и того страшнее. Как тут быть? Не больно, кажись, мудрое дело, ан - лих его! - не дается.

Но недолго помучился так-то дядюшка Аким: судьба сжалилась, видно, над ним и сама взялась распутать за него все затруднения.

Вот как это случилось.

Был один из тех ненастных, студеных дней, какие часто встречаются к концу осени, - один из тех дней, когда самый опытный пахарь не скажет, зима ли наступила наконец или все еще продолжается осень. Снег валил густыми, липкими хлопьями; гонимые порывистым, влажным ветром, они падали на землю, превращаясь местами в лужи, местами подымаясь мокрыми сугробами; клочки серых, тяжелых туч быстро бежали по небу, обливая окрестность сумрачным светом; печально смотрели обнаженные кусты; где-где дрожал одинокий листок, свернувшийся в трубочку; еще печальнее вилась снежная дорога, пересеченная кое-где широкими пятнами почерневшей вязкой почвы; там синела холодною полосою Ока, дальше все застилалось снежными хлопьями, которые волновались как складки савана, готового упасть и окутать землю... В такой-то именно день Глебу встретилась крайняя надобность повидаться с дедушкой Кондратием: требовалось получить с соседа деньжонки за солому, взятую им на покрышку кровли. Срок платежа вышел уже неделю тому назад, и хотя Глеб нимало не сомневался в честности озерского рыбака, но считал, что все же надежнее, когда деньга в кармане; не долго гадая и думая, послал он туда дядю Акима. Он и сам бы сходил - погода ни в каком случае не могла быть ему помехой, - но пожалел времени; без всякого сомнения, плохой его работник не мог провести день с тою пользою для дома, как сам хозяин. Впрочем, дядя Аким сам охотно вызвался сходить к Кондратию.

Аким поспешно нахлобучил шапку, прикутался в сермягу и вскоре исчез за снегом.

Никто не ждал от него скорого возвращения: все знали очень хорошо, что дядя Аким воспользуется случаем полежать на печи у соседа и пролежит тем долее и охотнее, что дорога больно худа и ветер пуще студен. Никто не помышлял о нем вплоть до сумерек; но вот уже и ночь давно наступила, а дядя Аким все еще не возвращался. Погода между тем становилась хуже и хуже; снег, превратившийся в дождь, ручьями лил с кровель и яростно хлестал в окна избы; ветер дико завывал вокруг дома, потрясая навесы и раскачивая ворота.

- Что же он нейдет, в самом-то деле? Уж, помилуй бог, не прилунилось ли чего? - проговорила Анна, заботливо поправляя лучину.

- Эх ты, матушка ты моя, - подсмеиваясь, прибавил Глеб, стругавший у порога новое весло, - вестимо, прилучилось: я чай, корчится сердечный, зазяб совсем, зуб с зубом не сведет... лежа на печи у соседа.

Василий, детки и жена Петра громко захохотали.

В ответ на это за дверью сеней послышалось неожиданно глухое стенание.

Глеб стукнул кулаком в дверь и отворил ее настежь.

- Кто там?

- Я... я... о-о! - отозвался дрожащий, едва внятный голос, по которому все присутствующие тотчас же узнали дядю Акима.

Хозяйка схватила лучину, выбежала в сени и минуту спустя ввела своего родственника.

Аким действительно корчился от стужи, но только не на печи Кондратия, а в собственной сермяге, насквозь пропитанной дождем; вода лила с него, как из желоба. Он дрожал всем телом и едва стоял на ногах.

- Ну, у-у, совсем, знать, разломило, - сказал Глеб, подпираясь веслом и приподымаясь на ноги. - Принес ли, по крайности, хоть деньги-то?

- У-у-у, - отвечал Аким, прикладывая дрожащую руку к пазухе и принимаясь трястись пуще прежнего.

- Ладно, вижу, - промолвил рыбак (взял деньги, вынул их из тряпицы и сосчитал). - Ладно, - заключил он, - ступай скорей на печку... Много трудов принял ноне, сватьюшка!.. Я чай, и завтра не переможешься: отдыхать да греться станешь?

В этот вечер много было смеху, к совершенному неудовольствию тетки Анны, которая не переставала вздыхать и ухаживать за своим родственником. Но веселое расположение Глеба превратилось, однако ж, в беспокойство, когда увидел он на другой день, что работник его не в шутку разнемогся.

"Вот скучали, хлопот не было, - думал рыбак, - вот теперь и возись поди! Что станешь с ним делать, коли он так-то у меня провалится зиму? И диковинное это дело, право, какой человек такой: маленько дождем помочило - невесть что сделалось, весь распался, весь разнедужился... Эх! Я и прежде говорил: пустой человек - право, пустой человек!"

Предчувствия не обманули Глеба. Дядюшка Аким подавал надежду пролежать если не всю зиму, так, по крайней мере, долгое время. Он лежал пластом на печи, не принимал пищи, и лишь когда только мучила жажда, подавал голос. Так прошло несколько дней.

Раз вечером, когда все семейство рыбака, поужинав, собиралось спать, с печки нежданно послышались раздирающие стоны.

- Чего тебе? - нетерпеливо спросил Глеб.

- Батюшка, - проговорил Аким прерывающимся голосом, - чую... ох... чую, смерть моя близко!.. Не дайте... отцы... помереть без покаяния!..

Глеб кивнул головой Василию, вышел с ним в сени и велел сходить как можно скорее в Сосновку за священником.

Минуту спустя посреди свиста ветра и шума дождя раздались шаги удаляющегося парня.

Василий возвратился с священником поздно в ночь на телеге. Исповедавшись и причастившись, больной как будто успокоился, и несколько часов не слышно было его голоса. Но в полдень стоны его раздались с новой силой. Больной стал призывать по имени то того, то другого. Семейство рыбака, не выключая Василия, который только что вернулся из Сосновки, окружило Акима, уже перенесенного на лавку под образа. Никто не плакал, но ни одно лицо не выражало равнодушия. Все молча, задумчиво смотрели на бледное, изрытое лицо больного, слегка освещенное серым осенним днем.

- Чего тебе, кормилец мой? - спросила Анна, наклоняясь к нему и едва сдерживая слезы.

- Гри... Гришутку!.. - мог только произнести умирающий.

Глеб взял мальчика и поставил напротив лавки.

Дядя Аким устремил на него мутный, угасающий взор. Долго-долго смотрел он на него, приподнял голову, хотел что-то сказать, но зарыдал как дитя и бессильно опустил голову, между тем как рука его, очевидно, искала чего-то поблизости.

- Полно, касатик! Что убиваешься! Авось, бог милостив... Полно! - проговорила Анна, закрывая лицо фартуком.

Дядя Аким покачал головою, повернулся лицом к мальчику и снова устремил на него потухающий, безжизненный взор.

- Смотри, Гриша, - проговорил он наконец, делая усилия, чтобы его слова внятно дошли до слуха присутствующих, - вот я скоро... Ты теперь один останешься! Смотри... слушайся во всем... Глеба Савиныча... Почитай его пуще отца... Прощай... Гриша!.. Гриша!..

Дядя Аким взял руку мальчика, положил ее к себе на грудь и, закрыв глаза, помолчал немного. Слезы между тем ручьями текли по бледным, изрытым щекам его.

В той стороне, где стояла Анна, послышались затаенные рыдания.

- Глеб, - начал снова дядя Аким, но уже совсем ослабевшим, едва внятным голосом. - Глеб, - продолжал он, отыскивая глазами рыбака, который стоял между тем перед самым лицом его, - тетушка Анна... будьте отцами... сирота!.. Там

40

рубашонка... новая осталась... отдайте... сирота!.. И сапожишки... в каморе... все... ему!.. Гриша... о-ох, господи.

Дядя Аким хотел еще что-то сказать, но голос его стал мешаться, и речь его вышла без складу. Одни мутные, потухающие глаза все еще устремлялись на мальчика; но наконец и те стали смежаться...

Глеб перекрестился, сложил руки покойника, снял образ и положил ему на грудь.

Дети, бледные и дрожащие от страха, побежали с плачем и воем в сени.

В избе остались сноха, Глеб, Василий и Анна, которая стояла уже на коленях и, обняв ноги покойника, жалобно причитывала.

Глеб приказал Василию сходить на озеро за дедушкой Кондратием и попросить его почитать псалтырь, а сам тотчас же отправился заняться приготовлениями к похоронам.

На крыльце встретил он Гришу и Ваню. Оба терли кулаками глаза и заливались навзрыд.

- Полно, Гриша, - сказал рыбак, гладя его по голове, - не плачь, слезами тут не пособишь... перестань... О чем плакать! Воля божья...

- Как же не плакать-то, - возразил Гришка, горько всхлипывая, - как же? Ведь вот он один сапог-то сшил, а другого не сшил... не успел... так один сапог теперь и остался!

- Ну, есть о чем крушиться! Эх ты... глупый, глупый! Ну, а ты о чем? - спросил он, поворачиваясь к сыну.

- Как же, дядюшка-то? Ведь, я чай, жаль его! - отвечал Ваня, рыдая на весь двор.

Глеб Савинов подавил вздох, провел ладонью по высокому лбу и медленно пошел сколачивать гроб для дядюшки Акима.

VIII

ДЕТСТВО

...Уныло воет ветер в дождливую, холодную осень. Прислушайтесь: слышите, с каким суетливым беспокойством шарит он вокруг каждого кусточка и стебля, как будто отыскивая там что-то забытое или утраченное. Он заглядывает в каждое дупло, в каждую скважину, поднимает каждый поблекший листок, каждую травку и, как путник, вернувшийся на родину, который вместо уютного крова находит всюду одну глухую пустыню, мчится далее, к темному лесу, неся на плечах своих гряды сизых туч - нажитое богатство! Но помертвелый лес, окутанный туманным своим саваном, не встречает уже его ласковой речью, не кивает ему приветливо кудрявой головой. Отчаянный рев ветра сменяется тогда тоскливым плачем и ропотом. Серые тучи нависли и нахмурились. Поля, лощины и леса окропились прощальною слезою. И вот снова, как бы негодуя на свою слабость, ветер одним махом подобрал сизые тучи, бросился к опушке и, взметнувшись вихрем, помчался далее, увлекая на пути мокрые, желтые листья. Этот унылый вой, неотвязчиво надрывающий сердце, ненастье и слякоть, его сопровождающие, прискучили даже поселянину, привыкшему ко всяким непогодам. Но вот пришла наконец и "зимняя Матрена", поднялась зима на ноги; прилетели морозы с "железных гор". Река стала. Резко зазвучали колеса на колкой, мерзлой дороге, захрустели в колесах ледяные иглы, весело блеснули на солнце длинные ледяные сосульки, облепившие бахромою окна и кровли избушек. Выпал первый снег. Шумною толпой выбегают ребятишки на побелевшую улицу; в волоковые окна выглядывают сморщенные лица бабушек; крестясь или радостно похлопывая рукавицами, показываются из-за скрипучих ворот отцы и старые деды, такие же почти белые, как самый снег, который продолжает валить пушистыми хлопьями. Наступила пора всеобщего отдыха. Работы решены: уж обмолотились. С трудом вызовешь теперь мужичка из теплой избы, окутанной соломой, припертой жердями и полузанесенной снегом. Разве приведется съездить в соседний лес за валежником, или нужда велит идти с обозом. И снова спешит он в теплую избу свою. Котко летят его пустые санишки по буграм и раскатам, нетерпеливо взглядывает он из-под рогожи в снежную даль... "Прочь с дороги!" Там сквозь сумерки уже мелькает огонек, приветливо подымается витая струя дыма над трубным горшочком. Чаще и чаще покрикивает он на клячу; но кляча сама уже почуяла стойло и во всю скачь помчалась с косогора. Сладко ведь отдохнуть и порасправить кости после тяжкого страдного лета и многозаботной осени.

Но в рыбацком ремесле совсем иное дело. Рыбак вольнее пахаря, но зато ремесло его позаботливее. Он не знает зимы. На озерах рубит он "окна" (проруби), чтоб рыба не мерла от "придухи"; на реках расчищает снег, высматривает спящую, прижавшуюся ко льду щуку, "глушит" ее обухом, взламывает лед и тащит свою добычу. Хлебец лежит себе да лежит в закроме до красной цены, до сходного времени, - лежит, и нечего кроме добра от него чаять. Рыба - живая тварь: штука поймать ее, а сбыть еще мудренее. Поди-ка таскайся с нею по базарам, прикидывайся к ценам: сегодня берем живьем, завтра давай мерзлую, а тронуло мало-мальски теплом - пошел ни с чем. Хлебец везде и всегда надобен; рыба не то: товар временной.

И уж зато как же радовался Глеб, когда, покончив дела свои, померзнув день-деньской на стуже, возвращался к вечеру в избу и садился плесть свои сети. В эти долгие зимние вечера заходила иногда речь о покойном дяде Акиме. Мало-помалу, однако ж, воспоминания эти, сопровождавшиеся вначале печальными возгласами тетки Анны, делались реже и реже. Изредка лишь, и то при случае, Глеб и Василий расскажут какую-нибудь выходку "мастака-работника" (так, смеясь, называли всегда покойника); но, слушая их, уже редко кто нахмуривал брови, - все охотно посмеивались, не выключая даже добродушной тетки Анны и приемыша, который начинал уже привыкать к новым своим хозяевам.

Сближение Гришки с семейством рыбака происходило медленно. Он оставался на вид все тем же полудиким, загрубелым мальчиком, продолжал по-прежнему глядеть исподлобья и ни слова не произносил, особенно в присутствии Глеба. Трудно предположить, однако ж, чтоб мальчик его лет, прожив пять зимних месяцев постоянно, почти с глазу на глаз с одними и теми же людьми, не сделался сообщительнее или, по крайней мере, не освободился частию от своей одичалости; это дело тем невероятнее, что каждое движение его, даже самые глаза, смотревшие исподлобья, но тем не менее прыткие, исполненные зоркости и лукавства, обозначали в нем необычайную живость. Оно в самом деле так и было. Наступившее лето показало, что только постоянное присутствие Глеба, которого боялся Гришка пуще огня, заставляло его прикидываться таким смирнячком. Живой и буйный нрав Гришки развернулся вполне, как только ему и Ване предоставлена была полная волюшка рыскать по окрестности. Свобода и несколько глотков свежего, вольного воздуха превратили, казалось, кровь его в огонь: он жил как волчонок, выпущенный в поле. Новая жизнь, раздолье и простор самой местности пришлись ему, очевидно, более по сердцу, чем скучные деревушки и дымные избы, в которых провел он с Акимом первые годы своего детства. Тут уже самый страх, наводимый на него Глебом, не в силах был обуздать его резвости. Жену Петра и Василия он в грош не ставил. Над тетушкой Анной, которая иной раз бралась увещевать его, он просто смеялся. Гришка помыкал Ваней, как будто сам был любимый хозяйский сын, а тот - чужой сирота, Христа ради проживавший в доме. Он бил и колотил его часто даже без всякой причины и удержа. Раз дело зашло так далеко, что Ваня пожаловался матери; впрочем, и без этого синяки Вани не преминули бы уличить Гришку. Тетка Анна погрозила рассказать все отцу. К вечеру Глеб натер Гришке вихры. На другое же утро у Анны пропали нитки и ножницы. Искали, искали - все напрасно. Наконец после трех дней бесполезного шарканья по всем возможным закоулкам затерянные предметы были найдены между грядами огорода, куда, очевидно, забросила их чья-нибудь озорная рука, потому что ни тетка Анна, ни домашние ее не думали даже заходить в огород. Гришка был шибко, больно наказан. Но на другой же день голос его снова загремел на дворе, и снова начались шалости. В играх и затеях всякого рода он постоянно первенствовал: он иначе не принимался за игру, как с тем, чтобы возложили на него роль хозяина и коновода, и в этих случаях жутко приходилось всегда его товарищу: но стоило только Глебу напасть на след какой-нибудь новой шалости и потребовать зачинщика на расправу, Гришка тотчас же складывал с себя почетное звание коновода и распорядителя, сваливал всю вину на сотрудника и выдавал его обыкновенно с руками и ногами.

Со всем тем Ваня все-таки не отставал ни на шаг от приемыша; он даже терпеливо сносил толчки и подзатыльники. Такое необычайное снисхождение могло происходить частью оттого, что Гришка наводил страх на него, частью, и это всего вероятнее, Ваня успел уже привязаться к Гришке всею силою своего детского любящего сердца.

Теперь перейдем к одному обстоятельству в жизни двух мальчиков, которое, можно сказать, решило впоследствии судьбу их.

Раз как-то, в прекрасный июльский день, Гришка и Ваня покачивались в челноке, который крепился к берегу помощью веревочной петли, заброшенной за старое весло, водруженное в песок. Но, может быть, читатель не знает, что такое рыбацкий челнок. Челнок рыбака совсем не то, что челнок обыкновенный: это - узенькая, колыхливая лодочка с палубой, посреди которой вырезано круглое отверстие, закрывающееся люком; под этой палубой может поместиться один только человек, да и то врастяжку; в летнее время у рыбака нет другого жилища:

ночи свои проводит он в челноке. С вечера забирает он "верши"[5], уезжает в реку, забрасывает их, завязывает концы веревок к челноку и бросает маленький якорь; после этого рыбак крестится, растягивается на дне палубы, подостлав наперед овчину, закрывает люк; тут, слегка покачиваясь из стороны в сторону в легкой своей "посудине", которая уступает самому легкому ветерку и мельчайшей зыби, засыпает он крепчайшим сном.

Гришка сидел на корме челнока и, свесив смуглые худые ноги свои через борт, болтал ими в воде. Ваня сидел между тем в трюме, и наружу выглядывало только свежее, румяное личико его. Белокурая голова мальчика, освещенная палящими лучами полуденного солнца, казалась еще миловиднее и нежнее посреди черных, грубо высмоленных досок палубы.

- Знаешь что, Ванюшка? - сказал Гришка, неожиданно перебрасывая левую ногу через борт и садясь верхом на корму.

- Ну?

- Переедем на ту сторону.

- А тятька? - произнес Ваня, поворачивая испуганные глаза на собеседника.

- Да ведь его теперь дома нет: в Сосновку ушел.

- Ну, а как вернется?

- Глупый!.. Да мы к тому времени давно здесь будем.

И, не дожидаясь возражений, он быстро скакнул на берег; но руки его никак не могли перекинуть петлю через конец весла, и он принялся раскачивать его изо всей мочи.

- Тронься только с места, сойди только, так вот тебя тут и пришибу! - сказал он, показывая кулак Ванюшке, который, испугавшись не на шутку дерзости предприятия, карабкался из отверстия.

- Вишь какой! Ведь, я чай, страшно.

- Чего?

- Ну, а как нас вон туда - в омут понесет! Батя и то сказывал: так, говорит, тебя завертит и завертит! Как раз на дно пойдешь! - произнес Ваня, боязливо указывая на противоположный берег, где между кустами ивняка чернел старый пень ветлы.

- А зачем нас туда понесет? Я чай, мы будем грести наискось... Рази ты не видал, как брат твой Василий управляется? Вишь: река вон туда бежит, а мы вон туда станем грести, все наискось, вон-вон, к тому месту - к дубкам, где озеро.

- Да ты думаешь, река-то узка? Не управишься: потонем!

- А небось широка, по-твоему? Эх ты! - нетерпеливо возразил Гришка.

Ширина больших рек действительно обманывает глаз. Так бы вот, кажется, и переплыл; а между тем стоит только показаться барке на поверхности воды или человеку на противоположном берегу, чтобы понять всю огромность водяного

---

[5] Род продолговатых корзин, сплетенных из хвороста; один конец верши сведен конусом, другой открыт для входа рыбы, которая уже не может вернуться назад, задерживаемая другим плетенным из хвороста конусом, острие которого обращено внутрь. Сбоку приделано окошечко для вынимания рыбы. К острому концу верши привязывается камень для погружения ее в воду. Верша вынимается из воды помощью веревки, привязанной к кольцу из хвороста. (Прим. автора.)

пространства: барка кажется щепкой, голос человека чуть слышным звуком достигает слуха.

Весло, глубоко вбитое в песок, плохо уступало, однако ж, усилиям Гришки. Нетерпение и досада отражались на смуглом остром лице мальчика: обняв обеими руками весло и скрежеща зубами, он принялся раскачивать его во все стороны, между тем как Ваня стоял с нерешительным видом в люке и боязливо посматривал то на товарища, то на избу.

Наконец весло повалилось.

- Полно, Гришка! Оставь лучше.

- А вот погоди... вот! - отвечал приемыш, схватил весло, припер грудью челнок, пустил его на воду и одним прыжком очутился на палубе.

На все это потребовалась одна секунда, и Ваня не успел опомниться, как он и его товарищ были уже далеко от берега. Но сколько Гришка ни размахивал веслом, заставляя своего товарища накренивать челнок то на один бок, то на другой, их понесло течением реки в совершенно противоположную сторону от дубков. Сердце сильно застучало в груди обоих мальчиков, когда увидели они себя так далеко от дома. Страх овладел ими еще пуще, когда челнок, вертясь и повинуясь быстрому течению, стал приближаться к черному пню старой ветлы. Гришка вскрикнул, выпустил весло и прицепился к краям борта. Ваня исчез под палубой и забился в угол. Оба заплакали. Отчаяние их не было, однако ж, продолжительно.

- Проехали! Омут проехали! - воскликнул неожиданно Гришка.

Ваня высунул голову из люка и, как бы внезапно пробуждаясь от сна, с испугом оглянулся.

Старый пень находился уже позади их. Челнок быстро несся к берегу. Сделав два-три круга, он въехал наконец в один из тех маленьких, мелких заливов, или "заводьев", которыми, как узором, убираются песчаные берега рек, и засел в густых кустах лозняка. Мальчики ухватились за ветви, притащили челнок в глубину залива и проворно соскочили наземь. Страх их прошел мгновенно; они взглянули друг на друга и засмеялись.

- Ну, а как же мы назад-то поедем, без весла-то? - сказал вдруг Ваня, и личико его снова отуманилось.

- А вот что, - возразил с живостию Гришка, - мы пойдем на озеро к дедушке Кондратию: он нас перевезет.

- И то, и то! Да куда ж идти-то? - радостно подхватил Ваня.

- Выйдем на луг: там оглянемся. Отселева, из-за кустов-то, озера не видно... Пойдем.

- А заблудимся?

- Эвось-на! Разве эти кусты-то не видал ты с нашего берега?.. Идут недалече! Сейчас луга пойдут, а там и озеро... Ну, валяй!

И оба побежали, перепрыгивая поминутно через сыпучие песчаные овражки, заросшие широкими серо-зелеными листьями лопуха. Темная зелень ежевичника и осоки, смешиваясь с глянцевитою, серебристою листвою ветлы и ивы, обступала стеною наших мальчиков. На песок выбегали, переплетаясь между собою, черные узловатые корни, кругом обмытые весеннею водою. Попав раз в этот тесный лабиринт, шалуны сами не знали уже, как выбраться. Над головами их подымались со всех сторон и высоко убегали в синее небо обнаженные ветви, покрытые кое-где косматыми пучками сухих трав, принесенных на такую высоту весеннею водою, которая затопляет луговой берег верст за семь и более. Вершины ветел усеяны были обезображенными корягами, засевшими также во время водополья. Бесчисленное множество дорожек изгибалось по всем возможным направлениям. Изредка, впрочем, открывались ровные, гладкие площадки тонкого песку, усеянные мелкими белыми раковинами и испещренные лапками речных куликов. Близость реки всюду сказывалась. В тени чувствовалась свежесть. Запах сырого песку, смешиваясь с запахом лопуха, разливался в воздухе. Набегавшись вдоволь, запыхавшись так, что едва переводили дух, наши мальчики наконец остановились.

- Ну, где ж луга-то? Вишь, нету! - сказал Ваня, отирая рукою пот, струившийся по раскрасневшемуся лицу его.

Гришка оглядывался во все стороны. В смуглых чертах его не было ни малейшего признака смущения.

- Постой! Шт! Молчи! Я слышу чей-то голос! - произнес он, неожиданно приподняв руку.

Оба стали прислушиваться.

В самом деле, посреди слабого шелеста насекомых раздался вдруг тоненький-тоненький голосок. Голос, приближавшийся постепенно, напевал песню.

- Слышь, Ваня?

- Слышу.

- Пойдем туда! Слышь, девчонка поет! - сказал Гришка.

- Ну, пойдем.

Но не успели они сделать несколько прыжков, как уже очутились прямо против певуньи.

То была хорошенькая девочка лет восьми, с голубыми, как васильки, глазами, румяными щечками и красными смеющимися губками; длинные пряди белокурых шелковистых волос сбегали золотистыми изгибами по обеим сторонам ее загорелого, но чистенького, как словно обточенного личика. Она собирала валежник. Связка сухих ветвей лежала на руке девочки и, свесившись немного набок, обнажала полное загорелое плечико, привлекательно круглившееся на складках белой рубашки, которая прикрывала только до колен ее тоненькие быстрые ножки. Застигнутая врасплох, певунья остановилась как вкопанная, пугливо взглянула на мальчиков и, раскрыв губки, выпустила валежник, который, ветка за веткой, посыпался на песок.

- И то девчонка! Ишь ее как распевает! - сказал Гришка, осматривая ее с любопытством.

- Ты чья? - спросил Ваня.

Девочка молчала. Валежник продолжал сыпаться к ногам ее.

- Что ж ты не говоришь ничего?

- Запужалась добре: знает, с разбойниками повстречалась! Ведь мы разбойники! - воскликнул Гришка, подпираясь в бока кулаками и страшно хмуря брови.

- Вишь... как же... разбойники! - проговорила девочка, ободренная смехом Ванюши.

- Вестимо, разбойники!

46

- Да ты отколе? - продолжал расспрашивать Ваня.

- А с озера, чай! - отвечала девочка.

- С какого озера?

- А вам зачем? С озера...

- Постой, Ванюша: я вот ее... Она у меня скажет! - произнес Гришка, делая шаг к девочке.

- Тронь только! - вскрикнула она, схватывая ветку и становясь в оборонительное положение. - У меня тут вот тятька за кустами: он те даст!

- А кто твой тятька? - спросил Гришка, озираясь на стороны.

- А дядя Кондратий, чай, - вот кто!

- Эвона! Ведь мы его знаем!

- Да вы отколь? - бойко спросила девочка.

- А мы с речки: мы рыбаки!

- Уж и рыбаки! - возразила девочка, сомнительно посматривая на мальчиков.

- Не веришь?

- Нет, вы мальчишки: рыбаки-то, я чай, с бородами.

- А рази у всех бороды-то?

- У всех, - лаконически отвечала девочка, нагибаясь и принимаясь подбирать валежник.

- Ты говоришь, тятька твой близко, - произнес Ванюша, - что ж его не слыхать?

- А он вот там, за кустами.

Действительно, неподалеку послышался стук топора.

- Дуня! - проговорил вслед за тем протяжный, спокойный голос. - С кем это ты там калякаешь?

Девочка подняла ветви, положила их на плечо и, не взглянув даже на мальчиков, побежала в ту сторону, откуда раздался голос.

Гришка и Ваня последовали за нею, и вскоре все трое очутились у опушки кустов, где начинался уже луг, сначала желтый, редкий, перемешанный с песком, но постепенно зеленеющий и убегающий в необозримую даль, задернутую переливающимися струями раскаленного воздуха.

Тут, под синеватою тенью раскидистых ив, сидел старик лет шестидесяти. Его белые как снег волосы, волною ниспадавшие до плеч, придавали ему вид самый почтенный, патриархальный, чему немало также способствовало выражение неизъяснимого спокойствия, кротости и добродушия, разлитое во всех чертах его. Его обнаженный лоб, виски и щеки усеяны были теми мелкими, тоненькими морщинками, которые даются только тихою, спокойною жизнию. Жизнь старика отражалась, впрочем, еще яснее в светло-голубых глазах его, смотревших с какою-то детскою простотою. Это был дедушка Кондратий, озерский рыбак и отец Дуни. Подле него лежала с одной стороны начатая верша, с другой - ворох красноватых прутьев лозняка.

- Э-э! Так вот это ты с кем калякала! То-то, слышу я: та, та, та... Отколь вы, молодцы? Как сюда попали? - сказал старик, потряхивая волосами и с улыбкою поглядывая на мальчиков.

Мальчики, перебивая друг дружку, рассказали повесть первых своих неудач на мореходном поприще; оба просили дедушку перевезти их на ту сторону.

- Перевезти-то я вас перевезу, а только в другой раз, смотрите, ребятенки, одни

47

так-то по реке не пускайтесь. Скажи на милость, баловники какие!.. А? Одни без спроса по реке ездят! Ну, долго ли до греха? Где вам еще управиться!.. Слава те, господи, в омут не попали! Что бы сказал тогда Глеб-то Савиныч? Ну, ступайте на озеро за веслом... Что с вами станешь делать!.. Дуня, подь-ка, матушка, с ними, укажи дорогу, а сама назад не приходи. Я только вот перевезу их, да и домой... Ну, ребятушки, в бежки! Кто попрытчее из вас! Ну-ткась, ну-ткась, я погляжу...

Проводив их глазами, старик снова уселся за свои верши.

Спустя немалое время Гришка и Ваня возвратились, таща на плечах весло и багор. Солнце высоко еще стояло в небе, когда оба очутились на берегу. Все сошло благополучно. Глеб Савиныч ничего не приметил. Но переправы через Оку и встречи с дочкой Кондратия не замедлили вскоре возобновиться. Это произошло вот по какому случаю: раз как-то в разговоре с Глебом дедушка Кондратий вызвался выучить грамоте Гришку и Ваню. Глеб долго смеялся над таким предложением: он вообще терпеть не мог всего того, что мало-мальски отклоняет работника от прямого пути и назначения. О грамоте он и слышать не хотел, называл ее самым пустячным и негодным делом.

- Наша доля невод таскать, а не в книжки читать! - говорил он. - Видал я много этих книжников-то, что разумны больно... Вот, примером сказать, знал я одного: так же, как мы с тобою, рыбак был, - Ковычкой звали. Все книжки, какие только исписаны, вытвердил, а толку никакого: пустой был самый человек! Сначатия-то, до книг, все еще, куда ни шло, работал; ну, а как далась ему эта грамота, добре стал хмельным делом зашибаться... Это первое; а хуже всего то, что зачитался: ум за разум зашел - вот что!.. Нашему брату это не годится. Бывало, заговоришь с ним - и пошел писать языком. Иной раз такое тебе сбрендит, и в толк не возьмешь. Самый пустой был человек! А все отчего? Все от эвтих книг, право так!

Дедушка Кондратий не возражал: он мерекал иначе об этом деле. Сверх того, он знал, что настаивать в этом деле - значит только заставить Глеба еще пуще крепиться и упираться. Основываясь на этом, он не пропускал случая исподволь заманивать к себе ребятишек. Гришка и Ваня очень охотно следовали за стариком. Дни, проводимые ими на озере, удаляли их от дома - обстоятельство, имеющее всегда много привлекательного для детского возраста. Глеб тотчас же смекнул, зачем Кондратий уводил мальчиков; но так как сосед не перечил ему в его мнениях касательно грамоты, он смотрел на эти проделки сквозь пальцы. Он ограничивался тем только, что подтрунивал над ребятишками, называя их "дьячками" и "грамотниками" - прозвище, которого они далеко, впрочем, не заслуживали. Грамота шла из рук вон плохо. Дедушка Кондратий, в простоте своего сердца, рассчитывал на усердие учеников: сам он не мог уделить им много времени. Жена его умерла вскоре после родов дочки. Он да наемный работник должны были управляться и по ремеслу и по хозяйству. Доброта его также немало располагала ребят к лени и ничегонеделанью. Знали хорошо, что дедушка только вот побранит разве, и в ус себе не дули. Большую часть дня играли они с Дуней или рыскали по берегам озера. В три года оба едва-едва разбирали склады.

К концу этого срока Ваня начал, однако ж, чаще сидеть в доме дедушки Кондратия; внимательнее следил он за дрожащим, сморщенным пальцем старика, когда тот водил по ветхим страничкам букваря. Гришка между тем продолжал повесничать. Он готов был десятки раз влезть на макушку самого высокого дуба, чем посидеть минутку за букварем дедушки Кондратия. Сидячая жизнь не отвечала его живому, буйно-неукротимому нраву. В то время как Ваня и Дуня проводили вечера неразлучно с дедушкой, Гришка пропадал на лесистых берегах озера, снимал галочьи гнезда, карабкался на крутых обрывах соседних озер и часы целые проводил, повиснув над водою, чтобы только наловить стрижей (маленькие птички вроде ласточек, живущие в норках, которыми усеяны глинистые крутые берега рек и озер). Ведь, кажется, легче было бы ему сидеть со стариком, чем висеть над обрывом и целые часы, не переводя духу, караулить какого-нибудь стрижа; однако ж он предпочитал последнее. По тринадцатому году он уже управлял веслом не хуже Василия, переплывал Оку взад и вперед без одышки, нырял как рыба. Любимым занятием его было преследовать караваны барок, которые показывались на реке, и перебраниваться с лоцманами и бурлаками. Стоя на палубе вертлявого челночка и управляясь одним веслом, он как вьюн вилял между узенькими промежутками быстро несущихся расшив, всех удивляя своей смелостью и удалью. Мало-помалу Глеб начал приучать Гришку и Ваню к ремеслу. Тут удаль приемыша несколько поугомонилась; он был, однако ж, ловок и сметлив и скоро понял дело. Впрочем, и Ваня не отставал от него. Вся разница заключалась в том лишь, что сын рыбака делал дело без крику и погрому, не обнаруживая ни удали, ни залихвачества; но тем не менее дело все-таки кипело в его руках и выходило прочно. В воскресные и праздничные дни они отправлялись обыкновенно на озеро. Чуть только забрезжит заря - они уж там. Дочка Кондратия была единственным товарищем по летам обоих парнишек. Дедушку Кондратия не больно радовали такие посещения: все, бывало, вверх тормашкой поставят в его лачуге, не оставят даже в покое самого озера, гладкую поверхность которого с утра до вечера режут челноком по всем направлениям. Хуже всего то, что в этих играх, посреди которых слышался всегда громче других голос Гришки, не обходилось без побоищ. Нередко даже старик заставал свою Дуньку со слезами на глазах и всклоченными волосами; но Дуня никогда не жаловалась на Гришку; напротив того, несмотря на всегдашнее заступничество Вани, она присоединялась к приемышу, и оба подтрунивали над сыном Глеба; нередко даже соединенными силами нападали они на него. Такое предпочтение приемышу продолжалось, однако, до известного времени: с возрастом чувства девочки разделялись, казалось, поровну между товарищами детства; привязанность ее к обоим была, по-видимому, одинакова. Быстро мелькают золотые дни беспечного, веселого детства! Ваня и приемыш незаметно почти превратились в юношей. Оба они сменили уже Василия. Глеб Савиныч женил его и отпустил за братом Петром в "рыбацкие слободы" - благо сходно было ему иметь теперь под рукою двух молодцов-работников. Не нарадуется, бывало, Глеб Савиныч, глядя на Гришку.

"Чтой-то за парень! Рослый, плечистый, на все руки и во всякое дело парень! Маленечко вот только бычком смотрит, маленечко вороват, озорлив, - ну, да не без этого! И в хорошем хлеву мякина есть. И то сказать, я ведь потачки не дам: он вороват, да и я узловат! Как раз попотчую из двух поленцев яичницей; а парень ловкий, нече сказать, на все руки парень!"

Не мало также, если еще не более, радовался старый рыбак, глядя на Ваню, невзирая даже на то, что часто трунил над ним, называя его "дьячком" и "грамотником".

Ваня не был так плечист, может статься, даже не был так расторопен и боек, как Гришка, но уж, во всяком случае, не уступал ему ни по лицу, ни в работе. Славный был также рыбак! Его светлые, умные, хотя несколько задумчивые глаза смотрели прямо и откровенно; румянец играл во все его полные щеки, слегка подернутые первым пушком юности; его белое, чистое и круглое лицо, окруженное светло-русыми кудрями, отражало простоту души, прямизну нрава и какое-то достоинство. Словом, он представлял тот благородный, откровенный, чистый тип славянского племени, который так часто встречается в нашем простонародье, но который, к сожалению, редко достигает полного своего развития.

Да, было чем порадоваться на старости лет Глебу Савинову! Одного вот только не мог он взять в толк: зачем бы обоим ребятам так часто таскаться к соседу Кондратию на озеро? Да мало ли что! Не все раскусят старые зубы, не все смекает старая стариковская опытность. Впрочем, Глеб, по обыкновению своему, так только прикидывался. С чего же всякий раз, как только Гришка и Ваня возвращаются с озера, щурит он глаза свои, подсмеивается втихомолку и потряхивает головою?..

IX

ОЗЕРО

Семейство рыбака Глеба, от мала до велика, находилось в ужаснейших хлопотах. Двор завален был ворохами соломы; навес, примыкавший к правой стороне передних ворот, лежал раскинутый по всей площадке. На его месте воздвигался новенький, только что поставленный сосновый сруб; золотистые бревна его, покрытые каплями смолы и освещенные солнцем, весело глядели на все стороны и как бы подсмеивались над черными, закоптелыми стенами старого жилища, печально лепившегося по левой стороне ворот. Глеб давно замышлял поставить новую избу: целые пять лет лелеял он эту мысль, но все крепился почему-то и не решался привести ее в исполнение.

- Батюшка, - часто говорила ему жена, - полно тебе умом-то раскидывать! Сам погляди: крыша набок скосилась совсем, потолок плох стал - долго ли до греха! Того и смотри, загремит, всех подавит. Полно тебе, поставь ты новую избу.

- Ничего: долго еще простоит, - отвечал обыкновенно муж с видом величайшего равнодушия.

Со всем тем Глеб не пропускал ни одного из тех плотов, которые прогоняют по Оке костромские мужики, чтобы не расспросить о цене леса; то же самое было в отношении к егорьевским плотникам, которые толпами проходили иногда по берегу, направляясь из Коломны в Тулу. Он заботливо расспрашивал их, сколько возьмут они срубить новую избу, прикидывался в цене моха, уговаривался, по-видимому, окончательно, шел уже за задатком, но вдруг останавливался, снова начинал торговаться и снова откладывал свое намерение. Так продолжалось несколько лет. Наконец бог знает что сталось с Глебом Савиновым: стих такой нашел на него или другое что, но в одно утро, не сказав никому ни слова, купил вдруг плот, нанял плотников и в три дня поставил новую избу. Плотники были уже отпущены; оставалось покрыть только кровлю и вставить рамы. Семейство рыбака деятельно хлопотало вокруг нового здания.

Гришка-приемыш сидел верхом на "князьке", или макушке кровли, с граблями в руках. Связки соломы доставлялись ему с помощью длинного рычага, прикрепленного, наподобие колодезных журавлей, к вилообразной верхушке высокого столба, возвышавшегося посреди двора. К одному концу рычага привязана была тяжесть, для облегчения подъема; на другом конце, куда привязывалась солома, болталась длинная веревка, которою управлял Глеб. Неподалеку обе снохи (жена Петра и жена Василия) стояли с засученными по локоть рукавами подле бочки с водою и смачивали солому, назначенную для покрышки. На одном из подоконников нового здания сидел Ваня: свесив ноги во внутренность избы, перегнувшись всем корпусом на двор, он тесал притолоки и пригонял рамы. Против него, на взбудораженном омете соломы, возились дети Петра: старшему было уже девять лет, младшему - тому самому, который показывал когда-то кулачонки из люльки, - только что минуло семь. Они поминутно обращались к дяде Ивану, и каждый раз, как топор, приподнявшись, сверкал на солнце, оба скорчивали испуганные лица, бросались со всего маху в солому, кувыркались и наполняли двор визгом и хохотом, которому вторили веселые возгласы Глеба, понукавшего к деятельности то того, то другого, песни Гришки на верхушке кровли, плесканье двух снох и стук Иванова топора, из-под которого летели щепы. Между всеми этими шутливыми, веселыми группами ходила взад и вперед тетушка Анна; она не принимала, по-видимому, никакого участия в стройке. Со всем тем лицо ее выражало более суеты и озабоченности, чем когда-нибудь; она перебегала от крылечка в клетушку, от клетушки к задним воротам, от задних ворот снова к крылечку, и во все время этих путешествий присутствовавшие могли только видеть одни ноги тетушки Анны: верхняя же часть ее туловища исчезала совершенно за горшками, лагунчиками, скрывалась за решетом, корчагою или корытом, которые каждый раз подымались горою на груди ее, придерживаемые в обхват руками. Захватив иной раз второпях чересчур обременительную ношу, пыхтя и перегибаясь назад под тяжестью огромной корчаги, которая заслоняла ей глаза, она вдруг останавливалась, почувствовав под ногами какое-нибудь препятствие.

- Батюшки, уроню, подсобите! - вскрикивала старушка, поворачивая испуганное лицо к присутствующим.

Тут все бросали свою работу и бежали спасать старушку, которая, не чувствуя уже никаких преград под ногами, торжественно продолжала свое шествие. Взглянув на усердие и бережливость, с какими таскала она и ставила горшки свои, можно было подумать, что судьба нового жилища единственно зависела от сохранности этих предметов.

Время подходило к вечеру. Тень, бросаемая старой избою и соседним навесом, затопила уже двор и досягала до новой кровли, оставляя только яркую полосу света на князьке, где помещался приемыш, когда Глеб приказал снохам прекратить работу.

- Ну, бабы, шабаш! - произнес он, с самодовольствием осматривая избу. - Соломы ноне больше не потребуется. Завтра начнем покрывать другую половину кровли. До того времени Гришка выложит ее хворостом... Эй, Гришка!

- Ге... е!.. - отозвался приемыш на макушке.

- Перелезай на ту сторону. Время не много осталось; день на исходе... Завтра чем свет станешь крыть соломой... Смотри, не замешкай с хворостом-то! Крепче его привязывай к переводинам... не жалей мочалы; завтра к вечеру авось, даст бог, порешим... Ну, полезай... да не тормози руки!.. А я тем временем схожу в Сосновку, к печнику понаведаюсь... Кто его знает: времени, говорит, мало!.. Пойду: авось теперь ослобонился, - заключил он, направляясь в сени.

Минуту спустя он снова появился на дворе, но уже в шапке и с палкою в руке.

- Эй, Ванюшка!

- Я, батюшка, - отозвался Ваня, соскакивая с подоконника и подходя к отцу.

- Вот что... я было совсем запамятовал... Я чай, на ставни-то потребуется однотесу: в городе тогда не купили, так ты сходи без меня на озеро к Кондратию и одолжись у него. Он сказывал, есть у него гвозди-то.

- Сейчас, батюшка, - торопливо отвечал сын, - сейчас иду.

- Куды затормошился? Эвона! Рази я говорю: теперь ступай! Успеешь еще десять раз сбегать: время терпит. Наперед всего покончи дело с рамами и притолоками, тогда и ступай... Немного далече, к ночи домой поспеешь...

- Гей, батюшка! - крикнул Гришка, показывая над князьком свою черную голову, освещенную яркими лучами солнца.

- Чего там?

- Давай я схожу.

- Куда?

- Да на озеро. Моя работа не задержит, - и то, почитай, уж готово...

- Знай свое дело делай, об моем не сумлевайся. Знают про то большие, у кого бороды пошире, что кому делать: кому сказано, тот и пойдет! Ступай-ка, ступай...

Голова Гришки скрылась за князьком.

С некоторых пор, не мешает заметить, Глеб наблюдал, чтобы Гришка как можно реже бывал на озере; взамен этого он норовил посылать туда как можно чаще своего собственного сына. Все это, конечно, делалось не без особенной цели. Он задумал женить Ваню на дочери соседа. Зная озорливость приемыша и опасаясь, не без оснований, какого-нибудь греха с его стороны в том случае, если дать ему волю, старый рыбак всячески старался отбить у него охоту таскаться на озеро; это было тем основательнее, что времени оставалось много еще до предположенной свадьбы. Глеб, израсходовавшись на новую избу, отложил свадьбу Вани до предбудущего лета.

- Смотри же, Ванюша, не запамятуй, спроси однотесу... Слышь?.. Как кончишь притолоки, так и ступай! - повторил Глеб, обращаясь к сыну, который после первого наказа отца так деятельно принялся за работу, что только щепки летели вокруг. - Ну, а вы-то что ж, касатушки? Разнежились, белоручки! - продолжал рыбак, поворачиваясь к снохам, стоявшим без дела. - Раненько отдыхать вздумали. С соломой покончили, принимайся за другое дело. Вам сказывай все! Самим не в догадку... Э-хе! Да вот хоть бы старухе-то подсобили; вишь, с ног смоталась совсем... Вишь, вишь... Эх ты, сердечная! - заключил он, подсмеиваясь и направляясь к воротам.

- Дедушка, и мы с тобой! - закричали в один голос дети Петра, кубарем скатываясь с омета.

- Куда, шут вас возьми совсем! Куда! Измаетесь: ведь я в Сосновку... Ступай домой!

- Нет, дедушка, пусти нас; мы вот толечко до ручья тебя проводим.

- Ну, до ручья можно; пойдем!.. Вишь, пострелы какие, а? Скажи на милость, провожать просятся... Ну, ну, ступай, ступай.

И, сопровождаемый ребятишками, старый рыбак исчез за воротами.

- Слава тебе, господи! Замучил совсем! - пробормотала жена Петра, бросаясь со всех ног на солому.

- И то... Ух, батюшки!.. Ног под собой не слышу, - сказала жена Василия, следуя ее примеру.

- Ну, что вы развалились, в самом-то деле-то?.. Экие бесстыжие, право!.. Право, бесстыжие!.. Чего разлеглись? - проговорила тетушка Анна, неожиданно появляясь перед снохами с лукошком на голове, с горшками под мышкой. - Совести в вас нет... Хотя бы людей посрамились... Одна я за все и про все... Ух, моченьки нет!.. Ух, господи!

Снохи лениво приподнялись и начали лениво подсоблять ей. Но так как старушка не давала им никакого дела и, сверх того, подымала ужаснейший крик каждый раз, как снохи прикасались только к какому-нибудь черепку, то они заблагорассудили снова отправиться на солому.

Ваня между тем продолжал так же усердно трудиться. Он, казалось, весь отдался своей работе и, не подымая головы, рубил справа и слева; изредка лишь останавливался он и как бы прислушивался к тому, что делалось на другой стороне кровли. Но Гришка работал так тихо, что его вовсе не было слышно.

- Гриша! - произнес наконец Ваня, заколачивая последнюю раму.

Ответа не было.

Ваня посадил острие топора в бревно и проворно обошел избу.

Гришка нигде не отыскивался.

Румянец живо заиграл тогда на щеках парня, и лицо его, за минуту веселое, отразило душевную тревогу. Он торопливо вернулся в избу, оделся и, не сказав слова домашним, поспешно направился к реке, за которой немолчно раздавались песни и крики косарей, покрывавших луга. Время подходило к Петровкам, и покос был в полном разгаре.

Достигнув того места на конце площадки, куда обыкновенно причаливались лодки, Ваня увидел, что челнока не было. Никто не мог завладеть им, кроме Гришки. Глеб пошел в Сосновку, лежавшую, как известно, на этой стороне реки. На берегу находилась одна только большая четырехвесельная лодка, которою не мог управлять один человек. Ваня не долго раздумывал. Снять с себя одежду, привязать ее на голову поясом - было делом секунды; он перекрестился и бросился в воду.

Вечер был уже на исходе. Уже нагорный берег делился темно-синею стеною на чистом, ясном небе; темный, постепенно понижающийся хребет берега перерезывался еще кой-где в отдалении светло-лиловыми, золотистыми промежутками: то виднелись бока долин, затопленных косыми лучами солнца, скрывавшегося за горою. Далее все завешивалось сквозным, розово-перламутровым паром. Холодная зубчатая тень, бросаемая берегом, быстро бежала вперед, захватывая луга и озера, и только река одна, отражавшая круглые румяные облака, величественно еще сверкала в темно-зеленых берегах своих. Ваня не был лихим пловцом; но на этот раз особенною какою-то силой дышали его мышцы: он не замедлил очутиться на другом берегу Оки. Тут только убедился он окончательно, что предчувствия не обманули его; первый предмет, бросившийся ему в глаза, был челнок, который, очевидно, старались припрятать в кустах, но который, вытягивая мало-помалу веревку, высвободился из засады и свободно покачивался на поверхности воды. Ваня миновал кусты, поспешно выбрался на опушку и пошел отхватывать лугами. Сумерки между тем успели уже окутать весь луговой берег. Со всем тем здесь все еще кипело жизнью. Крику и шуму было даже более, чем в продолжение дня. Все спешили на отдых: трудовой день кончился. Восклицания, песни неслись со всех концов необъятного лугового простора. Влажный вечерний воздух, проникнутый запахом сена, был недвижен; слабейший звук не пропал для слуха. Несвязный говор, песни, иногда какой-нибудь отрывчатый, отдельный возглас, скрип телег, ржание жеребенка, раздававшееся бог весть где, - все это сливалось в один общий гул, разливавшийся мягкими волнами по окрестности. Всюду между рядами остроконечных стогов сена, верхушки которых становились уже мало-помалу темнее неба, мелькали белые рубахи косарей; бабы и ребятишки тянулись длинными кривыми вереницами по всем направлениям; возы и лошади попадались на каждом шагу; кое-где артель работников, развалившись на росистой траве вокруг дымящегося котелка, собиралась ужинать; кое-где только что зажигались еще костры.

Ваня ходко шел вперед, ни на что не обращая внимания. Нередко приводилось ему встречаться с толпами баб и мужиков; но он норовил всякий раз обходить их. "Куда идешь, молодец?" - раздавалось иногда из толпы баб. "За делом!" - коротко отвечал парень и, не замечая даже плутовских взглядов, бросаемых на него какою-нибудь краснощекой, игривой бабенкой, продолжал путь. Сквозь густеющие сумерки он ясно различал верхушки ветел, орешника и ольхи, которые выступали из-за крутого, но покуда еще скрытого берега озера. По мере приближения к цели шаг его ускорялся, грудь волновалась сильнее. Вскоре очутился он на краю берега, кругом, как бахромою, покрытого листвой. Невозмутимая тишина, прерываемая отдаленными песнями и говором народа, который уходил все дальше и дальше к Оке и располагался ужинать, царствовала на озере. Неподвижно стояла его гладкая как зеркало поверхность, отражавшая звездное небо и темные купы дерев, обступавших его окраину. Изредка разве проносился как словно неясный, какой-то замирающий звук... Ваня прислушивался: то плескалась рыба или протрещал чибез, спешивший в гнездо свое... Наконец сквозь ветки открылась лачужка дедушки Кондратия; но в ней, как и на озере, не было заметно признака жизни. Что бы это значило? Дедушка Кондратий не ложился так рано... Ваня направился к жилищу рыбака. Дверь была отворена. Бережно ступая по мокрой траве, он вошел в лачужку: там никого не было. "Что ж бы это значило, в самом деле? Куда ж девались хозяева?.. Уж не пошел ли дедушка Кондратий к косарям вместе с дочкой?.. Нет, ему незачем было идти к косарям!.. Куда ж девался, наконец, Гришка?.." Задавая себе такие вопросы, Ваня обошел несколько раз лачужку. Нигде ни души. Он остановился и приложил уже ладони к губам, чтобы крикнуть: авось не отзовется ли кто на его голос; но в эту минуту послышался ему неподалеку чей-то затаенный говор... Бережно ступая по траве, он тотчас же прокрался в ту сторону. Дыхание сперлось в груди молодого парня, когда узнал он голоса Гришки и Дуни. Но сердце его забилось еще сильнее, когда, достигнув знакомой ему прогалины между кустами, увидел он их сидящих рядышком на краю берега; темные головы молодых людей четко обозначались на светлой поверхности озера, которое сталось под их ногами.

Осадив шаг назад и стиснув зубы, которые щелкали как в лихорадке, Ваня притаился за куст и стал вслушиваться.

- Шт! Молчи, Гриша: словно кто-то идет, - произнесла Дуня, пугливо озираясь на стороны.

- Вот! Кому теперь идти! Батька твой, чай, еще и до Комарева не доплелся; косари сели ужинать... Вот разве Ванька; да нет! Небось не придет! Челнок со мною на этой стороне; плавать он не горазд; походит, походит по берегу да с тем и уйдет!..

- Ох, боюсь я, Гриша, смерть боюсь...

- Чего?

- Ну, а как он догадается, что ты здесь... так инда сердце все задрожит...

- А леший его возьми, пускай его догадывается! Нам не впервые меряться кулаками...

- А как он да отцу скажет?

- А пускай его сказывает! Я нешто боюсь? Ездил на косарей поглядеть, да и вся недолга.

- А все как словно страшно... Да нет, нет, Ваня не такой парень! Он хоть и проведает, а все не скажет... Ах, как стыдно! Я и сама не знаю: как только повстречаюсь с ним, так даже вся душа заноет... так бы, кажется, и убежала!.. Должно быть, взаправду я обозналась: никого нету, - проговорила Дуня, быстро оглядываясь. - Ну, Гриша, так что ж ты начал рассказывать? - заключила она, снова усаживаясь подле парня.

- А вот что: примечаю я, старый за мной приглядывает.

- С чего же?

- А кто его знает с чего! Должно быть...

- Перестань, Гриша... За что ты его не любишь? Грешно тебе...

- Эвона! Что он, сродни мне, что ли?

- А все грешно так-то говорить тебе! За что? Они тебе были отцами, возрастили, ходили словно за родным...

- Ну да, видно, за родным... Я не о том речь повел: недаром, говорю, он так-то приглядывает за мной - как только пошел куда, так во все глаза на меня и смотрит, не иду ли я к вам на озеро. Когда надобность до дедушки Кондратия, посылает кажинный раз Ванюшку... Сдается мне, делает он это неспроста. Думается мне: не на тебя ли старый позарился... Знамо, не за себя хлопочет...

- Нет, Гриша, не пойду я...

- Вашего брата не спрашивают: велят - пойдешь...

- Нет, не пойду, не пойду за Ваню! Как перед господом богом, не будет этого.

- Силой выдадут! Уж коли старый забрал что в голову, вой не вой, а будет, как ему захочется... Я давно говорю тебе: полно спесивиться, этим ничего не возьмешь... Ты мне одно только скажи, - нетерпеливо произнес Гришка, - одно скажи: люб я тебе или нет?.. Коли нет...

- Люб, Гриша, люб! О! Пуще отца родного! - с жаром воскликнула Дуня.

Тут колени Вани так сильно задрожали, что он едва удержался на ногах. Бедный парнюха хотел оправиться, сделал какое-то крайне неловкое движение, ухватился второпях за сук, сук треснул, и Ваня всею своею тяжестью навалился на куст. В ту же секунду поблизости послышалось падение чего-то тяжелого в воду, и вслед за тем кто-то вскрикнул.

Ваня быстро вскочил на ноги, бросился вперед и лицом к лицу столкнулся с Дуней.

- Не бойся: это я, - сказал он совершенно взбудораженным голосом, которому тщетно старался придать твердость.

- Ты, Ваня?.. Ах, как я испугалась! - проговорила Дуня с замешательством. - Я вот сидела тут на берегу... Думала невесть что... вскочила, так инда земля под ногами посыпалась... Ты, я чай, слышал, так и загремело? - подхватила она скороговоркою, между тем как глаза ее с беспокойством перебегали от собеседника к озеру.

- Так стало... ты здесь одна была? - нерешительно проговорил Ваня, украдкою взглядывая на озеро.

На гладкой поверхности его, слегка зазубренной серебристыми очертаниями разбегающегося круга, виднелось черное пятно, которое быстро приближалось к противоположному берегу.

- Да ты, видно, к батюшке, Ваня? Батюшка ушел в Комарево, - торопливо поспешила сообщить девушка.

В эту самую минуту слабый треск дальних кустов возвестил, что темное пятно, видневшееся на поверхности воды, благополучно достигло берега.

- Что ж ты здесь стоишь, Ваня? - сказала вдруг девушка изменившимся и, по-видимому, уже совсем спокойным голосом. - Пойдем в избу: может статься, надобность есть какая? Может статься, тебя отец прислал? Обожди: батюшка скоро вернется.

- Нет... я так... Батюшке... однотесу, вишь, понадобилось, - пробормотал Ваня, мешаясь и прерываясь на каждом слове.

- Так ты обожди: батюшка скоро вернется... Пойдем, что стоять-то! - вымолвила Дуня, направляясь к лужайке.

Ваня последовал за нею, но, сделав три шага, остановился.

- Что ж ты? - спросила девушка, поворачивая к нему голову.

- Нет, я уж лучше завтра зайду, - произнес парень с самым неловким видом.

- Что ж так?

- Да так... завтра уж оно лучше... теперь пора домой... Прощай, Дуня!..

- Экой чудной какой! Да куда ты? Обожди!

- Нет, уж не приходится!.. Прощай!

- Прощай, Ваня... Заходи же завтра; я батюшке скажу... Прощай!

Но Ваня ничего не слышал: он был уже далеко.

"Так вон они как! Вот что. А мне и невдомек было! Знамо, теперь все пропало, кануло в воду... Что ж! Я им не помеха, коли так... Господь с ними!" - бормотал Ваня, делая безотрадные жесты и на каждом шагу обтирая ладонью пот, который катился с него ручьями. Ночь между тем была росистая и сырая. Но он чувствовал какую-то нестерпимую духоту на сердце и в воздухе. Ему стало так жарко, что он принужден даже был распахнуть одежду.

Вскоре он очутился посреди лугов.

Но на этот раз никто уже не приветствовал молодого парня. Здесь все уже безмолвствовало. Темным неоглядно-далеким пологом расстилались луга. Торжественно-тихо раскидывалось над ним синее ровное небо, усеянное мерцающими звездами. Чуть-чуть видными пятнами мелькал развалившийся по траве народ. Костры уже погасли. Где-где, подле груды тлеющих, покрытых седым пеплом угольев, сидела баба и, покачивая люльку, задумчиво склонив голову над уснувшим младенцем, тихо напевала заунывную колыбельную песню... Все безмолвствовало. Даже самые шаги молодого парня стали раздаваться слабее, слабее, и те наконец смолкли. Ваня ступал уже по песку и приближался к Оке. Он прямо пошел к тому месту, где находился челнок. Но челнока уже не было. При этом движение какого-то невольного отчаяния пробудилось вдруг в душе молодого парня; кровь хлынула к его сердцу; как словно туманом каким окинулось все перед глазами. Но это продолжалось недолго. Он поднял глаза и взглянул на ту сторону: черной, мрачной стеною подымался нагорный берег; там, далеко-далеко, в одном только месте приветливо мигал огонек... То, быть может, старуха мать поправляет лучину, выжидая запоздавшего сына... Ваня провел рукою по лбу, как бы стараясь опомниться, торопливо прошептал молитву, перекрестился и бросился в воду, не выпуская из глаз огонька, который продолжал мигать ему, отражаясь дрожащею золотистою ниткой на гладкой поверхности Оки, величаво сверкавшей посреди ночи.

ЧАСТЬ ВТОРАЯ

X

ОБМАНУТОЕ ОЖИДАНИЕ

Прошло несколько месяцев после происшествия на озере - происшествия, которое так сильно взволновало сердце младшего сына рыбака Глеба Савинова.

В последних числах апреля, после обеда, Глеб, Ваня и приемыш работали неподалеку от новой избы, на верхнем конце площадки. Приближалось водополье. Старый рыбак и молодые помощники его приготовляли все нужное для начала рыбной ловли, которая считает разлив реки лучшим своим временем. Они спешили управиться с саками, баграми, вершами и сетями: кое-где требовалось вплести новый венец из ивняку, там недоставало нескольких петель, здесь следовало подвязать новый поплавок и проч., и проч. Зима хотя и длинна, а всего не усмотришь.

Принимая в соображение шум и возгласы, раздававшиеся на дворе, можно было утвердительно сказать, что тетушка Анна и снохи ее также не оставались праздными. Там шла своего рода работа. И где ж видано, в самом деле, чтобы добрые хозяйки сидели сложа руки, когда до светлого праздника остается всего-навсе одна неделя!

Нечего, разумеется, говорить о тех заботах, которые связываются с крашеньем яиц, печением куличей и приготовлением пасхи: все это было покуда еще впереди. Но всякий согласится, я думаю, что мытье полов, чистка избы, стирка и заготовление кой-каких обнов (последнее производится обыкновенно втайне, но возбуждает тем не менее более толков, чем первые хозяйственные хлопоты) представляют также немаловажную статью. Несмотря, однако ж, на все эти многосложные занятия, наши хозяйки, очевидно, больше кричали и шумели, чем делали дело. Работа их подвигалась из рук вон плохо. И тетушка Анна и снохи ее поминутно выбегали за ворота. Примеру их даже следовали дети Петра. Все с нетерпением устремляли тогда глаза на посиневшую Оку и дальний луговой берег, уже совсем почти освободившийся от снегу.

Дело в том, что с минуты на минуту ждали возвращения Петра и Василия, которые обещали прийти на побывку за две недели до Святой: оставалась между тем одна неделя, а они все еще не являлись. Такое промедление было тем более неуместно с их стороны, что путь через Оку становился день ото дня опаснее. Уже поверхность ее затоплялась водою, частию выступавшею из-под льда, частию приносимою потоками, которые с ревом и грохотом низвергались с нагорного берега.

Был именно один из тех сырых, сумрачных дней, которые ускоряют оттепель лучше самого яркого солнца. Густой туман покрывал землю. Теплый, влажный южный ветер - "мокряк", как называют его рыбаки, - видимо, казалось, съедал остатки рыхлого почерневшего снега. Темно-синяя полоса, висевшая неподвижно уже несколько суток сряду над горизонтом, предвещала, в совокупности с такими же верными признаками, надолго установившееся тепло. Глеб, в совершенстве постигавший значение самых неуловимых перемен воздуха, давно еще предсказал такую погоду. Старый рыбак никогда не ошибался: закат солнца, большая или меньшая яркость утренней зари, направление ветра, отблеск воды, роса, поздний или ранний отлет журавлей - все это осуществляло для него книгу, в которой он читал так же бойко и с разумным толком, как разумный грамотей читает святцы. Реку со всеми ее годичными изменениями и причудами знал он как свои пять пальцев. Многие приметы, основанные на долгом опыте, говорили ему, что не сегодня, так завтра Ока взломает лед и разольется дружною водою. Соображаясь с этим, он за несколько дней перетащил лодки на верхнюю часть площадки. Позднее вскрытие реки не предвещало ничего худого для промысла. Глеб был, следовательно, доволен и спокоен. Одного разве недоставало для полного довольства Глеба - недоставало сыновей, которых так долго и так напрасно все ждали.

- Шут их знает, чего они там замешкали! - говорил он обыкновенно в ответ на скорбные возгласы баб, которые, выбежав за ворота и не видя Петра и Василия, обнаруживали всякий раз сильное беспокойство. - Ведь вот же, - продолжал он, посматривая вдаль, - дня нет, чтобы с той стороны не было народу... Валом валит! Всякому лестно, как бы скорее домой поспеть к празднику. Наших нет только... Шут их знает, чего они там застряли!

- Бог ведает, что такое! Я уж не знаю, что и подумать-то... О-ох! - говорила тетушка Анна с глубоким вздохом.

Тут старуха делала обыкновенно какой-то таинственный знак снохам, и все три робко, шаг за шагом, подходили к работающим. Тетушка Анна рада была, что муж ее, по крайней мере, хоть разговаривает об отсутствующих: авось услышит она от него какую разумную, толковую речь, которая успокоит ее материнское наболевшее сердце.

Подойдя к мужу, она прикладывала ладонь к правой щеке и, тоскливо покачивая головой, продолжала:

- Нет, не дождаться, знать, нам наших детушек... Где-то они теперь? О-ох, чует мое сердце...

Дрожащий голос ее ясно показывал, что она готова была удариться оземь и закричать голосом.

- Полно тебе, дура голова! Ну, чего ты, чего? Погодим еще: авось какой-нибудь рассудок да будет... Не махонькие они: свой толк в голове есть. Знамо, кто себе враг! На беду не полезут.

- Так-то так, батюшка, а все словно думается, не прилучилось бы чего, - возражала жена Петра.

- Ничаво! Должно быть, реки задержали, - неожиданно сказал Гришка.

- Вот Гришка не долго думал - решил! - произнес Глеб, посмеиваясь. - Слышь, за реками дело стало, а нам и невдомек! Эх ты, разумная голова! У бога недолго, а у нас тотчас!.. Реки помешали! Ну, а народ-то как же приходит? Лодки, что ли, под мышкой несет, а? Эх, ты! Кабы реки-то разошлись, они бы, я чай, давно себя показали: давно бы здесь были! - подхватил он, указывая на Оку. - Всем рекам один путь - наша Ока. Давно бы тогда и мы по ней погуливали... Догадливый парень, нечего сказать! Ну-кась, ты, Василиса, что скажешь? - добавил он, насмешливо взглядывая на жену Василия.

Но Василиса, обыкновенно говорливая, ничего на этот раз не отвечала. Она была всего только один год замужем. В качестве "молодой" ей зазорно, совестно было, притом и не следовало даже выставлять своего мнения, по которому присутствующие могли бы заключить о чувствах ее к мужу. Весьма вероятно, она ничего не думала и не чувствовала, потому что месяц спустя после замужества рассталась с сожителем и с той поры в глаза его не видела.

- Так как же, Гришка, а? Реки помешали? - продолжал расспрашивать развеселившийся Глеб.

- Спроси у Ванюшки: он лучше моего скажет, - отвечал приемыш, украдкою взглядывая на хозяйского сына, который с видом раздумья чинил вершу и мало обращал, по-видимому, внимания на все происходившее вокруг.

- Что ж ты молчишь, Ванюшка? Говори, с чего братья, шут их возьми, застряли? - произнес Глеб, находивший всегда большое удовольствие раздадоривать друг против дружки молодых парней, чтобы потом вдоволь над ними потешиться.

- Почем мне знать, батюшка! - спокойно и как-то неохотно отвечал сын. - Кабы я с ними шел, так, может статься, сказал бы тебе; господь их ведает, чего они нейдут...

Он взглянул на мать, которая слегка уже начинала всхлипывать, и поспешил прибавить:

- Должно быть, с делами не справились. Бог даст, придут.

- Ну, этот, по крайности, хошь толком сказал, долго думал, да хорошо молвил! - произнес отец, самодовольно поглаживая свою раскидистую бороду. - Ну, бабы, что ж вы стоите? - заключил он, неожиданно поворачиваясь к снохам и хозяйке. - Думаете, станете так-то ждать на берегу с утра да до вечера, так они скорее от эвтаго придут... Делов нет у вас, что ли?

При этом тетка Анна и снохи ее бросали новый взгляд на дальний берег и, подавив вздох, снова возвращались к своим занятиям.

Веселость старого рыбака, не подстрекаемая присутствием баб и возгласами молодых ребят, которые большею частью работали молча, мало-помалу проходила и уступала место сосредоточенному раздумью. Его не много беспокоили отсутствующие: Петр и Василий не малые ребята, к тому же и люди толковые. Слава тебе, господи! Настолько пожили они на свете, настолько опытны, чтобы знать, где след и где не след. Ненадежное состояние дорог и рек им слишком известно, чтобы можно было ожидать от них какой-нибудь опрометчивости. Вероятно, дела поважнее задерживали их так долго. Может статься, с хозяином не покончили расчетов, а может статься, и попросту - загуляли. За Петрушкой такое важивалось! Так рассуждал Глеб, предоставлявший бабам своим сокрушаться и строить по поводу отсутствующих отчаянные, безнадежные предположения. Он редко даже посматривал в ту сторону, откуда должны были показаться Петр и Василий. С некоторых пор взгляды Глеба несравненно чаще обращались к младшему сыну. Старый рыбак давно еще, почти с самого начала зимы, стал замечать перемену в молодом парне. Не раз даже пытал он доследиться причины, не раз привязывался к Ване, осаждая его вопросами о том, с чего напала на него худоба, с чего он невесел, что бычком смотрит и проч., и проч. Не раз даже старик выходил из себя и грозил порядком проучить сына в том случае, если со временем окажется какая-нибудь причина такой перемены, но остался все-таки ни при чем. Ваня отбояривался обыкновенно какими-то пустыми, незначащими ответами; говорил, что он ничего за собою не замечает, что никакой особенной худобы за собой не видит, - словом, не давал никакого удовлетворительного объяснения. Хуже всего было то, по мнению Глеба, что Ванюшка начал с некоторых пор как словно задумываться. Это обстоятельство особенно сильно бродило почему-то в голове старого рыбака в тот день, о котором идет теперь речь.

"Ведь вот же, ничего такого не бывало с его братьями, - думал он, поглядывая на Ваню из-под густых нахмуренных бровей. - Да вот теперь хошь бы Гришка: ничего такого не приметно: парень как парень... озорлив, негодный! Ну, а в другом чем виду не показывает - песни это играет, с бабами балует; иной раз даже сократишь его, приудержишь... А мой и есть стал что-то не в охоту, хлеба лишился, словно хворобой какой скучает. И не допытаешь никак: затаился!.. Надо женить его - вот что!.. Он хоша, сдается мне, не добре ластится к дочке Кондратия, во всю зиму, почитай, к ним и не наведывался: знать, не по ндраву; да смотреть на это нечего! Женится - слюбится!" - продолжал Глеб, хранивший покуда еще в тайне такое намерение.

Выбор Глеба, не мешает заметить, мог только объясниться непомерным его упорством. Озерской рыбак, по словам самого Глеба, был не что иное, как сосед, у которого нечем было голодную собаку из-под стола выманить. Дочка его была, следственно, "бесприданница". Расчетливый Глеб подавно не должен был бы обращать на нее внимания. Но так уж задумал Глеб - задумал потому, может статься, что такой выбор должен был встретить препятствия со стороны жены и родных. Когда Глеб заберет что в голову, можно почесть дело решенным; в этих случаях ничем уже не возьмешь. Упрямство сильнее самого расчета.

"Женится - слюбится (продолжал раздумывать старый рыбак). Давно бы и дело сладили, кабы не стройка, не новая изба... Надо, видно, дело теперь порешить. На Святой же возьму его да схожу к Кондратию: просватаем, а там и делу конец! Авось будет тогда повеселее. Через эвто, думаю я, более и скучает он, что один, без жены, живет: таких парней видал я не раз! Сохнут да сохнут, а женил, так и беда прошла. А все вот так-то задумываться не с чего... Шут его знает! Худеет, да и полно!.. Ума не приложу..."

На самом этом месте размышления Глеба были прерваны пронзительными криками Анны, обеих снох и даже ребятишек Петра: все они как сумасшедшие стремглав летели из ворот, тискаясь друг на дружку и размахивая руками.

- Батюшки! Они! Касатики! Они! Они идут! Они, они! - кричала тетушка Анна, бежавшая впереди всех и придерживавшая правою рукою платок на голове. - Они! Они идут! Пресвятая богородица! Они! - подхватывала она, перескакивая через багор, наконечник которого лежал на коленях мужа.

- Они идут, они! Как перед богом, они! - вопили снохи и дети, вихрем проносясь мимо работающих и задевая на пути верши, которые покатились во все стороны.

- Эк их подняло! Полоумные! Инда совсем огорошили! - проговорил Глеб, вставая на ноги и оглядывая бежавших баб с видом крайнего недоумения. - Ребята! - примолвил он, поспешно обращаясь к Гришке и Ване. - Ступайте за ними, живо! Вишь их! Сдуру-то, чего доброго, в воду еще побросаются!.. Эй, бабы! Глупые!.. Эй! Куда вы? - подхватил он, догоняя Ваню и Гришку, которые бежали вниз по площадке. - Стойте! Эй!.. Нет, дуют себе, шальные! Ну, чего вы? Чего всполохнулись?.. Эки бесшабашные! - заключил он, настигая баб, которых едва сдерживали на берегу Гришка и Ваня.

- Батюшки! Они! Касатики! Они! - голосили бабы, и пуще всех тетушка Анна.

В самом деле, на той стороне Оки виднелись люди. Хотя они казались ничуть не больше мизинца, однако ж по движению их ясно можно было заключить, что они высматривали удобопроходимые места и готовились спуститься на реку.

- Должно быть, места-то там добре опасливы! Вишь, как выглядывают! - говорила жена Петра, нетерпеливо переминаясь на месте.

- Батюшка, Петрушенька ты мой! Вася! Касатик! Рожоной ты наш! Родимые вы мои! Ох вы, батюшки вы наши! - вопила тетушка Анна таким голосом, который мог показаться издали отчаянным рыданием.

- Тятька! Тятька идет! - кричали, в свою очередь, мальчишки.

- Вы что, мелюзга?.. И она туда же!.. Цыц! - сказал не совсем ласково Глеб. -

Полно вам кричать, бабы!.. Ох ты, старая, куда голосиста!.. Погодите, дайте время высмотреть. Спозаранку хватились! Может статься, и не они совсем.

- И то не они! - воскликнул неожиданно Гришка, пристально следя глазами за путешественниками, которые продвигались вперед, описывая круги по льду.

- Нет, не они! - подтвердил Ваня.

- Ну, вот, то-то же и есть! Эх, вы, сороки! - вымолвил Глеб сурово, обращаясь к бабам.

Бабы стояли как ошеломленные. Несмотря на то, что они уже двадцать раз обманывались таким образом, им как будто все еще в голову не приходило, что на Оке, кроме Василия и Петра, могут показаться другие люди: опыт в этом случае ни к чему не служил. Бабы стояли как ошеломленные. Вскоре, однако ж, руки и ноги их снова обрели движения; а вместе с ними развязался и самый язык. Досадливое чувство не замедлило уступить место любопытству. Все три поспешили к Глебу, Ванюшке и Гришке, которые стояли на самой окраине берега и кричали прохожим, заставляя их принимать то или другое направление и предостерегая их от опасных мест; бабы тотчас же присоединились к старому рыбаку и двум молодым парням и так усердно принялись вторить им, как будто криком своим хотели выместить свою неудачу.

На этот раз, впрочем, было из чего суетиться. Вчуже забирал страх при виде живых людей, которые, можно сказать, на ниточке висели от смерти: местами вода, успевшая уже затопить во время дня половину реки, доходила им до колен; местами приводилось им обходить проруби или перескакивать через широкие трещины, поминутно преграждавшие путь. Дороги нечего было искать: ее вовсе не было видно; следовало идти на авось: где лед держит пока ногу, туда и ступай.

- Гей, братцы, забирайте левей, левей забирайте! Прямо не ходите! - кричал Глеб.

- Прямо не ходите!.. Не ходите!.. Ах ты, господи, того и смотри обломятся! - дружно вторили бабы.

Но и путешественники, которых числом было шесть, хотя и внимательно, казалось, прислушивались к голосам людей, стоявших на берегу, тем не менее, однако ж, все-таки продолжали идти своей дорогой. Они как словно дали крепкий зарок ставить ноги в те самые углубления, которые производили лаптишки их предводителя - коренастого пожилого человека с огромною пилою на правом плече; а тот, в свою очередь, как словно дал зарок не слушать никаких советов и действовать по внушению каких-то тайных убеждений.

- Вишь, смелые какие! Того и смотри обломятся! - говорил Глеб.

- Обломятся! Знамо, обломятся... Ах ты, господи! - подхватили с уверенностью бабы.

- Эй, ребята! - снова крикнул Глеб, когда путники приблизились к месту, где река представляла длинное озеро. - Стойте, говорят вам, стойте, не ходите!

При этом предводитель с пилою на плече остановился; за ним тотчас же остановились и другие.

- Гей? - отозвался предводитель, вопросительно обращаясь к стоявшим на берегу.

- Не ходи прямо! Разве не видишь? - закричал Глеб.

- А что? - отозвался предводитель.

- А то же, что воды отведаешь: потонешь - вот что! Обойди кругом, говорят!.. Намедни и то сосновский мельник тут воз увязил...

- Насилу вытащили! - подхватили бабы в один голос.

Предводитель отступил шаг назад и поправил шапку. Затем он посмотрел направо: вода с этой стороны затопляла реку на далекое расстояние; посмотрел налево: с этой стороны вода простиралась еще дальше. Предводитель снова поправил шапку, тряхнул пилою и пошел отхватывать прямо, останавливаясь, однако ж, кое-где и ощупывая ногами лед, скрытый под водою. Остальные путники, как бараны, последовали тотчас же за своим товарищем.

На берегу между тем воцарилось глубокое молчание: говорили одни только глаза, с жадным любопытством следившие за каждым движением смельчаков, которые с минуты на минуту должны были обломиться, юркнуть на дно реки и "отведать водицы", как говорил Глеб.

XI

ПРОХОЖИЕ

Смельчаки, однако ж, не обламывались. Следуя гуськом за своим предводителем, шмыгавшим в воде по колени, они продолжали подвигаться вперед. Немного погодя благополучно выбрались они на свежую полосу, отделявшую их от берега шагов на сто.

То были пильщики и шерстобиты, или "волнотёпы", как называют их преимущественно по деревням. Последних можно было узнать по длинным черным шестам, сделанным наподобие контрбасных смычков, с тою разницею, однако ж, что волос заменялся здесь толстою струною из бычачьей жилы; смычки эти болтались за спиною и торчали из-за плеч, как ружья у черкесов. Широкие лоснящиеся пилы плавно покачивались на плечах других молодцов. Кроме этих ремесленных орудий, за спиною почти каждого виднелся холстяной мешок, который, судя по объему, мог только вмещать рубаху да еще, может статься, заработанные деньжишки, завязанные в тряпицу; тут же, подле мешков или на верхних концах пил и смычков, качались сапоги, весьма похожие на сморчки, но которыми владельцы дорожили, очевидно, более, чем собственными ногами, обутыми в никуда не годные лаптишки, свободно пропускавшие воду.

Вскоре все шестеро достигли берега. Лица их выражали такую же беззаботность и спокойствие, как будто они только что прошлись по улице. Все ограничилось тем только, что предводитель тряхнул пилою и сказал:

- Ну уж дорожка!

- Да таки - ништо! - смеясь, возразил Глеб. - Ну, братцы, посмотрели мы на вас: хваты, нечего сказать!

- Как это вы, батюшки, так-то... А-и! А-и! - проговорили бабы, с любопытством осматривая пришельцев.

Предводитель снял низенькую шапку, отороченную лохмотьями белого барана, опустил конец пилы наземь и засеменил ногами мелкую дробь, причем брызги воды полетели на присутствующих.

Выходка эта особенно приятно подействовала на одного из товарищей предводителя - молодого детину с глуповатой физиономией, острым, любопытным носом и белыми как сахар зубами.

- Эх, Нефедка!.. О-о! Шут его возьми!.. О-о! - мог только проговорить он и залился дребезжащим смехом, от которого задрожали его полные щеки.

Нефеду, то есть предводителю, было без малого лет пятьдесят. На голове его уже начали вытираться волосы, сквозь которые сильно просвечивало красное, приплюснутое, глянцевитое темя; нос Нефеда, комически вздернутый кверху, краснел так ярко, что, казалось, отражал цвет свой на остальные части лица; нос этот, в товариществе с мутными, стеклянистыми глазами, не оставлял ни малейшего сомнения, что Нефед частенько рвал косушку и даже недавно захватил куражу. За спиною Нефеда не было ни сапогов, ни мешка; все имущество его ограничивалось пилою и трубкой величиною с наперсток; объеденный чубучок этой трубки высовывался из бокового кармана далеко не казистого полушубка, совсем даже никуда не годного полушубка. Гуляка и пьянчужка выглядывали из каждой прорехи его одежды. Одним словом, Нефед с первого взгляда давал знать, что принадлежит к тем общипанцам, которых в простонародье величают обыкновенно "голудвою кабацкой".

- Ну уж, братцы, милостив к вам господь! - продолжал Глеб, значительно подымая густые свои брови. - Не чаял я увидеть вас на нашем берегу; на самом том месте, где вы через воду-то проходили, вечор сосновский мельник воз увязил...

- Насилу вытащили! - заметили бабы с такою живостью, как будто несчастие было перед их глазами.

- Дивлюсь я, право, как этак бог помиловал, - продолжал старый рыбак, - лед-то добре подточило - почти весь измодел; плохая опора: как раз солжет!..

- Ничаво, вишь: проехали! Маленько вот только носочки подмочили! - сиплым, надорванным голосом произнес Нефед, расставляя вымокшие до колен ноги и осматривая лаптишки.

Все засмеялись, а молодой парень с белыми зубами пуще всех; даже шапка его скосилась и колени подогнулись.

Во все продолжение предыдущего разговора он подобострастно следил за каждым движением Нефеда, - казалось, с какою-то даже ненасытною жадностью впивался в него глазами; как только Нефед обнаруживал желание сказать слово, или даже поднять руку, или повернуть голову, у молодого парня были уже уши на макушке; он заранее раскрывал рот, оскаливал зубы, быстро окидывал глазами присутствующих, как будто хотел сказать: "Слушайте, слушайте, что скажет Нефед!", и тотчас же разражался неистовым хохотом. Всего замечательнее было то, что хотя в поступках и словах Нефеда не было ничего особенно забавного или острого, почти все следовали примеру молодого детины.

- Откуда, братцы? - начал Глеб.

- Из Серпухова, - отвечал один из шерстобитов.

- Гм! Понимаю...

- А мы из Шушелова! Знаешь Шушелово? - сказал Нефед.

64

Молодой парень замигал глазами и заранее раскрыл рот.

- Слыхать слыхал, а бывать не бывал, - произнес Глеб. - Далече отселева?

- Да, ништо - рукой не достанешь.

Все засмеялись.

- Он оттедова - все шерстобиты оттедова, - подхватил прежний шерстобит.

- Куда бог несет?

- В Рязань... Не то чтобы в самый город, а подле, в деревню. Все идем в одно место, - отвечал шерстобит.

- Та-а-к, - пробормотал Глеб.

- Батюшки, - заговорила неожиданно тетка Анна, - не встречали ли, касатики, наших ребят?

- А то как же! Вестимо, встретили: "Кланяйся, говорили, маменьке, целуй у ней ручки!" - начал было Нефед к неописанному восторгу молодого парня.

Но Глеб перебил его:

- Глупая! Разве не видишь: смеются! Хошь бы и встретили, они нешто наших ребят знают? Чай, на лбу не написано!..

- Да я так только... батюшка... авось, мол, они...

- Ступай-ка, ступай лучше! Полно вздор-то молоть! - перебил муж, слегка поворачивая жену за плечи. - Ступайте и вы, бабы! Что тут пустое болтать! Пора за работу приниматься.

- А что, примерно, любезный, не Глебом ли вас звать? - спросил вдруг один из шерстобитов, человек сухощавый и длинный как шест, с плоскими желтыми волосами и бледно-голубыми глазами, вялыми и безжизненными.

Он выглядывал до того времени из толпы товарищей, как страус между индейками; говорил он глухим, гробовым голосом, при каждом слове глубокомысленно закрывал глаза, украшенные белыми ресницами, и вообще старался сохранить вид человека рассудительного, необычайно умного и даже, если можно, ученого.

Глеб дал утвердительный ответ.

- Вам, любезный человек, примерно, то есть, поклон посылают, - с достоинством проговорил рассудительный шерстобит.

- Кто ж бы такой?

- Станете проходить, говорит, через Оку, по дороге к Сосновке, увидите, говорит, рыбака Глеба Савинова, кланяйтесь, говорит, и нижайше...

- Ну, пошел, пучеглазый, размазывать! Тянет, словно клещами хомут надевает! - грубо перебил Нефед. - Кланяться наказывал тебе старичок из Комарева... Кондратьем звать... Вот те и все!

Долговязый шерстобит презрительно отвернулся; несмотря на всю свою рассудительность, он, как видно, был из числа самых щепетильных, обидчивых. Чувство тончайшей деликатности, заставлявшее его говорить всем вы, было сильно оскорблено грубостию Нефеда.

- А, да! Озерской рыбак! - сказал Глеб. - Ну, что, как там его бог милует?.. С неделю, почитай, не видались; он за половодьем перебрался с озера в Комарево... Скучает, я чай, работой? Старик куды те завистливый к делу - хлопотун!

Шерстобит закрыл уже глаза и хотел что-то промолвить, но Нефед снова перебил его.

- Об делах не раздобаривал: наказывал только кланяться! - сказал Нефед. - Ну, что ж мы, братцы, стали? - добавил он, приподняв пилу. - Пойдем к избам! Сват Глеб не поскупится соломой: даст обложить лаптишки.

- Что ж? Посидите. Можно и соломы дать, - проговорил Глеб, медленно поворачиваясь спиною к реке и направляясь к тому месту, где прежде работал.

Прохожие подняли свои мешки и пошли за ним.

- Ну, а как, сват Глеб, как у тебя насчет, примерно, винцо есть? - неожиданно сказал Нефед, покрякивая и прищуривая левый глаз.

- Нет, мы этим не занимаемся.

- Пустое самое дело! - глубокомысленно заметил рассудительный шерстобит, но так, однако ж, чтобы не мог расслышать этого необразованный Нефед.

- Полно, сват! Э! Ты думаешь, на мне кафтанишко-то рваный, так уж я... Я ведь не даром прошу, - приставал Нефед.

- Знамо, что не даром, - насмешливо возразил Глеб. - Не осуди в лаптях: сапоги в санях!.. Да с чего ты так разохотился: стало быть, денег добре много несешь?

- Давай только; за этим не постоим! - крикнул Нефед, торопливо вынимая трубчонку и выворачивая при этом пустой карман.

Раздался хохот.

- В кармане-то у него, видно, сухотка.

- Всего одна прореха и есть!

- Хвать в карман, ан дыра в горсти!

- Эх ты! - вымолвил Глеб, усмехнувшись.

- Чего зубы-то обмываете! - сказал Нефед. - С собой, знамо, нету: опасливо носить; по пеште домой отослал... А вот у меня тут в Сосновке тетка есть; как пойдем, накажу ей отдать тебе, сват, за вино... Душа вон, коли так!

- Как ее звать-то? Я в Сосновке всех знаю.

- Матреной... Первая изба с краю...

- Что ж ты не сказывал нам про эту тетку-то? - заметил кто-то из пильщиков.

- А что говорить!.. Душа вон, коли тетки нету.

- Нет, брат, долго ждать; может статься, она у тебя еще в бегах, - сказал, смеясь, Глеб.

- Э! - крикнул Нефед, махнув рукой, и поплелся вперед, сопровождаемый молодым парнем, который не переставал держаться за бока.

- Должно быть, человек бездетный? - спросил Глеб, указывая головой на Нефеда.

- Какое! Восьмеро ребят, мал мала меньше, - отвечал один из пильщиков, - да такой уж человек бесшабашный. Как это попадут деньги - беда! Вот хоть бы теперь: всю дорогу пьянствовал. Не знаю, как это, с чем и домой придет.

- Рассудка своего человек, примерно, то есть, не имеет, - проговорил длинный шерстобит, закрывая глаза. - Ему, видно, так-то вольготнее.

- Вот, братцы, посидите, отдохните, - вымолвил Глеб, когда все подошли к лодкам. - А вы, полно глазеть-то! За дело! - прибавил он, обратившись к Гришке и Ване, которые до того времени прислушивались к разговору.

Тут старый рыбак повернулся к воротам и велел Василисе принести охапку соломы.

66

- Эй, Василисушка-любушка! - заголосил Нефед, успевший уже развалиться между вершами. - Захвати-ка кваску рот прополоснуть: смерть горло пересохло!

- Я полагаю, более всего от эвтаго от табаку оно так-то у тебя пересыхает, - посмеиваясь, сказал рыбак. - Ты, вишь, и трубочку, видно, покуриваешь... на все руки горазд.

Вместо ответа Нефед перевалился на бок и молодцевато сунул чубук в рот.

- Что ж ты ее не запалишь? Аль табаку нету?

- Вместе с сапогами в Комареве обронил... И не надыть его, табаку-то, я и то всю дорогу курил беспречь, инда весь рот выжег.

- Ох-о-о... Нефедка... балясник... о! - закатился снова молодой парень.

- У него табаку-то и в заводе не было: всю дорогу так-то один чубук глодал, - промолвил один из пильщиков.

Квас и солома не замедлили явиться.

Прохожие сняли мокрые лапти и принялись перекладывать их соломой; между тем Глеб и молодые помощники его уселись за работу. Разговор снова завязался. Но в нем уже не принимал участия Нефед: сначала он прислонился спиною к лодке и, не выпуская изо рта трубки, стал как словно слушать; мало-помалу, однако ж, глаза его закрылись, губы отвисли, голова покачнулась на сторону и увлекла за собою туловище, которое, свешиваясь постепенно набок, грохнулось наконец на землю. Но Нефед ничего уже не чувствовал; он не чувствовал даже, как трубка вывалилась у него изо рта. Через минуту от храпа его заволновались даже лохмотья рукава, нечаянно попавшего вместе с рукою под голову. Два-три пинка, удачно направленные в бок молодого парня с белыми зубами, предостерегали его от нового взрыва хохота, и с этой минуты лицо его как словно одеревенело. Мало-помалу, однако ж, глаза его, все еще не покидавшие спящего Нефеда, начали соловеть и смежаться; немного погодя зубастый парень растянулся наземь и, подложив под голову шапку, предался отдыху; примеру его последовали двое других товарищей.

Разговор между тем шел своим чередом.

- Знамое дело, какие теперь дороги! И то еще удивлению подобно, как до сих пор река стоит; в другие годы в это время она давно в берегах... Я полагаю, дюжи были морозы - лед-то добре закрепили; оттого долее она и держит. А все, по-настоящему, пора бы расступиться! Вишь, какое тепло: мокрая рука не стынет на ветре! Вот вороны и жаворонки недели три как уж прилетели! - говорил Глеб, околачивая молотком железное острие багра.

- И то вороны прилетели! Я сам встрел двух на дороге, - сказал один из бодрствующих пильщиков, маленький человек с остроконечной бородкой, которая, без сомнения, должна была иметь какое-нибудь тайное сообщение с языком своего владельца, потому что, как только двигался язык, двигалась и бородка. - А что, братец ты мой, - Глебом, что ли, звать? Да, - подхватил он, - правда ли, сказывают, будто вороны эти вот в эвту самую пору купают детей своих в прорубях? Сказывают, вишь: они отпущают их в отдел, на "особное" семейное жительство... Да ты, я чай, слыхал об этом?

- Как не слыхать! Слыхал. Самому, правда, не приходилось видеть, а от стариков слыхал неоднова, - отвечал Глеб, шутливое расположение которого, вызванное на минуту выходками Нефеда, заметно проходило.

- Я полагаю, все это, то есть, так... пустое, примерно... болтают, - разумным тоном заметил длинный шерстобит.

- С чего ж пустое? Может статься, оно и так, как он говорит; на свете и не такие диковинки бывают. Вот хошь бы теперь: по временам давно бы пора пахарю радоваться на озими, нам - невод забрасывать; а на поле все еще снег пластом лежит, река льдом покрыта, - возразил Глеб, обращаясь к шерстобиту, который сидел с зажмуренными глазами и, казалось, погружен был в глубокую думу. - Мудреного нет, - продолжал рыбак, - того и жди "внучка за дедом придет"[6]: новый еще снег выпадет. Раз так-то, помнится, уж совсем весна наступила, уж лист в заячье ухо развернулся и цветы были на лугах, вдруг, отколе ни возьмись, снег: в одну ночь по колено навалил; буря такая, сиверка, и боже упаси! Сдается по всему, и нонче тому же быть!

- Все может быть... все!.. Все во власти божьей, - вымолвил шерстобит, задумчиво наклоняя голову.

- С чего ж ты думаешь - быть опять снегу! - заговорил пильщик, двигая бородой.

- Конечно, все в руке божьей, во всем его святая воля, - подхватил Глеб, - но я говорю так-то - по приметам сужу! Вот теперь у тестя моего старшего сына - вот что ждем-то, - у тестя в Сосновке коровы стоят (держит боле для робят; без этого нельзя: не все хлеб да капуста, ину пору и молочка захоцца похлебать, особливо ребятишкам)... Ну, так вот, говорю, коровы у него стоят теперь смирно, не шелохнутся; смекай, значит, коли так: быть опять снегу. Уж это так верно, как вот пять пальцев на руке. Скотина весну чует лучше человека: уж коли весна устанавливается, идет на коренную, скотину ни за что не удержишь в хлеве: овца ли, корова ли, так и ревет; а выпустил из хлева, пошла по кустам рыскать - не соберешь никак!.. Эта примета ни за что не обманет!

- Видишь ты, ведь вот и разума не имеет, а ведь вот чует же, поди ты! - произнес пильщик, потряхивая бородкой. - Да, - промолвил он, пожимая губами, - а только ноне, придет ли весна ранняя, придет ли поздняя, все одно: скотине нашей плохо - куды плохо будет!

- С чего ж так?

- Хвост стала что-то откидывать! Так вот и дохнут все... И бог знает что такое!

- Ой ли?

- Истинно так, дохнут... Оченно много дохнут, - подтвердил шерстобит, - самому трафилось видеть.

- Что за притча такая? С чего бы, значит, это? Напущено, что ли?.. Сказывают, хвороба эта - мором, кажись, звать - не сама приходит: завозит ее, говорят, лихой человек, - сказал пильщик.

При этом рассудительный шерстобит сомнительно улыбнулся, медленно закрыл глаза и покрутил головою.

- Я полагаю, то есть, примерно, так только, пустое болтают, - произнес он с чувством достоинства. - Простой народ, он рассудка своего не имеет... и болтает -

---

[6] Так говорится о позднем весеннем снеге, который, падая на старый снег и тотчас же превращаясь в воду, просачивает его насквозь и уносит с земли. (Прим. автора.)

выходит, пустое, - заключил он, поглядывая на старого рыбака с видом взаимного сочувствия и стараясь улыбнуться.

Но лицо Глеба, к великому удивлению глубокомысленного скептика, осталось совершенно спокойным. Не поднимая высокого, наморщенного лба, склоненного над работой, рыбак сказал серьезным, уверенным голосом:

- Нет, любезный, не говори этого. Пустой речи недолог век. Об том, что вот он говорил, и деды и прадеды наши знали; уж коли да весь народ веру дал, стало, есть в том какая ни на есть правда. Один человек солжет, пожалуй: всяк человек - ложь, говорится, да только в одиночку; мир правду любит...

- Вестимо, так, уж коли все заодно говорят, стало, с чего-нибудь да берут, стало, есть правда, - подхватил пильщик. - Я об этой коровьей смерти сколько раз от старых стариков слышал: точно, завозят, говорят, ее, а не сама приходит. Прилучилось это, вишь, впервые с каким-то мужичком, - начал он с такою живостью, как будто вступался за мать родную, - ехал этот мужичок с мельницы, ко двору подбирался. Дело было к вечеру, маленечко примеркать стало. И выехал он на поляну. Отколь ни возьмись, подходит к нему старуха: "Подвези меня, говорит, дедушка!" - "Куда тебя?" - говорит... То есть он-то говорит ей: "Куда тебя?" - говорит. А она опять: "Подвези, говорит, хошь до своей до деревни: моченьки моей нет!" А он ей: "Ты какая такая?" - говорит. "Вот, родимый, - говорит этто она ему, - вот, говорит, я лечейка, коров лечу!" - "Где ж ты, говорит, лечила?" - "А лечила я, говорит, у добрых у людей, да не в пору за мной послали; захватить не успела - весь скот передох!" Ну, посадил он это ее к себе в сани, поехал. Ехали, ехали. Давно пора бы дома быть, ан лих - не дается; куда ни глянет, все поляна идет; и не знать, что такое! Человек был преклонный; снял он это шапку и перекрестился: "Господи боже, говорит, помилуй нас, грешных!" Смотрит, а уж старухи-то и нет с ним; глядь, подле самых саней бежит какая-то черная собака... Он ничего. Ну, попал это он на след, старик-ат, приехал домой, на двор въезжает, и собака за ним. Вот это и выходит, привез он с собою коровью смерть. На другое утро по всей его деревне ни одной коровенки не осталось! - заключил пильщик, разглаживая бородку, которая во все время разговора работала вместе с языком.

- Много, может статься, тут и пустого, а правда все-таки должна быть - не без этого! - сказал рыбак. - Полагаю так: завез эту коровью смерть какой лихой человек в нашу русскую землю. Ведь вот завозят же чуму из Туречины... не сама же приходит! А тут, известно, уж и старуху приплели, и собаку... На пустые речи податлив человек! Сколько на свете голов, столько и умов - всякий по-своему мерекает. На то господь и разум дал: слушать слушай, а правду распутывай. Не все то перенимай, что по реке плывет; то-то же оно и есть! Правда-то иной раз что пескарь в неводе: забьется промеж петель и не видать совсем; ну, а как поразберешь складки-то, все окажется... Да полно, ребята, точно ли задалась такая причина? Кажись бы, не с чего быть скотскому падежу. Осень в прошлом году была ранняя, сухая; лист отпал до первого снегу... Не след бы быть этому.

- Ну, вот поди ж ты! А все дохнет, братец ты мой! - подхватил пильщик. - Не знаем, как дальше будет, а от самого Серпухова до Комарева, сами видели, так скотина и валится. А в одной деревне так до последней шерстинки все передохло, ни одного копыта не осталось. Как бишь звать-то эту деревню? Как бишь ее, -

заключил он, обращаясь к длинному шерстобиту, - ну, вот еще где набор-то собирали... как...

- Какой набор? - спросил Глеб, неожиданно подымая голову.

- Некрутов брали... как бишь ее, эту деревню?.. Еще две церкви... Эх, запамятовал... Лы... Лысые Мухи, что ли... Нет, не то! - бормотал пильщик.

Но Глеб уже не слушал пильщика; беспечное выражение на его лице словно сдуло порывом ветра; он рассеянно водил широкою своею ладонью по багру, как бы стараясь собрать мысли; забота изображалась в каждой черте его строгого, энергического лица. Дело вот в чем: Глеб давно знал, что при первом наборе очередь станет за его семейством; приписанный к сосновскому обществу, он уже несколько лет следил за наборами, хотя, по обыкновению своему, виду не показывал домашним. Старый рыбак не подозревал только, чтобы очередь пришла так скоро; неожиданность известия, как и следует ожидать, смутила несколько старика, который, между прочим, давно уже обдумал все обстоятельства и сделал свои распоряжения. Он поспешил, однако ж, подавить в себе смущение, поспешно схватил багор и принялся еще усерднее работать. Минуту спустя Глеб снова поднял голову.

- Неужто точно набор? - проговорил он.

- Точно: сами видели; сказывают, вишь, война идет.

- Истинно так, - поддакнул глубокомысленный шерстобит.

- Да чему же ты так удивляешься? Разве до тебя очередь дошла? - спросил пильщик, обращая к рыбаку острие своей бородки.

- Нет, очереди нет никакой; я так спрашиваю, - проговорил Глеб твердым, уверенным голосом, между тем как глаза его беспокойно окидывали Ваню и Гришу, которые работали в десяти шагах.

Оба так усердно заняты были своим делом, что, казалось, не слушали разговора. Этот короткий, но проницательный взгляд, украдкою брошенный старым рыбаком на молодых парней, высказал его мысли несравненно красноречивее и определеннее всяких объяснений; глаза Глеба Савинова, обратившиеся сначала на сына, скользнули только по белокурой голове Вани: они тотчас же перешли к приемышу и пристально на нем остановились. Морщины Глеба расправились.

Но это продолжалось всего одну секунду; он опустил голову, и лицо его приняло снова строгое, задумчивое выражение. Мало-помалу он снова вмешался в разговор, но речь его была отрывиста, принужденна. Беседа шла страшными извилинами, предмет россказней изменялся беспрерывно между пильщиком и шерстобитом, но со всем тем строгое, задумчивое лицо Глеба оставалось все то же.

Оно ни на волос не изменилось даже тогда, когда громкий хохот зубастого парня, дружно подхваченный пильщиком, возвестил пробуждение Нефедки.

- Ну, ребята, пора! Вставай! Время идти! - заговорил пильщик, толкая других товарищей, которые также спали. - Ну, поворачивайся, что ли, ребята!

- Господи! Господи! - бормотали ребята, зевая и потягиваясь.

- Полно вам, вставай! Вишь, замораживать начинает: дело идет к вечеру. Надо к ночи поспеть в Сосновку... Ну, ну!

- А что, любезный человек, сколько, примерно, то есть, считаете вы до Сосновки? - спросил рассудительный шерстобит, обращаясь к рыбаку.

- Семь верст, - отвечал тот сухо.

- И все, примерно, то есть, по этой дороге идтить, что за вашими избами по горе вьется?

- Да, - отвечал Глеб, кивнул головою и отвернулся.

Деликатные чувства галантерейного шерстобита, казалось, вовсе не ожидали такого обхожденья; он выпрямился с чувством достоинства, закрыл глаза, как будто готовился сделать какое-нибудь глубокомысленное замечание, но изменил, видно, свое намерение, поднял мешок, взвалил на спину смычок и, сухо поклонившись, пошел своею дорогой.

- Ну, ребята, идем! - говорил между тем пильщик, подсобляя товарищам снаряжаться. - Пойдем в Сосновку, поглядим на Нефедкину тетку! У ней и ночуем!

- О-о! Нефедка!.. Вишь... шут, балясник... О-о! - заливался парень с белыми зубами, глядя на Нефеда, который покрякивал и хмурился, разглаживая встрепавшиеся волосы.

- Чего ты зубы-то скалишь? Вот я тебе ребры-то посчитаю! - закричал Нефед грубым, суровым голосом, который ясно уже показывал, что хмель благодаря крепкому сну не отуманивал его головы - обстоятельство, всегда повергавшее Нефеда в мрачное, несообщительное расположение духа.

Он сунул трубку в карман, поднял пилу, нахлобучил шапку и, не заботясь о товарищах, которые прощались с рыбаком, покинул площадку; минуту спустя толпа прохожих последовала за своим предводителем, который, успев догнать шерстобита, показался на тропинке крутого берега, высоко подымавшегося над избами рыбака.

Проводив их рассеянным взглядом, Глеб нетерпеливо повернулся к жене и снохам, которые снова выбежали на площадку и, не видя Петра и Василия, снова разразились жалобами и вздохами.

- Чего вы опять? Чего, в самом деле, разбегались? - закричал неожиданно Глеб таким страшным голосом, что не только бабы, но даже Ваня и Гриша оторопели.

Всю остальную часть дня Глеб не был ласковее со своими домашними. Каждый из них судил и рядил об этом по-своему, хотя никто не мог дознаться настоящей причины, изменившей его расположение. После ужина, когда все полегли спать, старый рыбак вышел за ворота - поглядеть, какая будет назавтра погода.

Небо было облачно. Тьма кромешная окутывала местность; ветер глухо завывал посреди ночи.

Старый рыбак сел на завалинку, положил голову между ладонями и нетерпеливо уткнул локти в колени.

- Жаль, что говорить! - бормотал он, продолжая, вероятно, нить размышлений, не покидавших его во весь вечер. - Жаль, попривыкли! Да и работник, того, дюжий... Жаль, ну, да ведь не как своего! Я еще тогда, признаться, как дядя Аким привел его, смекнул эвто дело... Жаль Гришку! Ну, да как быть! Требуется - стало, так и следует быть. Рассуждать не наше дело; да и рассуждать не о чем - дело настоящее: царство без воинства, человек без руки, конь без ног - одна стать. И то сказать надо: не в ссылку идет, не за худым каким делом. Идет парень на службу, на царскую; царю-батюшке служить идет... Вестимо, на первых-то порах только

71

расстаться жаль словно; ну, да авось господь приведет увидаться: не в ссылку идет... Эх, попривыкли мы к нему! - заключил Глеб.

Тут он снова поднялся на ноги, взглянул на небо, вернулся на двор и пошел медленным шагом к старым саням, служившим ему с Благовещения вместо ложа.

XII

ВОЗВРАЩЕНИЕ

- Ну, вот теперь иное дело: теперь они! Дивлюся я только, как это прошли! Вишь, реку-то, почитай, всю уж затопило! - говорил Глеб, спускаясь на другой день утром по площадке вместе с Ваней и приемышем.

Жена его, обе снохи и внучата бежали между тем впереди, поспешая навстречу Петру и Василию, которые подымались уже на берег.

Появление двух рыбаков произошло совершенно неожиданно. Если б не мать, они подошли бы, вероятно, к самым избам никем не замеченные: семейство сидело за обедом; тетка Анна, несмотря на весь страх, чувствуемый ею в присутствии мужа, который со вчерашнего дня ни с кем не перемолвил слова, упорно молчал и сохранял на лице своем суровое выражение, не пропускала все-таки случая заглядывать украдкою в окна, выходившие, как известно, на Оку; увидев сыновей, она забыла и самого Глеба - выпустила из рук кочергу, закричала пронзительным голосом: "Батюшки, идут!" - и сломя голову кинулась на двор. Не успел Глеб поднять головы, как обе снохи и внучки повскакали с мест и пустились за старушкой. Старый рыбак, которому давно прискучила суматоха, попусту подымаемая бабами двадцать раз на дню, сжал уже кулаки и посулил задать им таску, но тотчас же умилостивился, когда Ваня и Гриша, пригнувшись к окну, подтвердили, что Петр и Василий точно приближаются к берегу. Он не обнаружил, однако ж, никакой торопливости: медленно привстал с лавки и пошел за порог с тем видом, с каким шел обыкновенно на работу; и только когда собственными глазами уверился Глеб, что то были точно сыновья его, шаг его ускорился и брови расправились.

Петр и Василий много изменились с того времени, как мы застали их беседующими с дядей Акимом. С, той поры прошло без малого десять лет! Оба преобразились во взрослых, зрелых мужей; лица их возмужали и загрубели; время и труды провели глубокие борозды там, где прежде виднелись едва заметные складки. Коротенькая, но тучная кудрявая бородка сменила легкий пушок на щеках Василия. Перемена заметна была, впрочем, только в наружности двух рыбаков: взглянув на румяное, улыбающееся лицо Василия, можно было тотчас же догадаться, что веселый, беспечный нрав его остался все тот же; смуглое, нахмуренное лицо старшего брата, уподоблявшее его цыгану, которого только что обманули, его черные глаза, смотревшие исподлобья, ясно обличали тот же мрачно настроенный, несообщительный нрав; суровая энергия, отличавшая его еще в юности, но которая с летами угомонилась и приняла характер более сосредоточенный, сообщала наружности Петра выражение какого-то грубого могущества, смешанного с упрямой, непоколебимой волей; с первого взгляда становилось понятным то влияние, которое производил Петр на всех товарищей по ремеслу и особенно на младшего брата, которым управлял он по произволу.

Увидев жену, мать и детей, бегущих навстречу, Петр не показал особой радости или нетерпения; очутившись между ними, он начал с того, что сбросил наземь мешок, висевший за плечами, положил на него шапку, и потом уже начал здороваться с женою и матерью; черты его и при этом остались так же спокойны, как будто он расстался с домашними всего накануне. В ответ на радостные восклицания жены и матери, которые бросились обнимать его, он ограничился двумя-тремя: "Здорово!", после чего повернулся к детям и, спокойно оглянув их с головы до ног, надел шапку и взвалил на плечи мешок. Возиться с бабьем и ребятами не было делом Петра. Он предоставил брату "хлебать губы" с бабами - так выражался Петр, когда дело шло о поцелуях. Василий не терял времени: он не переставал обниматься и чмокаться со всеми, не выключая детей Петра и собственной жены, с которой год тому назад едва успел познакомиться.

Глеб, Ваня и приемыш приближались между тем к группе, стоявшей на берегу. Увидя отца, Петр и Василий тотчас же сняли шапки, покинули баб и пошли к нему навстречу.

- Здравствуй, батюшка! - сказали они, останавливаясь в трех шагах от отца и отвешивая ему низкий поклон.

- Здравствуйте, ребята! - отвечал Глеб, останавливаясь, в свою очередь, и пристально оглядывая двух рыбаков, которые торопливо здоровались с Ваней и Гришкой.

Тут Анна, ее сноха и дети снова обступили было двух рыбаков; но на этот раз не только Петр, но даже и Василий не обратили уже на них ни малейшего внимания. Оба покручивали шапки и не отрывали глаз от отца.

- Пришли, батюшка, тебя проведать, - весело начал Василий, потряхивая головою и откидывая назад волосы.

- Здорово, ребята, здорово! - говорил Глеб, продолжая оглядывать сыновей и разглаживая ладонью морщины, которые против воли набегали и теснились на высоком лбу его. - Где ж это вы пропадали? Сказывали: за две недели до Святой придете, а теперь уж Страстная... Ась?..

Василий замялся и покосился на брата.

- Не управились, батюшка, - равнодушно отвечал Петр.

- Что ж так? Делов, что ли, добре много у вас там?

- Да, таки есть...

- Более от хозяина, батюшка, - подхватил Василий, - кабы не он, мы бы давно дома были; посылал нас в Коломну с рыбой.

- О-го, о! Вот как! Стало, вы у хозяина не токмо рыбаки, да еще и приказчики! - произнес Глеб, слегка посмеиваясь.

Но улыбка только скользнула по лицу его. Секунду спустя оно по-прежнему сделалось серьезно и задумчиво.

- Какие же цены? Почем рыба? - спросил он, разглаживая бороду.

- Ну вот, нашел о чем спрашивать! - нетерпеливо перебила Анна, забывшая уже на радостях сумрачное расположение своего мужа. - Дай им дух-то перевести; ну что, в самом-то деле, пристал с рыбой!.. Не из Сосновки пришли - из дальней дороги... Я чай, проголодались, родненькие, золотые вы мои! Как не быть голодну! Вестимо! Пойдемте, родные, пойдемте в избу скорей: там погреетесь; а нонеча как словно ждали вас: печку топили... Дай мне, Петруша, мешочек-то свой: дай понесу, касатик. Аграфена, возьми у мужа мешок-то... Что стоишь! Подь, Васенька, подь, ненаглядный...

Но Петр и Василий не слушали матери, двигали только плечами и продолжали стоять против отца.

- Ну, пойдемте в избу. Я чай, взаправду маленько того... проголодались; там переговорим! - сказал Глеб.

Сыновья тотчас же повиновались, нахлобучили шапки и последовали за ним. Достигнув места, где находились лодки, они отстали от него на несколько шагов и присоединились к бабам.

- Что вы, родные? Аль забыли что на берегу? - воскликнула мать.

- Полно тебе кричать, матушка! Говори тихо! - отрывисто шепнул Петр, кивая головой на отца.

- Никак, он у вас добре сердит ноне? - тихо спросил Василий.

- И-и, приступу нет!..

- С чего ж так? - перебил Петр.

- А господь его ведает! Со вчерашнего дня такой-то стал... И сами не знаем, что такое. Так вот с дубу и рвет! Вы, родные, коли есть что на уме, лучше и не говорите ему. Обождите маленько. Авось отойдет у него сердце-то... такой-то бедовый, боже упаси!

Это обстоятельство подействовало, по-видимому, самым неприятным образом на двух рыбаков. Петр бросил значительный взгляд брату и нахмурил брови. Тот утвердительно кивнул головою, как будто хотел сказать: "Ладно, не сумневайся: знаем, что делать!" Дело в том, что им предстояло вести с отцом весьма щекотливую беседу. Предмет разговора был такого свойства, что страшно было приступить с ним даже в том случае, если б Глеб находился в самом отличном, сговорчивом расположении духа. Петру столько же прискучило жить в зависимости у хозяина, сколько находиться под строгим надзором отца. Он принял твердое намерение освободиться от того и другого и попытать счастья - сделаться самому хозяином. Для этой цели он обогнул на обратном пути из "рыбацкой слободы" весь берег Оки от Серпухова до Коломны, побывал у всех береговых владельцев и наконец нашел свободное место для промысла. Петр верил в свои силы. К тому же он знал, что, стоило ему только свистнуть да выставить ведра два вина, в батраках недостачи не будет. Денег у Петра не было - едва-едва оставалось на столько, чтобы купить предположенные ведра вина для задобрения работников; но это не могло служить препятствием. Место отдают без задатка. Сетей по берегам вволю: поставил четверть соседу рыбаку-гуляке - вот тебе и сеть. На первых порах привередничать нечего: можно жить в соломенном шалаше и ловить рыбу рваными сетками; у иного и новые сети, да ничего не возьмет; за лодками также не ходить стать: на Оке лодок не оберешься. Известно, не дадут тебе здоровую: дадут похуже - ничего! На первых порах поездим и в худой. Мало ли плывет по Оке всякой дряни: обломков, досок, жердей, плывут даже целые бревна - будет чем заколачивать щели! Не будь сетей и лодок, Петр и тогда не отказался бы от своего намерения. Такой уж был человек. В этом случае весь в отца уродился: уж когда что забрал в голову, живота лишится, а на своем поставит! Так, например, решился он взять жену и детей, хотя не видел в них ровно никакой надобности. Оставить их у отца значило, по его мнению, сделать дело наполовину. Дом родительский прискучил Петру так же, как житье у хозяина; ему хотелось раз навсегда освободиться от власти отцовской, с которой никак не могла ужиться его своевольная, буйно-грубая природа. Нечего, разумеется, и говорить, что ему ничего не стоило склонить на свою сторону брата; он не принял даже на себя труда уговаривать или уламывать его. Петру стоило только обнаружить свою мысль, и Василий тотчас же согласился столько же по слабости духа и тому влиянию, какое производил на него буйно-несговорчивый нрав брата, сколько и потому, может статься, что он также не прочь был высвободиться из-под грозного отцовского начала и подышать на волюшке. Со всем тем при виде выгнутых, слегка вздрагивающих бровей отца Петр, несмотря на всю свою смелость, решился выждать более благоприятной минуты, чтобы передать свои намерения. Времени впереди оставалось, однако ж, немного. Основываясь на этом, Петр при входе в избу шепнул Василию, чтобы тот развязал язык и постарался разговорить, развеселить как-нибудь отца.

Все сели за стол, на который Анна и снохи ее поспешили поставить все, что было только в печи. Василий переглянулся с братом и, не медля ни минуты, принялся сообщать все новости, какие приходили ему на ум. Он передал все слухи, носившиеся в их стороне, сообщил разные подробности о житье-бытье своем с братом, причем Петр заблагорассудил отозваться весьма дурно о хозяине; но, чтобы предостеречь себя от упреков отца, который прежде еще отсоветовал сыновьям жить в наймах, прибавил, что хозяин ненадежен потому только, что пожар лишил его большей части имущества. Затем Василий, продолжая подмешивать в свою речь прибаутки, рассказал отцу о коровьей смерти и рекрутском наборе.

Все эти рассказы, особенно о последних двух предметах, далеко не произвели на Глеба ожидаемого действия.

Он обрадовался возвращению сыновей, хотя трудно было сыскать на лице его признак такого чувства. Глеб, подобно Петру, не был охотник "хлебать губы" и радовался по-своему, но радость, на минуту оживившая его отцовское сердце, прошла, казалось, вместе с беспокойством, которое скрывал он от домашних, но которое тем не менее начинало прокрадываться в его душу при мысли, что сыновья неспроста запоздали целой неделей. За исключением двух-трех вопросов, касавшихся рыбного промысла, старый рыбак не принял даже участия в беседе. Он рассеянно слушал рассказы Василия, гладил бороду и проводил ладонью по лбу - в ответ на замечания Петра. Улыбка ни разу не показалась на губах его. Трудно предположить, чтобы крепкая душа Глеба так легко могла поддаться какому-нибудь горестному чувству. Во все продолжение шестидесятипятилетней жизни своей он не знал, что такое отчаиваться, убиваться, тосковать и падать духом. Лицо старого рыбака выражало, впрочем, как нельзя лучше теперешнее состояние души его. Черты его не вытягивались, как у человека огорченного; напротив того, они были судорожно сжаты. Он попросту казался не в духе, глядел сердито, досадливо. Но и этого было уже достаточно. Каждый из домашних слишком хорошо понимал значение выгнутых бровей Глеба Савиныча, слишком хорошо знал, как держать себя, когда Глеб Савиныч в сердцах. Тут уже не до шуток: на волоске висишь - того и смотри оборвешься! Упорное молчание Глеба невольным образом приудерживало краснобая. Сердитый вид главы семейства связывал присутствующих; бабы молчали. Тетка Анна, которая в минуту первого порыва радости забыла и суровое расположение мужа и самого мужа, теперь притихла, и бог весть, что сталось такое: казалось бы, ей нечего было бояться: муж никогда не бил ее, - а между тем робость овладела ею, как только она очутилась в одной избе глаз на глаз с мужем; язык не ворочался! Так бы вот, кажется, бросилась да и повисла на шею Васе: "Васенька! Касатик, ненаглядный ты мой, год с тобой не видалась, батюшка! Петя! Дружок! Подь ко мне... Сыны вы мои родные!..", а между тем руки не подымаются, голос замирает в груди, ноги не двигаются. Делать, видно, нечего: придется помучиться до той поры, пока наступит ночь и "старый" уляжется в свои сани под навесом. Старушка вознаградит тогда с лихвою потерянное время: всласть насмотрится на детей своих, всласть наговорится с ними и, обнимая их, прольет не одну радостную слезу. В ожидании этого старушка и жена Петра следовали примеру Василисы, которая, прислонившись к печке, следила с каким-то беспокойно-живым любопытством за движениями своего мужа.

После обеда Глеб встал и, не сказав никому ни слова, принялся за работу. Час спустя все шло в доме самым обыденным порядком, как будто в нем не произошло никакого радостного события; если б не веселые лица баб, оживленные быстрыми, нетерпеливыми взглядами, если б не баранки, которыми снабдил Василий детей брата, можно было подумать, что сыновья старого Глеба не покидали крова родительского.

Прошло два дня после возвращения рыбаков. В промежуток этого времени Петр неоднократно готовился приступить к отцу с объяснением, но, встречая всякий раз неблагосклонный взгляд родителя, откладывал почему-то свое намерение до следующего дня. Наконец он решился выждать водополья, рассчитывая, не без основания, что начало рыбной ловли авось-либо расшевелит отца и сделает его доступнее. То, чего ждал Петр, не замедлило осуществиться.

На третьи сутки после их прихода, в самую полночь, послышался неожиданно страшный треск, сопровождаемый ударами, как будто тысячи исполинских молотов заколотили разом в берега и ледяную поверхность реки; треск этот, весьма похожий на то, как будто разрушилось вдруг несколько сотен изб, мгновенно сменился глухим, постепенно возвышающимся гулом, который заходил посреди ночи, подобно осатевшему ветру, ломающему на пути своем столетние дубы, срывающему кровли. Казалось, буря ударила на окрестность... Старый Глеб встрепенулся. Слух его был давно настороже; он выскочил из саней, сотворил крестное знамение и торопливо вышел за ворота.

Сквозь густую темноту ночи, которую усиливали черные, быстро бегущие тучи, зоркий взгляд рыбака различил в отдалении мутно-беловатую полосу. То сверкала река, которая пенилась и ревела как дикий зверь, вырвавшийся на волю. Дул сильный западный ветер; могучие порывы его усиливали быстрину течения. Плеск воды смешивался с треском льдин, которые поминутно отрывались от берегов: грохот, стукотня, звонкие удары ледяных глыб, налетавших друг на дружку, раздавались в ночном воздухе, который холодел с каждою минутой. Наступило наконец так давно, так нетерпеливо ожидаемое половодье; наступила наконец минута, столько же радостная для рыбака, как первый теплый весенний день для пахаря; спешит он на поле и, приложив руку свою к глазам, чтобы защитить их от золотых лучей восходящего солнца, осматривает с веселым выражением тучные изумрудно-зеленые стебельки озимого хлеба, покрывающие землю... Глеб не отрывал глаз от белеющейся полосы, прислушивался к звяканью льдин, как будто отыскивал в этих звуках признаки удачного или неудачного промысла, и задумчиво гладил бороду; на этот раз его как словно не радовало даже что-то и самое половодье. В бывалое время он не простоял бы так спокойно на одном месте; звучный голос его давно бы поставил на ноги жену и детей; все, что есть только в избе, - все пошевеливайся; все, и малый и большой, ступай на берег поглядеть, как реку ломает, и поблагодарить господа за его милости. "Эх-эх, гуляй знай, погуливай, наша матушка Ока! Гуляй, кормилица наша - апрель на дворе!.." - крикнет, бывало, Глеб зычным голосом, расхаживая по берегу, между тем как глаза его нетерпеливо перебегают от воды к лодкам, а руки так и зудят схватить невод и пуститься с ним попытать счастья! Теперь не то: стоит он молча и задумчиво гладит поседевшую бороду, как словно нет и реки перед ним. Глеб постоял, постоял на одном месте и вернулся на двор; он не разбудил даже домашних. Прикутавшись в полушубок, Глеб снова улегся в свои сани. Он лежал, однако ж, не смыкая глаз: сон бежал от него; его как словно тормошило что-то; не зависящая от него сила ворочала его с боку на бок; время от времени он приподымал голову и внимательно прислушивался к шуму реки, которая, вздуваясь и расширяясь каждую минуту, ревела и грохотала с возрастающей силой. Рыбак вскакивал из саней, набрасывал внакидку полушубок и выходил за ворота; так провел он целую ночь вплоть до рассвета. Наконец он не выдержал. Бойко пошел он на двор и, постукивая кулаком в плетеные дверцы клетей и каморок, где спали жена и дети, закричал встрепенувшимся, повеселевшим голосом:

- Эй вы, лежебоки, полно спать! Вставай! Вставай! Эй, слышишь: река взыгралась. Подымайся! Пора!

Минуту спустя семейство рыбака было на ногах; все спешили за ворота.

XIII

ВОДОПОЛЬЕ

К утру река уже успела затопить дальний берег. Она видимо почти разливалась все дальше и дальше, по лугам, которые, казалось, убегали к горизонту. Вода и льдины ходили уже поверх кустов ивняка, покрывающих дальний плоский берег; там кое-где показывались еще ветлы: верхняя часть дуплистых стволов и приподнятые кверху голые сучья принимали издали вид черных безобразных голов, у которых от страха стали дыбом волосы; огромные глыбы льда, уносившие иногда на поверхности своей целый участок зимней дороги, стремились с быстротою щепки, брошенной в поток; доски, стоги сена, зимовавшие на реке и которых не успели перевезти на берег, бревна, столетние деревья, оторванные от почвы и приподнятые льдинами так, что наружу выглядывали только косматые корни, появлялись беспрестанно между икрами[7]. Все давало знать, что река достигла уже возвышенных точек обоих берегов. Иногда льдины замыкали реку, спирались, громоздились друг на дружку, треск, грохот наполняли окрестность; и вдруг все снова приходило в движение, река вдруг очищалась на целую версту; в этих светлых промежутках показывались шалаш или расшива, подхваченные с боков икрами; страшно перекосившись на сторону, они грозили спихнуть в воду увлеченную вместе с ними собаку, которая то металась как угорелая, то садилась на окраину льдины и, поджав хвост, опрокинув назад голову, заливалась отчаянно-протяжным воем. Часто следом за ними стремился одинокий шест, торчавший перпендикулярно из воды; на верхнем конце его сидела ворона и, покачиваясь из стороны в сторону вместе с шестом, поглядывая с любопытством на все стороны, преспокойно совершала свою водяную прогулку. Внезапно картина переменялась: огромное пространство реки покрывалось миллионами белых, сверкающих обломков; как несметные стада испуганных баранов, они летели врассыпную, забиваясь иной раз, словно в замешательстве, в кусты высокого ивняка, верхушки которых, отягченные илом, трепетно пригибались к мутным, шумно-говорливым струям. Окрестность превращалась в море...

Семейство рыбака провело почти целое утро над рекою. После завтрака три сына Глеба и приемыш, предводительствуемые самим стариком, появились с баграми на плечах; все пятеро рассыпались по берегу - перехватывать плывучий лес, которым так щедро награждало их каждый год водополье. К обеду все заметили перемену на лице Глеба: он как словно повеселел. Петр хотел было в тот же вечер воспользоваться этим случаем, но Василий советовал ему обождать. "Не замай его, брат! - сказал он. - Что его, старика, раззадоривать; дай ему наперед разгуляться; время терпит, идти нам после Святой - успеешь еще сказать; бей с однова; в тот день, как идти нам, тут и скажи!" Петр ничего не отвечал, однако ж послушался.

Два дня спустя, на рассвете, все семейство от мала до велика находилось в новой избе. Стол против красного угла был покрыт чистым рядном; посреди стола возвышался пышный ржаной каравай, а на нем стояла икона, прислоненная к липовой резной солонице, - икона, доставшаяся Глебу от покойного отца, такого же рыбака, как он сам. Глеб, величаво выразительное лицо которого было в эту минуту проникнуто торжественным спокойствием, произнес молитву. Жена его, сыновья, снохи и даже дети преклонили колени. После молитвы икона была поставлена на свое место, и перед нею затеплилась желтая восковая свеча, которой предназначалось гореть во все время, как будут продолжаться первые попытки промысла. После этого присутствующие набожно перекрестились. Глеб вышел на берег в сопровождении всего своего семейства.

---

[7] Льдинами. (Прим. автора.)

Лодки были уже спущены накануне; невод, приподнятый кольями, изгибался чуть не во всю ширину площадки. Величественно восходило солнце над бескрайным водяным простором, озолоченным косыми, играющими лучами; чистое, безоблачное небо раскидывалось розовым шатром над головами наших рыбаков. Все улыбалось вокруг и предвещало удачу. Не медля ни минуты, рыбаки подобрали невод, бросились в челноки и принялись за промысел. Любо было им погулять на раздолье после пятимесячного заточения в душных, закоптелых избах.

Ока не представляла уже теперь дикого смешения из льдин, оторванных пней и дерев, ныряющих в беспорядке между мутными, бурными волнами; она была в полном своем разливе. Воды ее успокоились и стали прозрачнее. Ровною, серебряною скатертью, кой-где тронутою лазурью, протянулась река на семь верст от берега до берега, и поверхность ее, как поверхность озера в тихую погоду, казалась недвижною. Там и сям вдалеке чернели лачужки озерских рыбарей, затопленные до кровли; местами выглядывали из воды безлиственные верхушки дубов; перекидываясь целиком в гладком зеркале реки, они принимали вид маленьких островков, и только тоненькие серебристые полоски, оттенявшие эти островки, давали чувствовать быстрину течения. Едва видными пятнышками мелькали челноки наших рыбаков; голоса их терялись в пространстве. Птицы одни оживляли окрестность. Тучи дроздов, скворцов, диких уток, стрижей и галок торопливо перелетали реку; дикий крик белогрудых чаек и рыболовов, бог весть откуда вдруг взявшихся, немолчно носился над водою; сизокрылый грач также подавал свой голос; мириады ласточек сновали в свежем, прозрачном воздухе и часто, надрезав крылом воду, обозначали круг, который тотчас же расплывался, уносимый быстротою течения. Солнце между тем всходило все выше и выше, раскидывая сноп золотых лучей по всему небу; точно рука божия протягивалась из-за бескрайного горизонта и благословляла утро.

Несколько суток простояла река в полном своем разливе. Наконец мало-помалу, как бы утомясь своим величием, как бы одолеваемая сладкой дремотой, стала она укладываться в свои берега. Вскоре на лугах, покрытых вязким плодотворным илом, показались толпы народа; народ валил из Комарева, Заполья, Баскача и всех окрестных деревень с саками, ведрами, решетами. Все спешили, бабы и дети, запастись рыбкой, которую оставляет в углублениях лугов быстро убежавшая река. Вскоре над маленьким озером показалась сизая струйка дыма, возвестившая нашим рыбакам, что дедушка Кондратий переселился уже с своей дочкой из Комарева и также принялся за промысел.

Сумрачное расположение Глеба прошло, по-видимому, вместе с половодьем; первый "улов" был такого рода, что нужно было только благодарить господа за его милость. Знатно "отрыбились"!

- Бог сотворил рожденье, благословил нас; нам благодарить его, - а как благодарить? Знамо, молитвой да трудами. Бог труды любит! Ну, ребята, что ж вы стали! Живо! Ночи теперь не зимние, от зари до зари не велик час... пошевеливайся!..

Все это говорил Глеб вечером, на другой день после того, как река улеглась окончательно в берега свои. Солнце уже давно село. Звезды блистали на небе. Рыбаки стояли на берегу и окружали отца, который приготовлялся уехать с ними на реку "лучить" рыбу.

- Ладно, так!.. Ну, Ванюшка, беги теперь в избу, неси огонь! - крикнул Глеб, укрепив на носу большой лодки козу - род грубой железной жаровни, и положив в козу несколько кусков смолы. - Невод свое дело сделал: сослужил службу! - продолжал он, осматривая конец остроги - железной заостренной стрелы, которой накалывают рыбу, подплывающую на огонь. - Надо теперь с лучом поездить... Что-то он пошлет? Сдается по всему, плошать не с чего: ночь тиха - лучше и требовать нельзя!

Ванюша не замедлил явиться, держа под полою фонарь с зажженным огарком; немного погодя смола затрещала, и коза вспыхнула ярким пламенем. Нижняя часть площадки, лица рыбаков и лодки окрасились вдруг багровым трепетным заревом.

- Ну, батька, говори, как размещаться? - произнес Петр.

- Вот как, - проворно подхватил Глеб, который окончательно уже повеселел и расходился, - ты, Петрушка, становись со мною на носу с острогою... ладно! Смотри только, не зевай... Гришка и Ванюшка, садись в греблю... живо за весла; да грести у меня тогда только, когда скажу; рыбка спит; тревожить ее незачем до времени... Крепко ли привязан к корме челнок?

Гришка отвечал утвердительно.

- Ну, поворачивайся... так!.. Ты, Васька, - продолжал старик, обращаясь ко второму сыну, который держал лодку крючком багра, - ты на корму. Ну, все мы на местах?

- Все, - отозвались рыбаки в один голос.

- Тссс!.. Мотри, не горланить: говори тайком - одними глазами говори... Отдай!

Василий бросил багор и проворно прыгнул на корму.

- Ну, пущена лодочка на воду, отдана богу на руки! - весело воскликнул Глеб, когда лодка, отчаленная веслами от берега, пошла по течению.

Тетка Анна и снохи ее сидели в это время на завалинке. Они не отрывали глаз от "луча", который ярко горел посреди ночи и так отчетливо повторялся в воде, окутанной темнотою наравне с лугами и ближним берегом, что издали казалось, будто два огненных глаза смотрели из глубины реки. Иногда свет исчезал, и вместе с ним мгновенно пропадали лодка, привязанный к ней челнок и люди, на ней находившиеся; но это продолжалось всего одну секунду. Новые куски смолы попадали в козу, и красное пламя, раздвоившись мгновенно, снова загоралось на реке. Тогда перед глазами баб, сидевших на завалинке, снова обозначались дрожащие очертания рыбаков и лодки, снова выступали из мрака высокие фигуры Петра и Глеба Савинова, которые стояли на носу и, приподняв над головою правую руку, вооруженную острогою, перегнувшись корпусом через борт, казались висевшими над водою, отражавшею багровый круг света.

Глеб не ошибся: луч отличился ничем не хуже невода. К полуночи в лодке оказалось немало щук, шерешперов я других рыб. Ловля подходила уже к концу, когда Гришка обратился неожиданно к Глебу.

- Батюшка, - сказал он торопливо, - дай-ка я съезжу в челноке на ту сторону - на верши погляжу: должно быть, и там много рыбы. Я заприметил в обед еще, веревки так вот под кустами-то и дергает. Не унесло бы наши верши. Ванюшка один справится с веслами.

Не мешает заметить, что Гришка, во все время как продолжалось лученье,

80

поминутно поглядывал на луговой берег. Присутствующие благодаря густой тени, которую набрасывала на приемыша спина Глеба, не замечали этих взглядов, точно так же как не замечали плутовского, лукавого веселья, разлившегося в чертах его. Гришку точно что-то подмывало на месте, и Ваня, сидевший подле, не раз говорил ему, чтоб он сидел тише. Время от времени Гришка затаивал дыхание и прислушивался: мертвое молчание царствовало на луговом берегу. Изредка лишь раздавался слабый звук, похожий на отдаленный крик совы; но этот крик пробуждал всегда почему-то такую прыткость в движениях приемыша, что Глеб поворачивался к корме и пригибал забранку гребцам, которые раскачивали лодку и пугали рыбу.

В ответ на замечание Гришки о вершах Глеб утвердительно кивнул головою. Гришка одним прыжком очутился в челноке и нетерпеливо принялся отвязывать веревку, крепившую его к большой лодке; тогда Глеб остановил его. С некоторых пор старый рыбак все строже и строже наблюдал, чтобы посещения приемыша на луговой берег совершались как можно реже. Он следил за ним во все зоркие глаза свои, когда дело касалось переправы в ту сторону, где лежало озеро дедушки Кондратия.

- Погоди, - произнес старый рыбак, обратившись неожиданно к корме, - одному тебе не справиться с вершами. Ванюшка! Ступай с ним. Коли много рыбы, посади ее в челнок, да живей домой, а верши опять под кусты, на прежнее место.

- А кто ж грести-то вам станет? - отозвался Гришка, спеша отвязать веревку.

- Делай что велят! Об этом не сумлевайся... Петр! Садись в греблю.

- Ну, вот, батюшка! Я и один справлюсь, - возразил Гришка, пуская челнок.

- Не сметь, ни с места! - крикнул Глеб, топнув ногой.

Гришка сердито ударил багром в борт лодки и снова притянул челнок. Ваня, не промолвив слова, поднял весло и поместился подле приемыша.

- Да смотри, не запаздывать у меня, живо домой!.. Ну, Петрушка, весла на воду. И нам пора: давно уж, я чай, полночь, - произнес Глеб, когда челнок, сурово отпихнутый Гришкой, исчез в темноте.

Ваня и товарищ его плыли молча. С некоторых пор они редко сталкивались вместе: они как словно избегали даже друг друга; в этом, впрочем, скорее можно было упрекнуть приемыша. Со стороны сына рыбака не было заметно, чтобы он таил в душе какие-нибудь неприязненные чувства к товарищу своего детства. В отношениях его с приемышем заметна была только воздержность. Задумчивое, прекрасное лицо молодого рыбака сохраняло такое же спокойствие, когда он говорил с Гришкой, как когда оставался наедине. Черные, быстрые взгляды приемыша говорили совсем другое, когда обращались на сына рыбака: они горели ненавистью, и чем спокойнее было лицо Вани, тем сильнее суживались губы Гришки, тем сильнее вздрагивали его тонкие, подвижные ноздри. Он сам не мог бы растолковать, за что так сильно ненавидел того, который, пользуясь всеми преимуществами любимого сына в семействе, был тем не менее всегда родным братом для приемыша и ни словом, ни делом, ни даже помыслом не дал повода к злобному чувству. Впрочем, Гришка и не думал отдавать себе отчета в своих ощущениях, точно так же как не утруждался скрывать их от товарища.

Итак, они плыли молча. Челнок приближался уже к кустам ивняка и находился недалеко от высокой ветлы, висевшей над омутом, как внезапно

81

посреди тишины снова раздался крик совы, но на этот раз так близко, что оба рыбака подняли голову.

- Никак, сыч? - произнес Гришка, быстро окинув глазами Ваню; но мрак покрывал лицо Вани, и Гришка не мог различить черты его. - Вот что, - примолвил вдруг приемыш, - высади-ка меня на берег: тут под кустами, недалече от омута, привязаны три верши. Ты ступай дальше: погляди там за омутом, об утро туда кинули пяток. Я тебя здесь подожду.

Ваня ничего не отвечал и только приподнял весло. Приемыш быстро повернул челнок и прыгнул в кусты.

- Вот как раз угодили в самое то место, - сказал он, потрясая веревками, которые прикрепляли верши к берегу. - Смотри же, я здесь жду, - примолвил он и громко засвистал.

Но Ваня огибал уже водоворот и находился шагах во ста от приемыша. Достигнув места, где закинуты были другие верши, он остановился, бережно вынул весло из воды и, ухватившись руками за сучья кустарника, притаил дыхание. Так провел он несколько минут, как прикованный, вместе с челноком своим. Кругом все было тихо: он слышал только, как колотилось его собственное сердце и как в отдалении шуршукал омут, вертевший свою воронку под старой ветлою. Наконец он выпустил сучья из правой руки, судорожно отер ладонью пот, который, несмотря на холод ночи, выступал крупными горошинами на лице, и, укрепив челнок, принялся осматривать верши: осмотрел одну, взялся за другую - и вдруг кинулся в челнок и полетел стрелою назад. Несколько ударов весла, прыжок - и Ваня очутился на том месте, где оставил приемыша. Послышался слабый, затаенный возглас; но это не был крик совы. Слишком знакомый голос прозвучал в ушах Вани, и вслед за тем что-то белое быстро промелькнуло перед его глазами. В то же время Гришка остановился против него и загородил ему дорогу. Ваня отодвинулся в сторону и продолжал следить за белым пятном, которое исчезало в темноте.

- Чего тебе надыть? - удушливым голосом произнес Гришка, становясь снова перед товарищем и так близко наклоняясь к его лицу, что тот почувствовал теплоту его прерывающегося дыхания.

Ваня слегка отслонил его рукою и, не повернув даже головы, продолжал смотреть в ту сторону, где скрылось белое пятно.

- Чего тебе надыть? - яростно повторил Гришка, приподнимая в замешательстве кулаки и скрежеща зубами.

Ваня повернул тогда к нему лицо свое, отступил шаг назад и сказал спокойным голосом, в котором заметно было, однако ж, легкое колебанье:

- Полно, брат, чего ты беснуешься? Я ведь давно все знаю; таиться вам от меня нечего. Бог с вами, я вам не помеха.

- Какая? В чем помеха? - проговорил Гришка, сраженный, по-видимому, спокойствием своего противника.

- Перестань, братец! Кого ты здесь морочишь? - продолжал Ваня, скрестив на груди руки и покачивая головою. - Сам знаешь, про что говорю. Я для эвтаго более и пришел, хотел сказать вам: господь, мол, с вами; я вам не помеха! А насчет, то есть, злобы либо зависти какой, я ни на нее, ни на тебя никакой злобы не имею; живите только по закону, как богом показано...

- Ой ли? - насмешливо перебил Гришка.

Ваня отступил несколько шагов и потупил голову.

- Господь тебе судья, когда так! - сказал он твердым, хотя грустным голосом.

Затем он медленно повернулся к реке и пошел к челноку.

Немного погодя берег опустел. Вскоре опустела и самая река, встревоженная на минуту веслами двух удаляющихся рыбаков.

XIV

ЛАЧУГА ДЕДУШКИ КОНДРАТИЯ

В четверг на Святой, часа за два до полудня, Глеб остановил Ванюшу в ту минуту, как тот проходил мимо и готовился выйти за ворота.

- Куда ты бредешь? - спросил отец.

- На реку, батюшка.

- А что, примерно, можно спросить, какая надобность идти тебе на реку? - продолжал шутливо отец.

- Можно, батюшка: греха нет в этом. Хотелось так, просто на воду поглядеть...

- Ой, врешь! - подсмеиваясь, перебил отец.

В эту самую минуту за спиною Глеба кто-то засмеялся. Старый рыбак оглянулся и увидел Гришку, который стоял подле навесов, скалил зубы и глядел на Ваню такими глазами, как будто подтрунивал над ним. Глеб не сказал, однако ж, ни слова приемышу - ограничился тем только, что оглянул его с насмешливым видом, после чего снова обратился к сыну.

- Ну, вот что, грамотник, - примолвил он, толкнув его слегка по плечу, - на реку тебе идти незачем: завтра успеешь на нее насмотреться, коли уж такая охота припала. Ступай-ка лучше в избу да шапку возьми; сходим-ка на озеро к дедушке Кондратию. Он к нам на праздниках два раза наведывался, а мы у него ни однова не бывали - не годится. К тому же и звал он нонче.

При этом Глеб лукаво покосился в ту сторону, где находился приемыш. Гришка стоял на том же месте, но уже не скалил зубы. Смуглое лицо его изменилось и выражало на этот раз столько досады, что Глеб невольно усмехнулся; но старик по-прежнему не сказал ему ни слова и снова обратился к сыну.

- Ну что ж ты стоишь, Ванюшка? Али уши запорошило? Ступай, бери шапку, - проговорил он, поглядывая на сына, который краснел, как жаровня, выставленная на сквозной ветер, и переминался на одном месте с самым неловким видом.

- Батюшка, - сказал наконец Ваня, - ты бы один сходил либо вот другого кого из наших взял...

- Это по каким причинам?

- Да так, батюшка, - подхватил Ваня, стараясь придать своему лицу веселое настроение, - так, мне что-то не хочется... Я бы лучше дома побыл.

- Сказал: ты пойдешь, стало, оно так и будет! Стало, и разговаривать нечего! Долго думать - тому же быть. Ступай, бери шапку.

- Право, батюшка...

- Ну, ну, ну! Я ведь эвтаго не люблю! Ступай! - отрывисто сказал отец.

Глеб не терпел возражений. Уж когда что сказал, слово его как свая, крепко засевшая в землю, - ни за что не спихнешь! От молодого девятнадцатилетнего парня, да еще от сына, который в глазах его был ни больше ни меньше как молокосос, он и подавно не вынес бы супротивности. Впрочем, и сын был послушен - не захотел бы сердить отца. Ваня тотчас же повиновался и поспешил в избу.

- Гришка! - сказал Глеб.

Приемыш подошел молча.

- Ты у меня нынче ни с места! Петр, Василий и снохи, может статься, не вернутся: заночуют в Сосновке, у жениной родни; останется одна наша старуха: надо кому-нибудь и дома быть; ты останешься! Слышишь, ни с места! За вершами съездишь, когда я и Ванюшка вернемся с озера.

Сказав это, Глеб повернулся к нему спиною и пошел к воротам. Проводив его злобным взглядом, Гришка топнул ногою оземь и, сделав угрожающий жест, нетерпеливыми шагами вышел в задние ворота, бормоча что-то сквозь крепко стиснутые зубы.

В ожидании сына Глеб сел на завалинку.

"Так, стало, оно и есть! То-то давненько еще запримети я, как словно промеж ними неладно что-то, - думал старый рыбак. - Парней - двое, девка - одна: вестимо, что мудреного! Чего мало, то и в диковинку; оно завсегда так-то бывает! Ну, да как быть! На всех не угодишь. Не ломоть девка: пополам не разломишь! И то сказать: коли настоящим делом взять, незачем Гришке и жена теперь; куда она ему! На службе не до нее: только что вот лишняя тягота на плечах... Эх, жаль парня-то! Оченно жаль! Знамо, не как родного детища, а все песок на сердце: много добре привыкли мы к нему; жил, почитай что, с самого малолетства... И парень-то ловок - что говорить! Озороват, а ловок. Рыбак был бы знатный: далось ему ремесло... Ну, да что делать! Требуется - стало, так тому и следует быть! - продолжал Глеб, потряхивая головою. - Вот одного только в толк не возьму никак: с чего мой-то артачится?.. Тот скучает: знамо, досадно, завидки берут - положим, так; ну, а этому что? Девка, что ли, не по сердцу, не по нраву пришла? Какую же ему еще?.. Уж эта ли еще не девка: лицом пригожа, хоть бы и не про нас. Ну, также вот и насчет нрава: девка ласковая, скромница... Да и родня хорошая: всего один отец-старик, да и тот из лучших хороший... Так нет, поди ж ты, ломается! И диковинное это дело, право, не допытаешься никак: затаился, как огонь в кремне!.. А видно, видно по всему: есть что-то на разуме, скучает чем-то!.. То-то, давно пора бы, по-настоящему, женить его. Кабы да не прошлогодняя стройка, не изба новая, давно бы дело-то слажено было... А на это, что он не охотится до невесты, смотреть нечего: я ведь узловат; маленько что, и таску дам... Нонче же переговорю с дядей Кондратием, и по рукам: в воскресенье спросим девку, а в предбудущее и повенчаем!.. Глупый, и сам своего счастья не ведает! Поживет, поживет месяц-другой с женою, да и в ноги отцу: спасибо, мол, что приневоливал! Да и нам повеселее тогда будет: к тому времени того и гляди повестят о некрутстве, Гришка уйдет; все не так скучать станем; погляжу тогда на своих молодых; осталась по крайности хоть утеха в дому!.."

Размышления Глеба были прерваны на этом месте приходом сына.

В походке и движениях молодого парня не было заметно ни малейшей торопливости. Все существо его было, казалось, проникнуто чувством покорности и беспрекословного повиновения воле родительской. Глаза, опущенные в землю, тоска, изображавшаяся на побледневшем лице, ясно показывали, однако ж, что повиновение это стоило некоторых усилий молодому парню. Все это не ускользнуло от проницательного взгляда старого рыбака; он оставался, по-видимому, очень недоволен наблюдениями своими над сыном. В другое время он, конечно, не замедлил бы выйти из себя: запылил бы, закричал, затопал и дал бы крепкий напрягай сыну, который невесть чего, в самом деле, продолжает глядеть "комом" (собственное выражение Глеба, требовавшего всегда, чтоб молодые люди глядели "россыпью"), продолжает ломаться, таиться и даже осмеливается худеть и задумываться; но на этот раз он не обнаружил своего неудовольствия. Причина такого необыкновенного снисхождения заключалась единственно в хорошем расположении: уж коли нашла сердитая полоса на неделю либо на две, к нему лучше и не подступайся: словно закалился в своем чувстве, как в броне железной; нашла веселая полоса, и в веселье был точно так же постоянен: смело ходи тогда; ину пору хотя и выйдет что-нибудь неладно, не по его - только посмеется да посрамит тебя неотвязчивым, скоморошным прозвищем.

Так было и теперь.

- Ну, что, дьячок, что голову-то повесил? Отряхнись! - сказал Глеб, как только прошло первое движение досады. - Али уж так кручина больно велика?.. Эх ты! Раненько, брат, кручиной забираешься... Погоди, будет время, придет и незваная, непрошеная!.. Пой, веселись - вот пока твоя вся забота... А ты нахохлился; подумаешь, взаправду несчастный какой... Эх ты, слабый, пра, слабый! Ну, что ты за парень? Что за рыбак? Мякина, право слово, мякина! - заключил Глеб, постепенно смягчаясь, и снова начал ухмыляться в бороду.

Во все время, как они переезжали реку, старик не переставал подтрунивать над молодым парнем. Тот хоть бы слово. Не знаю, стало ли жаль Глебу своего сына или так, попросту, прискучило ему метать насмешки на безответного собеседника, но под конец и он замолк.

А между тем все вокруг должно было бы располагать путников к веселой беседе.

День был чудный. На небе ни облачка; солнце, обливая мягкою теплотою оттаявшую землю, горело как-то празднично. Птицы весело щебетали в тихом, едва движущемся воздухе. Хоть на деревьях не было еще листвы, только что начинали завязываться почки, покрытые клейким, пахучим лаком; хотя луга, устланные илом, представляли еще темноватую однообразную площадь, - со всем тем и луга и деревья, затопленные желтым лучезарным светом весеннего утра, глядели необыкновенно радостно. Уже в некоторых местах, где солнце сильней припекало в полдень, пласты ила совсем пересохли. Сквозь рыхлую их поверхность, изрезанную бесчисленным множеством мелких трещин и приподнятую, как скорлупа, начали пробиваться кое-где желтые, розовые и красные, как кровь, стебельки цикория. Легкий ветерок, срывавшийся иногда с озер, окруженных купами ольхи, орешника и ветлы, разливал в воздухе запах сырой лесистой почвы. Там, под влажной тенью кустов, лист ландыша уже развертывал свою трубочку в соседстве с фиалкой, которая скромно показывала свою бледно-голубую головку над темными, мшистыми ворохами прошлогоднего валежника. Все возвещало весну: и темно-лазоревый цвет неба, и песни птиц, и запах почек, и мягкая, проникающая теплота воздуха, даже огромные глыбы льда, которые попадались на пути Глеба и которых занесло в луга половодье. Льдины эти, пронизанные насквозь лучами, лежали уже рыхлыми, изнемогающими массами; поминутно слышалось, как верхние края их обрывались наземь и рассыпались тотчас же в миллионы звонких сверкающих игл; еще два-три таких дня, и страшные икры, повергавшие так недавно на пути своем столетние дубы, превратятся в лужицы, по которым смело и бойко побежит мелкий куличок-свистунчик. Глеб и сын его не замедлили, однако ж, различить сквозь сучья деревьев, окаймлявших озеро, лачужку дедушки Кондратия.

Жилище старичка представляло оригинальную, совершенно типическую физиономию. Это было что-то среднее между ветхою, закоптелою избушкой на курьих ножках, о которой говорится в сказках, и живописною, веселою степной хаткой, или "мазанкой", как их называют обыкновенно на юге России. Когда дедушка Кондратий переселился на озеро (тринадцать лет тому назад), средства не позволяли ему купить целую избу. Сил хватило только, чтобы приобрести дюжину стропил, да и то обгорелых, и еще другую дюжину кривых, седых бревен. Недостающий материал пополнялся плетнями, густо оштукатуренными снутри и снаружи смесью из глины, речного песку и рубленой соломы. Дедушка начал с того, что срыл отвесно часть небольшого естественного бугорка; в этой выемке помещалась избушка; задний "фас" ее плотно примкнул к земляному откосу до самой кровли; бока ее закрылись частию постепенно понижающимся склоном бугорка, частию плетнями. Лицевая сторона, где находилась дверь (окна прорезаны были с боков), состояла из вышеупомянутых бревен. Неровности и щели прикрывались заплатами из досок и глины; издали казалось: перед вами стоит дряхлый старичок в рубище с больными, подвязанными глазами. Надобно было также подумать защитить себя от дождя. Летом куда бы еще ни шло: пролет ливень, солнышко скоро высушит; но осенью, когда солнышко повернет на зиму, а дождь зарядит на два-три месяца, тут как быть? Для этой цели дедушка выпустил края крыши, и как можно больше, так что самый косой дождь с трудом достигал до порога двери; так много соломы положено было на крышу, что она утратила свою острокрайнюю форму и представлялась копною или вздутым караваем. Но дедушка не много заботился о красоте: главное, было бы тепленько, и потому неделю назад, как только перебрался из Комарева, прикинул еще свеженькой соломки. Лачужка походила теперь, ни дать ни взять, на старый гриб с почернелым стержнем, но сохранившеюся желтой верхушкой, которая лоснилась на солнце. Но как бы то ни было, гриб ли, слепой ли старик с обвязанными глазами, - лачужка не боялась грозного водополья: ольха, ветлы, кусты, обступавшие ее со всех сторон, защищали ее, как молодые нежные сыны, от льдин и охотно принимали на себя весь груз ила, которым обвешивались всякий раз, как трофеем. Летом жилище рыбака превращалось в теплое гнездо, запрятанное в густую зелень. Там, сквозь темную листву ольхи, просвечивала соломенная, солнцем облитая кровля, здесь, между бледными, серебристыми ветвями ивы, чернела раскрытая дверь. Пестрые лохмотья, развешанные по кустам, белые рубашки, сушившиеся на веревочке, верши, разбросанные в беспорядке, саки, прислоненные к углу, и между ними новенький сосновый, лоснящийся как золото, багор, две-три ступеньки, вырытые в земле для удобного схода на озеро, темный, засмоленный челнок, качавшийся в синей тени раскидистых ветел, висевших над водою, - все это представляло в общем обыкновенно живописную, миловидную картину, которых так много на Руси, но которыми наши пейзажисты, вероятно, от избытка пылкой фантазии и чересчур сильного поэтического чувства, стремящегося изображать румяные горы, кипарисы, похожие на ворохи салата, и восточные гробницы, похожие на куски мыла, - никак не хотят пользоваться.

Глеб и сын его подошли к избушке; осмотревшись на стороны, они увидели шагах в пятнадцати дедушку Кондратия, сидевшего на берегу озера. Свесив худощавые ноги над водою, вытянув вперед белую как лунь голову, освещенную солнцем, старик удил рыбу. Он так занят был своим делом, что не заметил приближения гостей: несколько пескарей и колюшек, два-три окуня, плескавшиеся в сером глиняном кувшине, сильно, по-видимому, заохотили старика.

- Здорово, дядя! "Клев на уду!"[8] - весело воскликнул Глеб.

- А-а, соседушка! Добро пожаловать! - не менее весело сказал старик, поворачивая к гостям детски-простодушное лицо свое, окруженное белыми как снег волосами, падавшими до плеч. - Ну, здравствуйте, здравствуйте! - продолжал он, медленно приподнимаясь на ноги и прислоняя удочку к кустам. - И Ванюшу взял с собою; ну, ладно. Спасибо тебе, соседушка! Рад ему! Здравствуй, молодец. Давненько не был ты у меня... Ну, да все равно, теперь пришел проведать; и то хорошо... Спасибо, не запамятовал, Глеб Савиныч! То-то; ведь я ждал тебя... Дуня! Дуняша! - заключил дедушка Кондратий, обращаясь к лачужке.

При этом дверь отворилась и на пороге показалась дочка старика. Восьмилетняя девочка, которую мы встретили когда-то собирающею валежник в прибрежных кустах, успела уже с того времени превратиться в красивую, стройную девушку. В ней легко было узнать, однако ж, прежнего ребенка: глаза, голубые, как васильки, остались все те же; так же привлекательно круглилось ее лицо, хотя на нем не осталось уже следа бойкого, живого, ребяческого выражения. Пестрый платок, накинутый на скорую руку на ее белокурые волосы, бросал прозрачную тень на чистый, гладкий лоб девушки и слегка оттенял ее глаза, которые казались поэтому несколько глубже и задумчивее; белая сорочка, слегка приподнятая между плечами молодою грудью, обхватывала стан Дуни, перехваченный клетчатой юбкой, или поневой, исполосованной красными клетками по темному полю. Обыкновенно понявы эти не бывают длинны; благодаря такому обстоятельству можно было вдоволь любоваться тонкими босыми ногами молодой девушки, которые немного повыше пятки закруглялись, обозначая начало свежей, розовой икры.

Первое движение Дуняши при виде гостей было откинуться поспешно назад; но, рассудив в ту же секунду, что, сколько ни прятаться, с гостями все-таки

---

[8] Обычное приветствие рыбаков, застающих собрата за ужением. (Прим. автора.)

приведется провести большую часть дня, она снова показалась на дороге. Щеки ее горели ярким румянцем; мудреного нет: она готовила обед и целое утро провела против пылающей печки; могло статься - весьма даже могло статься, что краска бросилась в лицо Дуне при виде Ванюши.

- Дуняша! - сказал дедушка Кондратий мягким, колеблющимся голосом. - Гости дорогие пришли! Собирай-ка обед. А что, сосед, я чай, взаправду, не пора ли поснедать? Вишь, солнышко-то как высоко!

- Что ж, давай; доброе дело... Э, да постой... Дуня, Дуня! - живо подхватил Глеб, обращаясь к дочери соседа, которая готовилась скрыться за дверь. - Погоди, касатушка. Разве так делают добрые люди, ась? Ведь мы с тобой на Святой-то не видались: я чай, и похристосоваться надыть!.. А ну-тка, подь-ка, давай-ка христосоваться!.. Ну, Христос воскресе! Так! Вот это так, как быть следует... Ну, а что ж с моим-то парнем? Разве вы нехристи?.. Ванюшка, что ж ты стоишь?.. Ах ты... Ну! - заключил Глеб, посмеиваясь, между тем как молодые люди стояли друг против друга с потупленными головами.

Одно и то же чувство - чувство неловкости, тягостного принуждения, быть может, даже стыда со стороны девушки - проглядывало на лице того и другого. Но нечего было долго думать. Глеб, чего доброго, начнет еще подтрунивать. Ваня подошел к девушке и, переминая в руках шапку, поцеловал ее трижды (Глеб настоял на том), причем, казалось, вся душа кинулась в лицо Вани и колени его задрожали.

- Ну, а насчет красных яичек не взыщи, красавица: совсем запамятовали!.. А все он, ей-богу! Должно быть, уж так оторопел, к вам добре идти заохотился, - смеясь, проговорил Глеб и подмигнул дедушке Кондратию, который во все время с веселым, добродушным видом смотрел то на соседа, то на молодую чету.

Немного погодя старик ввел гостей своих в избушку.

XV

БЕСЕДА

Дедушка Кондратий, придерживаясь, вероятно, старой пословицы, которая гласит: "От хозяина должно пахнуть ветром, от хозяйки - дымом", исключительно занимался наружными стенами и кровлей своей лачуги, внутреннее устройство отдавал в полное распоряжение своей дочери. Между наружностью лачуги и внутренним ее видом находилась такая же почти разница, как между самим стариком и молодой девушкой: тут все было прибрано, светло, весело и чисто. Красный угол был выбелен; тут помещались образа, остальные части стен, составлявшие продолжение угла, оставались только вымазанными глиной; медные ризы икон, вычищенные мелом к светлому празднику, сверкали, как золото; подле них виднелся возобновленный пучок вербы, засохшая просфора, святая вода в муравленом кувшинчике, красные яйца и несколько священных книг в темных кожаных переплетах с медными застежками - те самые, по которым Ваня учился когда-то грамоте. В противоположном углу воздвигалась печка с перерубочками для удобного влезанья; она занимала ровно четвертую часть жилища; над ухватом, кочергою и "голиком" (веником), прислоненным к печурке, лепилась сосновая полка, привешенная к гвоздям веревками; на ней - пузатые горшки, прикрытые деревянными кружками; так как места на полке оставалось еще много, молодая хозяйка поместила в соседстве с горшками самопрялку с тучным пучком кудели на макушке гребня. Угол налево, ближайший к двери (любимый уголок старичка: тут он плел обыкновенно свои лапти и чинил сети), не представлял ничего особенно примечательного, если не считать островерхой клетки с перепелом да еще шапки Кондратия, прицепленной к деревянному гвоздю; верхушка шапки представлялась чем-то вроде туго набитого синего мешка; величиною и весом своим она могла только равняться с знаменитою шапкой, купленной двадцать лет тому назад покойным Акимом Гришке, когда ребенку исполнился год. На бечевке, протянутой от выступа печи до верхнего косяка двери, висела грубая посконная занавеска, скрывавшая правое окно и постель рыбаковой дочки; узковатость занавески позволяла, однако ж, различить полотенце, висевшее в изголовьях, и крошечное оловянное зеркальце, испещренное зелеными и красными пятнышками, одно из тех зеркальцев, которые продаются ходебщиками - "афенями" - и в которых можно только рассматривать один глаз, или нос, или подбородок, но уж никак не все лицо; тут же выглядывал синий кованый сундучок, хранивший, вероятно, запонку, шелк-сырец, наперсток, сережки, коты, полотно, две новые понявы и другие части немногосложного приданого крестьянской девушки.

Кондратий усадил Глеба на почетное место, к образам; он хотел посадить туда же и сына, но Ванюша отказался под предлогом, что заслонит спиною окно, и расположился немного поодаль, в тень, бросаемую стеною; сам хозяин поместился рядом с соседом Глебом.

Свет окна сполна ударял тогда в лицо двух стариков. Трудно было сыскать две более характеристические, но вместе с тем две менее сходные головы. Умный, широкий лоб Глеба, окруженный черными, пышными, с проседью кудрями, его орлиный нос, подвижные, резко обозначенные ноздри, смелый, бойкий взгляд могли бы удачно служить моделью для изображения древнего римлянина; каждая черта его, каждая морщина дышали крепостию, обозначали в нем присутствие живых, далеко еще не угаснувших страстей. Белая, патриархальная голова соседа, тихое выражение лица его, насквозь проникнутого добротою и детским простодушием, приводили на память тех набожных старичков, которые уже давным-давно отказались от всех земных, плотских побуждений и обратили все помыслы свои к богу. Невозможно было найти два лица, которые бы так верно, так отчетливо передавали всю жизнь, всю душу своих владельцев.

- Не посетуйте, дорогие гости: чем угощать вас, и сам не ведаю! - сказал Кондратий, когда Дуня поставила на стол ушицу, приправленную луком и постным маслом (девушка старалась не смотреть на Ваню). - Вы привыкли к другой пище, вам не в охоту моя постная еда...

- Вот, нешто у нас причудливое брюхо! Мы сами, почитай, весь год постным пробавляемся, - возразил Глеб, - постная еда, знамо, в пользу идет, не во вред человеку; ну, что говорить! И мясо не убавит веку: после мясца-то человек как словно даже посытнее будет.

- Так-то так, посытнее, может статься - посытнее; да на все есть время: придут такие года, вот хоть бы мои теперь, не след потреблять такой пищи; вот я пятнадцать лет мяса в рот не беру, а слава тебе, всевышнему создателю, на силы не жалуюсь. Только и вся моя еда: хлеб, лук, да квасу ину пору подольешь...

- Ну, нет, дядя, напрасно поклепал ты свою похлебку: похлебка знатная! - начал Глеб, приставляя ложку к губам, делая из них подобие трубы и звонко втягивая в себя ушицу. - Знатная еда! Ведь эти вот колюшки да пескари, даром что малы, а сладки! И то сказать надо: мастерица у те хозяйка и уху-то варить!.. Повариха славная! - прибавил он, посматривая на Дуню, неловкость которой мало-помалу проходила, хотя она все еще старалась отводить глаза свои от сына рыбака. - Всякий раз, как вот я так-то приду к вам, погляжу на вас, на ваше на житье-бытье, инда завидки берут - ей-богу, право! - сказал Глеб.

- Да, благословил меня господь - послал на старости лет утеху, - отвечал Кондратий, подымая, в свою очередь, глаза на дочку.

Черты старика оживились: как будто луч солнца, пробравшись неожиданно в окно, скользнул по лицу его.

- Вот одного разве только недостает вам, - продолжал между тем Глеб, - в одном недостача: кабы каким ни есть случаем... Вот хошь бы как та баба - помнишь, рассказывали в Кашире? - пошла это на реку рубахи полоскать, положила их в дупло, - вынимает их на другой день, ан, глядь, в дупле-то кубышка с деньгами... Вот кабы так-то... ах, знатно, я чай, зажили бы вы тогда!

- Зачем нам? Мы и так довольны.

- Ну полно, дядя, полно! - смеясь, перебил Глеб. - Что толковать! Я чай, куда и ты бы возрадовался!

- Нет, Глеб Савиныч, не надыть нам: много денег, много и греха с ними! Мы довольствуемся своим добром; зачем нам! С деньгами-то забот много; мы и без них проживем. Вот я скажу тебе на это какое слово, Глеб Савиныч: счастлив тот человек, кому и воскресный пирожок в радость!

- Коли за себя говоришь, ладно! О тебе и речь нейдет. А вот у тебя, примерно, дочка молодая, об ней, примерно, и говорится: было бы у ней денег много, нашила бы себе наряду всякого, прикрас всяких... вестимо, дело девичье, молодое; ведь вот также и о приданом думать надо... Не то чтобы, примерно, приданое надыть: возьмут ее и без этого, а так, себя потешить; девка-то уж на возрасте: нет-нет да и замуж пора выдавать!..

При этом дедушка Кондратий подавил вздох, и лицо его стало задумчиво.

- Что, аль не любо? - спросил Глеб, устремляя на соседа пытливый взгляд. - Ну, да как быть: сколько веревку ни вить, концу быть: на это они, девки-то, и на свет рождаются. Знамо, невесело расставаться с родным детищем: своя плоть - к костям пришита, а не миновать этого; так уж богом самим установлено. И то сказать: за мужниной головой не сидеть ей сиротой. С чего ж так!.. Всегда так-то водится: родители берегут дочь до венца, муж - до конца! Не урод она у тебя, не кривая какая, слава те господи! Красовита - хошь куда!.. Ну, как же ей после этого... так и сидеть в девках-то? Нет, дядя, замуж отдавай - вот что!.. Я, пожалуй, и женишка приищу; у тебя товар, у меня купец...

Ваня давно смекнул, к чему клонилась отцовская речь; но как ни тяжко было ему находиться при этом разговоре, особенно в присутствии Дуни, он не показал своего нетерпения. Прислонившись спиной к стене, он изредка лишь потряхивал волосами; вмешаться в разговор и замять как-нибудь отцовскую речь он не мог: во-первых, отец не дал бы ему вымолвить слова, и, наконец, хоть до завтра говори ему, все-таки никакого толку не выйдет, все-таки не послушает, хуже еще упрется; во-вторых, приличие своего рода запрещало Ване вмешаться в беседу: он знал, что сидит тут в качестве жениха, и, следовательно, волей-неволей должен был молчать.

Но Глеб не прерывал беседы и продолжал закидывать соседа теми замысловатыми, двусмысленными речами, которые употребляются обыкновенно в случаях сватовства; видно было, однако ж, что ему не по нутру приходилось добираться до цели окольными путями. Глеб был человек прямой, неутайчивый и вдобавок еще горячий: ему хотелось бы разом порешить дело; отзвонил, да и с колокольни долой! Вышла даже такая задача, что старый рыбак как словно под конец и замялся; но это продолжалось всего секунду. Он окинул бойким взглядом присутствующих, засмеялся и, трепнув по плечу дедушку Кондратия, сказал:

- Эх, дядя, погубили вы, ты да твоя девка, моего парнюху - ей-богу, так!

- Поди ты, что еще выдумал! Оборони господи, чтобы мы его когда губить думали, - проговорил старик, с добродушной улыбкой поглядывая на Ваню.

Ваня нетерпеливо тряхнул волосами.

- Так, право, так, - продолжал Глеб, - может статься, оно и само собою как-нибудь там вышло, а только погубили!.. Я полагаю, - подхватил он, лукаво прищуриваясь, - все это больше от ваших грамот вышло: ходил это он, ходил к тебе в книжки читать, да и зачитался!.. Как знаешь, дядя, ты и твоя дочка... через вас, примерно, занедужился парень, вы, примерно, и лечите его! - заключил, смеясь, Глеб.

Ваня снова тряхнул волосами.

Дуня торопливо поставила на стол последнюю перемену, подошла к печке и начала убирать горшки и плошки; но руки ее рассеянно перебегали от одного предмета к другому; разговор Глеба, его намеки обращали теперь на себя все внимание девушки.

- Ах ты, шутник! Шутник! - сказал Кондратий в ответ соседу. - Поди ты, чего не выдумаешь!.. Нет, Глеб Савиныч, - подхватил он, и лицо его снова изобразило тихую задумчивость, - нет, через то, что Ванюша грамоткой занимается, худого не будет; знамо, что говорить! Бывают такие книжки, что грешно и в руки взять... да таких Ванюша твой не читает; учился он доброму - худое на ум не пойдет!.. Наши книжки, что я ему даю, человека не испортят, не научат баловству: книжки наши разумные, душевные; их отцы святые писали!

- Вестимо... то есть... ну, что говорить! Вестимо, от таких книг худого не бывает! Я, примерно, не то... - воскликнул немного озадаченный Глеб. - Ну, не книжки, так другое что! - подхватил он, оправляясь. - Ведь неспроста же стал он у меня так-то задумываться... Что ж бы за притча за такая?.. Как ты скажешь, дед, а?.. Я полагаю, знаешь что... Уж не зазноба ли - э! э! э! - примолвил неожиданно Глеб, моргая на присутствующих блиставшими от удовольствия глазами. - Ну, да все одно: ведь и это не годится, неладно! - продолжал он, заботливо нахмуривая лоб, между тем как лицо его смеялось. - Причина не малая; вишь, дядя, парень-то, почитай что, высох... весь, почитай, износился; полечить надо... Нет ли у тебя, примерно, средствия какого, ась?.. Я, признаться, затем более и пришел к тебе... Ну, что ты на это скажешь? Полно тебе раздумывать-то! Сколько птице ни летать по воздуху, а наземь надо когда-нибудь сесть... Ну, с твоего слова, что с золотого блюда, говори!..

Тяжело было старику произнести слово - слово, которое должно было разлучить его с дочерью; но, с другой стороны, он знал, что этого не избегнешь, что рано или поздно все-таки придется расставаться. Он давно помышлял о Ване: лучшего жениха не найдешь, да и не требуется; это ли еще не парень! Со всем тем старику тяжко было произнести последнее слово; но сколько птице ни летать по воздуху, как выразился Глеб, а наземь надо когда-нибудь сесть.

- Что ж, - сказал наконец дедушка Кондратий ласковым, приветливым голосом (лицо его оставалось, однако ж, задумчивым), - что ж! Мы от доброго дела не прочь...

Ваня, начинавший уже с трудом подавлять волнение, невольно взглянул на Дуню.

Слова отца заставили ее повернуть голову к разговаривающим; она стояла, опустив раскрасневшееся лицо к полу; в чертах ее не было видно, однако ж, ни замешательства, ни отчаяния; она знала, что стоит только ей слово сказать отцу, он принуждать ее не станет. Если чувства молодой девушки были встревожены и на лице ее проглядывало смущение, виною всему этому было присутствие Вани.

- Когда так, стало, и разговаривать нечего! - продолжал между тем Глеб с возраставшею веселостию. - Спасибо тебе на ласковом слове, дядя! Я, признательно, другого от тебя и не чаял, с тем шел и старухе своей сказал ноне... Стала это она приставать, как проведала, зачем иду сюда; не приходится, говорит, идти тебе самому за таким делом, то да се, говорит... Вот, говорю, нужда мне большая до ваших до бабьих разговоров! Жили мы с дядей Кондратием, почитай, тринадцать лет, жили: два сапога - одна пара! Как следует, по-соседски жили; знаю я его, и он меня знает: оба, примерно, обо всем уже извещены... А тут поди еще ломайся да баб засылай, и невесть что такое! Нет, говорю: сам схожу, сам обо всем переговорю: оно и лучше! А то поди еще, возись с ними! Зачнут требесить да суетиться: наговорят с три короба, а толку мало; конец тот же, да только что вот растянут его пустыми речами своими - и не дождешься!.. Мне, признательно, коли уж на правду пошло, вот этого-то и не хочется; по-моему, чем скорее вылечим мы нашего парня, тем лучше... И то сказать, дядя: задалось нам, вишь ты, дельце одно; со дня на день жду, приведется нам погоревать маненько; вот поэтому-то самому более и хлопочу, как бы скорее сладить, парня нашего вылечить; все по крайности хоть утеха в дому останется... Я тебе об этом нашем деле слова не промолвил... Да, может статься, сам ты как-нибудь на стороне проведал... а? - заключил Глеб, веселость которого при последних словах заметно пропадала.

- Оборони, помилуй бог! Я ничего не слыхал! - произнес дядя Кондратий, подымая белую свою голову.

- Не говорил я тебе об этом нашем деле по той причине: время, вишь ты, к тому не приспело, - продолжал Глеб, - нечего было заводить до поры до времени разговоров, и дома у меня ничего об этом о сю пору не ведают; теперь таиться нечего: не сегодня, так завтра сами узнаете... Вот, дядя, - промолвил рыбак, приподымая густые свои брови, - рекрутский набор начался! Это, положим, куда бы ни шло: дело, вестимо, нужное, царство без воинства не бывает; вот что неладно маленько, дядя: очередь за мною.

Дедушка Кондратий потупил глаза к земле и задумчиво покачал головою.

- Точно, - сказал он, - точно; слыхал я, рекрутов собирают; и не знал, что черед за тобою, Глеб Савиныч. Ну, так как же ты это... А? Что ж ты? - примолвил он, заботливо взглядывая на соседа.

- Что делать! - произнес Глеб, проводя ладонью по седым кудрям своим. - Дело как есть законное, настоящее дело; жалей не жалей, решить как-нибудь надыть. Сердце болит - разум слушаться не велит... На том и положил: Гришка пойдет!

При самом начале этого разговора, как только Глеб сказал, что ожидает со дня на день какого-то гореванья, и особенно после того, как объяснил он свое намерение относительно Гришки, в чертах Вани произошла разительная перемена; он поднял голову и устремил тревожно-беспокойный взгляд на отца, который во все время беседы сидел к нему боком. С именем Гришки молодой парень вздрогнул всем телом, до последнего суставчика, судорожным движением руки отер капли холодного пота, мгновенно выступившие на лбу, и взглянул на дочь рыбака.

Дуня стояла у двери. Лицо ее, покрытое зеленоватою бледностию, было недвижно; раскрыв побелевшие губы, вытянув шею, она смотрела сухими глазами, полными замешательства, в угол, где сидели старики. Секунду спустя глаза ее помутились, как словно огонь, наполнявший их, затушен был слезами, мгновенно хлынувшими от сердца; грудь ее поднялась, губы и ноздри задрожали; все существо ее превратилось, казалось, в один отчаянный вопль. Дуня заглушила, однако ж, рыдания, раздиравшие ее сердце; она приложила одну руку к губам, другою ухватилась за грудь и быстро скользнула в дверь.

Все это произошло так неожиданно, так тихо, что Глеб и дедушка Кондратий не заметили даже отсутствия девушки. Старикам и в голову не приходило, чтобы участь Гришки могла найти такое горячее сочувствие в сердце девушки; к тому же оба были слишком заняты разговором, чтобы уделить частицу внимания молодым людям. Не будь этого обстоятельства, оба, конечно, обратились бы к Ване - так бледно, так встревожено было в эту минуту лицо его. Но старики ровно ничего не замечали и продолжали вести свою беседу, которая мало-помалу снова перешла к главному предмету совещания и не замедлила принять прежний веселый характер.

На этот раз Ваня мало уже заботился о том, что говорил отец. Он думал свою думу, по-видимому, крепкую, горькую думу. Сношения Дуни с приемышем давно были ему известны; отчаяние, обнаруженное ею, ничего, следовательно, не раскрывало ему нового: как ни горько было ему отказаться от рыбаковой дочки, он успел, однако ж, давно свыкнуться с своей долей. Воля отца, решавшая отправить Гришку, весть об удалении его, со всеми последствиями для рыбаковой дочки - может статься, даже для приемыша - вот что возмущало душу молодого парня. Нет никакой возможности верно передать внутренние движения человека в минуты сильной тревоги: в эти минуты человек, говоря относительно, перестрадает и передумает более, чем в целые годы тихого, невозмутимого существования. Скорбь парня постепенно, казалось, сосредоточивалась и уходила в его душу. Молодое лицо, встревоженное горем, мало-помалу делалось покойнее; но, подобно озеру, утихающему после осенней бури, лицо Вани освещалось печальным, холодным светом; молодые черты его точно закалялись под влиянием какой-то непреклонной решимости, которая с каждой секундой все более и более созревала в глубине души его. Так сильно отдался он под конец своим мыслям, что, казалось, не заметил даже дочки рыбака, которая успела уже вернуться в избу, стояла и смотрела на него распухшими от слез глазами.

Он очнулся не прежде, как когда отец и дедушка Кондратий встали со своих мест.

- Ванька, чего голову-то скосил? Отряхнись, глупый! - сказал Глеб полушутливым-полунетерпеливым голосом. - Ну, посмотри, дядя, не глупый ли он, а? - подхватил рыбак, обращаясь к Кондратию и указывая ему головою на сына. - А ты еще хвалишь его. Ну, что в нем! Ей-богу, право! Мякина, как есть, мякина! Такие ли молодцы-то бывают!.. Ну, да ладно; вот вылечим мы его с тобою: авось тогда повеселее будет... Пойдем, дядя... что на него смотреть! Мякина!.. Пойдем на озеро, переговорим еще... а то и домой пора! - заключил Глеб, проходя с соседом в дверь и не замечая Дуни, которая стояла, притаившись за занавеской.

Как только шаги стариков замолкли на берегу озера, Ваня приподнял голову, тряхнул кудрями, встал со скамьи, подошел к тому месту, где виднелось зеркальце, и отдернул занавеску.

Дуня сидела на краю постели; она уже не скрывала теперь своего горя перед молодым парнем. Закрыв лицо руками, она рыдала навзрыд, и слезы ее ручьями текли между судорожно сжатыми пальцами.

Лицо Вани казалось, напротив, совершенно спокойным, и только рука его, все еще державшая, вероятно в забытьи, занавеску, - только рука изменяла ему.

- Дуня, - сказал он почти твердым голосом, - не сокрушайся... полно!.. Не будет этого!.. Я... я говорил вам (тут голос его как будто слегка задрожал)... я говорил вам: я вам не помеха!.. Полно, не плачь... я ослобоню его!

Сказав это, он провел пальцами по глазам и отвернул голову.

Минуту спустя Ваня выходил из лачуги.

Когда он приблизился к берегу озера и взглянул на стариков, Глеб держал в левой руке правую руку дедушки Кондратия и, весело похлопывая ему в ладонь, приговаривал:

- Стало, тому и быть! Ладно заживем, когда так: два сапога - одна пара!

Немного погодя Глеб и сын его распрощались с дедушкой Кондратием и покинули озеро. Возвращение их совершилось таким же почти порядком, как самый приход; отец не переставал подтрунивать над сыном, или же, когда упорное молчание последнего чересчур забирало досаду старика, он принимался бранить его, называл его мякиной, советовал ему отряхнуться, прибавляя к этому, что хуже будет, коли он сам примется отряхать его. Но сын все-таки не произносил слова. Так миновали они луга и переехали реку.

Было еще довольно светло, когда они достигли противоположного берега. Солнце давно уже село. Но весенний, прозрачный воздух долго сохраняет отблеск заката; сквозь сумерки, потоплявшие углубление высокого хребта, где располагались избы старого рыбака, можно было явственно различать предметы.

- Погляди, Ванюшка, вишь: никак лошадь у ворот! - неожиданно произнес Глеб, выходя из челнока.

Ваня поднял голову.

У ворот действительно стояла оседланная лошадь.

- Ну, не чаял я, что так скоро! - проговорил Глеб, проводя ладонью по голове. - Я думал, Гришка на свадьбе на твоей попирует... Нет, не судьба, видно, ему!..

Первый предмет, поразивший старого рыбака, когда он вошел на двор, была жена его, сидевшая на ступеньках крыльца и рыдавшая во всю душу; подле нее сидели обе снохи, опустившие платки на лицо и качавшие головами. В дверях, прислонившись к косяку, стоял приемыш; бледность лица его проглядывала даже сквозь густые сумерки; в избе слышались голоса Петра и Василия и еще чей-то посторонний, вовсе незнакомый голос.

Глеб не ошибся. Лошадь точно принадлежала сотскому из становой квартиры, который приехал повестить о выдаче рекрута.

ЧАСТЬ ТРЕТЬЯ

XVI

СЫН РЫБАКА

- Полно, говорю! Тут хлюпаньем ничего не возьмешь! Плакалась баба на торг, а торг про то и не ведает; да и ведать нет нужды! Славно и взаправду горе какое приключилось. Не навек расстаемся, господь милостив: доживем, назад вернется - как есть, настоящим человеком вернется; сами потом не нарадуемся... Ну, о чем плакать-то? Попривыкли! Знают и без тебя, попривыкли: не ты одна... Слава те господи! Наслал еще его к нам в дом... Жаль, жаль, а все не как своего!

Так говорил Глеб Савинов жене вскоре после отъезда сотского.

Разговор происходил между задними воротами и плетнем огорода, в известном проулке; тут, кроме старого рыбака и жены его, никого не было. Глеб после ужина, на котором присутствовал, между прочим, и сотский, приказал тотчас же всем ложиться спать, а сам, подмигнув украдкою жене, отправился с нею на совещание. На дворе царствовал совершеннейший мрак. Месяц, подымавшийся багровым шаром в отдаленном горизонте, не разливал почти никакого света: Глеб и Анна с трудом различали черты друг друга. Никто, может статься, не смыкал глаз в клетушках и сенях, но со всем тем было так тихо, что муж и жена говорили шепотом; малейшая оплошность с их стороны, слово, произнесенное мало-мальски громко, легко могло возбудить подозрение домашних и направить их к задним воротам, чего никак не хотелось Глебу.

- Какой бы он там чужак ни был - все одно: нам обделять его не след; я его не обижу! - продолжал Глеб. - Одно то, что сирота: ни отца, ни матери нету. И чужие люди, со стороны, так сирот уважают, а нам и подавно не приходится оставлять его. Снарядить надо как следует; христианским делом рассуждать надо, по совести, как следует! За что нам обижать его? Жил он у нас как родной, как родного и отпустим; все одно как своего бы отпустили, так, примерно, и его отпустим...

- И то, батюшка, я и сама так-то мерекаю... О-ох!.. Лепешечек напеку ему, сердечному... о-о-ох! - заботливо прошептала тетка Анна, утирая рукавом слезы и вздыхая в несколько приемов, как вздыхают обыкновенно бабы, которые долго и горько плакали.

- Вот нашла, что сказать: лепешки! Велика нужда ему в твоих лепешках! Закусил раз-другой - все одно что их и не было! Надо подумать о рубахах, а не о лепешках - вот что!

- Вестимо, без холста не отпущу его, касатика, - простонала тетка Анна.

- Холст сам по себе: пойдет на портянки[9]. Я говорю, примерно, о рубахах. Завтра день да послезавтра день - всего два дня остается! Не успеете вы обшить его как следует. Отдать ему Ванюшкины рубашки, которые залишние...

- Куды! Коротки будут! - заметила старуха с такою живостью, что муж принужден был шикнуть и поднять руку.

- А коротки, так возьмем у Васьки.

- А как же Вася-то? Ведь он также дома не остается: идет на заработки; самому нужны, - шепнула жена.

- Нет, Васька дома останется взамен Гришки. Отпущу я его на заработки! А самому небось батрака нанимать, нет, жирно будет! Они и без того денег почитай что не несут... Довольно и того, коли один Петрушка пойдет в "рыбацкие слободы"... Ну, да не об этом толк совсем! Пойдут, стало быть, Васькины рубахи; а я от себя целковика два приложу: дело ихнее - походное, понадобится - сапожишки купить либо другое что, в чем нужда встренется.

Как ни переполнено было сердце старушки, как ни заняты были мысли ее предстоящей разлукой с приемышем, к которому привыкла она почти как к родному детищу, но в эту минуту все ее чувства и мысли невольно уступили место удивлению: так поразила ее необыкновенная щедрость Глеба. Ободренная этим, она сказала:

- Вот, батюшка, надо также и образочек ему дать. Дам я ему, сердечному, вот тот, что в ризочке-то у нас...

- Что дело, то дело. Я, признаться, и сам о том думал, - перебил Глеб, - только что вот тот, который в ризе, давать незачем, можно простее сыскать. Главное дело, было бы ему наше родительское благословление...

Переговорив еще кой о чем касательно Гришки, рыбак заметил, что время спать идти.

- Ты обгони избу да пройди в те передние ворота, - примолвил он, - а я пока

---

[9] Куски холста, которыми обматываются ноги вместо носков. (Прим. автора.)

здесь обожду. Виду, смотри, не показывай, что здесь была, коли по случаю с кем-нибудь из робят встренешься... Того и смотри прочуяли; на слуху того и смотри сидят, собаки!.. Ступай! Э-хе-хе, - промолвил старый рыбак, когда скрип калитки возвестил, что жена была уже на дворе. - Эх! Не все, видно, лещи да окуни, бывает так ину пору, что и песку с реки отведаешь!.. Жаль Гришку, добре жаль; озорлив был, плутоват, да больно ловок зато!

Глеб оглянул рассеянно небо, по которому величественно всплывал серебрившийся теперь месяц, перекрестился, вошел на двор и, закутавшись в овчину, улегся в свои сани под навесом. Хотя старик свыкся уже с мыслью о необходимости разлучиться рано или поздно с приемышем, тем не менее, однако ж, заснуть он долго не мог: большую часть ночи проворочался он с боку на бок и часто так сильно покрякивал, что куры и голуби, приютившиеся на окраине дырявой лодки, почти над самой его головой, вздрагивали и поспешно высовывали голову из-под теплого крыла.

Но не подозревал старый Глеб, что через каких-нибудь пять-шесть часов придется перенести испытание, перед которым настоящее его горе ровно ничего не будет значить. Не предвидел он, что ночь эта, проведенная в тревожном забытьи, будет сравнительно его последнею спокойною ночью!

Заря между тем, чуть-чуть занимавшаяся на горизонте, не предвещала ничего особенно печального: напротив того, небо, в котором начинали тухнуть звезды, было чистоты и ясности необыкновенной; слегка зарумяненное восходом, оно приветливо улыбалось и спешило, казалось, освободиться от туч, которые, как последние морщинки на повеселевшем челе, убегали к востоку длинными, постепенно бледнеющими полосками. Вся окрестность как словно раскрывала глаза и, приподымая освеженные росою ресницы, радостным взглядом встречала весеннее утро. Над лугами трещал уже жаворонок... Глеб, по обыкновению своему, проснулся вместе с жаворонками: нежиться да потягиваться не любил старик: он поспешно выскочил из саней, провел широкой ладонью по лицу и волосам, оглянул небо и перекрестился.

- Создал господь ведро... знатное утро! - сказал он, выходя за ворота и весело оглядывая Оку и дальний берег, только что озаренные первым лучом солнца.

Ему в голову не приходило, что это утро, так радостно улыбавшееся, западет тяжелым камнем на его сердце и вечно будет жить в его памяти.

В самое это утро Петр и Василий должны были сообщить отцу о своих намерениях. Оба заранее приготовились встретить грозу, которая неминуемо должна была разразиться над их головами. В то время, как отец спускался по площадке и осматривал свои лодки (первое неизменное дело, которым старый рыбак начинал свой трудовой день), сыновья его сидели, запершись в клети, и переговаривали о предстоявшем объяснении с родителем; перед ними стоял штоф. Петр, не мешает заметить, плохо что-то надеялся на брата: он знал, что Василий как раз "солжет" - оплошает перед отцом, если не придашь ему заблаговременно надлежащей смелости. Основываясь на этом, Петр накануне еще, когда возвращался из Сосновки, припас "закрепу"; по мнению старшего брата - мнению весьма основательному, - Василий без вина был то же, что вино без хмеля; тогда только и полагайся на него, когда куражу прихватит! Подливая брату, Петр, конечно, не пропускал случая "тешить собственную душу", как он сам выражался, и частенько-таки подносил штоф к губам. Он делал это вовсе не из надобности; вино было ему в охоту, как и всякому человеку, который давно уже хмелью зашибался. Он и без куражу не побоялся бы отцовского гнева. Он принадлежал к числу тех отчаянно загрубелых людей, которых ничем не проймешь: ни лаской, ни угрозой, - которые, если заберут что в башку, так хоть отсекай у них руки и ноги, а на своем поставят. Смелость Петра соответствовала его упрямству. Казалось даже, он с каким-то лихорадочным нетерпением ждал минуты, когда станет перед отцом лицом к лицу; цыганское лицо его, дышащее грубой энергией, выражало досаду тогда лишь, когда встречалось с лицом Василия, в чертах которого все еще проступала время от времени какая-то неловкость. Смущение Василия благодаря предусмотрительности брата не замедлило, однако ж, исчезнуть. Оба пошли тогда в избу. Глеб не возвращался еще с реки; но все семейство, за исключением Вани, однако ж, которого никто не видел со вчерашнего вечера, находилось уже в избе. Никто, кроме жены Петра, не знал о намерениях двух братьев; всеобщее внимание занято было, следовательно, одним только Гришкой. В ожидании Глеба и завтрака все обступали с большим или меньшим участием приемыша, который сидел на скамье у окна и, повернувшись боком к присутствующим, прислонив голову к стене, глядел в землю. Наконец явился Глеб, и все сели завтракать.

Окинув зорким взглядом семейство, старый рыбак тотчас же заметил, что старшие сыновья его были навеселе. Как сказано выше, Глеб мало обращал внимания на возраст детей своих: он держал всех членов семейства без различия в ежовых рукавицах - потачки никому не давал. Тем менее следовало спустить Петру и Василию, что зоркий взгляд Глеба не раз уже в последнюю побывку встречал их в хмельном виде; отец давно собирался отжучить их порядком и отучить от баловства. Он вспылил тотчас же и осыпал их градом ругательств. Тем бы, может быть, и кончилось дело, если б они смолчали; но, разгоряченные вином, они отвечали - отвечали грубо и дерзко. Это обстоятельство мгновенно взорвало старика: брови его выгнулись, голова гордо откинулась назад, губы задрожали. Но сыновья зашли уже слишком далеко: отступать было поздно; они встретили наглым, смелым взглядом грозный взгляд отца и в ответ на страшный удар, посланный в стол кулаком Глеба, приступили тотчас же, без обиняков, к своему объяснению... Но не станем описывать этой дико-необузданной сцены, из которой читатель ничего бы не вынес, кроме тягостного, неприятного чувства. Достаточно сказать, что бабы и дети опрометью кинулись вон и попрятались, кто куда мог; несколько минут пролежали они в своих прятках совершеннейшим пластом, ничего не видя, не слыша и не чувствуя, кроме того разве, что в ушах звенело, а зубы щелкали немилосерднейшим образом. Мало-помалу, однако ж, бабы наши стали приходить в себя; бледные лица их, как словно по условленному заранее знаку, выглянули в одно и то же время из разных углов двора. Но страшные крики, раздававшиеся в избе, - крики, посреди которых как гром раздавался голос Глеба, заставляли баб поспешно прятать головы, наподобие того, как это делают испуганные черепахи. Шум и крики подымались все сильнее и сильнее; казалось со двора, как будто по полу избы каталось несколько пустых сороковых бочек. Но бабы, движимые любопытством, которое не оставляет человека в самые критические минуты, не переставали высовывать головы и прислушиваться. Так продолжалось до тех пор, пока шум не умолк и Глеб не показался на крылечке. Тут уж бабы исчезли окончательно, залегли в самые темные углы своих пряток и замерли.

Глеб был в самом деле страшен в эту минуту: серые сухие кудри его ходили на макушке, как будто их раздувал ветер; зрачки его сверкали в налитых кровью белках; ноздри и побелевшие губы судорожно вздрагивали; высокий лоб и щеки старика были покрыты бледно-зелеными полосами; грудь его колыхалась из-под рубашки, как взволнованная река, разбивающая вешний лед. Ступеньки крылечка затряслись под его тяжелыми шагами. Очутившись на дворе, он остановился как бы для того, чтоб перевести дыхание, и вдруг быстро повернулся к двери крыльца, торжественно приподнял обе руки и произнес задыхающимся голосом:

- Не будет вам, непослушники, отцовского моего благослов...

Но тут он остановился; голос его как словно оборвался на последнем слове, и только сверкающие глаза, все еще устремленные на дверь, силились, казалось, досказать то, чего не решался выговорить язык. Он опустил сжатые кулаки, отступил шаг назад, быстрым взглядом окинул двор, снова остановил глаза на двери крыльца и вдруг вышел за ворота, как будто воздух тесного двора мешал ему дышать свободно.

Прелесть весеннего утра, невозмутимая тишина окрестности, пение птиц - все это, конечно, мало действовало на Глеба; со всем тем, благодаря, вероятно, ветерку, который пахнул ему в лицо и освежил разгоряченную его голову, грудь старика стала дышать свободнее; шаг его сделался тверже, когда он начал спускаться по площадке.

Подойдя к лодкам, Глеб увидел Ваню. Тут только вспомнил старик, что его не было за завтраком.

- Где ты шлялся? - сурово спросил отец.

Он остановился и, повернувшись почти спиною к сыну, мрачно оглянул реку.

- Я здесь был все время, батюшка, - кротко отвечал сын.

- За какой надобностью? - сухо и как бы не думая, о чем говорит, перебил отец.

- Тебя ждал, батюшка...

Голос, которым произнесены были эти слова, прозвучал такою непривычною твердостию в ушах Глеба, что, несмотря на замешательство, в котором находились его чувства и мысли, он невольно обернулся и с удивлением посмотрел на сына.

Кроткий, спокойный вид парня совершенно обезоружил отца.

- Чего тебе? - спросил он отрывисто.

- Я хотел переговорить с тобой, батюшка, - начал Ваня, - хотел сказать тебе... ты только выслушай меня...

- Ну! - перебил Глеб с возраставшим удивлением.

Год без малого не мог он слова добиться от парня, и вот теперь тот сам к нему приступает.

- Выслушай меня, батюшка, - продолжал сын тем же увещевательным, но твердым голосом, - слова мои, может статься, батюшка, горькими тебе покажутся... Я, батюшка, во веки веков не посмел бы перед тобою слова сказать такого; да нужда, батюшка, заставила!..

- Как! - вскричал отец, сжимая кулаки и делая шаг вперед. - Стало, они и тебя подговорили! Стало, и тебе ни во что мое родительское проклятие!

- Нет, батюшка, никто меня не подговаривал, - возразил сын, не трогаясь с места, - родительское твое благословение мне пуще дорого; без него, батюшка, я и жить не хочу...

- Чего ж тебе? - спросил изумленный отец.

- Я, батюшка, пришел переговорить с тобою о Гришке... Батюшка! Что ты делаешь? Опомнись.

Глеб отступил шаг назад и опустил руки; старик не верил глазам и ушам своим.

- Зачем же ты тогда воспитал его? Затем ли поил, кормил, растил его, чтоб потом за нас, за сыновей твоих, ответ держал... Батюшка! Что ты хочешь делать? Опомнись. Ведь это выходит, батюшка, делами добрыми торговать! - продолжал сын, и лицо его при этом как словно озарилось каким-то необыкновенным светом, хотя осталось так же кротко и спокойно. - Не бери, батюшка, тяжкого греха на свою душу!.. Господь благословил нас, берег твой дом, дал тебе достаток... Сам ты сколько раз говорил об этом!.. Господь отступится от нас за такое дело! Достаток твой не будет тогда божьим благословением: все пойдет прахом - все назад возьмет! За то и берег он нас. Сам же ты говоришь, что жили по правде!

Глеб стоял как прикованный к земле и задумчиво смотрел под ноги; губы его были крепко сжаты, как у человека, в душе которого происходит сильная борьба. Слова сына, как крупные капли росы, потушили, казалось, огонь, за минуту еще разжигавший его ретивое сердце. Разлука с приемышем показалась ему почему-то в эту минуту тяжелее, чем когда-нибудь.

- Как же быть-то? Откуда ж нам взять за него!.. Я и сам, того, думал... Разве жеребий... промеж вами кинуть? - проговорил он наконец, как бы раздумывая сам с собою.

Мысль эта родилась, может быть, в голове старика при воспоминании о старших непокорных сыновьях.

- Нет, батюшка! Зачем бросать жеребий! - спокойно вымолвил парень. - Старшие братья женаты; уж лучше... так, без жеребья...

Глеб поднял голову.

- Очередь за нами, за твоими сыновьями, - продолжал Ваня все тем же невозмутимо твердым голосом, - старшие сыновья женаты... Что ж!.. Я и пойду, батюшка...

Старику не шутя представилось, что младший сын его рехнулся. Предшествовавшие слова молодого парня, его спокойный голос, а еще более спокойный вид убеждали, однако ж, старика в противном.

"Что ж бы такое значило? Уж не засорил ли парень дурью свою голову?.. Погоди ж, я вот из тебя дурь-то вышибу!"

При этой мысли Глеб, которому шутить было не в охоту, вспыхнул.

- Видишь ты это? - крикнул он, неожиданно выступая вперед и показывая сыну коренастый, узловатый кулак.

Но Ваня на волос не пошатнулся, не мигнул даже глазом.

- Я тебя проучу, как дурью-то забираться! - закричал отец, сурово изгибая свои брови. - Я выколочу из тебя дурь-то: так отдаю, что ты у меня на этом месте трое суток проваляешься! - заключил он, все более и более разгорячаясь.

100

- Власть твоя, батюшка, - сказал с самым кротким, покорным видом парень, - бей меня - ты властен в этом! А только я от своего слова не отступлюсь.

При этом гнев окончательно завладел стариком: он ринулся со всех ног на сына, но, пораженный необычайным спокойствием, изображавшимся на лице Вани, остановился как вкопанный.

- Бей же меня, батюшка, бей! - сказал тогда сын, поспешно растегивая запонку рубашки и подставляя раскрытую, обнаженную грудь свою. - Бей; в этом ты властен! Легче мне снести твои побои, чем видеть тебя в тяжком грехе... Я, батюшка (тут голос его возвысился), не отступлюсь от своего слова, очередь за нами, за твоими сыновьями; я пойду за Гришку! Охотой иду! Слово мое крепко: не отступлюсь я от него... Разве убьешь меня... а до этого господь тебя не допустит.

Глеб остолбенел. Лицо его побагровело. Крупные капли пота выступили на лице его. Не мысль о рекрутстве поражала старика: он, как мы видели, здраво, толково рассуждал об этом предмете, - мысль расстаться с Ваней, любимым детищем, наконец, неожиданность события потрясли старика. Так несбыточна казалась подобная мысль старому рыбаку, что он под конец махнул только рукой и сделал несколько шагов к реке; но Ваня тут же остановил его. Он высказал отцу с большею еще твердостью свою решимость.

Тогда между сыном и отцом началась одна из тех тягостно-раздирающих сцен, похожих на вынужденную борьбу страстно любящих друг друга противников. Глеб осыпал сына упреками, припоминал ему его детство: он ли не любил его, он ли не лелеял! Осыпал его затем угрозами, грозил ему побоями - ничто не помогало: как ни тяжко было сыну гневить преклонного отца, он стоял, однако ж, на своем. Видя, что ничто не помогало, Глеб решился прибегнуть к ласке и принялся увещевать сына со всею нежностью, какая только была ему доступна. Но и это ни к чему не послужило: сын остался тверд, и решимость его ни на волос не поколебалась. Тут только почувствовал Глеб, почувствовал первый раз в жизни, что крепкие, железные мышцы его как словно ослабли; первый раз осмыслил он старческие годы свои, первый раз понял, что силы уж не те стали, воля и мощь не те, что в прежние годы. Слишком много потрясений выдержали в этот день его стариковские нервы; на этот раз, казалось, горе раздавило его сердце.

- Ваня! - воскликнул старик, все еще не терявший надежды убедить сына. - Ваня! Вспомни! Тебя ли я не любил? Тебя ли не отличал я?.. Сызмалетства отличал я тебя от твоих братьев!.. Ты был моим любимцем, ненаглядным сыном моим! Ты моя надёжа... И ты хочешь покинуть меня своей охотой, на старости лет покинуть хочешь! Старуху свою, мать покинуть хочешь!.. Ваня, вспомни... али ты этого не знаешь?.. Ведь и братья твои нас покидают... Что ж, как же, сиротами ты хочешь стариков оставить?.. Опомнись! Что ты делаешь?.. Ваня!..

- Батюшка!.. Батюшка! Перестань! Ты только мутишь меня! - твердил в то же время сын, напрягая все силы своего духа, чтобы не разразиться воплем. - Перестань!.. Бог милостив!.. Приду вовремя... Приду закрыть глаза твои... не навек прощаемся... Полно, батюшка! Не гневи господа бога! О чем ты сокрушаешься? Разве я худое дело какое делаю? Опомнись! Разве я в Сибирь за недоброе дело иду?.. Что ты?.. Опомнись! Иду я на службу на ратную... иду верой и правдой служить царю-государю нашему... Вишь: охотой иду, сам по себе... Полно, опомнись! Не сокрушайся, не мути меня, батюшка... Лучше ты без меня останься, чем увижу я тяжкий грех на душе твоей родительской!..

- Ну, послушай... вот... вот что я скажу тебе, - подхватил отец, - кинем жеребий, Ваня!.. Ну так, хошь для виду кинем!.. Кому выпадет, пущай хоть тот знает по крайности, пущай знает... что ты за него пошел!

- Нет, батюшка! Зачем? - возразил сын, качая головою. - Зачем?.. Ну, а как кому-нибудь из братьев вынется жеребий либо Гришке, ведь они век мучиться будут, что я за них иду!.. Господь с ними! Пущай себе живут, ничего не ведая, дело пущай уж лучше будет закрытое.

Последние слова сына, голос, каким были они произнесены, вырвали из отцовского сердца последнюю надежду и окончательно его сломили. Он закрыл руками лицо, сделал безнадежный жест и безотрадным взглядом окинул Оку, лодки, наконец, дом и площадку. Взгляд его остановился на жене... Первая мысль старушки, после того как прошел страх, была отыскать Ванюшу, который не пришел к завтраку.

- Ступай сюда! Ступай, старуха! - закричал Глеб, махая обеими руками.

Старушка, ковыляя, подошла к мужу и сыну.

- Вот, - сказал Глеб уже разбитым голосом, - вот, - продолжал он, указывая на сына, - послушай его... послушай, коли сердце твое крепко...

Испуганная мать бросилась к сыну. Тот опустил голову и молчал. Глеб в коротких, отрывистых словах передал жене намерение Вани.

- Батюшка! - закричала старуха. - Батюшка! Помилуй! - и как безумная повалилась она мужу в ноги.

- Его проси! - проговорил Глеб, захлебываясь от слез, хоть глаза его были сухи. - Его проси, старуха! - заключил он, указывая на Ваню.

- Ваня!.. Батюшка!.. Помилуй! - прокричала мать, бросаясь сыну в ноги.

Но Ваня не отвечал; он поддерживал мать и рыдал навзрыд, обливая ее лицо слезами.

Тут уже и самого старика слеза прошибла; он медленно подошел к жене, положил ей широкую ладонь свою на голову и произнес прерывающимся голосом:

- Терпи, старая голова, в кости скована! - При этом он провел ладонью по глазам своим, тряхнул мокрыми пальцами по воздуху и, сказав: "Будь воля божья!", пошел быстрыми шагами по берегу все дальше и дальше.

Как только исчез он за выступом высокого берегового хребта, обе снохи и за ними мужья, Гришка и дети спустились с площадки и обступили старуху и Ваню.

Но сколько ни допрашивали они, сколько ни допытывались, ничего не могли узнать.

Старуха рыдала как безумная. Сын сидел подле матери, обняв ее руками, утирал слезы и молчал. Когда расспросы делались уже чересчур настойчивыми, Ваня обращал к присутствующим кроткое лицо свое и глядел на них так же спокойно, как будто ничего не произошло особенного.

Так простой русский человек совершает всегда великодушные поступки!

XVII

ПРОВОДЫ

Тусклый, серенький день. Свод неба как будто опустился, прилег в раздумье над молчаливой землей. Если б не теплота воздуха, не запах молодой, только что распустившейся зелени, можно было подумать, что весна неожиданно сменилась осенью. В начале весны часто встречаются такие дни. Они похожи на задумчивое, прекрасное лицо молодой девушки. Вся природа вдруг стихнет - стихнет, как резвый ребенок, выпущенный на волю, который, не надеясь на свои силы и не в меру отдавшись шумному, крикливому веселью, падает вдруг утомленный на траву и сладко засыпает... В такие дни вы звука не услышите. Все живущее как будто сдерживает дыхание, приготовляется к чему-то, снова собирается с силами к шумному празднеству лета. Стада безмолвствуют, как бы опьяненные крепким курением распускающихся растений, которое, за недостатком солнечных лучей, стелется над землею; животные припали к злачной траве, опустили головы или лениво бродят по окрестности. Птицы сонливо дремлют на ветках, проникнутых свежим, молодым соком; насекомые притаились под древесного корой или забились в тесные пласты моху, похожие в, бесконечно уменьшенном виде, на непроходимые сосновые леса; муха не прожужжит в воздухе; сам воздух боится, кажется, нарушить торжественную тишину и не трогает ни одним стебельком, не подымает даже легкого пуха, оставленного на лугах молодыми, только что вылупившимися гусятами... Ничего не может быть поэтичнее таких дней! Тонкий, счастливо настроенный слух различает посреди этой мертвой тишины стройное, гармоническое пение... Неизъяснимо сладким чувством наполняется душа ваша. Но не восторженный экстаз, не грустное раздумье (в котором также есть своя прелесть) овладевают вами: нет! Кровь и мозг совершенно покойны: вы просто чувствуете себя почему-то счастливым; все существо ваше невольно сознает тогда возможность тихих, мирных наслаждений, скромной задушевной жизни с самим собою; жизни, которую вы так давно, так напрасно, может быть, искали в столицах, с их шумом, блеском и обольщениями, для вас тогда не существует: они кажутся такими маленькими, что вы даже их не замечаете... В такие минуты на сердце легко и свободно, как в первые лета счастливой юности; ни одно дурное помышление не придет в голову. Вы довольны сами собою, довольны своими чувствами, довольны своим одиночеством и благословляете провидение, которое дало вам возможность жить, дышать и чувствовать...

В такой именно день, рано утром, Ванюша прощался с своим семейством. Окрестность нарочно, казалось, приняла самый тусклый, серенький вид, чтобы возбудить в сердце молодого парня как можно меньше сожаления при расставанье с родимыми местами. Семейство рыбака стояло на дворе; оно теперь немногочисленно (Петр, Василий, их жены и дети ушли накануне). Тут находятся всего-навсё: Глеб, его старуха, сын, приемыш и дедушка Кондратий, который пришел провожать Ванюшу. Мы застаем их в самую роковую, трудную минуту. Уже ворота, выходящие на площадку, отворены: уже дедушка Кондратий отнес в избу старую икону, которою родители благословили сына. Остается только сказать: "Пойдемте!.." Но старый Глеб все еще медлит. Гришка между тем простился уже с товарищем своей юности: он отошел немного поодаль; голова его опущена, брови нахмурены, но темные глаза, украдкой устремляющиеся то в одну сторону двора, то в другую, ясно показывают, что печальный вид принят им по необходимости, для случая, что сам он слабо разделяет семейную скорбь. Никто, впрочем, из присутствующих не думает в эту минуту о приемыше. Тетка Анна крепко охватила обеими руками шею возлюбленного детища; лицо старушки прижимается еще крепче к груди его; слабым замирающим голосом произносит она бессвязное прощальное причитание. Перед ними стоит Глеб; глаза его сухи, не произносит он ни жалоб, ни упреков, ни жестоких укорительных слов; но скрещенные на груди руки, опущенная голова, морщины, которых уже не перечтешь теперь на высоком лбу, достаточно показывают, что душа старого рыбака переносит тяжкое испытание. Напрасно дедушка Кондратий, которого Глеб всегда уважал и слушал, напрасно старается он уговорить его, призывая на помощь душеспасительные слова, - слова старичка теперь бессильны; они действуют на Глеба, как на полоумного человека: он слышит каждое слово дедушки, различает каждый звук его голоса, но не удерживает их в памяти. Глеб до сих пор не может еще собраться с мыслями: в эти три дня старик перенес столько горя! Поступки детей его изгладили из его памяти целые шестьдесят лет спокойной, безмятежной, можно даже сказать, счастливой жизни... Но сколько ни думай, сколько ни сокрушайся, ничего этим не возьмешь - время только проходит.

- Пойдемте! - говорит Глеб.

Дедушка Кондратий бережно разнимает тогда руки старушки, которая почти без памяти, без языка висит на шее сына; тетка Анна выплакала вместе с последними слезами последние свои силы. Ваня передает ее из рук на руки Кондратию, торопливо перекидывает за спину узелок с пожитками, крестится и, не подымая заплаканных глаз, спешит за отцом, который уже успел обогнуть избы.

Отчаянный, раздирающий крик, раздавшийся позади, приковывает на месте молодого парня.

- Ваня!.. Ваня!..

- Полно... матушка... не убивайся... бог милостив! - говорит он, обнимая старуху, которая как безумная охватила его руками.

Но увещевания тут напрасны! Дедушка Кондратий и Ваня, поддерживая Анну, продолжают путь.

Вот уже миновали огород, вот уже перешли ручей. Этот ручей, свидетель младенческих лет, служит последним порогом родительского дома. Вот ступили уже на тропинку и стали подыматься в гору. Воспоминания теснятся в душе молодого парня, с каждым шагом вперед предстоит новая разлука... Как ни подкреплял себя молодой рыбак мыслью, что поступком своим освободил старика отца от неправого дела, освободил его от греха тяжкого, как ни тверда была в нем вера в провидение, со всем тем он не в силах удержать слез, которые сами собою текут по молодым щекам его... Тяжко ведь расставаться впервые с домом родительским; тут с сердцем уже не совладаешь: не слушает оно рассудка и не обольщается мечтами и надеждами.

Простолюдину еще труднее покинуть родимый кров, чем всякому другому человеку. Как бы ни убога была хижина бедняка, он привязан к ней всеми своими чувствами, всею душою. Привязанность образованного человека к материальным предметам, с которыми он свыкся, привязанность к дому, к почве совершенно ничтожна сравнительно с привязанностью простолюдина к тем же предметам его привычки. Объясняется это очень легко: умственная, духовная жизнь, которая отрешает человека более или менее от грубого материализма, весьма ограничена у простолюдина. Живя почти исключительно материальной, плотской жизнью, простолюдин срастается, так сказать, с каждым предметом, его окружающим, с каждым бревном своей лачуги; он в ней родился, в ней прожил безвыходно свой век; ни одна мысль не увлекала его за предел родной избы: напротив, все мысли его стремились к тому только, чтобы не покидать родного крова. Русский мужик - семьянин и домосед по преимуществу. Мне довелось раз видеть, как семейство пахаря, добровольно отправляясь в плодородные южные губернии, прощалось со своим полем - жалкими двумя десятинами глинистой, никуда почти не годной почвы. Я в жизнь не видал такого страшного прощания, таких горьких слез. Мать родная, прощаясь с любимыми детьми, не обнимает их так страстно, не целует их так горячо, как целовали мужички землю, кормившую их столько лет. Они оставляли, казалось, на этих двух нивах часть самих себя. Кусочки земли были зашиты даже в ладанки грудных младенцев... Простолюдин покорен привычке: расставаясь с домом, он расстается со всем, что привязывало его к земле. Он жил в исключительной, ограниченной своей сфере; вне дома для него не существует интересов; он недоверчиво смотрит на мир, выходящий из предела его обыкновенных узких понятий. Покидая дом, он не подкрепляет себя, как мы, мечтами и надеждами: он положительно знает только то, что расстается с домом, расстается со всем, что привязывает его к жизни, и потому-то всеми своими чувствами, всею душою отдается своей скорби... Достигнув вершины высокого берегового хребта - вершины, с которой покойный дядя Аким боязливо спускался когда-то вместе с Гришкой к избам старого рыбака, Глеб остановился. Но не быстрая ходьба в гору утомила его: ему, напротив, хотелось бы пройти еще скорее, подняться еще выше. Страшная тяжесть висела на сердце старика; ему хотелось пройти теперь сто верст без одышки; авось-либо истома угомонит назойливую тоску, которая гложет сердце. Когда Ваня и дедушка Кондратий, все еще поддерживавшие Анну, поднялись на гору, Глеб подошел к ним.

- Зачем вы привели ее сюда? - нетерпеливо сказал он. - Легче от этого не будет... Ну, старуха, полно тебе... Простись да ступай с богом. Лишние проводы - лишние слезы... Ну, прощайся!

- Прощай, матушка! - произнес сын и в первый раз не мог хорошенько совладать с собой, в первый раз зарыдал горько - зарыдал, как мальчик.

При этом старуха вдруг встрепенулась: забытье исчезло, силы воскресли. Откинув исхудалыми руками платок, покрывавший ей голову, она окинула безумным взглядом присутствующих, как бы все еще не сознавая хорошенько, о чем идет речь, и вдруг бросилась на сына и перекинула руки через его голову. Крик, сопровождавший это движение, надрезал как ножом сердца двух стариков. В лета дедушки Кондратия уже не плачут: слезы все выплаканы, давно уже высох и самый источник. Но Глеб мало еще ведал горя: он не осилил. Сколько Глеб ни крепился, сколько ни отворачивал голову, сколько ни хмурил брови, крупные капли слез своевольно брызгали из очей его и серебрили и без того уже поседевшую бороду. Он махнул рукою и еще скорее пошел вперед. Ваня вырвался из объятий матери и побежал за ним, не переставая креститься.

- Ваня! Ваня!

Старуха бросилась было за сыном; но ноги ее ослабли. Она упала на колени и простерла вперед руки.

Ваня продолжал между тем следить за отцом. Раз только обернулся он; избушки, площадка, ручей, лодки, сети - все исчезло. Над краем горы, которая закрывала углубление берега, заменявшее ему целую родину, он увидел только белую голову дедушки Кондратия, склоненную над чем-то распростертым посреди дороги. За ними, дальше, в беспредельной глубине, увидел он дальнюю луговую местность. С этой высоты маленькое озеро дедушки Кондратия виднелось как на ладони. Белая подвижная точка как словно мелькала недалеко от зелени, окружавшей темною каймою озеро. Ваня как будто приостановился, но тотчас же отвернул голову, перекрестился и пошел еще скорее. Очутившись в нескольких шагах от отца, он не выдержал и опять-таки обернулся назад; но на этот раз глаза молодого парня не встретили уже знакомых мест: все исчезло за горою, темный хребет которой упирался в тусклое, серое без просвета небо... Прощай, мать! Прощай, родина, детство, воспоминания, - все прощай!

На четвертый день после вышеописанной сцены Глеб возвратился домой. У ворот он встретился с женою, которая, завидя его одного, ударилась в слезы; но Глеб прошел мимо, не обратив на нее ни малейшего внимания. На дворе ему подвернулся Гришка; но он не взглянул даже на него. После тягостной сцены со старшими сыновьями, после разлуки с Ваней старого Глеба как словно ничто уже не занимало. Все это происходило утром. Во всю остальную часть дня, в обед, в ужин, старый рыбак ни разу не показался в избе. Отсутствие его заметила под конец и тетушка Анна. Старушка отправилась отыскивать мужа. Беспокойство еще хуже овладело ею, когда, обойдя клетушки и навесы, она не нашла Глеба. Наконец после долгих розысков увидела она его лежащего навзничь на груде старых вершей в самом темном, отдаленном углу двора. Голова старого рыбака и верхняя часть его туловища были плотно закутаны полушубком. Он не спал, однако ж. Старушка явственно расслышала тяжелые вздохи, сопровождаемые именами Петра, Василия и Вани. Анна вернулась к избе, села на крылечко и снова заплакала. Так провела она всю ночь. На заре она снова подошла к мужу. Глеб лежал недвижно на своих вершах. Глухие, затаенные вздохи, сопровождаемые именами сыновей, по-прежнему раздавались под полушубком. Весь этот день прошел точно так же, как вчерашний. Глеб не показывался в избе, не пил, не ел и продолжал лежать на своих вершах. Тоска смертельная овладела тогда старушкой. Когда она увидела, что и на третий день точно так же не было никакой перемены с мужем, беспокойство ее превратилось в испуг: и без того уже так пусто, так печально глядели навесы! Старушка вышла за ворота, отыскала глазами Гришку, который приколачивал что-то подле лодок, и пошла к нему.

- Гриша, что это, касатик, с нашим стариком приключилось? - сказала она, заботливо качая головою. - Вот третий день ноне не ест, не пьет, сердечный.

- Стало быть, не в охоту, оттого и не ест! - отрывисто отвечал приемыш, не подымая головы.

106

- Ох-ох, нет, касатик, никогда с ним такого не бывало! - подхватила со вздохом старушка. - Лежит, не двинется, не пьет, не ест ничевохонько третьи сутки... Не прилучился бы грех какой.

- Ничаво небось! Полежит, полежит да встанет.

- Хорошо, кабы так-то!.. О-ох, боюсь, не разнемогся бы... помилуй бог!

- Небось его не скоро возьмешь! Здоров он, как вода! Что ему сделается!

- Шутка, трое суток маковой росинки во рту не было! - продолжала старушка, которую всего более озадачивало это обстоятельство, служащее всегда в простонародье несомненным признаком какого-нибудь страшного недуга. - С той вот самой поры, как пришел... провожал нашего Ван...

Старушка не договорила: голос ее вдруг ослабел. Она как-то усиленно закрыла глаза и замотала головою. Сквозь распущенные веки ее, лишенные ресниц, показались слезы, которые тотчас же наполнили глубокие морщины ее исхудалого лица.

- Ох, ненаглядный ты мой... сокровище ты мое! Ванюшка! Где-то ты? - простонала Анна, тоскливо мотая головою. - А все ведь, Гриша... о-ох... все ведь как словно... все через тебя вышло такое...

- Да что ты матушка, в самом-то деле, ко мне пристаешь с эвтим? - с дерзким нетерпением произнес приемыш. - Разве моя в чем вина? "Через тебя да через тебя!" Кабы я у вас не случился, так все одно было бы!

Старушка ничего не отвечала. Она положила голову на ладонь и, подавив вздох, медленно пошла к избам.

Ступив на двор, она прямехонько натолкнулась на Глеба.

Мужественное лицо старого рыбака было красно-багрового цвета, как будто он только что вышел из бани, где парился через меру. Черты его исчезали посреди опухлости, которая особенно резко проступала вокруг глаз, оттененных мрачно нависнувшими бровями. Старушка заметила с удивлением, что в эти три дня муж ее поседел совершенно.

Горе старушки уступило на минуту место беспокойству, которое пробудила в ней наружность мужа.

- Батюшка, Христос с тобою! На тебе ведь лица, касатик, нету! - воскликнула она, опуская руки. - Вот, почитай, третьи сутки не ел, не пил ничевохонько! Что мудреного! Уж не хвороба ль какая заела тебя? Помилуй бог! - продолжала она, между тем как муж мрачно глядел в совершенно противоположную сторону. - Ты бы на себя поглядел: весь распух, лицо красное-красное... Должно быть, кровь добре привалила... О-ох, ты, батюшка, до греха, сходил бы в Сосновку - кровь кинул... Все бы маленько поотлегло... Сходи-ка с богом... право-ну!

Глеб провел ладонью по лицу, разгладил морщины и повернул голову к жене.

- Вот что, старуха, - произнес он твердым голосом и, по-видимому, не обращая внимания на предшествовавшие слова жены, - нонче в Комареве ярмарка. Схожу - не навернется ли работник: без него нельзя. Погоревали, поплакали довольно, пора и за дело приниматься. Остаешься теперь одна в дому: пособить некому... Не до слез теперь... Одна за все про все... Поплакала, погоревала, ну и довольно! У меня, чтоб я теперь эвтих слез не видел... Слышишь?.. И без них невесело, - заключил рыбак, оглядывая двор, навесы и кой-какие рыбацкие принадлежности с таким хлопотливым видом, который ясно показывал, что скорбь отца начинала мало-помалу вытесняться заботами делового, толкового хозяина.

Глеб вошел в избу, посерчал на беспорядок, который невольно бросался в глаза, велел все прибрать до возвращения своего из Комарева и сел завтракать. Ел он, однако ж, неохотно, как словно даже понуждал себя, - обстоятельство, заставившее жену повторить ему совет касательно метания крови; но Глеб по-прежнему не обратил внимания на слова ее. После завтрака он вынул из сундучка, скрытого в каморе, деньги, оделся, вышел на площадку, рассчитал по солнцу время, переехал Оку и бодро направился в Комарево.

XVIII

КОМАРЕВО

Село Комарево по величине своей, красоте некоторых зданий и капиталам, находящимся в руках пяти-шеста обывателей, было значительнее многих уездных городов. Оно принадлежало наследникам одного вельможи времен императрицы Екатерины II. Лет двадцать назад крестьяне, внесши за себя полмиллиона, откупились, как говорится. Полмиллиона, конечно, не безделица; но если взять в соображение средства, какими располагала вотчина, ее угодья и внутреннее богатство, комаревцы поступили не только расчетливо, но даже глубоко обдуманно. "Десяток мужиков равняется в общей сложности тончайшему аферисту-спекулятору и хитрейшему дипломату", - заметил кто-то весьма справедливо. Распространяться долго не к чему, потому что Комарево слегка прикасается к нашему рассказу. Скажем только, что пять-шесть его обывателей в продолжение последних двадцати лет нажили сотни тысяч целковых. Некоторые занимались сплавом леса в широких размерах; другие снимали верст на десять луга, которые к осени обставлялись нескончаемыми стогами сена, увозимыми потом в Москву на барках; третьи брали на свой пай озера и огромный участок берега, принадлежащий вотчине. Рыбный промысел в таком масштабе приносил большие выгоды. Четвертые, наконец, занимались ткачеством. В числе тысячи восьмисот душ были, конечно, бедняки - не без этого; но цифра их была весьма незначительна. Богачи занимали весь почти народ. Тысяча миткалевых станов неумолкаемо работали в Комареве. Красильня, прядильня, сушильня, набивная фабрика требовали немало рук. Лаптей в Комареве никто не носил. Зато там счету не было самоварам, сапогам, красным рубахам и гармониям, которые, как известно, производятся по соседству, в Туле. Место было привольное, как вообще все села, расположенные поблизости больших, судоходных рек. Преимущество Комарева заключалось в том еще, что оно лежало на перепутье двух больших дорог: одна вела в Коломну, другая - в Москву. Каждый год в день приходского праздника (в Комареве были две каменные церкви) тут происходила ярмарка. Народ сходился из двадцати окрестных деревень. Но комаревцы резко отличались ото всех яркостью своих рубашек, медными гребешками, висевшими на поясах щеголей, синими кафтанами пожилых людей, штофными и шелковыми коротайками на заячьем меху, отливавшими всеми возможными золотистыми отливами на спинах баб. Гулливость и некоторое залихватство составляли не последнее свойство "комарников" - так величали в околотке жителей Комарева. Прозвище это взялось от комаров, которые благодаря еловым лесам, обступавшим с трех сторон Комарево, заедали обывателей чуть не до смерти. Этой гулливости и залихватству столько же содействовал достаток, сколько фабричная жизнь, располагающая, как известно, к шашням всякого рода, а также и баловству. В больших приречных селах, даже без фабрик и некоторого достатка, разгул принимает всегда широкие размеры; народ уже не тот: заметно более оживления, более удали, чем в деревнях, отдаленных от больших водных сообщений. И то сказать надо: было, впрочем, где и разгуляться в Комареве. При самом въезде в село, со стороны лугов, возвышалось двухсрубное бревенчатое здание с мезонином, которое всем было хорошо известно под именем "Расставанья"; но о кабаке мы будем говорить после. Скажем только, что село состояло из нескольких улиц, или порядков. Дома по большей части плотные, здоровые, крытые тесом. Мудреного нет: село упиралось задами в еловый лес, который синел на беспредельное пространство. Руби сколько хочешь. Общество - свой брат: смотрит на тебя сквозь пальцы; и дело! Сколько ни руби, всего ведь не вырубишь. Вишь его, куда раскинулся! И конца-краю не видно... Дома капиталистов бросались в глаза: то были неуклюжие двухэтажные каменные дома с железною, зеленою или серой кровлей, с воротами, украшенными каменными шарами, и палисадником, засеянным вплотную от фундамента до решетки королевскими свечами. Издали казалось - перед домом лежит исполинский медный, ярко вычищенный таз. Комаревские церкви (одна из них превосходнейшей архитектуры) стояли почти бок о бок и занимали середину села. Подле них возвышался когда-то великолепный барский дом, но теперь от него и следу не оставалось. На его месте торчали бесконечные ряды шестов, увешанных сушившеюся синею пряжей. За шестами раскидывался сад. Дорожки, разбитые когда-то в английском вкусе по рисунку знаменитого садового архитектора, давно уже заросли травой, которая, после того как срубили роскошные липовые и кленовые аллеи, пошла расти необыкновенно ходко, к великой радости обывателей, которым мало, видно, было лугов, чтобы кормить скотину. Спекулятивный дух комаревцев нашел выгодным засадить все пространство, занимаемое садом, яблонями и крыжовником. Часть отдавали внаем, часть шла для собственного употребления. Плетень, окружавший ту сторону сада, которая преимущественно отдавалась внаем, был заметно хуже загороди, обносившей участок, предназначавшийся обывателям. Двадцать лет тому назад дома располагались по сю сторону церквей. В настоящее время, как уже сказано выше, церкви и сад очутились посредине села, которое расползлось, как разбогатевший мещанин, упитавшийся чаем.

Представьте себе теперь посреди всего этого тысячи четыре разгулявшегося народа, который движется и кричит между рядами нескольких сотен подвод. Шум и пестрота нестерпимые! Глаз не соберешь, уши заложит! Комаревские ярмарки не имеют большого значения в торговом отношении. Народ достаточный, купеческий, запасливый: поэтому самому сюда привозится товар "ходовой", то есть такой, которого сбыт верен... Но нам нет никакой возможности продраться сквозь толпу и посмотреть, что именно заключается в возах. Остается одно средство - взмоститься на ближайшую телегу или вскарабкаться на крышу: посреди темного моря голов резко бросаются в глаза желтые и ярко-пунцовые платки, охваченные солнцем. Бабы и девки сбиваются обыкновенно в кучки, принимающие издали вид островов, заросших пионами, маком и куриного слепотой. Из средины этих кучек высовывается или холстяной навес, держащийся криво и косо на кольях, или вертлявый, торопливый мужик, стоящий на возу. Товар сказывается сам собою: тут ничего не может быть, кроме орехов, стручков - словом, всего того, чем молодые бабы и девки любят зубки позабавить. В этих кучках щелкотня идет страшная - отсюда слышно - точно перекрестный огонь. Всего изумительнее искусство, с каким отплевывают они скорлупу, съевши ядрышко. Тут уж оборони бог ходить босиком или в тонких башмаках: как раз ногу напорешь! Пестрые платки вдруг перемежаются синими, зелеными и темными картузами фабричных. Картузы, словно по условному знаку, то подымаются козырьками кверху, то книзу, и в то же время над толпою поднимается рука и взлетает на воздух грош: там идет орлянка; опять толпа, опять бабы. Пестроты меньше, однако ж, на платках. Ясно, что под ногами баб с темными, "вдовьими" платками возвышаются на рогоже коломенские чашки, ложки, всякая щепная посуда или же шелк, тесемки, набивной ситец, предметы деловые, солидные, разумеется на вид только. Русые головки девчонок и вскосмаченные головы ребят, мелькающие кой-где подле возов, обозначают присутствие офеней, явившихся на подводах; но оловянные сережки, запонки с фольгою, тавлинки со слюдою, крючки, нитки и иголки плохо идут в Комареве. "Вот не видали какой дряни!" - говорят, проходя мимо, фабричные бабы и девки, которые благодаря своей сговорчивости обвешаны коломенскими бусами, серьгами и запонками - даровыми приношениями волокит-мигачей. Промежутки между этими пестрыми, разнообразными кружками запружены мужскими шапками всех возможных видов, начиная с мохнатого треуха бедного мужика, который не сколотился еще купить летнюю покрышку, и кончая лоснящеюся шелковой шляпой с заломом и павлиньим пером щеголя. Все тискается, по-видимому, без цели и толку. Часто даже напирают для одной потехи; но говор, восклицания, замашистая песня, звуки гармонии, отчаянные крики баб, которых стискивают, не умолкают ни на минуту. Гул и движение страшные - ни дать ни взять торговая баня! Но тут все еще заметна некоторая пестрота. Пестрота исчезает только по мере приближения к "Расставанью": там сплошь уже мелькают одни черные шапки. Заметно даже больше колебанья в толпе. Шапки редко высятся перпендикулярно - косятся по большей части на стороны; как какой-нибудь исполинский контрбас, ревущий в три смычка, - контрбас, у которого поминутно лопаются струны, гудит народ, окружающий "Расставанье".

Так как кабак находился у входа в село, и притом с луговой стороны, Глеб Савинов должен был неминуемо пройти мимо. Поравнявшись с "Расставаньем", старый рыбак остановился. Он подумал основательно, что тут легче всего можно напасть на какого-нибудь батрака; батраки вообще народ гулливый. Продравшись сквозь толпу и отвесив несколько дюжих пинков, Глеб приблизился к зданию. Он поправил шапку и, прищурив глаза, которые невольно суживались и мигали посреди нестерпимого для слуха грома голосов, принялся оглядываться.

Подле него, возле ступенек крыльца и на самых ступеньках, располагалось несколько пьяных мужиков, которые сидели вкривь и вкось, иной даже лежал, но все держались за руки или обнимались; они не обращали внимания на то, что через них шагали, наступали им на ноги или же попросту валились на них: дружеские объятия встречали того, кто спотыкался и падал; они горланили что было моченьки, во сколько хватало духу какую-то раздирательную, неокладную песню и так страшно раскрывали рты, что видны были не только коренные зубы, но даже нёбо и маленький язычок, болтавшийся в горле. Хмельная ватага окружала Глеба с других трех сторон; все махали руками, говорили, кричали и пели вразлад.

"Ну, тут, видно, толку не доберешься!" - подумал Глеб.

Он уже хотел повернуться и пойти посмотреть на село, авось там не навернется ли какой-нибудь работник, когда на крыльце "Расставанья" показался целовальник. С ним вышли еще какие-то два молодые парня.

Необходимо здесь сказать два слова об этом целовальнике: он прикасается к рассказу. То был человек необыкновенно высокого роста, но худощавый как остов: широкие складки красной как кровь рубахи и синие широчайшие шаровары из крашенины болтались на его членах, как на шестах; бабьи коты, надетые на босые костлявые ноги, заменяли обувь. Чахлое существо это было насквозь проникнуто вялостью: его точно разварили в котле; бледное отекшее лицо, мутные глаза, окруженные красными, распухнувшими веками, желтые прямые волосы, примазанные, как у девки; черты его были необыкновенно тонки и мягки; самое имя его отличалось необыкновенною мягкостью и вялостью; не то чтобы Агапит, Вафулий, Федул или Ерофей - нет! Его звали Герасимом.

Со всем тем этот безжизненный, меланхолический Герасим, который с трудом, казалось, нес бремя жизни, был негодяй первой руки, плут первостатейный - "темный" плут, как говорится в простонародье.

Под этой мертвенной личиной скрывался самый расторопный, пронырливый, деятельный человек изо всего деятельного, промышленного Комарева. Выходило всегда как-то, что он поспевал всюду, даром что едва передвигал своими котами; ни одно дело не обходилось без Герасима; хотя сам он никогда не участвовал на мирских сходках, но все почему-то являлись к нему за советом, как словно никто не смел помимо него подать голоса. Большую половину села, несколько окрестных деревушек держал он в костлявых руках своих. Не было почти человека в околотке, который не нуждался бы в Герасиме, не имел с ним дела и не прибегнул к нему хоть раз в качестве униженного просителя. Он давал денег кому угодно, лишь бы приносили задаток, ценность которого должна была всегда втрое превышать ссуженную сумму; предмет задатка не останавливал сельского ростовщика: рожь, мука, полушубки, шапки, холст, рубахи, клячи, коровы, ободья - все было хорошо; срок платежа назначался всегда при свидетелях, в которых никогда не было недостатка под гостеприимною кровлею "Расставанья". Если в назначенный час не возвращалась сумма, задаток не возвращался: так уж положено было заранее. Иногда Герасим поступал следующим образом: мужичку понадобился целковый; Герасим брал с него полушубок и женин платок, давал ему на полтора целковых лык; мужик продавал лыки (на его волю предоставлялось сыскать покупщика), - продавал мужик лыки, положим, хоть за целковый и покупал хлеба. Хлеб съеден - опять просьба к Герасиму, опять задаток. Под конец мужик оставался без хлеба и без кола на дворе. Никто, однако ж, не роптал и не злобствовал на Герасима: русский мужик редко ненавидит врага своего, когда враг этот сильнее его самого; робость, непобедимый страх заменяют ненависть. Целовальник всем внушал такое чувство: он никогда не возвышал голоса, говорил сонливо, нехотя, но его боялись и слушались самые отчаянные удальцы. Кабак служил только фирмой: спекулятивная деятельность Герасима не знала пределов. Он торговал оптом, торговал по мелочам; у него можно было купить живую корову и четверть фунта коровьего масла, воз рыбы и горсть мерзлых пескарей на уху; деготь, сало, одежда, гвозди, соль, набивные платки, свечи, колеса - словом, все, что входит в состав крестьянского хозяйства, всем торговал Герасим. Из дрянного кабака преобразовалось постепенно что-то вроде трактира и харчевни; все сделки верст за пятнадцать в окружности производились у Герасима за парою "маюкончика". Сонливый, безжизненный Герасим не пропускал, однако ж, слова из того, что говорилось под кровлею "Расставанья", все мотал на ус и, зная, следовательно, в совершенстве все, что предполагалось или делалось в околотке, извлекал из этого свои выгоды. Прислугу "Расставанья" составляли жена целовальника и малый, сиротка без роду и племени, плечистый, рослый парень, но заика и полуидиот. Этот малый и эта жена трепетали до мозга в костях, когда тусклый взгляд Герасима обращался в их сторону; в их покорности и повиновении было что-то непонятное. Никто не слыхал, однако ж, чтобы Герасим когда-нибудь крикнул на жену и работника. Оба спали три часа в сутки, остальное время работали без устали, как ломовые загнанные клячи, и несли на спине своей тяжкую обузу ответственности.

Глеб Савиныч, человек деловой, хозяйственный, трудолюбивый, никогда не имел дела с Герасимом; отношения их ограничивались шапочным знакомством. Рыбак нимало не сомневался, что целовальник - мошенник первой руки, но смотрел на него равнодушно.

"Не мое дело; меня только не тронь!" - рассуждал Глеб, как рассудил бы на его месте всякий положительный, установившийся деловой семьянин, не нуждавшийся в целовальнике.

Глеб подошел к крыльцу, думая расспросить, не застрял ли в кабаке какой-нибудь праздный батрак или не видали ли по крайней мере такого в Комареве на ярмарке. Вопрос рыбака столько обращался к Герасиму, сколько и к двум молодым ребятам, стоявшим на крыльце; они были знакомы Глебу: один был сын смедовского мельника, другой - племянник сосновского старосты.

- Мало ли было народа! Мы не отмечали, - неохотно промямлил Герасим, лениво приподымая свои красные веки.

Он вообще мало разговаривал, еще реже удостоивал он словом тех, кто в нем не имел нужды.

- Да зачем тебе работник, Глеб Савиныч? У тебя своих много, - отозвался сын мельника.

- Об этом сокрушаться не твоя забота; коли спрашиваю, стало надо! - отвечал Глеб.

- Нет, кроме Захара, я никого не встречал, - начал мельник.

- Какой такой Захар? - перебил Глеб.

- Вот так уж был бы тебе работник, Глеб Савиныч! - подхватил племянник старосты. - Такого батрака во всем округе не достать! Он из Серпухова, также нанимался в батраках у рыбаков.

- Нет, - перебил мельник, - Захар не годится ему; не тот человек.

- Что так? Какого еще надо? Этот ли еще не работник! - сказал Старостин племянник. - Знаем мы, брат, за что ты невзлюбил его.

- А за что?

- Да за то же... Слышь, Захар отбил у него полюбовницу: вот он на него и серчает, - смеясь, сказал племянник.

- Федосьева-то Матрешка! Эка невидаль! - возразил молодцу мельник. - Нет. Глеб Савиныч, не слушай его. Захар этот, как перед богом, не по нраву тебе: такой-то шальной, запивака... и-и, знаю наперед, не потрафит... самый что ни на есть гулящий!..

- Это опять не твоя забота: хоша и пропил, да не твое, - отрывисто произнес Глеб, который смерть не любил наставлений и того менее советов и мнений молодого человека. - Укажи только, куда, примерно, пошел этот Захар, где его найти, а уж рассуждать, каков он есть, мое дело.

- Я его недавно видел подле медведя, на том конце села - должно быть, и теперь там!.. Медведя, вишь ты, привели сюда на ярмарку: так вот он там потешается... всех, вишь, поит-угощает; третий раз за вином сюда бегал... такой-то любопытный. Да нет же, говорю, исчезни моя душа, не годится он тебе!..

- Тьфу ты, провалиться бы тебе стамши! - перебил старый рыбак с досадою. - Герасим, не знаешь ли ты, куда пошел этот, что они толкуют... Захаром, что ли, звать?..

- Не знаю! - сонливо ответил целовальник, поворачиваясь спиною к рыбаку.

- Пожалуй, коли хошь, пойдем вместе: я те проведу, - неожиданно проговорил мельник, - я и то собирался в ту сторону... Сам увидишь, коля не по-моему будет: не наймешь его, наперед говорю!

Сказав это, он уперся руками в головы мужиков, сидевших на крылечке; те продолжали себе распевать, - как ни в чем не бывало! - перескочил через них и, подойдя к старому рыбаку, вторично с ним поздоровался.

Не шуточное было дело пробраться до другого конца села; пинки, посылаемые Глебом и его товарищем, ни к чему не служили: кроме того, что сами они часто получали сдачу, усилия их действовали так же безуспешно, как будто приходилось пробираться не сквозь толпу, а сквозь стену туго набитых шерстью тюков. Старый рыбак и молодой мельник решились наконец достигнуть как-нибудь домов и продолжать путь, придерживаясь к стенкам. Попытка не увенчалась, однако ж, ожидаемым успехом; тут было хуже еще, чем посреди толпы: солнце, клонившееся к западу, било им прямехонько в глаза; ноги между тем поминутно натыкались на пьяных, которые лежали или сидели, подкатившись к самым завалинкам. Перед одним из этих пьяных, который лежал уже совершенно бесчувственным пластом, молодой мельник остановился.

- Эвона? Да это тот самый мужик, которого я утром встрел! - воскликнул он, указывая Глебу на пьяного. - Ведь вот, подумаешь, Глеб Савиныч, зачем его сюда притащило. Я его знаю: он к нам молоть ездил; самый беднеющий мужик, сказывают, десятеро ребят! Пришел за десять верст да прямо в кабак, выпил сразу два штофа, тут и лег... Подсоби-ка поднять; хошь голову-то прислоним к завалинке, а то, пожалуй, в тесноте-то не увидят - раздавят... подсоби...

- Не замай его, - сурово возразил рыбак, - зачем пришел, то и найдет. Скотина - и та пригодна к делу, а этот кому нужен? Ни людям, ни своим; может статься, еще в тяготу семье... Оставь. Ступай! - заключил он, перешагнув через пьяного мужика, как через чужое бревно.

Кой-как добрались они, однако ж, до небольшой площадки: тут уже опять пошла теснота и давка; дорога поминутно перемежалась шумными ватагами, которые рвались вперед, увлекаемые каким-нибудь сорванцом, который, размахивая платком, вскидывался на воздух или расстилался перед толпою вприсядку.

- Погоди маленько, Глеб Савиныч: никак, здесь на кулачки бьются! - воскликнул молодой мельник, подымаясь на носки и упираясь локтями в стену спин, неожиданно преградившую дорогу.

Глебу было вовсе не до зрелища; он пришел в Комарево за делом. Он не прочь был бы, может статься, поглядеть на удалую потеху, да только в другое время. Несмотря на советы, данные жене о том, что пора перестать тосковать и плакать, все помыслы старого рыбака неотвязчиво стремились за Ваней, и сердце его ныло ничуть не меньше, чем в день разлуки. Дело одно, необходимость восстановить хозяйственный порядок могли заглушить в нем на минуту скорбь и заставить его пойти в Комарево. Но делать было нечего: волей-неволей надобно было остановиться. Народ, привлекаемый кулачным боем, прижимал рыбака к тесному кружку, обступавшему бойцов. Высокий рост старого рыбака позволил ему различить на середине круга рыжего исполинского молодца с засученными по локоть рукавами, который стоял, выставив правую ногу вперед, и размахивал кулаками.

- Федька, батрак с Клишинской мельницы! - восторженно подсказал сын смедовского мельника, спутник Глеба.

- Выходи! - кричал Федька, поворачивая во все стороны лицо свое, такое же красное, как волосы, и обводя присутствующих мутными, пьяными глазами.

Никто, однако ж, не решался "выходить"; из говора толпы можно было узнать, что Федька уложил уже лоском целый десяток противников; кого угодил под "сусалы" либо под "микитки", кого под "хряшки в бока", кому "из носу клюквенный квас пустил"[10] - смел был добре на руку. Никто не решался подступиться. Присутствующие начинали уже переглядываться, как вдруг за толпой, окружавшей бойца, раздались неожиданно пронзительные женские крики:

- Батюшки, касатики! Не пущайте его, батюшки! Держите! Одурел совсем, старый! Никандрыч, Никандрыч!.. Держите, касатики! Не пущайте его драться!..

Крики бабы усиливались: видно было, что ее не пропускали, а, напротив, давали дорогу тому, кого она старалась удержать. Наконец из толпы показался маленький, сухопарый пьяненький мужичок с широкою лысиною и вострым

---

[10] Термины кулачных бойцов. (Прим. автора.)

носом, светившимся, как фонарь. Он решительно выходил из себя: болтал без толку худенькими руками, мигал глазами и топал ногами, которые, мимоходом сказать, и без того никак не держались на одном месте.

- Батюшки, не пущайте его! Родимые, не пущайте!.. Ох, касатики! - кричала баба, тщетно продираясь сквозь толпу, которая хохотала.

- Выходи!.. Вы-хо-ди!.. - хрипел между тем лысый Никандрыч, снимая с каким-то отчаянным азартом кафтанишко.

- Вытряси из него, Федька, из старого дурака-то, вино. Что он хорохорится! - сказал кто-то.

Федька тряхнул рыжими волосами и вполглаза посмотрел на противника.

- Что ж ты, выходи! - продолжал кричать Никандрыч, яростно размахивая руками.

- Ой, не подходи близко, лысина! - промычал Федька.

- Ах ты, шитая рожа, вязаный нос! Ах ты! - воскликнул Никандрыч и вдруг ринулся на бойца.

Тот дал легкого туза. Никандрыч завертелся турманом; толпа захохотала, расступилась и дала дорогу бабе, которая влетела в кружок и завыла над распростертым Никандрычем.

- Поделом ему, дураку: не суйся!

- Молодые дерутся - тешатся, старые дерутся - бесятся.

- У празднества не живет без дуровства! - заметил другой рассудительным тоном.

- Хорошо чужую бороду драть, только и своей не жалеть.

- Вишь, одурел старый хрыч: куда лезет!

Но все эти разговоры, смешанные с хохотом и воплями бабы, не доходили уже до Глеба: он и товарищ его пробрались дальше.

Вскоре различили они посреди гама, криков и песней плаксивые звуки скрипки, которая наигрывала камаринскую с какими-то особенными вариациями; дребезжащие звуки гармонии и барабана вторили скрипке.

- Слышь, Глеб Савиныч, это у медведя! - воскликнул мельник, подергивая плечами и притопывая сапогами под такт удалой камаринской. - Пойдем скорее: там и Захарку увидишь; да только, право же, напрасно, ей-богу, напрасно: не по тебе... чтоб мне провалиться, коли не так.

Но Глеб его не слушал: немного погодя он уже пробирался сквозь тесную стену народа, за которой раздавалась камаринская.

На одном конце довольно пространного круга, составленного из баб, ребят, девок, мужиков и мещан всякого рода, лежал врастяжку бурый медведь: подле него стоял вожак - кривой татарин с грязною ермолкою на бритой голове. Перекинув через голову цепь, конец которой прикреплялся к кольцу, продетому в губу зверя, прислонив к плечу дубину, вожак выбивал дробь на лубочном барабане. Товарищ его, "козлятник", то есть тот, который пляшет с козою, также из татар, пиликал между тем на самодельной скрипке самодельным смычком. Каждая черта его рябого лица была, казалось, привязана невидными нитками к концу смычка; то брови его быстро приподымались, как бы испуганные отчаянным визгом инструмента, то опускались, и за ними опускалось все лицо. Когда смычок, шмыгнув по баскам, начинал вдруг выделывать вариации, рысьи

115

глазки татарина щурились, лицо принимало такое выражение, как будто в ухо ему залез комар, и вдруг приподымались брови, снова раскрывались глаза, готовые, по-видимому, на этот раз совсем выскочить из головы. Оба товарища были сильно навеселе; несколько пустых штофов лежало на траве, подле мешка, скрывавшего козу[11].

Тут находились еще четыре человека, также сильно раскрасневшиеся: то были фабричные ребята. Один из них наигрывал на гармонии, другие били в ладоши, топали ногами и, подергивая в такт плечами, пели, как дробью пересыпали:

> Ах ты, милый друг, камаринский мужик!
> Ты зачем, зачем по улице бежишь?
> Он бежит, бежит, повертывает!
> Да-а-и всего его подергивает!
> Ах-ти-ти-ти, калинка моя!
> Да в саду ягода малинка моя!

Замашистая, разгульная камаринская подергивала даже тех, кто находился в числе зрителей; она действовала даже на седых стариков, которые, шествуя спокойно подле жен, начинали вдруг притопывать сапогами и переводить локтями. О толпе, окружавшей певцов, и говорить нечего: она вся была в движении, пронзительный свист, хлопанье в ладоши, восторженные восклицания: "Ходи, Яша!", "Молодца!", "Катай!", "Ох, люблю!", "Знай наших!" - сопровождали каждый удар смычка.

Под ускоренный такт всей этой сумятицы в середине круга плясал какой-то чахлый человек в жилете, надетом на рубашку. Изнеможение проглядывало в каждой черте его лица, в каждом члене его чахоточного тела; ноги его ходили, как мочала, пот ручьями катил по зеленоватому, болезненному лицу. Но глаза его сверкали необыкновенным блеском, как у камчадала, напившегося настоем из мухомора. Он, казалось, заплясывался до смерти; иной раз он как будто останавливался, но восклицание: "Ходи, Яша! Молодца! Ай да Яша!" - и звуки камаринской, подхваченные еще живее, снова приводили его в какое-то исступленное состояние, и он снова принимался семенить ногами, приговаривая: "Что ты? Что ты? Что ты?.." В порывах восторга он перекувыркивался и даже ударял себя в голову.

- Ах ты, господи! Вот поди ж ты, о сю пору все еще пляшет! - воскликнул молодой мельник, указывая Глебу на Яшу. - Где еще было солнце, когда я сюда приходил, он и тогда все плясал!.. Диковинное дело!

- Ну, а Захар-то где ж? - спросил Глеб, оглядывая толпу.

- И то; должно быть, ушел, - заговорил мельник, просовывая вперед голову.

- За вином побежал! - сказал, смеясь, близстоявший человек, похожий с виду на приказчика. - Думает, Герасим в долг поверит... Не на таковского напал! Видно, что внове у нас в Комареве...

---

[11] Автору очень хорошо известно, что мусульманам запрещено вино; к сожалению, ему также хорошо известно, что мусульмане, по крайней мере живущие в Казанской и Нижегородской губерниях, напиваются ничуть не хуже других народов. (Прим. автора.)

- А то разве заплатить за вино нечем? - спросил мельник.

- Весь, как есть, профуфырился! - отвечал приказчик, осклабляя желтые, как янтарь, зубы. - И бог весть что такое сталось: вдруг закурил! Как только что попал в круг к бабам, так и заходил весь... Татар этих поить зачал, поит всех, баб это, девок угощать зачал, песельников созвал... ведь уж никак шестой штоф купил; за последние два полушубок в кабаке оставил, и то не угомонился! Опять за вином побежал!

- Захар! Захарка! Захар! - раздалось неожиданно вокруг.

- Сторонись! - закричал кто-то в толпе.

И вместе с этим восклицанием подле Яши, который все еще плясал под звуки неумолкаемой камаринской, показался Захар.

Глеб увидел короткого, но плечистого, приземистого парня - то, что называют обыкновенно в народе "усилком". Мельники, хозяева пристаней, зажиточные ремесленные мещане и богатые домохозяева из мужиков, нуждающиеся в батраках, дают всегда большую цену таким усилкам, для которых поднять плечом подводу или взвалить на спину восьмипудовый мешок с мукой - сущая шаль. Молодцы эти, с красивым лицом, как у Захара, не знают счета своим победам; это - сельские ловласы. Орлиный нос Захара, белокурые намасленные волосы, пробранные с заметным тщанием и зачесанные в скобку, залихватские приемы, обозначавшие страшную самоуверенность, ситцевая розовая рубашка с пестрыми ластовицами и оторочкою (он никогда не носил других рубах) - все это, вместе взятое, покоряло с первого взгляда самое несговорчивое, ретивое сердце. Смелость, наглость и бесстыдство составляют, как известно, неминуемые отличительные свойства ловласов вообще; природа щедро снабдила ими Захара; в его серых глазах, равно как и во всей наружности, было что-то ястребиное, невообразимо нахальное. Хмель, бродивший в голове его, выказывал еще резче эти качества. Весь этот кутеж, затеянный Захаром, песельники, музыканты, угощение, стоившие ему последних денег и даже полушубка, вызваны были не столько внутреннею потребностью разгуляться, расходиться, свойственной весельчаку и гуляке, сколько из желания хвастнуть перед незнакомыми людьми, пофинтить перед бабами и заставить говорить о себе - цель, к которой ревностно стремятся не только столичные франты, но и сельские, ибо в деревнях существуют также своего рода львы-франты и денди. Но о Захаре мы будем еще иметь случай распространяться.

Глеб остался очень доволен своими наблюдениями, хотя молодой мельник, не отрывавший глаз от старого рыбака, ничего не встретил на лице его, кроме нахмуренных бровей и сурового раздумья. В мнении простолюдина физическая сила считается не последним достоинством человека, и с этой стороны Захар совершенно удовлетворял Глеба, с другой - хмель и расположение к кутежу сильно не нравились Глебу: старик, как уже знают, не любил баловства. Он рассудил, однако ж, что у себя в доме не даст Захару времени баловать: а наконец, если батрак сильно задурит, можно согнать его, приискав к тому времени другого. Главное в том, что в настоящую минуту работник необходим; пора стоит самая рабочая, рыбная, - народу нет в доме: надо выгадать пропущенное время.

Возвращение Захара с пустыми руками произвело невыгодное впечатление. Перед отправлением своим Захар хорохорился неимоверным образом, клялся и божился, что "подденет" Герасима, сорвет с него два штофа "говоруна" и "самопляса", как называл он вино, - и возвратился ни с чем. Слава его на минуту поколебалась: музыканты тотчас же замолкли; сам Яша перестал семенить ногами и вдруг исчез. Весельчаки и балагуры, которые давно еще подтрунивали втихомолку над Захаром, разразились теперь громким хохотом. Остроты посыпались на его голову.

- Что, аль без денег-то не верит?

- Он ведь это так только прикидывается: у него денег-то куры не клюют!

- Эй, ребята, нет ли гривен шести - молодцу душу отвести?

- Нет, должно быть, у молодца только и золотца, что пуговка оловца!

- Прогорел! - кричит другой.

- Чему обрадовались? Чего зубы-то скалите! - воскликнул Захар сиплым голосом, надорвавшимся от крика, вина и одышки. - Эх вы, шушера! - продолжал он, молодцуя перед бабами. - Вам только подноси, а сами жидоморничаете! Никто косушки не выставил! А еще богачами слывут: фабричные! купцы! Туда же! Эх, вы!

- Отчаянная башка... Вишь, Глеб Савиныч, ведь я тебе говорил: не для тебя совсем человек - самый что ни на есть гулящий, - шепнул сын смедовского мельника, не знавший, вероятно, что чем больше будет он отговаривать старого рыбака, тем сильнее тот станет упрямиться, тем скорее пойдет наперекор.

Так и случилось. Вместо ответа Глеб припер плечом впереди стоявшего соседа и протискался в первый ряд круга.

- Что ж вы, ребята, аль взаправду штофа жаль? - продолжал между тем Захар, уперши кулаки в бока и расхаживая по кругу. - А еще комаревцы, в славе, говорите, по всему округу! Эх вы, комарники! Да ну же, ребята, выходи; полно вам срамиться перед девками - надо распотешить красавиц! Вишь, и музыка наша стала! Только что начали было разгуливаться... Что ж вы?.. Эх, разбейся штоф, пролейся вино, пропадай моя беда! Дряни вы все, жидоморы! Где вам! - подхватил Захар, разгорячаясь. - Эй, выходи, у кого есть деньги, бери с меня что хошь! В работники нанимаюсь! В кабалу иду!..

- Зачем в кабалу! Можно и так: почем наемка? - отрывисто проговорил Глеб.

Мужики, которые стояли возле Глеба, толкали его и ругались, тотчас же посторонились. Внимание присутствующих мгновенно обратилось на старого рыбака.

- Что, аль денег хочешь дать? - живо воскликнул Захар, подходя к рыбаку.

- Почем наемка? - повторил Глеб рассудительно-деловым тоном.

- Что тут долго толковать! Давай только!.. Сойдемся опосля!.. За себя постоим!.. Ну, борода, раскошеливайся! - воскликнул Захар, хлопнув по плечу старого рыбака.

Но Глеб, не любивший панибратства, отдернул руку, отступил на шаг и сказал не совсем ласково:

- Добре, оченно прыток - вот что! Молодцуй с бабами, а со мной говори толком...

- Да ты кто таков? - нетерпеливо спросил Захар, озадаченный несколько строгим тоном и еще более строгою седою наружностью собеседника.

- Мы из здешних рыбаков.

- Сдалече?

- Нет, с той стороны, верст шесть отселева.

- И того не будет! - заговорило неожиданно несколько голосов. - Верст пяток... вот как есть против Комарева, как луга пройдешь... Мы его знаем... из рыбаков... Глебом Савиновым звать... из здешних... мы его знаем!

Даже те, которые впервые видели Глеба, повторяли за толпою:

- Точно, недалече... мы его знаем... точно... человек здешний.

- Вот, примерно, наслышан я, что ты в работники нанимаешься, - продолжал Глеб, - какая же твоя цена?.. Мы поденно не нанимаем: берем по месяцам.

- Ты сколько даешь? - спросил Захар.

Глеб, несмотря на грусть, тяготившую его сердце, рассудил весьма основательно, что в настоящую разгульную минуту Захару не до счетов: были бы деньги. Он положил воспользоваться случаем и дать не восемь целковых - средняя плата батракам (двугривенный в день), - но несколько меньше; основываясь на этом, он сказал решительно:

- Пять целковых.

- Эх, была не была!.. Да нет! Мало... Слышь, пять целковых! - спохватился Захар.

- Вестимо... какие это деньги!.. Знамо, мало... тридцать ден!.. Цена не по времени... - заговорили в толпе.

- Хошь, так хошь, а не хошь, так как хошь! - проговорил Глеб, сурово нахмуривая брови.

- Семь целковых!

Но Глеб уперся, стоял на своем и повторял:

- Пять!

- Ну, давай! - воскликнул Захар, подходя к рыбаку.

- Пять целковых?

- Ладно, давай только! - подхватил Захар, обшаривая ястребиными своими глазами руки и карманы старика.

- Нет, погоди, брат, - спокойно возразил Глеб, - ладно по-твоему, а по-моему, не совсем так.

- Чего ж тебе еще?

- Пашпорт давай; я тебе деньги, а ты мне пашпорт.

- Это зачем?

- А затем, что вернее дело будет: у тебя мои деньги - у меня твой пашпорт: я тебя не знаю, ты меня также... всяк за себя... у меня не пропадет небось! А то этак, пожалуй, деньги-то дашь, а там ищи на тебе... Надо настоящим делом рассуждать.

- Вестимо, так! А то как же?.. Без этого никак нельзя!.. Всяк себя оберегает!.. - снова заговорили в толпе, и, что всего замечательнее, заговорили те самые, которые за минуту перед тем стояли на стороне Захара.

- Эх, народ чудной какой! Право слово! - произнес Захар, посмеиваясь, чтобы скрыть свою неловкость. - Что станешь делать? Будь по-вашему, пошла ваша битка в кон! Вынимай деньги; сейчас сбегаю за пачпортом!.. Ну, ребята, что ж вы стали? Качай! - подхватил он, поворачиваясь к музыкантам. - Будет чем опохмелиться... Знай наших! Захарка гуляет! - заключил он, выбираясь из круга, подмигивая и подталкивая баб, которые смеялись.

Рябой татарин запиликал на скрипке, товарищ его забарабанил; запищала гармония. Хор подхватил камаринскую, и снова пошла щелкотня, присвистыванье и восклицания. Глеб между тем рассчитывал на ладони деньги; толпа тесно окружала его; все смотрели на его пальцы, как будто ожидали от него какого-нибудь необычайного фокуса. Захар не замедлил вернуться с паспортом. Всеобщее внимание мгновенно перешло тогда от рук старого рыбака к развернутой бумаге; грамотные с необычайной готовностью, наперерыв принялись читать бумагу. Когда не осталось сомнений в том, что вид действительно принадлежал Захару, Глеб вручил ему деньги, сложил паспорт и, положив его за пазуху, сказал:

- Вот теперь ладно! Смотри, только не запаздывай: приходи завтра чем свет; я пошлю парня с челноком... А не будешь, за прогул вычту.

Затем Глеб повернулся спиной к Захару, который, махая в воздухе рукою с деньгами, кричал:

- Захарка гуляет! Наша взяла! Качай, ребята!.. Эх вы, любушки-голубушки!

Глеб выбрался из толпы. Сын смедовского мельника не отставал от него ни на шаг; но Глеб слушал его еще менее, чем прежде.

Болтливость собеседника сильно, однако ж, докучала Глебу; старик, без сомнения, не замедлил бы отправить его к нечистому - он уже раскрыл рот с этой целью, как вдруг мельник воскликнул:

- Яша! Никак, и то он! Эк его, как накатился!.. Глеб Савиныч, посмотри-кась... Яша, ей!..

Глеб поднял голову.

Перед ним колыхалась из стороны в сторону, словно на палубе во время качки, тощая взбудораженная фигура в ситцевом жилете - та самая, что заплясывалась чуть не до смерти перед медведем. Фигура делала неимоверные усилия, чтобы подойти к ним, но никак не могла достигнуть желаемой цели: центр тяжести был, очевидно, утрачен. Перегнувшись вперед всем корпусом, Яша перебегал с неимоверною быстротою несколько шагов и вдруг останавливался, гордо выпрямлялся, с чувством достоинства закидывал голову, бормотал что-то вздутыми губами, секунды три балансировал на одной ноге, снова клевался вперед головою, которая увлекала его, как паровая машина на всем ходу, и снова пробегал несколько шагов.

- Что такое?.. Что такое?.. Что такое?.. - бессвязно лепетал Яша, случайно наталкиваясь на мельника.

- Эк его!.. Смотри, кувырнешься... Вишь, как захмелел! - смеясь, проговорил мельник, прикладывая обе руки к тощей груди Яши.

- Что такое?.. Что такое?.. - пролепетал Яша, неожиданно наклевываясь на Глеба.

- А то же, что спать ложись! - сурово сказал рыбак, отталкивая пьянчужку. - Один молвит - пьян, другой молвит - пьян, а третий молвит - спать ложись! Вот что! - заключил он, поспешно пробираясь в толпу и оставляя мельника, который бросился подымать Яшу, окончательно уже потерявшего центр тяжести.

Как сказано выше, одна только необходимость, одна забота о батраке и восстановлении хозяйственного порядка могли заглушить на минуту скорбь, таившуюся в сердце старика. Порешив дело и освободившись таким образом от сторонних забот, Глеб снова отдался весь отцовскому чувству и снова обратил все

120

свои мысля к возлюбленному сыну. Он не заметил, как выбрался из села и очутился в лугах.

Солнце только что село за нагорным береговым хребтом, который синел в отдалении. Румяное небо было чистоты и ясности необыкновенной. Окрестная тишина возмущалась только нестройным гамом гулявшего народа. Но Глеб, казалось, совсем уж забыл о Комареве. Шум и возгласы народа напоминали старику шум и возгласы другой толпы, которая, быть может, в это самое время покидала уездный город, куда три дня тому назад отвел он Ванюшу. Он мысленно следовал за этой толпою, мысленно обнимал и благословлял сына, и каждый шаг, отдалявший Ваню от родимого дома, вызывал горячую напутственную молитву из сокрушенного сердца старого Глеба.

XIX

ЗАХАР. ПОСЛЕДСТВИЯ

На другой день до восхода солнца Глеб приказал приемышу отвязать челнок и съездить на луговой берег за работником.

Старик, казалось, мало уже заботился о том, что Гришка будет находиться в таком близком соседстве с озером дедушки Кондратия; такая мысль не могла даже прийти ему в голову: после происшествия со старшими, непокорными сыновьями, после разлуки с Ванюшей мысли старого Глеба как словно окутались темным, мрачным облаком, которое заслоняло от него мелочи повседневной жизни. Вся забота его в настоящем случае состояла, по-видимому, в том только, чтобы малый не прозевал как-нибудь Захара и привез его как можно скорее домой.

Тихое весеннее утро давно уже наступило, и солнце, подобрав росистую алмазную скатерть, покрывавшую луга, катило высоко в ясном небе, когда приемыш вернулся к площадке.

Глеб стоял в это время на берегу; увидев Гришку одного, старик нахмурил брови и сделал нетерпеливое движение.

- Должно быть, не будет, - сказал парень, бросая весло на песок и причаливая челнок к большой лодке.

- Полно, так ли? - вымолвил рыбак, устремляя недоверчивые глаза на приемыша и потом машинально, как словно по привычке, перенося их в ту сторону, где располагалось маленькое озеро. - Коли не приходил, мое будет дело; ну, а коли был, да ты просмотрел, заместо того чтобы ждать его, как я наказывал, рыскал где ни на есть по берегу - тогда что?

- Провалиться мне на этом месте, когда я... - начал было Гришка, выказывая плохо затаенную досаду.

- Ладно, ладно! Завтра все окажется, - перебил старик, медленно поворачиваясь к нему спиною и направляясь к разложенным на песке вершам. -

Отвязывай посудину и бери весла. До обеда надо десятка два вершей закинуть; с неводом вдвоем не управимся. Чтой-то за народ такой неверный, ей-богу, право! - ворчал старик. - Посулил нонче прийти - нет; как словно слова своего человек не имеет... Ну да ладно: за прогул возьму с него - будет помнить!.. Завтра, слышь, Гришка, чем свет, в ту же пору, как нонче ездил, опять съездишь за батраком!..

Во все продолжение этого дня Глеб был сумрачен, хотя работал за четверых; ни разу не обратился он к приемышу. Он не то чтобы сердился на парня, - сердиться пока еще было не за что, - но смотрел на него с видом тайного, невольного упрека, который доказывал присутствие такого чувства в душе старого рыбака.

Согласно наставлению, полученному накануне, Гришка проснулся на следующее утро вместе с первыми петухами. Заря чуть-чуть окрашивала край горизонта, когда он был уже на другом берегу и, покачиваясь в челноке, посматривал в ту сторону дальних лугов, где находилось Комарево. В движениях и взглядах молодого парня заметно было какое-то нетерпение, смешанное с любопытством: он то становился на ноги и прищуривал глаза, то повертывал челнок, который поминутно прибивало к берегу течением реки, то ложился на палубу и приводил черные, лукавые глаза свои в уровень с луговою плоскостью.

Подвижная природа Гришки не уживалась с тишиною и одиночеством. Страшная скука, испытанная им в эти последние пять дней, пробуждала в нем лихорадочное желание погулять, размахнуться, забыть хоть на время сумрачного старика, ворчавшего с утра до вечера и не перестававшего браниться. В эти пять дней он неоднократно урывался, однако ж, на маленькое озеро; но свидания с дочкой рыбака - свидания, которые ограничивались одними разговорами, клятвами и уверениями, начинали с некоторых пор прискучивать молодому парню. Пылкие, но грубые натуры любят нетершеливо: долгое сопротивление охлаждает их; страсть их заключается большею частью в воображении; она не бывает прямым, но бессознательным следствием одной только молодости. Живая природа приемыша находила с недавнего времени почти также мало удовлетворения на площадке рыбака Глеба, как и на озере дедушки Кондратия. В нем пробуждались какие-то неопределенные, но тем не менее беспокойные желания. Он не мог дать себе отчета, к чему стремились эти желания; но ясно было, что они не имели ничего общего с тихим, однообразным существованием, которое выпало ему на долю. Он тяготился домом и домашними; ему хотелось урваться куда-нибудь, хотя сам не знал он, куда пойдет и зачем. Эти неясные порывы, это лихорадочное раздражение кипучей юности заставляли его желать какой-нибудь перемены, какого-нибудь переворота посреди домашней скуки; желание это было так сильно, так настойчиво, что даже появление нового лица, которого ждали в семействе рыбака, возбуждало в Гришке тайную радость.

На этот раз Захар не заставил себя так долго дожидаться.

Минут десять спустя после восхода солнца Гришка явственно различил движущуюся точку на комаревской дороге. Он поспешно вскочил на ноги и принялся махать шапкой. Точка заметно меж тем приближалась, и вместе с этим до слуха приемыша стали долетать звуки песни. Вскоре фигура Захара обрисовалась на дороге. Гришка не мог еще рассмотреть черты незнакомца, но ясно уже различал розовую рубашку, пестрый жилет с светящимися на солнце пуговками и синие широчайшие шаровары; ему невольно бросились в глаза босые ноги незнакомца и пышный стеганый картуз, какой носят обыкновенно фабричные. Выступая шаг за шагом по траве и нимало не торопясь, будущий батрак тянул тоненьким, дребезжащим дискантом песню, подыгрывая на гармонии. Таким образом Захар подошел к берегу.

- Захаром тебя звать? - спросил Гришка, устремляя на незнакомца тот жадно-любопытный взгляд, каким встречают обыкновенно человека, осужденного жить с вами под одною и тою же кровлей.

- От рыбака, что ли? - небрежно произнес Захар вместо ответа.

- От него: прислал за тобою.

- Причаливай лодку! - вымолвил Захар, едва удостоивая взглядом собеседника.

Он расположился на палубе и, подпершись локтем, закричал: "Отчаливай!" таким резким тоном, который скорее мог принадлежать купеческому сыну, совершающему водяную прогулку для потехи, и притом на собственные свои деньги, чем бобылю-работнику, отправляющемуся по скудному найму к хозяину. Как только челнок покинул берег, Захар вынул из кармана шаровар коротенькую трубку с медной оковкой и ситцевый кисет; из кисета появились, в свою очередь, серый, скомканный табачный картуз из бумаги, несколько пуговиц, медный гребешок и фосфорные спички, перемешанные с каким-то неопределенным сором.

- Что глаза выпучил? Трубки, что ли, не видал? - полунасмешливо произнес Захар, обращая впервые соколиные глаза свои на собеседника, который с какой-то особенною хвастливою лихостию работал веслами.

- Как не видать! Хоша сам не пробовал, что за трубка за такая, а видал не однова, - возразил словоохотливо Гришка, продолжая грести. - У нас, вестимо, в диковинку: никто этим не занимается; знамо, занятно!.. У тебя и табак-то, как видно, другой: не тем дымом пахнет; у нас коли курит кто, так все больше вот эти корешки... Я чай, и это те же корешки, только ты чего-нибудь подмешиваешь?..

- Да, много видал ты таких корешков!

- А то что же?

- Мериканский настоящий, Мусатова фабрики, - отвечал не без значения Захар и отплюнул при этом на сажень, производя губами шипение, похожее на фырканье осердившейся кошки.

Последовало молчание.

- Что ж ты вчера не приходил? - начал опять Гришка. - Я прождал тебя, почитай, целое утро, да и старик тоже... Уж он ругал тебя, ругал.

Захар прищурил глаза, поглядел на собеседника, пустил струю дыма, плюнул и небрежно отвернулся.

- Я, говорит, с него за прогул, говорит, возьму, - подхватил приемыш.

- Эка важность! Мы и сами счет знаем, - сказал Захар тоном глубочайшего равнодушия. - Велик больно форс берет на себя - вот что! Да нет, со мной не много накуражится!

Гришка засмеялся.

- Чего ты? - спросил Захар.

- То-то, думаю, не худо ему наскочить на зубастого: такой-то бедовый, и боже упаси! Так тебя и крутит...

- Стало, ты ему не родня? - перебил Захар.

- Нет, я им чужой, - сухо отвечал Гришка.

- В наймах живешь?

- Нет, из одежи... из хлеба, - с явным принуждением проговорил Гришка.

- Ну, что, каков хозяин? - спросил Захар далеко уже не с тем пренебрежением, какое обнаруживал за минуту; голос его и самые взгляды сделались как будто снисходительнее. Всякий работник, мало-мальски недовольный своим положением, с радостью встречает в семействе своего хозяина лицо постороннее и также недовольное. Свой брат, следовательно! А свой своего разумеет; к тому же две головы нигде не сироты.

- А вот погоди, - отвечал, посмеиваясь, приемыш, - сам увидишь; коли хороших не видал, авось, может статься, и понравится.

- Что ж, собака?

- Собака! - отвечал Гришка, молодцевато тряхнув волосами, но тут же проворно оглянулся назад.

Захар засмеялся.

- Ну, должно быть, задал же он тебе страху, - сказал он.

- А что?

- Слово окажешь, да оглянешься! "Такой, сякой", а сам все туда, на берег, посматриваешь...

- Вот! Я нетто из страха? - хвастливо вымолвил Гришка. - Того и гляди просмотришь пристань: отнесет быстриною... Что мне его бояться? Я ему чужой - власти никакой не имеет... Маленько что, я и сам маху не дам!

Не зная Глеба и отношений его к домашним, можно было в самом деле подумать, взглянув в эту минуту на Гришку, что он в грош не ставил старика и на волос его не боялся; молодецкая выходка приемыша показывала в нем желание занять выгодное место в мнении нового товарища. Даже щеки его разгорелись: так усердно добивался он этой цели.

- Вон, никак, старик-ат идет нам навстречу; давно, знать, не видались! - сказал Захар.

С именем Глеба приемыш невольно выпрямился и принялся работать веслами не в пример деятельнее прежнего. Захар, с своей стороны, также изменил почему-то свою величественную позу: он опустил ноги в отверстие челнока, поправил картуз и стал укладывать в кисет табак и трубку.

- Какое у тебя все приглядное, как посмотрю, - сказал Гришка, понижая голос, - вишь, мешочек-то, куда табак кладешь, словно у купца; а что, дорого дал?

- Кисет-то! - отвечал Захар, небрежно запрятывая его в карман. - Нет, дешево обошлось: подарили... Мы мало что покупаем, у нас есть приятели...

Голос Глеба, который кричал Гришке грести одним правым веслом, послышался в ту минуту на площадке. Захар и Гришка переглянулись и замолчали.

Пять минут спустя челнок приставал к берегу.

- Давно бы, кажись, время здесь быть; не много рук - посылать за тобой! - отрывисто сказал Глеб.

- Здорово, хозяин, - начал было с развязностию Захар, но старик перебил его:

- Знамо, здорово... Не о том речь, не тот, примерно, наш разговор был - вот что! Сказывал, на другой день придешь; а где он, тот день-то?.. Парня нарочно посылал; прождал все утро; время только напрасно прошло...

Глеб покосился на Гришку; но тотчас же отвел глаза, когда Захар произнес:

- Как быть... маненько того... подгулял...

- То-то подгулял! Завалился спать - забыл встать! Я эвтаго не люблю, - подхватил старик, между тем как работник запрятывал под мышку гармонию, - я до эвтих до гулянок не больно охоч... Там как знаешь - дело твое, а только, по уговору по нашему, я за день за этот с тебя вычту - сколько, примерно, принадлежит получить за один день, столько и вычту... У меня, коли жить хочешь, вести себя крепко, дело делай - вот что! Чтоб я, примерно, эвтаго баловства и не видел больше.

С самого начала этого объяснения Гришка не отрывал глаз от Захара: он смотрел на него с каким-то живым, отчасти даже подобострастным, полным ожидания любопытством. Так смотрит мальчик на воина в полном вооружении; так неопытный юноша, в душе которого таятся, однако ж, гибельные семена мотовства, неудовлетворенных страстей и разврата, смотрит на современного ловласа; так, наконец, другой юноша, пылкий, но непорочный, смотрит на великого артиста или художника и вообще на всякого человека, выходящего из ряда обыкновенных людей. Невзирая на присутствие Глеба, невзирая на недовольное, сумрачное расположение старика, Гришка не мог скрыть радости, которую пробуждало в нем новое знакомство; он бился изо всей мочи, чтобы подвернуться как-нибудь на глаза Захару и снова поменяться с ним одним из тех лестных взглядов взаимного соучастия, каким поменялись они, заслышав на берегу голос Глеба. Мысль сойтись, сдружиться с Захаром не давала покоя приемышу.

К сожалению, во все продолжение утра не довелось ему перемолвить с ним слова. Глеб тотчас же усадил нового батрака за дело. Нетерпеливый, заботливый старик, желая убедиться скорее в степени силы и способностей Захара, заставил его, по обыкновению своему, переделать кучу самых разнообразных работ и во все время не спускал с него зорких, проницательных глаз.

Здесь нам необходимо остановиться: следует короче ознакомить читателя с личностью Захара - личностью, которая, к сожалению, заметно начинает распространяться в простонародье вместе с размножением фабрик. Не лишним будет сказать прежде всего несколько слов о том, что такое фабричная жизнь и какие элементы вносит она в крестьянское семейство: этим способом мы сделаем половину дела. Нет сомнения, что развитие промышленности сильнейшим образом способствует развитию материального благосостояния народа. При всем том надо согласиться, однако ж, что, достигая материального благосостояния посредством "фабричной" какой-нибудь промышленности, простолюдин неминуемо утрачивает безукоризненную простоту нравов. Не следует заключать, чтобы избыток средств был тому виною; совсем напротив; первый шаг к усовершенствованию человека есть улучшение его физического состояния;

бедность - как всем, полагаю, известно - самый худой руководитель. Лишние средства позволяют крестьянину обзавестись как следует хозяйством; он обстраивается, живет чище, ровнее, хозяйственнее и вследствие всего этого невольным образом привязывается к дому, потому что есть тогда к чему привязаться, есть что беречь и о чем думать. Нравственное чувство нимало от этого не страдает. Я хотел сказать только, что к упадку нравственности поселянина нередко способствует жизнь фабричная. Приокские уезды, посреди которых происходит действие нашего романа, превратились в последние десять лет в миткалевые фабрики; в этих же самых уездах существуют также, хотя изредка, деревушки, жители которых благодаря сносной почве занимаются хлебопашеством: мы можем, следовательно, свободно наблюдать над мужиком-фабричным, променявшим соху на челнок, ниву - на стан, и мужиком-пахарем, который остался верен земле-кормилице.

Первое впечатление при въезде в пахотную деревню будет, если хотите, не совсем выгодно: тут не увидите вы ситцевых рубашек, самоваров, синих кафтанов, не увидите гармоний и смазных сапог; но все это, в сущности, одна только пустая внешность, которая может обмануть поверхностный, далеко не наблюдательный глаз. Взамен всего этого пахотная деревушка, подобно плоской, однообразной ниве чернозема, засеянной свежим, неиспорченным зерном, сохраняет под скромною наружностию самые добрые семена. Тут только найдете вы ту простую, бесхитростную жизнь, тот истинно здравый житейский смысл, который заключается в безусловной покорности и полном примирении с скромной долей, определенной провидением; тут видна домашняя, семейная жизнь, которая для всякого человека - и тем более для простолюдина - служит залогом истинного счастия. В фабричных деревнях почти нет семейной жизни: здесь дети восьмилетнего возраста поступают уже на фабрику к какому-нибудь московскому или коломенскому купцу. Иногда фабрика находится в пятидесяти верстах от деревни. Мальчики и девчонки (на фабрику поступают дети обоего пола) по целым месяцам не бывают дома. Вырастая, таким образом, без родительского надзора, который в нравственном смысле так много значит, дети эти живут какими-то приемышами. Народ, их окружающий, состоит большею частию из людей избалованных; в дурных примерах, конечно, нет недостатка. К шестнадцатилетнему возрасту - в то время как в пахотной деревне сверстники в состоянии уже заменить отца в поле и в делах хозяйственных - фабричный парень умеет только щелкать челноком. Все это куда бы еще ни шло, если бы челнок приносил существенную пользу дому и поддерживал семейство; но дело в том, что в промежуток десяти - двенадцати лет парень успел отвыкнуть от родной избы; он остается равнодушным к интересам своего семейства; увлекаемый дурным сообществом, он скорей употребит заработанные деньги на бражничество; другая часть денег уходит на волокитство, которое сильнейшим образом развито на фабриках благодаря ежеминутному столкновению парней с женщинами и девками, взросшими точно так же под влиянием дурных примеров. Если б фабричные составляли особое сословие, совершенно отдельное от других сословий простонародья, - дело иное; но ткач, в сущности, все тот же хлебопашественный крестьянин. Рано ли, поздно ли, он возвращается к дому; стан служит только временным вспомогательным средством. Сами крестьяне очень

126

хорошо знают, что владеть челноком - не значит еще иметь за плечами прочное ремесло. Возвратясь домой, фабричный парень оказывается ни на что не годным: отстал он от сохи, отстал от земли; он не мещанин, не хлебопашец. У него нет даже охоты к занятиям пахаря. Сидя с утра до вечера за станом в теплой избе, он, естественным образом, должен был крепко облениться; мало-мальски тяжелая работа не по нутру ему, да и не по силам. Пятидесятилетний старик, проведший жизнь на поле, здоровее, крепче тридцатилетнего фабричного парня. Но как бы там ни было, парень этот поступает в дом; первым делом его следует, без сомнения, женитьба. Как сказано выше, в фабричных деревнях дети обоего пола проводят юность свою на фабриках; хочешь не хочешь, выбирай в жены фабричную девку; такая женщина поминутно должна сталкиваться с прежними товарками и знакомцами; муж, с своей стороны, встречается с товарищами по фабрике и старыми знакомками. Начинаются, с одной стороны, гулянки, с другой - попойки, а в общем выходит беспорядочная жизнь, которая неминуемо ведет к расстройству дома.

Захара можно было назвать дитею, питомцем фабрики.

С семи лет до восемнадцати просидел он безвыходно за миткалевым станом.

Вызванный около этого времени в дом к родному дяде, он точно так же оказался никуда не годным. Он тогда еще успел прославиться кой-какими проделками. Проделки заключались большею частию в более или менее удачных волокитствах, но требовали уже вмешательства станового. Дядя Захара был человек строгий, кредитный. Не имея детей и рассчитывая в будущем на племянника, он взял его в руки; но так как это ни к чему не послужило, старик решил женить его, основываясь на том, что авось-либо тогда образумится парень. Неподалеку находилась мельница. Мельник, имея, может статься, в виду капитал соседа, охотно отдал дочь свою за племянника. Первые два-три месяца все шло хорошо; но по прошествии этого срока Захар принялся за прежнее рукомесло: свел знакомство с прежними товарищами, завел шашни.

Дядя принялся сначала усовещевать племянника, потом рассердился не на шутку; но Захар объявил наотрез, что всего бы этого не было, если б он не считал себя обиженным дядею. Причина обиды заключалась в том будто бы, что дядя держал его в доме как простого работника - не давал ему ни в чем распоряжаться. Старик, конечно, не поддался на такую штуку. Захар принялся тогда кутить сильнее прежнего. Обнадеживая себя, что рано или поздно завладеет достоянием дяди, он не обращал внимания на его угрозы. Племянник ошибся, однако ж, в расчете. Дядя умер, не оставив ему чем голодную собаку из-под стола выманить: все пошло, по обещанию, на построение божьего храма. Захар перешел тогда с женою к тестю. Мельник, давно уже раскусивший своего зятя, принял его не совсем ласково. Здесь повторилось то же самое, что было в доме дяди. Захар кутил напропалую, обижался ролью простого работника, требовал распоряжения в хозяйстве. Неудовольствие тестя обнаружилось в полной мере, когда он стал замечать, что зять для исполнения своих прихотей его обкрадывает: раз-другой поймали Захара на базаре с мукой, которую оттягивал он ночью из-под жернова во время помолу. Наконец, по смерти дочери, которая скончалась столько же с горя, сколько от дурного обращения мужа, мельник выгнал Захара из дому.

Захар снова пошел по фабрикам. Уживался он, однако ж, не долго на одном и

127

том же месте. Житье у дяди и потом у мельника значительно его обленило. Кроме того, и нрав его несколько изменился: мысль, что дядя его был не простой какой-нибудь лапотник, а зажиточный мещанин, что сам он мог бы владеть значительным капиталом, если б только захотел, - все это развило в нем какую-то забавную самонадеянность. Он считал себя чем-то особенным посреди своего круга, даже с какою-то гордостию смотрел на товарищей. Хозяева фабрик и особенно хозяйские сынки охотно поддерживали в нем такое чувство. Захар отлично пел русские песни, и потому-то без него не обходилась ни одна попойка; но Захар не довольствовался угощением и ассигнациями, которыми благодарили его за песни: он тотчас же брал на себя какой-то "форс", тотчас же зазнавался, начинал распоряжаться на фабрике, заводил ссоры и драки с работниками - словом, тотчас же ставил себя на одну ногу с хозяевами. Захар немало также занят был своею наружностью. Такая самоуверенность основывалась на бесчисленных победах, одержанных им над прекрасным полом; но эти-то самые успехи и были причиной его бродячей жизни. Его гоняли отовсюду, потому что, куда только ни попадал он, нигде не обходилось без истории. Но высокое понятие о своих физических и даже умственных достоинствах получил Захар особенно после одного происшествия, случившегося за год до поступления его в дом Глеба. Вот как это было: у одного помещика происходило празднество, устроенное в национальном вкусе. Множество гостей съехалось в рощу, куда наперед приглашены были окрестные мужики и бабы. Праздник начался угощением. Затем местные Милоны Кротонские показывали свою силу, бабы водили хороводы, молодые ребята влезали на мачту. Господа между тем дарили платки, серьги, бросали ребятам орехи и пряники. По окончании всех этих увеселении кто-то из помещиков сказал, что для пополнения празднества недостает какого-нибудь отличного простонародного певца. По его мнению, певца следовало непременно запрятать в глубину рощи и заставить его спеть национальную песню. Эффект был бы тогда самый полный. Хозяин жадно ухватился за такую мысль. Начались расспросы. Узнали о каком-то Захаре, который жил тогда в четырех верстах на фабрике. Послать за Захаром нарочного было делом одной секунды. Его привезли, обещали ему денег и спрятали в рощу. С первой же песней Захара осыпали рукоплесканиями. Общество захотело его видеть. Его заставили петь уже не в лесу, а перед палаткой. Раздались новые "браво!" Мужчины трепали певца по плечу, кричали: "Молодец! Превосходно!", дамы говорили: "Charmant! Delicieux! Mais il est superbe! Mais comme il est beau!"[12] Все эти поощрения и особенно похвалы дам, смысл которых понят был Захаром как нельзя лучше, приняты были им с чувством необычайного самодовольствия, но вместе с тем и достоинства, так что, когда один небогатый помещик опустил мелкую монету в картуз певца - картуз, в котором находились уже ассигнации, Захар подмигнул ему левым глазом. Другому помещику, поступившему точно так же, он сказал: "Только-то?" Наконец, когда помещик, подавший мысль о певце, подошел к нему и посоветовал ему, чуть не со слезами на глазах, не пренебрегать таким превосходным голосом, упражняться в пении и учиться, Захар отвечал с наглой самоуверенностью: "Мне

---

[12] Прелестно! Восхитительно! Он великолепен! А как он красив! (франц.)

учиться? Да я, сударь, сам еще поучу кого угодно!" С этого самого происшествия Захар окончательно уже "возмечтал" о своих достоинствах и о своем значении. Стал он с тех пор еще реже уживаться почему-то у хозяев.

Таким образом, перебывал он на всех почти фабриках трех губерний - жил на сахарном заводе, жил у рыбаков. Слоняясь, как киргиз, с места на место, попал он случайно в Комарево и, как мы видели, нанялся к Глебу.

Гришка и Захар очутились на свободе только после обеда, когда старый рыбак улегся, по обыкновению своему, в сани под навесом.

- Ну, уж денек! Подлинно в кабалу пошел! Точно бес какой пихал тогда, - говорил Захар, спускаясь по площадке, куда последовал за ним и приемыш. - А что, малый... как тебя по имени? Гриша, что ли?.. Что, братец ты мой, завсегда у вас такая работа?

- Это что! Такая ли у нас работа!.. Ты бы поглядел, что бывает в полную воду: дохнуть не даст, инда плечи наест! - с живостью подхватил приемыш, говоривший все это, частию чтобы подделаться под образ мыслей Захара, частию потому, что, сохраняя в душе тайное неудовольствие против настоящей своей жизни, радовался случаю высказать наконец открыто, свободно свое мнение. - Ему теперь не до работы: добре с сыновьями не поладил, как словно все о них скучает, - продолжал Гришка. - Вот маленько пооправится, тогда-то ты на него погляди! Другого такого, кажись, нет на всем свете! Мало-мальски что не так, не по его выйдет, лучше и на глаза не показывайся... И не уймешь никак: за пять верст тебя видит - даром, не в ту сторону смотрит... Особливо как придет это рыбное время: беда! Нет тебе покою ни днем, ни ночью. Да вот погоди, поживешь с нами до осени, сам увидишь...

- Вряд дождаться! - небрежно подхватил Захар. - Маленечко в голове шумело, "через эсто" больше пошел... Нешто в Комареве мало фабрик! Намедни и то звали...

- Тебе бы остаться: фабричная-то жизнь, знамо, лучше нашей! - с живостию поддакнул Гришка.

- А ты каким манером знаешь? Разве был на фабриках?

- Быть не бывал, а слыхать слыхал. Говорят, супротив фабричной-то жизни никакая не угодит...

- Надо полагать так, повольготнее вашей: семь верст дотедова не доехала! - произнес Захар, разваливаясь под тенью большой лодки и вынимая кисет. - Житье отменное. Мещанин ли, купец ли, фабричный ли - это, выходит, все едино-единственно, - продолжал он с какою-то наглою, но вместе спокойною уверенностью. - Главное, разумеется, состоит, каким манером поведешь себя; не всякому и там хорошо. Вот я жил: сам живешь на манер работника, а что Захар, что хозяин - это все единственно. Всякий скажет тебе, какой такой Захар человек есть! У меня, как затяну песню, покажу голос, никакая не устоит. Господа приезжали слушать. Одну барыню так даже в чувствие привел! Через это больше и славу такую получил. Кабы не хорошо жить, леший жить бы велел! Сидишь себе, челночком пощелкиваешь: работа самая, выходит, любезная. Насчет компании также нигде не потрафишь: совсем другое против крестьянского обхождения. Ну, что, вот хоть бы твой хозяин - вахлак, как есть лапотник. У нас поглядишь: настоящий купеческий народ. Других рубах, окромя ситцевых, не имеет. А насчет, то есть, веселья, лучше, кажется, нельзя найти: парни ловкие, песельники - есть с кем разгуляться. Теперича коли с девками покуражиться захотел, тут тебе только и жить! Сделал ей уваженье: платок купил, серьги, что ли, и будет. Другому, какой порасторопнее, и того не надо: сами льнут; есть и такие, что и сами дарят, умей только настоящим манером вести! - примолвил Захар, самодовольно пристегивая кисет к жилетной пуговице, вынимая трубку изо рта и отплевывая на сажень, с известным шипеньем.

Гришке между тем не сиделось на месте. Черные глаза его, жадно устремленные на рассказчика, разгорались как уголья. Румянец играл на щеках его. Время от времени он нахмуривал брови и притискивал ногою землю.

- Так у нас каждый день идет; а посмотрел бы ты в праздник! - продолжал Захар, поощренный, видно, успехом своего красноречия. - Поглядел бы, как на улицу-то выйдут: пляски, песни пойдут это по харчевням. Веселись, значит: лей-перелей, гулянка по-нашенски! Станешь с гармонией (насчет этого мы также никого не уважим), так тебя и облепят. Есть на что и посмотреть, не то что ваши, примерно, лапотницы: мещанками ходят! Лаптей ни у одного молодца единого не увидишь: куда ни глянешь, все сапоги, все сапоги... Свои оставил в Комареве у знакомого, - скороговоркою подхватил Захар, заметив, что собеседник невольно обратил внимание на его босые ноги, - здесь незачем; там же и кафтан оставил. Кафтан также отменный, форсистый: я насчет одежды себя наблюдаю. У меня, как жил на фабрике под Серпуховым, у Григория Лукьянова - одних лет был тогда с тобою - так ситцевых рубах однех было три, шаровары плисовые, никак, два жилета, а этих сапогов что переносил, так уж и не запомню. Ну-ткась, наживи-ка ты столько в здешнем-то житье! Я чай, сапогов-то и не нашивал.

- Да, много здесь наживешь! - произнес Гришка тоном человека пристыженного, подавленного сознанием своего ничтожества.

Он ничего не сказал, однако ж, о сапогах. Сапоги в крестьянском быту играют весьма важную роль. Первые сапоги для деревенского парня то же значит, что первые золотые часы для юноши среднего сословия. Распространение фабричной жизни содействовало распространению сапогов. В фабричных деревнях молодой парень пойдет скорее босиком по снегу и грязи, чем наденет лапти; точно позор какой! Амбиция Гришки, который никогда не нашивал сапогов (сам Глеб ходил в лаптях), - амбиция его была затронута, следовательно, за самое живое место. Досада его, как и следовало ожидать, обратилась целиком на старого рыбака.

- Эх! Какое наше житье! - воскликнул он нетерпеливо, уткнув локти в песок. - Как послушаешь, как люди живут, так бы вот, кажется, и убежал! Пропадай они совсем!..

- Ничего, погоди, - перебил его Захар тоном покровительства, - ты, я вижу, малый невялый. Дай поживем вместе, я его, старика-то, переверну по-своему.

Весь этот разговор произвел на приемыша действие масла, брошенного в огонь. Дурные инстинкты молодого парня пробудились в душе его с быстротою зажженной соломы. Разгульная фабричная жизнь, лихие ребята, бражничество, своя волюшка - все это отвечало как нельзя лучше инстинктам Гришки. Такая именно жизнь - хотя сам не знал он, где искать ее, не знал даже, существует ли она, - занимала всегда мечты его. Прежде скучал он, сам не зная отчего. Теперь понял он причину своей скуки - понял, чего ему хотелось, и потому возненавидел всем сердцем все, что мало-мальски относилось к жизни, его окружающей.

Этому, конечно, содействовали дальнейшие рассказы и вообще сообщество Захара, который заметно благоволил юному своему товарищу. Приемыш, с своей стороны, выбивался из сил, чтобы заслужить такое лестное расположение. Таким образом, сошлись они необыкновенно скоро. Есть какое-то тайное, притягивающее сочувствие между родственными натурами. Захар был, конечно, уже зрелый плод в своем роде. Приемыш сравнительно с ним осуществлял только почку; но почка эта принадлежала тому же самому дереву, которое дало плод. С первого же дня их знакомства Гришка думал днем и ночью о том только, как он и Захар перевернут старика по-своему. Оба они, однако ж, как-то слабо успевали в этом. Проходили дни и недели - нрав старика ни на волос не изменился. Даже в доме его все шло самым строгим, обыкновенным порядком. Мимо работы старый рыбак, казалось, вовсе даже не замечал их. Со всем тем, когда на третье или четвертое воскресенье после прибытия нового работника Гришка стал проситься пойти с Захаром в Комарево, Глеб не отпустил его. Он сказал, что незачем по-пустому валандаться, незачем идти без надобности в Комарево, что пойдет туда, когда сам пошлет, и без дальних разговоров велел ему остаться дома. Это обстоятельство вызвало, как и следовало ожидать, насмешки со стороны Захара. Досада приемыша, усиленная насмешками товарища, овладела тогда всеми его чувствами. Он не посмел, однако ж, показать старику свое неудовольствие; но зато взгляд, украдкою брошенный в этот день Гришкою на Глеба, был первым его взглядом полного, сознательного недоброжелательства. Чувство это немало поддерживал и разжигал страх, который, вопреки всем усилиям и ободрениям, ощущал приемыш, и даже Захар до некоторой степени, в присутствии Глеба. Оба храбрились и хорохорились только на словах. Неизвестно, как это выходило; но только в присутствии старого рыбака храбрость и удаль молодцов тотчас же пропадали. Тем не менее влияние Захара продолжало производить втайне свое действие на приемыша; оно особливо отразилось в отношениях молодого парня к озеру дедушки Кондратия. С первых же дней Захар смекнул, в чем дело. Впрочем, сам Гришка охотно рассказал ему повесть неудачных своих похождений с дочкою рыбака. Началось с того, разумеется, что Захар осмеял в пух и прах неопытность юного друга. Затем он передал ему свои собственные похождения, рассказал несколько забавных случаев, рассказал, как всегда и везде выходил победителем, и под конец вызвался даже помогать ему. Не раз после этого в ночное время, когда Глеб и тетушка Анна спали крепким сном, оба они переправлялись на луговой берег. Захар принимал такое живое участие в успехах своего товарища, что, даже вопреки полному сознанию собственного своего превосходства, проводил целые часы, покачиваясь в челноке, между тем как Гришка рыскал в окрестностях озера.

Оба они так ловко обделывали дела свои, что Глеб, в простоте честной, хотя крепкой души своей, ничего не подозревал.

К тому же проницательность Глеба с некоторых пор заметно притуплялась. Мрачная туча, нависнувшая над высоким морщинистым лбом старика, казалось, все более и более сгущалась. Он по-прежнему не переставал думать о сыновьях своих, не переставал тосковать, ходил с утра до вечера сумрачен, редко с кем молвил слово, исключая, впрочем, дедушки Кондратия, с которым часто толковал об отсутствующих детях. Одна только работа, один промысел в состоянии были оживлять его. В этих случаях он не мог быть недоволен работниками. Как сказано выше, Захар был удалец только на словах. Удаль его обусловливалась обстоятельствами. Храбрился он с теми, которые уступали ему, кумились с ним или добровольно становились под один уровень. В присутствии Глеба, который связал его вскоре по рукам и ногам, надавав ему вперед денег - способ общеупотребительный между ловкими хозяевами, - спесь и непобедимое молодечество Захара уходили на самое дно его ситцевого кисета. Бывали, однако ж, случаи, когда лень работника, возмущенная взыскательностью хозяина, придавала ему настолько бодрости, чтобы поднять голос и бросить сети. Он начинал хорохориться и говорил, что отходит от дома. Но Глеб тут же осаживал его. "Отдай деньги, что забрал, отдам тебе и пачпорт, - говорил старик. - А мало что - до станового недалече: в Сосновке живет!" Расчет Глеба основывался на том, чтобы продержать Захара вплоть до зимы, то есть все время, как будет продолжаться рабочая пора. Он знал, что за такую скудную плату не наймешь и самого худого работника. Там, как зима придет, он и сам держать его не станет: пригонит к тому времени, чтобы работник гроша ему не был должен, и даст ему пачпорт: проваливай куда хочешь. Благодаря способу временных займов у хозяев - займов, к которым прибегал работник, волей-неволей Захар оставался в доме.

- Погоди, Гришка, дай наперед задобрим хозяина. Я нарочно прикидываюсь смирнячком, - говорил Захар в оправдание того противоречия, которое усматривал приемыш между словами и поступками товарища, - сначатия задобрим, а там покажем себя! Станет ходить по-нашенски, перевернем по-своему!

Из дальнейших объяснений его оказывалось, что именно вот эта-то цель и задерживала его в доме Глеба. На самом деле Захар знал очень хорошо, что куда бы он ни пошел - на фабрику ли, на сахарный ли завод или к другим рыбакам, - это все едино-единственно, держать его нигде не станут: придется шляться без места и, следовательно, без хлеба.

Итак, Глеб был в известной степени доволен работником. Что же касается до Гришки, то, несмотря на затаенное неудовольствие, он трудился так исправно, что не давал даже старику повода к упреку.

Так прошло без малого три месяца.

К концу этого срока вышел, однако ж, случай, который невольно оторвал Глеба от задушевных его мыслей и заставил его обратить внимание на приемыша.

Вот что произошло.

Раз как-то, в начале осени, Глеб отправился на луговой берег; требовалось нарубить лозняка для починки старых вершей. Он поехал один.

Час без малого сидел он за своим делом у опушки кустов, там, где начинались луга, когда подошел к нему дедушка Кондратий.

На кротком, невозмутимо тихом лице старичка проглядывало смущение. Он, очевидно, был чем-то сильно взволнован. Белая голова его и руки тряслись более обыкновенного. Подойдя к соседу, который рубил справа и слева, ничего не замечая, он не сказал даже "бог помочь!". Дедушка ограничился тем лишь, что назвал его по имени.

- А! Здорово, дядя! - произнес Глеб, опуская топор и утирая лоб, покрытый потом.

- Здравствуй, Глеб Савиныч, - сказал Кондратий, переводя одышку на каждом слове, - к тебе шел.

- Ладно, что встретились, - подхватил Глеб, - я и сам собирался ноне тебя проведать. Переехал сюда лозня́чком запастись: верши надыть исправить; а там, думал, как порешу дело, схожу к соседу. А ты зачем пробирался? Надобность, что ли, была какая? Али так, проведать хотел?

- Нет... есть до тебя дело, - с трудом проговорил старик.

- Ну, говори, - промолвил Глеб, обращая впервые глаза на соседа. - Да что ты, дядя? Ась? В тебе как словно перемена какая... и голос твой не тот, и руки дрожат. Не прилучилось ли чего? Говори, чем, примерно, могу помочь? Ну, примерно, и... того; говори только.

Дедушка Кондратий тоскливо покачал головою, закрыл красные, распухшие веки и безотрадно махнул рукою. Вместе с этим движением две едва приметные слезинки покатились из глаз старика.

- Ну, стало, взаправду недоброе что привалило. Али "плевок"[13] на рыбу напал? - подхватил Глеб.

Хотя Глеб коротко ознакомился теперь с истинным горем - таким горем, которое не имело уже ничего общего с неудачами и невзгодами по части промысла или хозяйства, он никак не предполагал, чтобы другой человек, и тем менее сосед, мог испытать что-нибудь подобное. Он находился в полном убеждении, что дедушка Кондратий претерпел какую-нибудь неудачу в деле домашнем: плевок на рыбу напал, сети порвались, а новых купить не на что, челнок просквозил и ушел на дно озера. Этим ограничивались его догадки. Поэтому самому немало удивился Глеб, когда сосед сказал ему:

- Нет, Глеб Савиныч, кабы только это, не стал бы тужить, не стал бы гневить господа бога! На то его святая воля. В эвтих наших невзгодах человек невластен...

- Да что ж такое? Говори! - нетерпеливо перебил Глеб.

- А то, что случилось недоброе дело, - подхватил, тяжко вздыхая, старик, - от человека недоброе дело, Глеб Савиныч! А все вышло... все вышло из твоего... из твоего соседского дома.

- Как! Что такое? - воскликнул Глеб, поспешно вставая на ноги и беспокойно изгибая седые брови.

- Да, из твоего дома, - продолжал между тем старик. - Жил я о сю пору счастливо, никакого лиха не чая, жил, ничего такого и в мыслях у меня не было; наказал, видно, господь за тяжкие грехи мои! И ничего худого не примечал я за ними. Бывало, твой парень Ваня придет ко мне либо Гришка - ничего за ними не видел. Верил им, словно детям своим. То-то вот наша-то стариковская слабость! Наказал меня создатель, горько наказал. Обманула меня... моя дочка, Глеб Савиныч!

При этом у Глеба отлегло от сердца. Ему представилось сначала, что Гришка или Захар обокрали соседа.

- И где мне было усмотреть, старику, - продолжал дедушка, останавливаясь время от времени и проводя дрожащею ладонью по глазам, - где было усмотреть за ними! Сама, бывало, обо всякой малости сказывала. Ину пору - вот в последнее это

---

[13] Червь, истребляющий рыбу. (Прим. автора.)

время - спросишь: "Что, мол, невесела, Дуня, что песен не поешь?" - "Ничего, говорит, так, охоты нет". Ну, я ей и верил... вестимо, думаю, какое ей со мною веселье... лета ее молодые... Да, обманула меня моя дочка, Глеб Савиныч, горько обманула! Ноне только обо всем проведал... Приходит это она утром ко мне, а я рыбку удил, приходит, да так вот вся и заливается слезами, так и заливается. "Что ты, говорю: Христос, мол, с тобою". Сам добре перепужался, встал, поднялся, а она ко мне в ноги... все и поведала... Так инда головня к сердцу моему подкатилась! "Ну, говорю, дочка, посрамила ты мою голову! За что, говорю, за что ты меня, старика, обманула? На то ли растил я тебя? Того ли ждал!" А руки не поднял - подумал: не поможет. Бог, мол, дочка, судья тебе!

- Что ж... Гришка? - перебил Глеб, сжимая кулаки и грозно нахмуривая брови.

- Он, - отвечал старик, опуская голову и проводя дрожащими пальцами по глазам.

- Ах он, проклятый! - вскричал Глеб, у которого закипело при этом сердце так же, как в бывалое время. - То-то приметил я, давно еще приметил... в то время еще, как Ваня здесь мой был! Недаром, стало, таскался он к тебе на озеро. Пойдем, дядя, ко мне... тут челнок у меня за кустами. Погоди ж ты! Я ж те ребры-то переломаю. Я те!..

- Полно, Глеб Савиныч! Этим теперь не поможешь, - кротко возразил дедушка Кондратий, взяв его за руку, - теперь не об том думать надыть.

- Ты думаешь, примерно, женить надыть?

- Затем и шел к тебе... Лучше уж; до греха, по закону по божьему, как следует.

- Это само собою. Повенчать повенчаем; а не миновать ему моих кулаков! Я его проучу... Ах он, окаянный!

- Нет, Глеб Савиныч, оставь лучше, не тронь его... пожалуй, хуже будет... Он тогда злобу возьмет на нее... ведь муж в жене своей властен. Человека не узнаешь: иной лютее зверя. Полно, перестань, уйми свое сердце... Этим не пособишь. Повенчаем их; а там будь воля божья!.. Эх, Глеб Савиныч! Не ему, нет, не ему прочил я свою дочку! - неожиданно заключил дедушка Кондратий.

Вместе с этими словами кулаки Глеба опустились, и гнев его прошел мгновенно. Несколько минут водил он ладонью по серым кудрям своим, потом задумчиво склонил голову и наконец сказал:

- Что говорить, дядя! Признаться, и я не ему прочил твою дочку: прочил другому. Ну, да что тут! Словесами прошлого не воротишь!

Тут он остановился, махнул рукою и снова опустил на грудь голову.

Глеб уже не принимался в этот день за начатую работу. Проводив старика соседа до половины дороги к озеру (дальше Глеб не пошел, да и дедушке Кондратию этого не хотелось), Глеб подобрал на обратном пути топор и связки лозняка и вернулся домой еще сумрачнее, еще задумчивее обыкновенного.

ЧАСТЬ ЧЕТВЕРТАЯ

XX

ХУДОЕ ЖИТЬЕ

Возвратясь домой после объяснения с дедушкой Кондратием, Глеб слова не промолвил приемышу; а между тем куда как хотелось ему проучить негодяя! Грозно изгибавшиеся брови старика и невольно сжимавшиеся кулаки его, каждый раз как он встречался с Гришкой, достаточно уже показывали, как сильно было в нем такое желание. Он удержался, однако ж: благоразумные советы старичка-соседа восторжествовали на этот раз над личным мнением Глеба, которое, если помнит читатель, заключалось в том, чтобы намять Гришке бока. Выбрав минуту, когда Захар и приемыш занялись чем-то на дальнем конце площадки, старый рыбак подошел к жене и передал ей жалобу старика соседа. С первых же слов тетушка Анна пришла в неописанное волнение; она всплескивала руками, мотала головою, охала и стонала в одно и то же время. "Ах он, окаянный!.. Ах он, беспутный такой, греховодник этакой!.. Ведь погубил девку-то! Погубил совсем... Я чай, старик-ат, сердечный... Скажи, грех какой!.. А нам-то - нам и невдомек; хоть бы одним глазком приметили... Ахти, господи!" - говорила она, не переводя духу, отчаянно ударяя обеими ладонями об полы понявы и тормоша немилосерднейшим образом платок на голове. Глеб, как ведомо, не любил много разговаривать; еще с меньшею охотою слушал он пустые бабьи речи. Он тотчас же осадил жену. "Ну, чего, чего?.. Эк ее, дура баба! Право, пустая какая!" - проговорил он с таким видом, который мгновенно превратил негодующую старуху в кроткую, смиренную овцу. Он пришел вовсе не за охами, еще менее нуждался в советах, которыми, не медля ни минуты, принялась было снабжать Анна, поощренная снисходительным его объяснением. Вся цель разговора Глеба с женою заключалась в том, чтобы старуха мыла скорей горшки, варила брагу и готовила все к свадьбе.

Дело действительно было такого рода, что не терпело отлагательства.

Недели через две, в воскресный день, у ворот рыбакова дома и на самом дворе можно было видеть несколько подвод; на холмистом скате высокого берегового хребта, которым замыкалась с трех сторон площадка, бродили пущенные на свободу лошади, щипавшие сочную листву орешника. Приглаженный вид двора, освещенного желтыми лучами осеннего солнца, тетушка Анна и еще какая-то баба, бегавшие поминутно из избы под тень навеса и возвращавшиеся всякий раз с кувшинами или пирогами; подводы и, наконец, самые лошади - все это свидетельствовало, что в доме Глеба, отличавшемся всегда тишиною и строгим порядком, происходило что-то не совсем обыденное. Говор, раздававшийся в самой избе, песни, восклицания и звяканье посуды подтверждали красноречиво такое предположение. Изба была полна народу. Тут находились оба тестя и обе тещи двух старших сыновей Глеба, Петра и Василия; были крестовые и

135

троюродные братья и сестры тетки Анны, находились кумовья, деверья, шурины, сваты и даже самые дальнейшие родственники Глеба - такие родственники, которых рыбак не видал по целым годам. Все это съехалось по большей части из Сосновки и явилось попировать на свадьбу к старому Глебу, который женил приемыша своего на дочери соседа, такого же рыбака, по прозванию Кондратия.

Но несмотря на большое стечение народа, несмотря на радушное угощение и разливное море браги, которая пробуждала в присутствующих непобедимую потребность петь песни, целоваться и нести околесную, несмотря на прибаутки и смехотворные выходки батрака Захара, который занимал место дружки жениха - и занимал это место, не мешает заметить, превосходно, - свадьбу никак нельзя было назвать веселою. Все шло, по-видимому, самым обыкновенным порядком, и только главные действующие лица - те самые, от кого бы следовало ожидать всего более радости, - казались как будто недовольными. Нет сомнения, что если б тетушка Анна, движимая чувствами беспримерного добродушия и гостеприимства, не пересыпала в брагу нескольких лишних пригоршней хмеля (все это, разумеется, сделано было тайком от Глеба) и если б гости, в свою очередь, умереннее прибегали к ковшам, заключавшим эту брагу, многие могли бы заметить, что на свадебной пирушке не все было ладно.

Во-первых, молодая совсем непохожа была на обыкновенных молодых. Она сидела как убитая: точно силой выдавали ее за немилого, или, вернее, точно присутствовала она не на свадебной пирушке, а на поминках по нежно любимым родителям. Мужчины, конечно, не обратили бы на нее внимания: сидеть с понурою головою - для молодой дело обычное; но лукавые глаза баб, которые на свадьбах занимаются не столько бражничеством, сколько сплетками, верно, заметили бы признаки особенной какой-то неловкости, смущения и даже душевной тоски, обозначавшейся на лице молодки. "Глянь-кась, касатка, молодая-то невесела как: лица нетути!" - "Должно быть, испорченная либо хворая..." - "Парень, стало, не по ндраву..." - "Хошь бы разочек глазком взглянула; с утра все так-то: сидит платочком закрывшись - сидит не смигнет, словно на белый на свет смотреть совестится..." - "И то, может статься, совестится; жила не на миру, не в деревне с людьми жила: кто ее ведает, какая она!.." Такого рода доводы подтверждались, впрочем, наблюдениями, сделанными двумя бабами, которым довелось присутствовать при расставанье Дуни с отцом. Это происходило утром, перед отправлением к венцу. Известное дело, какой же девке не жаль покидать родителей - всякой жаль! Хотя иной раз и в своей деревне остаешься - только улицу перейти, - а все не с родными жить. Ну, как водится, помолишься святым образам, положишь отцу с матушкой три поклона в ноги, маленечко покричишь голосом, ину пору не шутя даже всплакнешь - все это так по обычаю должно. Эта же молодая и попрощалась-то совсем не так, как другие девки: как повалилась спервака отцу в ноги, так тут и осталась, и не то чтобы причитала, как водится по обычаю, - слова не вымолвит, только убивается; взвыла на весь двор, на всю избу, ухватила старика своего за ноги, насилу отняли: водой отливали! И невесть что такое: прощалась, словно в Сибирь везли ее, в дальнюю сторону; а всего-то Оку-реку переехать... Были еще другие приметы при самом выезде к венцу. Каждое движение молодой, предметы и лица, ее окружающие, даже лошади, которые везут ее в церковь, подвергаются на свадебных поездках внимательному рассмотрению; все это, по мнению двух баб, не благоприятствовало молодой. Замечания эти, передаваемые в свое время шепотом, из ушка в ушко, не замедлили бы обойти теперь всех присутствующих, если б, как мы уже сказали, брага тетки Анны не была так крепка и не отуманила глаз всему собранию. По той же самой причине каждый из гостей хотя и целовался по нескольку десятков раз с молодым, но никто не замечал нахмуренного лица его. Каждый раз, как который-нибудь из присутствующих обращал на него масленые, слипавшиеся глаза и, приподняв стакан, восклицал: "О-ох, горько!", давая знать этим, чтобы молодые поцеловались и подсластили таким образом вино, - в чертах Гришки проглядывало выражение досадливого принуждения. Можно было думать, что женился он против воли, женился и каялся. Оно почти так и было. В последнее время он редко даже бывал на озере: Дуня успела уже опостынуть ему. Не знаю, подозревал ли дядя Кондратий мысли своего зятя, но сидел он также пригорюнясь на почетном своем месте; всего вернее, он не успел еще опомниться после прощанья с Дуней - слабое стариковское сердце не успело еще отдохнуть после потрясения утра; он думал о том, что пришло наконец времечко распрощаться с дочкой! По крайней мере, белая голова дедушки Кондратия не переставала трястись и как бы все еще давала знать, что он не совсем решился на тяжкую жертву. Что ж касается Глеба, он точно так же не имел особенных побуждений к радости; одно разве: в дом поступает молоденькая сноха, новая работница на смену старухе, которая в последнее время совсем почти с ног смоталась, из сил выбилась... Конечно, это не дурно. Глеб не раз даже высказывал по этому поводу свое удовольствие; в разговорах с женой он неоднократно даже принимался выхвалять дочку рыбака-соседа. Но, к сожалению, удовольствие Глеба Савинова не было продолжительно: оно исчезало по мере того, как стали появляться расходы, сопряженные с приобретением молодой снохи; Глеб начал тогда ворчать и покрикивать. Старик шибко крепковат был на деньги, завязывал их, как говорится, в семь узлов; недаром, как видели мы в свое время, откладывал он день ото дня, девять лет кряду, постройку новой избы, несмотря на просьбы жены и собственное убеждение, что старая изба того и смотри повалится всем на голову; недаром считал он каждый грош, клал двойчатки в кошель, соблюдал строжайший порядок в доме, не любил бражничества и на семидесятом году неутомимо работал от зари до зари, чтобы только не нанимать лишнего батрака. С летами он сделался еще расчетливее.

А между тем не проходило теперь дня, когда бы не принуждали его отправляться в каморку и отворять заветный сундучок заветным витым ключиком... Просто напасть какая-то: сегодня требовался солод, завтра мука на лапшу, а там раскошеливайся опять на масло либо на свадебные подарки! Ворчливость окончательно овладела Глебом, когда дня за два до свадьбы приехали из Сосновки две кумы и вслед за тем началась в доме стряпня и возня. "Эк их обрадовались! Чтоб вас шут взял! - не переставал твердить Глеб, косясь с самым недоброжелательным видом на румяные пироги и пышные караваи, которые то и дело выставлялись на досках из окон. - Настряпали теперь, напекли! Было бы из чего изъяниться-то - вот что! Не богатую какую невесту берем; спасибо еще - взяли... Признаться, старика одного только и пожалели... Ну, да что тут толковать! Решенное дело: выходит, поминать нечего... Напекли, наварили: не бросать же теперь - ешьте во здравие!.." Так заключал всегда почти Глеб, который, вообще

137

говоря, был слишком расчетливый и деловой хозяин, слишком строгий и несообщительный старик, чтобы жаловать гостей и пирушки. Ворчливость его продолжалась, однако ж, до тех пор, пока не окончились возня и приготовления, пока не съехались гости и не началось угощение; усевшись за стол, он махнул как словно рукою и перестал заботиться о том, что стоили ему пироги и брага; казалось даже, он совсем запамятовал об этом предмете. Не пил, однако ж, Глеб, не пил ни капельки; хмель не отуманивал головы его, точно так же, как не отуманивали ее шум, крики и песни пирующих. Одна только мысль и была теперь в голове рыбака - все та же острая, назойливая мысль, которая постоянно жила в нем, изредка лишь заслоняясь житейскими заботами; достаточно было просветиться этой мысли, чтобы изгладить мгновенно из его памяти все расчеты, все соображения. Он думал о сыне - думал о младшем возлюбленном детище. Свадьба приемыша невольным образом пробудила в душе старика такие воспоминания: так, может статься, пировали бы теперь на свадьбе Вани!.. Не мудрено после этого, если Глеб казался невесел.

Но как бы там ни было, благодаря, вероятно, тетке Анне, которая суетилась и хлопотала за шестерых, благодаря также дружке Захару и двум кумам, которые подливали исправнейшим манером сосновским родственникам, гости были сытехоньки по горлышко, пьяны-пьянехоньки и вообще остались очень довольны. Так, по крайней мере, следует заключить из того, что многие при всем старании своем никак не могли встать с лавок; хозяева принуждены были снести их на двор и уложить в подводы, наподобие грузных снопов. Наконец пирушка кончилась; Дуню и Гришку уложили в приготовленную заранее каморку, и гости разъехались.

Сам дедушка Кондратий поплелся к себе на озеро.

Дом Глеба, площадка и берега Оки окутались темнотою ночи и стихли - стихли, как словно заснули заодно с обывателями...

Женитьба приемыша не произвела почти никакого изменения в хозяйстве рыбака. Порядок, заведенный Глебом тридцать лет назад, без всякого сомнения, не мог пошатнуться от такой маловажной причины. Вообще говоря, в крестьянском быту сноха занимает довольно жалкую роль, особенно в первое время. Нужны какие-нибудь особенные благоприятные обстоятельства или с ее стороны, или со стороны мужниной родни, чтобы житье ее в доме разнилось от житья простой работницы.

На другой же день можно было видеть, как тетка Анна и молоденькая сноха ее перемывали горшки и корчаги и как после этого обе стучали вальками на берегу ручья. Глеб, который не без причины жаловался на потерянное время - время подходило к осени и пора стояла, следовательно, рабочая, - вышел к лодкам, когда на бледнеющем востоке не успели еще погаснуть звезды. За час до восхода он, Захар и Гришка были на Оке.

В многозаботной жизни простолюдина время дорого. Так некогда предаваться излишней радости или скорби. И рад бы иной раз, послушался, что душа поет, рад бы повеселиться, завихриться, рад бы выплакать вдосталь свое горькое горе, да мало ли что!.. Нужда, время идет, никого не ждет. Иного дня неделей целой не нагонишь!.. Мне приводилось встречать старух, которые рыдали отчаянно, страшно рыдали, и в то же время несли на плечах ведра или занимались другим хозяйственным делом. "Что с тобою?.." - "Сын вечор помер... Один только и был!.."

Не раз также я заставал за сохою стариков, которых за час посетила нечаянная радость или сразило страшное горе. Дух может скорбеть или радоваться сколько угодно - руки должны оставаться одинаково крепкими и работать.

Единственный предмет, обращавший на себя теперь внимание Глеба, было "время", которое, с приближением осени, заметно сокращало трудовые дни. Немало хлопот приносила также погода, которая начинала хмуриться, суля ненастье и сиверку - неумолимых врагов рыбака. За всеми этими заботами, разумеется, некогда было думать о снохе. Да и думать-то было нечего!.. Живет себе бабенка наравне с другими, обиды никакой и ни в чем не терпит - живет, как и все люди. В меру работает, хлеб ест вволю: чего ж ей еще?..

К концу осени мысли старого рыбака перешли непосредственно от промысла к другому предмету. Как только заметил он, что верши его стали "сиротеть", а с сетями нечего почти делать, он начал помышлять о том, как бы разделаться с Захаром. Впрочем, это обстоятельство заняло не много времени: расчет был очень короток. Мы уже имели случай заметить, что старик, нанимая Захара, имел в виду продержать его не далее осени, то есть до той поры, пока окажется в нем надобность. С этою целью он давал ему денег вперед и даже старался опутать долгами. За месяц перед расчетом старик разом прекратил выдачу денег. Он, конечно, слова не промолвил работнику о своем намерении, но втихомолку сводил свои счеты. В тот самый день, когда Захар заработал последнюю копейку, данную ему вперед, Глеб объявил наотрез, что он ему больше не нужен. Озадаченный несколько неожиданной выходкой, работник заикнулся было о деньгах; но хозяин показал ему бирку, на которой обозначены были все дни, прожитые батраком, и все деньги, грош в грош, заработанные им. Возражать было нечего.

В утро того же дня Захар уложил в карман своих шаровар все свои пожитки, состоявшие из ситцевого кисета и трубки; взял в руки гармонию и покинул, посвистывая, площадку.

Гришка сопровождал его. (Глеба не было в эту минуту дома. Отпустив работника, он тотчас же ушел в Сосновку.) Во все продолжение пути от ворот до лодок Захар не переставал свистать и вообще казался в самом приятном, певучем расположении духа.

- Куда ж ты теперь, Захар? - спросил Гришка, после того как оба они уселись в челноке и отчалили от берега.

- Разве мало местов-то?.. Думаешь, твой Глеб один только на свете и есть!.. Тебе, может статься, в диковинку! Нам хоша бы его не было - это все единственно... Что расчел-то меня: "не надо", говорит, - великая важность!.. Почище видали - не плакали!.. Может, он того не знает, плевать я хотел на него! Нам везде будет место... Нашему брату не искать. Куда пришел, тут и нашел! В Комареве и то звали намедни: "Приходи, говорят, Захар, уважим!.." Да вряд ли останусь; прискучили мне ваши места... Пока еще поотряхнусь, погуляю... У меня вот в Серпухове есть знакомый один хозяин, фабрику содержит и капитал большой имеет: туда и пойду... потому как он есть мне приятель, и житье, примерно, вальяжное, первый сорт. Это все, выходит, нашему брату того и надо!.. - проговорил Захар с такою самоуверенностию и оглядываясь с таким беспечным видом направо и налево, как будто все лучшие места от Коломны до Серпухова были действительно к его услугам.

На самом деле он находился в крайне затруднительном положении. Он не знал даже, приведется ли пообедать, потому что дальше Комарева нынче не уйдешь, а комаревский целовальник Герасим (в этом убедился Захар из собственного опыта) в долг не верил. Гармония представляла слишком ничтожный предмет для заклада: и новая-то стоит всего один двугривенный! Конечно, если приложить к ней кисет, картуз и трубку, можно, пожалуй, выйти из беды, но на самое короткое время. Никак не дотянешь до найма. В Комареве (это обстоятельство было также известно Захару) и без того уже много своих рук. Что ж касается до путешествия в Серпухов, к приятелю фабриканту, надо было отложить попечение: серпуховский приятель был, к сожалению, тот самый, что застал жену свою в роковую минуту, как она дарила Захару знаменитый кисет. Другие же два фабриканта из Серпухова вытурили его также в свое время и погрозили даже намять бока, если он только покажется на пороге их фабрик. Между Захаром и остальными знакомыми ему хозяевами существовали такие же почти неблагоприятные отношения - словом, решительно некуда было приткнуться!.. Со всем тем, надо отдать ему справедливость, он не унывал нисколько. Во все время переправы через Оку не переставал он молодцевать, свистать, петь песни и играть на гармонии. Мало того: ступив на противоположный берег, он выразил даже свое искреннее, задушевное сожаление к тяжкой доле молодого своего товарища.

- Эх, Гришка, Гришка!.. Жаль мне тебя, братец ты мой, ей-богу, жаль!.. Так, ни за что, ни за грош погубил ты свою молодость!.. Пропадай теперича твоя волюшка!.. В коренную, как есть, закрепил тебя старик к дому своему. Говорил - стой на одном: "Знать, мол, не знаю, ведать не ведаю!.." А то: как да как?.. Вот те и как!.. Возись поди теперича... Закабалил ты себя. Навязал жернов на шею - это все единственно, - выходит, одно и то же!.. И добро девка-то была бы... а то... эхма! Мимолетный ты парень, как погляжу, соломенная твоя душа!.. Только что вот куражишься... То ли бы было, кабы послушал: шли бы теперича вместе важнеющим манером!.. Куда ни кинул глазами, это все единственно; везде путь-дорога - гуляй знай!.. А то что?.. Загубил себя как есть теперича!.. Парень-то ты ловкий: через это и жалею больше, ей-богу, право!..

Говоря таким образом, Захар не имел дурного умысла. Он чуть ли даже не был чистосердечен, потому что судил о Гришке по себе - судил безошибочно, и знал, следовательно, как мало соответствовало молодому парню настоящее его житье.

Во все время этого дружеского объяснения приемыш стоял понуря голову и крепко упирался грудью в конец весла. Он слова не сказал, но конец весла яростно рыл землю. Руки Гришки не переставали откидывать с нетерпением волосы, которые свешивались на лицо его, принужденно склоненное на грудь.

Ко всем дурным чувствам, кипевшим теперь в сердце приемыша, примешивалась еще досада, которую пробуждала не столько разлука с товарищем, сколько сознание бессилия последовать за ним. По крайней мере, глаза Гришки, пристально устремленные на удаляющегося Захара, были совершенно сухи. Не обозначалось в них ни сожаления, ни грусти: что-то похожее на зависть, на бешенство молодого полудикого коня, выхваченного из косяка арканом, спутанного по ногам крепкими ремнями и брошенного наземь, сверкало в черных, глядевших исподлобья глазах Гришки, обозначалось во всех чертах его смуглого лица. Захар говорил сущую правду: и он точно так же мог бы теперь быть вольнее белых чаек, которые весело снуют над раздольною рекою! Все кончено! Хочешь не хочешь, живи в ненавистном доме. Припаял суровый старик Гришкину волюшку - припаял ее медным припоем! Связал по рукам и ногам! Недаром же трунил над ним Захар, называя его мимолетным парнем и соломенною душою; недаром сравнивал его с мякиной, которая шумит и вьется пока в углу, в затишье, а как только вынесешь в открытое поле, летит покорно в ту сторону, откуда ветер покрепче! Но Гришка, как обыкновенно водится в подобных случаях, не столько обвинял самого себя, сколько окружающих. Больше всех пришлось отвечать Дуне. Она, одна она, как он думал сам с собой, была всему главной виновницей: не живи она в двух верстах от площадки, не полюби парня, не доверься его клятвам, ничего бы не случилось; он в самом деле шел бы теперь, может статься, с Захаром! И кто толкал его на луговой берег? Чего домогался он? Чего искал? Съездил всего раз двадцать украдкою на озеро - велика важность! Эка невидаль! Стоило из того навеки распрощаться с вольною волюшкой! Негодование Гришки обращалось даже частию на тестя. Дедушка Кондратий также был, по разумению Гришки, виновен во многом: зачем, вместо того чтобы гонять каждый раз приемыша из дому, зачем ласкал он его - ласкал и принимал как родного сына?..

С такими мыслями и чувствами покинул он луговой берег и переехал Оку. Когда Гришка обернулся, чтобы привязать челнок, глаза его встретили жену. Она стояла, прислонившись к большой лодке, и, по-видимому, ждала его.

Дуня, точно, вышла с этою целью на площадку, но действовала в этом случае не по собственному побуждению. Глеб перед уходом в Сосновку велел ей передать мужу, чтобы он тотчас же после возвращения своего с лугового берега ехал забрать верши, брошенные накануне подле омута. Иначе, может быть, у нее не стало бы смелости дожидаться мужа. В последнее время, не мешает заметить, она чувствовала страшную неловкость в его присутствии. К этому чувству начинала даже примешиваться робость. Гришка, конечно, не смел пробудить в ней такого чувства жестоким обращением: он побоялся бы тронуть ее пальцем. Но Дуне во сто раз легче было бы снести его побои, чем видеть, как вдруг, ни с того ни с сего переменился он и, что всего хуже, не объяснял даже ей причины своего неудовольствия.

Гришка, подобно всем слабым, но злобно, дурно настроенным людям, не смея явно выразить своей досады, вымещал ее тайком, втихомолку, и, конечно, вымещал ее на жене, единственном существе, которое находилось до некоторой степени в его зависимости. Он прибегал, как водится в таких случаях, к мелким, но тем не менее действительным средствам. Так, с самой почти свадьбы сохранял он перед нею какой-то небрежно-насмешливый вид. И хоть бы слово, одно слово сказал ей в оправдание такой внезапной перемены обращения! Так нет: почти с самого дня свадьбы хранил он упорное молчание, отворачивался и отходил от нее всякий раз, когда она обращалась к нему. При случае не обходилось без грозных жестов и еще более грозного выражения лица. Всё это мгновенно исчезало, однако ж, как только появлялся Захар. В глазах жены Гришка умышленно заводил с ним долгую дружескую беседу, старался даже казаться веселым. Молоденькая сноха Глеба сокрушалась в догадках. Молодое, неопытное сердце ее невыносимо ныло

141

от боли, терзалось, может даже быть, ревностью. Захар отнял у нее Гришку. С каждым днем худела она и падала духом, к великому удивлению тетки Анны и скорбному чувству преклонного отца, который, глядя на дочку, не переставал щурить подслеповатые глаза свои и тоскливо качал белою старческою головою.

При всем том, как только челнок мужа коснулся берега, она подошла к самому краю площадки. Взгляд мужа и движения, его сопровождавшие, невольно заставили ее отступить назад: она никогда еще не видела такого страшного выражения на лице его. Дуня подавила, однако ж, робость и, хотя не без заметного смущения, передала мужу приказание тестя.

В ответ на это Гришка соскочил наземь, оглянул кругом, толкнул ногою челнок и яростно бросил весло на камни.

При этом страх овладел ею пуще еще прежнего; она снова отступила несколько шагов. Гришка подошел к ней с поднятыми кулаками.

- Это все через тебя! Все ты! Ты всему причиной! - промолвил он, снова оглядываясь кругом и злобно потом стискивая зубы. - Ты... через тебя все вышло! - подхватил он, возвыша голос. - Это ты рассказала своему отцу про нашу сплетку!.. Ты рассказала ему, какая ты есть такая: через эсто женили нас!.. Я ж тебе! Погоди!..

- Гриша... Гриша!

Она не договорила своей мысли... Впрочем, Гришка видел очень хорошо и без ее объяснения, что "сплетка" их и в то время еще не могла оставаться тайной; теперь и подавно нельзя было бы скрыть ее. Все равно, рано ли, поздно ли, должны были открыть истину. Если б хоть раз поговорил он с женою, хоть раз обошелся с нею ласково, Дуня, подавив в себе остаток девичьего чувства, привела бы ему еще другое доказательство их связи: авось-либо перестал бы он тогда упрекать ее, пожалел бы ее; авось помягче стало бы тогда его сердце, которое не столько было злобно, сколько пусто и испорчено. Но Гришка не знал последнего обстоятельства. Сверх того, вряд ли обратил бы он в эту минуту на что-нибудь внимание. Слова Захара, как крепкий хмель, мутили рассудок Гришки. К тому же бояться теперь было нечего: Глеба не было дома - смело можно расходиться! Он осыпал Дуню ругательствами и упреками, грозил утопить ее, поджечь лачугу тестя, грозил убежать из дому, и бог знает только, чего не наговорил он! Конечно, все это были лишь пустые слова, действия разгоряченного не в меру мозга - слова, над которыми всякий другой посмеялся бы вдоволь, пожалуй, еще намял бы ему хорошенько бока; но тем не менее слова эти поразили молоденькую женщину страшным, неведомым до того горем.

Наконец Гришка кинулся в челнок и, бросив на ветер еще несколько новых бессмысленных угроз, отчаянно махнул веслом и полетел стрелою вниз по течению.

Приложив руки к груди, едва переводя дух и вздрагивая всем телом, Дуня направилась к огороду, чтобы там на свободе выплакать свое горе; но совладать с горем без привычки - дело мудреное! Слезы и рыдания захватили ее еще на половине дороги.

В таком положении застала ее тетушка Анна, выходившая в это время из ворот.

- Ахти, батюшки! Мать ты моя родная! Что ты, касатушка? Христос с тобою! - воскликнула старушка, суетливо ковыляя к снохе.

Тетка Анна, несмотря на всегдашнюю хлопотливость свою и вечную возню с

142

горшками, уже не в первый раз замечала, что хозяйка приемыша была невесела; разочка два приводилось даже видеть ей, как сноха втихомолку плакала. "Знамо, не привыкла еще, по своей по девичьей волюшке жалится! Помнится, как меня замуж выдали, три неделюшки голосила... Вестимо, жутко; а все пора бы перестать. Не с злодеями какими свел господь; сама, чай, видит... Что плакать-то?" - думала старушка.

Рыдания Дуни не шутя смутили ее. Но чем усерднее суетилась она подле снохи, чем усерднее ласкалась к ней и уговаривала ее, тем сильнее плакала и рыдала Дуня. Голос участия и всевозможные утешительные соболезнования действуют всегда отрицательно в тех случаях, когда сердце слишком переполнено скорбью: они большею частью только раздражают и без того уже раздраженное сердце человека, убитого горем. Лучше всего предоставить его самому себе, дать ему полную волю наплакаться; время, тишина и покой - лучшие утешители; слова утешения в этих случаях часто разъясняют нам всю цену того, что мы потеряли и что оплакиваем.

- Да ты мне только скажи, болезная, на ушко шепни - шепни на ушко, с чего вышло такое? - приставала старушка, поправляя то и дело головной платок, который от суеты и быстрых движений поминутно сваливался ей на глаза. - Ты, болезная, не убивайся так-то, скажи только... на ушко шепни... А-и! А-и! Христос с тобой!.. С мужем, что ли, вышло у вас что неладно?.. И то, вишь, он беспутный какой! Плюнь ты на него, касатка! Что крушить-то себя понапрасну? Полно... Погоди, вот старик придет: он ему даст!..

- Нет, матушка... Разве я через него?.. Так, сама не ведаю... Не говори батюшке... Христом-богом прошу, не говори ты ему...

- Что говорить-то? И-и-и, касатка, я ведь так только... Что говорить-то!.. А коли через него, беспутного, не крушись, говорю, плюнь, да и все тут!.. Я давно приметила, невесела ты у нас... Полно, горюшица! Авось теперь перемена будет: ушел теперь приятель-то его... ну его совсем!.. Знамо, тот, молодяк, во всем его слушался; получал его, парня-то, всему недоброму... Я сама и речи-то его не однова слушала... тьфу! Пропадай он совсем, беспутный... Рада до смерти: ушел он от нас... ну его!..

Но как бы там ни было, был ли всему виной Захар или другой кто, только тетушке Анне много раз еще после того привелось утешать молоденькую сноху свою. К счастию еще, случалось всегда так, что старик ничего не замечал. В противном случае, конечно, не обошлось бы без шуму и крику; чего доброго, Гришке довелось бы, может статься, испытать, все ли еще крепки были кулаки у Глеба Савиныча; Дуне, в свой черед, пришлось бы тогда пролить еще больше слез.

Но Глеб, занятый с раннего утра до позднего вечера своими вершами и лодками (время рабочее проходило, и надо было поторопиться зашибить лишнюю копейку), не обращал никакого внимания на житье-бытье молодых. Недосуг было; к тому же хотя зоркий, проницательный взгляд старика в последнее время притуплялся, ему все-таки легче было уловить едва заметное колебание поплавка или верши над водою, чем различить самое резкое движение скорби или радости на лице человеческом. Старик глядел меньше на лицо, чем на руки. Приходил он домой в обед или ужин и всякий раз заставал Дуню в хлопотах по хозяйству: чего ж ему еще? Он оставался очень доволен снохою. "Нет, не обманул меня сосед, -

думал Глеб, - дочка его, точно, хлопотунья, работящая бабенка, к тому же смирна добре... Сначатия-то как словно не так, чтобы совсем ладно повела себя, а теперь, грех сказать, попрекнуть нечем!.."

Дуня, с своей стороны, движимая, может статься, чувством совестливости, которую пробуждал в ней ее проступок, ревностно работала, стараясь этим способом загладить перед тестем и тещею прежнюю вину свою. Со дня поступления ее в дом никто не слыхал от нее противного слова; несмотря на теперешнее трудное положение свое, она не только не отказывалась от дела, но даже сама добровольно хлопотала от зари до зари. Нежная, истинно материнская заботливость, которую обнаруживала тетушка Анна к горшкам своим, встретила в Дуне опасную соперницу. К этому, не мешает заметить, способствовал теперь отчасти сам Гришка: день ото дня он делался сговорчивее, переставал хмуриться и буянить. Наступившая зима подействовала еще благодетельнее на отношения молодых. И то сказать надо: сколько ни отмалчивайся, сколько ни серчай, а пять зимних месяцев кряду - не выдержишь: хоть словечко, да вымолвишь. Видно, надоело Гришке кипятиться попусту: зима в избе, что тихое семейное житье, худому не научит - советница добрая...

Починка сетей, плетение вершей, строгание багров и весел, приготовление саков и поплавков заняли теперь исключительно Глеба: все эти предметы представили обильную пищу неугомонной деятельности старика. Но что ни говори, строгание весел и починка сетей дело все-таки мертвое сравнительно с ловлею живой рыбки, - живой промысел. Страшные морозы, сковавшие Оку ледяною корою, пригвоздили к лавке старого рыбака; ничто уже не мешало ему теперь обратить частичку внимания на жену, на житье-бытье молодых, на хозяйство. Просиживая день-деньской в избе, Глеб окончательно вывел самое выгодное мнение о снохе своей. Говоря об этом предмете с дедушкой Кондратием, который частенько заглядывал на площадку - благо ход через реку был теперь свободен, - Глеб не нахваливался. Добрые слова соседа заметно веселили преклонного старичка. Впрочем, в последнее время все были как-то довольны и веселы. Но веселье и довольство овладели всеми еще в большей мере, когда к исходу зимы в доме рыбака неожиданно появилась у печки люлька и вслед за тем послышались детские крики. Тут уже седые брови Глеба как словно совсем расправились, а белая голова дедушки Кондратия заходила еще пуще прежнего из стороны в сторону; но уже не от забот и печали заходила она таким образом, а с радости. О тетушке Анне и самой Дуне говорить нечего!.. Самые любимые горшки, самые избранные корчаги остались на время в забвении!.. Даже Гришка - и тот стал весело, самодовольно потряхивать волосами.

Вместе с этим слабым детским криком как словно какой-то животворный луч солнца глянул неожиданно в темную, закоптелую избу старого рыбака, осветил все лица, все углы, стены и даже проник в самую душу обывателей; казалось, ангел-хранитель новорожденного младенца осенил крылом своим дом Глеба, площадку, даже самые лодки, полузанесенные снегом, и дальнюю, подернутую туманом окрестность.

Давно уже прошла капель с кровель, прошел лед по Оке, уже прилетели скворцы и жаворонки, когда Дуня вышла в первый раз за ворота.

Был чудесный, теплый день только что начинающейся весны.

144

Не знаю, воздух ли подействовал так благодатно на Дуню, или душа ее была совершенно довольна (мудреного нет: Гришка обращался с ней совсем почти ласково), или, наконец, роды поправили ее, как это часто случается, но она казалась на вид еще бодрее, веселее и красивее, чем когда была в девках. А между тем на каждом плече ее было по коромыслу и на каждом коромысле висела немалая тяжесть рубах и всякого другого тряпья; немало также предстояло ей забот: требовалось привести все это в порядок, вымыть, развесить, просушить, прикинуть кой-где заплату, кой-где попросту прихватить нитками - работы больно довольно. Она весело спустилась, однако ж, к концу площадки - туда, где за большими камнями шумел ручей, впадающий в Оку, и так же весело принялась за дело.

Уже час постукивала она вальком, когда услышала за спиною чьи-то приближающиеся шаги. Нимало не сомневаясь, что шаги эти принадлежали тетушке Анне, которая спешила, вероятно, сообщить о крайней необходимости дать как можно скорее груди ребенку (заботливость старушки в деле кормления кого бы то ни было составляла, как известно, одно из самых главных свойств ее нрава), Дуня поспешила положить на камень белье и валек и подняла голову. Перед ней стоял Захар.

XXI

ПРОДОЛЖЕНИЕ ПРЕДЫДУЩЕГО

Захар далеко уже не казался теперь тем щеголем, каким видели его на комаревсной ярмарке и потом у Глеба. Одежда на нем была, однако ж, все та же, но потому-то самому, может статься, и была она так неказиста, что целых пять-шесть месяцев кряду находилась бессменно на плечах его. Широкие синие шаровары из крашенины, засученные до половины икры с целью предохранить их от грязи, но вернее, чтобы скрыть лохмотья, которыми украшались они внизу, как бахромою, значительно побелели, местами даже расползались. Жилета с светлыми пуговицами, этого знака отличия, которым спешит обзавестись всякий фабричный, как только проникается сознанием личного превосходства своего над пахарем и лапотником, - жилета, которым так справедливо гордился и дорожил Захар, - жилета не было!.. Оставались одна только ситцевая розовая рубашка и картуз; да и те сохраняли такие сокрушительные следы дождей, пыли и времени, смотрели так жалко, что наносили решительное поражение внешнему достоинству сельского франта. Даже лицо его как будто износилось заодно с картузом и рубашкой; оно, конечно, могло бы точно так же пленять серпуховских мещанок и фабричных девок, но не отличалось уже прежней полнотой и румянцем. Видно было, что Захар с того времени, как простился с Глебом, питался не одними калачами да сайками. За плечами его болталась на конце палки баранья шубенка такого отчаянного вида, как словно часа два сряду стреляли в нее пулями.

Невредимою осталась одна гармония, да и то потому, я думаю, что материалы, ее составлявшие, состояли большею частию из меди и дерева.

Со всем тем Захар все-таки глядел с прежнею наглостью и самоуверенностью, не думал унывать или падать духом. В ястребиных глазах его было даже что-то презрительно-насмешливое, когда случайно обращались они на прорехи рубашки. Казалось, жалкие остатки "форсистой" одежды были не на плечах его, а лежали скомканные на земле и он попирал их ногами, как предметы, недостойные внимания.

С таким видом приблизился он к хозяйке приемыша. Он подошел, однако ж, не вдруг: шагов за десять, когда Дуня не подозревала о его прибытии, Захар остановился, чтобы оправиться. Глаза его между тем любопытно следили за каждым движением молоденькой, хорошенькой бабенки; они поочередно перебегали от полуобнаженной груди, которую позволяло различать сбоку наклоненное положение женщины, к полным белым рукам, открытым выше локтя, и обнаженным ногам, стоявшим в ручье и подрумяненным брызгами холодной воды. Нельзя сказать утвердительно, какое впечатление произвел на Захара этот осмотр; он казался сначала как будто удивленным. В бытность свою у Глеба он не удостоивал почти вниманием хозяйку Гришки: называл ее "сухопарой козой", "жимолостью" и другими именами. Надо полагать, однако ж, что на этот раз Захар отказывался от прежнего мнения, и впечатление, произведенное на него молодой женщиной, относилось к ее чести. Он даже подмигнул с каким-то особенным лукавством левым глазом и, сделав выразительный знак бровями, пошел прямо к Дуне, не переставая охорашиваться.

- Здравствуй, Дунюшка!.. Как вы, Авдотья Кондратьевна, живете-можете? - сказал Захар, самодовольно ухмыляясь, между тем как Дуня поспешно застегивала запонку сорочки и обдергивала приподнятую поняву.

- Здравствуй, - отвечала она, не обнаруживая ни радости, ни досады.

Мало-помалу, с внутренним довольством, из памяти ее изгладились слова тещи, которая уверяла всегда, что Захар был главным виновником первых ее горестей; она совсем почти забыла бывшего товарища мужа.

- Не узнаешь, что ли?.. - промолвил Захар, потряхивая головой. - Сдается, не так чтобы оченно давно не видались - старый дружок!..

- Как забыть?.. Помню! - вымолвила она на этот раз не очень весело. - Откуда?.. - прибавила она, принимаясь укладывать готовое белье.

- А я из Клишина: там и переехал; все берегом шел... Да не об этом речь: я, примерно, все насчет... рази так со старым-то дружком встречаются?.. Как словно и не узнала меня!.. А я так вот взглянул только в эвту сторону, нарочно с дороги свернул... Уж вот тебя так мудрено признать - ей-богу, правда!.. Вишь, как потолстела... Как есть коломенская купчиха; распрекрасные стали!.. Только бы и смотрел на тебя... Эх! - произнес Захар, сделав какой-то звук губами.

Дуня ничего не отвечала: она бросила взгляд к воротам и торопливо стала укладывать белье на коромысло.

- А что, ваши все дома?.. - спросил Захар.

- Дома, - отвечала Дуня, подымая коромысла и уравнивая их на плечах.

- Плечики наест: дай подсоблю, - обязательно промолвил Захар.

- Не надо: сама управлюсь.

146

- Что ж так?

- Да так; сама принесла, сама и отнесу, - сухо сказала Дуня, направляясь к избам.

Захар приостановился, поглядел ей вслед и знаменательно подмигнул глазом; во все время, как подымался он за нею по площадке, губы его сохраняли насмешливую улыбку - улыбку самонадеянного человека, претерпевшего легкую неудачу. Ястребиные глаза его сильнейшим образом противоречили, однако ж, выражению губ: они не отрывались от молодой женщины и с жадным любопытством следили за нею.

Вступив под ворота, Захар тотчас же оставил свое преследование и прямо пошел к Глебу и Гришке, которые работали под навесом.

- Здорово, хозяин! - молодцевато воскликнул Захар, приподымая картуз и дружелюбно кивая головою Гришке, который поспешил ответить товарищу тем же знаком.

- Здорово, брат! - проговорил Глеб с расстановкой. - Отколе бог несет?

- А я теперича из Клишина; там и переехал...

- А, примерно, где жил, спрашиваю? Переехать везде можно, - сказал старик, пристально оглядывая гостя.

- Жил больше по фабрикам... больше в Серпухове... там есть у меня приятель фабрикант... у него больше пробавлялся, - отвечал без запинки Захар.

- Так что ж ты такой общипанный? Стало быть, приятель-то худо расчелся?

- Нет, расчелся как следует!.. В себе перемены не вижу, все как быть должон! - решительно возразил Захар.

- Я говорю, как у нас жил, локти, примерно, целы были. Вот что я говорю.

- Мы носим по времени. Нарочно не взял хорошей одежды: оставил в "Горах" у приятеля... Хорошо и в эвтой теперича: вишь, грязь, слякоть какая, самому давай бог притащиться, не токмо с пожитками.

- Что ж, наниматься пришел?

- Пожалуй... потому больше - время теперича слободное... таким манером, коли надобность есть, можем опять послужить.

- Нужды чтобы оченно большой нету... а все одно, взять можно, - проговорил старик, стараясь показать совершеннейшее равнодушие и не замечая, как Гришка подавал знаки, пояснявшие Захару, что он пришел в самонужную пору.

Глеб действительно нуждался в работнике; еще за две недели перед этим наведывался он в Комарево и просил прислать ему батрака, если такой найдется, просил прислать в наискорейшем времени. Появление Захара избавляло Глеба от лишних хлопот.

"Он хоша проклажаться и любит, да по крайности человек знакомый; знаю я его обычай, знаю, как с ним и поуправиться. Другого наймешь, каков еще будет!"

Рассуждая таким образом, старик не терял из виду прорех, которыми покрыта была одежда Захара. Эти прорехи служили основою многим соображениям в голове хитрого старика. Сомневаясь в существовании горских и серпуховских приятелей, а также и в одежде, вверенной будто бы их попечению, Глеб смекнул в одно мгновение ока, что в делах Захара стали, как говорится, "тесные постояльцы" и что, следственно, ему будет теперь не до торгов - что дашь, то и возьмет. Догадки старика были верны во всех отношениях. Захару приходилось хоть в петлю лезть; несмотря на знаки Гришки, которые поясняли ему, что работник нужен, он решился не запрашивать большой цены, опасаясь, чтобы старик, чего доброго, не отказал взять его.

- Ну, что ж? Коли наниматься пришел, можно... Пойдем в избу: там переговорим; к тому и обедать время, - сказал Глеб, покрякивая и приподымаясь на ноги.

Результатом переговора было то, что Захар нанялся до осени, помесячно, у прежнего своего хозяина, Глеба Савинова.

- Вот нелегкая принесла, прости господи! - сказала тетушка Анна, оставшись с глазу на глаз с Дуней после обеда. - Тьфу! Провались он совсем!.. Вот, Дунюшка, погляди, коли опять не завертит Гришку. И в ту-то пору убивалась ты все через него, беспутного; я сама не однова и речи-то его непутные слушала... Тот, вестимо, и рад тому: парень, знамо, еще глупый; во всем его, касатушка, слушает... Уж так супротивен мне этот охаверник Захар, так супротивен... не глядели бы глаза мои!.. Помяни мое слово, коли опять не свертит, окаянный, парня-то... Словно приворожил его к себе... Чай, смотри уж теперь где ни на есть шушукаются: знамо, тот, глупый, и рад эвтому!

- И то, матушка, рад, - печально вымолвила Дуня, - во весь обед только и дело, что переглядывались...

- О-ох! То-то вот, болезная, не надыть бы его в дом пущать! - перебила старушка, нетерпеливо качая головою. - Да что ты с ним, с нашим стариком, делать-то станешь!.. Поди-ка скажи ему, сунься-ка - с чем пришла, с тем и уйдешь; ничегохонько-то он в толк не возьмет... Такой уж, видно, человек на свете уродился! Скажи ему, хуже еще упрется; ину пору сам видит: дело ты говоришь, а перемены все нет никакой; что сказал наперед: худо ли, хорошо ли, на том и поставит - по его чтоб было!.. И с чего это польстился так на Захара на этого? Сам ведь, касатка, на него жалился: и такой, мол, и сякой, говорил... а теперь опять взял... То-то вот, родная, корысть-то добре обуяла его; к старости не надыть бы этому; а он пуще еще стал любить деньгу. Вот хошь бы намедни говорю это ему: горшки, мол, говорю, перебиты; купить, говорю, надо... Сама говорю так-то, а у самой так вот по сердцу-то и подкатилось, словно и невесть о какой беде толкую ему: до того довел, касатка! Как закричит на меня, насилу ноги уплела, - гроша медного не дал... Вот ведь скупость-то какая!.. Больше, думаю, и польстился на Захара, нанял его - мало денег запросил... Того, может статься, не ведает: этакого охаверника беспутного и даром-то никто не возьмет... Чай, так, без места где-нибудь шатался, провалиться бы ему стамши! Не видишь его, помянешь только - и тут нагрешишь! - заключила с сердцем старушка.

Догадки тетушки Анны не замедлили оправдаться. Прошло всего несколько дней после прихода Захара, а Дуня успела уже заметить в своем муже значительную перемену. Спустя месяц какой-нибудь Гришка окончательно не тем стал, чем был до появления товарища. Он не то чтобы возобновил прежнее упорное молчание или снова сделался мрачен в обращении с женою, - совсем напротив: на этот раз Гришка представлял из себя какого-то отчаянного лихача, бесшабашного гуляку. Он не переставал хвастать перед женою; говорил, что плевать теперь хочет на старика, в грош его не ставит и не боится настолько - при этом он показывал кончик прута или соломки и отплевывал обыкновенно точь-вточь, как делал Захар; говорил, что сам стал себе хозяин, сам обзавелся семьею, сам над собой властен, никого не уважит, и покажи ему только вид какой, только его и знали: возьмет жену, ребенка, станет жить своей волей; о местах заботиться нечего: мест не оберешься - и не здешним чета! Захар и то говорил, что такую ловкую бабенку, как Дуня, с радостью примут на любой фабрике, что сам Захар похлопочет об этом; что ж касается до Гришки, и толковать нечего! Только свистни они с Захаром, все фабрики настежь, выбирай из любка-любую! То-то будет житье! Эхма, загуляем! Держись только!

Когда Дуня останавливала его, он начинал браниться, заставлял ее молчать или, что еще хуже, начинал трунить над нею в присутствии Захара, называл ее просто дурой, часто даже сам вызывал Захара посмеяться над нею.

Дружба приемыша с работником упрочивалась каждый день. Захар, по-видимому, сложил перед Гришкой величавое свое достоинство: он обращался с ним как с ровней. Они были неразлучны. Дуня поминутно заставала их, сидящих в каком-нибудь украйном месте двора или в лодке. Захар пел песни, наигрывая на гармонии, или разговаривал. Гришка слушал его и украдкою покуривал трубку. Посреди этих дружеских разговоров не раз приходилось ей слышать собственное свое имя, произносимое с похвалою. Дружеские чувства Захара были так сильны, что невольно обращались на жену приятеля. Он принимал живейшее участие во всех трудах ее. Требовалось ли нести белье на ручей и отдать кому-нибудь на руки ребенка, Захар являлся тотчас же к услугам; он не спускал с нее ястребиных глаз, старался всячески угодить ей и следовал за ней повсюду. Скромность Захара заставляла его устроивать всегда таким образом, чтобы все эти ухаживания и угождения оставались тайною для домашних и были известны одной только молодице. Казалось, он вовсе не замечал, как сухо, как досадливо принимаемы были всегда молодой женщиной его услуги; она редко даже отвечала ему, чаще всего отворачивалась и отходила прочь. Любезность Захара только возрастала. Стоило Дуне показаться одной на дворе или у огорода, она непременно встречала работника. Он делал всегда вид, как будто встреча произошла случайно; а между тем, откуда ни возьмись, в руках его появлялась неожиданно гармония. Он прислонялся плечом к воротам или плетню и, умильно поглядывая на Дуню, тотчас же запевал вполголоса какую-нибудь песню, слегка подыгрывая на гармонии. При малейшем движении молодки он обращал глаза в другую сторону, замолкал и ограничивался тем лишь, что сохранял прежнюю молодецкую осанку.

Но мало-помалу вместе с любезностию в нем стала появляться особенная какая-то смелость. Раз даже начал он заигрывать с Дуней. Кроме молоденькой бабы и работника, на дворе никого не было. Окинув быстрым взглядом навесы и крылечко, Захар ловко подкрался к Дуне и нежно прошептал:

- Эки вы сахарные, Авдотья Кондратьевна!

- Отстань! - сказала она, вся вспыхнув от негодования, и так сильно ударила его кулаком, что он отскочил в сторону.

- Что же это вы как спесивитесь?.. Полно, Дунюшка!.. - промолвил Захар, снова приближаясь.

- Подступись только, низкий ты этакой! - вскричала она, сжимая кулаки и становясь в оборонительное положение.

149

- Ш-т! Что ты кричишь-то... словно режут тебя... - произнес он, оглядываясь вокруг.

- Нет, буду кричать - нарочно буду кричать...

- Полно тебе... ш-т!.. Авдотья Кондратьевна... перестань...

- Чего ты грозишь-то? Чего стращаешь? Думаешь, испугалась, - подхватила она, все более и более возвышая голос. - Нарочно буду кричать: пускай все придут, пускай все узнают, какой ты есть человек... Все расскажу про тебя, все дела твои... Ах ты, низкий! Да я и смотреть-то на тебя не хочу! Низкий этакой! - кричала Дуня вслед Захару, который улепетывал со всех ног в задние ворота.

"А! Так-то ты, голубушка! - подумал Захар, приставляя глаза к щелям плетня и пугливо оглядывая двор. - Ах ты, шушера! Погоди ж, коли так: я тебе дам знать; будешь помнить Захарку!"

К счастию Захара, на голос Дуни никто не явился: все домашние находились на дальнем конце площадки, и похождение его прошло никем не замеченным.

С того же дня Захар переменил свое обращение с Дуней. Он понял, что тут не то, что с фабричными девками: смелостью и удалью ничего не возьмешь - надо вести дело исподволь. Основываясь на этом, он совершенно оставил на первое время свои преследования и принял вид человека, которого обругали или оскорбили самым незаслуженным образом.

- За что тогда осерчала на меня? - сказал он при случае Дуне. - Маленечко так... посмеялся... пошутил... а тебе и невесть что, примерно, показалось! Эх, Авдотья Кондратьевна! Ошиблась ты во мне! Не тот, примерно, Захар человек есть: добрая душа моя! Я не токмо тебя жалею: живучи в одном доме, все узнаешь; мужа твоего добру учу, через эвто больше учу, выходит, тебя жалею... Кабы не я, не слова мои, не те бы были через него твои слезы! - заключил Захар с неподражаемым прямодушием.

В его голосе был даже слышен упрек оскорбленной добродетели, которая приняла твердую решимость отплачивать добром за причиненное зло.

И в самом деле, движимый, вероятно, этой мыслию, стал он с некоторых пор еще усерднее наставлять своего товарища. Действия Захара оставались совершенно закрытыми для домашних. Но распутные поступки - все равно что злые семена: как глубоко ни запрятывай их в землю, рано или поздно окажутся они на поверхности. Первый плод Захарова посева был небольшой зеленый штоф, именуемый в простонародье "косушкой", который случайно увидела Дуня в руках своего мужа. За этим штофом не замедлили последовать многие штофы. Наставления Захара попали, видно, в плодоносную почву. Нередко в ночное время, когда все спали крепким сном в доме старого рыбака, Гришка украдкою выбирался из клети, исчезал в задних воротах. Опасаясь навлечь на себя гнев мужа, Дуня делала вид, как будто ничего не замечает. Этой мерой она думала сохранить к себе доброе расположение мужа. Говорить ему или усовещевать его - не поможет; пускай же, по крайней мере, думает он, что жена или ничего не видит, или заодно с ним. Со всем тем, как только исчезал Гришка, она поспешно приподымалась с постели и отправлялась по следам его; она ясно различала тогда при трепетном мерцании звезд, как Гришку встречал кто-то на дальнем конце площадки и как потом оба они садились в челнок и переплывали Оку. Куда и зачем отправлялись Захар и Гришка - Дуня не знала. Часто, полная беспокойства и трепетных ожиданий, просиживала она целую ночь на завалинке, отрываясь только, чтобы покормить ребенка. Результат тайных переправ через Оку был всегда тот, что Гришка возвращался шибко навеселе. Раз даже пришел он до того хмелен, что начал шуметь и разбудил тетушку Анну, спавшую с молодыми в смежной клетушке.

- Что ты, беспутный, делаешь-то, а? Что ты делаешь? - с негодованием заговорила старушка, прикладывая попеременно то ухо, то губы к плетню, отделявшему ее от Гришки. - Ах ты, потерянный ты этакой!.. Так-то ты!.. Погоди, погоди, дай старику-то встать: он те даст пьянствовать, беспутный ты этакой!..

При этом Гришка, грозивший в самую эту минуту выбросить старика из саней, притих, как будто мгновенно опустили его на самое дно Оки. Уложив мужа, Дуня тотчас же пошла к теще и упросила ее ничего не говорить Глебу; тетушка Анна долго не соглашалась: ей всего больше хотелось вывести на свежую воду этого плута-мошенника Захара, - но под конец умилостивилась и дала обещание молчать до поры до времени. Все это ни к чему, однако ж, не послужило. Хотя Глеб действительно ничего не видал, не слыхал и даже не подозревал, но он все узнал на другое же утро. Случай помог ему в этом.

Глебу встретилась надобность побывать чем свет в Комареве; он узнал накануне, что одному из комаревских фабрикантов требовалась для крестьян свежая рыбка: рыбка такая была у него, и он поспешил сообщить об этом по принадлежности. Почти у самого входа в Комарево, недалеко от кабака Герасима, столкнулся он с братом фабриканта, к которому шел.

- А я вот, Глеб Савиныч, только что искал паренечка к тебе послать, - сказал, здороваясь, фабрикант.

- Рыбка, что ли, нужна? - спросил старик, как бы с трудом догадываясь о предмете посылки.

- Есть, что ли?

- Найдется... можно...

- Ну, так принеси; мотри, скорей только; я и то было встретил вечор твоих молодцов: хотел наказать им...

- Каких молодцов? - перебил Глеб.

- Каких! Известно каких: твоего работника да еще другого... Григорья, что ли?

- Где ж ты их встрел?

- Где! Известно где: у нас, в Комареве.

- Я не знал, что они сюда ходят, - проговорил удивленный старик.

- Где ж тебе знать: бывают не днем - ночью; у вас, я чай, все давно спят.

- За какою же надобностью сюда приходили?

- Экой ты, братец ты мой, чудной какой! Народ молодой: погулять хочет... Потому больше вечор и не наказывал им об рыбке: оба больно хмельны были; ну, да теперь сам знаешь. Неси же скорей, смотри, рыбу-то!..

- Ладно, сейчас будет! - проговорил Глеб, нахмуривая брови и почесывая затылок.

Старый рыбак показал вид, что идет домой, но как только фабрикант исчез в воротах, он поспешно вернулся назад и вошел в кабак.

- А что, примерно, Герасим, - спросил Глеб, обращая глаза на безжизненное, отекшее лицо целовальника, - были у тебя вечор... мои робята?..

151

- Ня знаю!.. Никаких я твоих робят ня знаю... - проговорил Герасим, едва поворачивая голову к собеседнику и медленно похлопывая красными веками.

- Как не знаешь? - нетерпеливо вымолвил старик. - Ты должон знать... потому это, примерно, твое выходит дело знать, кто у тебя бывает... Не тысяча человек сидит у тебя по ночам... должон знать!..

- Не мое дело! - невозмутимо проговорил целовальник, шлепая котами и направляясь за соседнюю перегородку.

Глеб, у которого раскипелось уже сердце, хотел было последовать за ним, но в самую эту минуту глаза его встретились с глазами племянника смедовского мельника - того самого, что пристал к нему на комаревской ярмарке. Это обстоятельство нимало не остановило бы старика, если б не заметил он, что племянник мельника мигал ему изо всей мочи, указывая на выходную дверь кабака. Глеб кивнул головою и тотчас же вышел на улицу. Через минуту явился за ним мельников племянник.

- Чего тебе? - спросил Глеб.

- Нет, погоди: здесь не годится; завернем за угол, Глеб Савиныч, неравно Герасим увидит...

- А что тебе до него?

- Нет, не годится; осерчает...

- Тьфу, чтоб вас всех! - с сердцем произнес Глеб, поворачивая, однако ж, за угол.

- Ты спрашивал, Глеб Савиныч, про работника да еще про своего... как бишь его!..

- Ну!

- Ну, точно, были это они вечор здесь, сам видел, своими глазами; уж так-то гуляли... и-и! То-то вот, говорил тебе тогда: самый что ни есть пропащий этот твой Захарка! Право же, ну; отсохни мои руки, коли годится тебе такой человек; не по тебе совсем...

- Об этом сумлеваться мое дело; тебя не спрашивают; а примерно, знать хочу, чем они расплачивались за вино... Али, может, в долг брали?

- Расплачивались чем?.. Захар поил; он расплачивался - деньгами расплачивался... а то чем же?..

- А не видал - рыбы, примерно, с ними не было? Не расплачивались они рыбой?.. - перебил старик, пристально взглядывая в лицо собеседника.

- Нет, рыбы не видал: платили деньгами; да все ведь одно... Ну, право же слово, не годится он тебе, не тот человек... Я говорил тогда... Право, не годятся; он и парня-то твоего споит! - усердствовал племянник мельника.

Но рыбаку только и надо было знать. Он повернулся спиною к парню и без дальних объяснений вышел из Комарева.

Принимая в соображение неудовольствие, с каким выслушивал Глеб рассказ фабриканта, можно было думать, что чувство досады превратится в ярость, когда он окончательно удостоверится в истине всего слышанного. Вышло совсем другое: известие, что платил Захар, и притом платил деньгами, мгновенно угомонило гнев старика. Первой мыслью его, как только проведал он о ночной прогулке парней, было то, что Захар и Гришка утаивают от него пойманную рыбу, ловят ее втихомолку, по ночам, без его ведома, и дают ее в обмен за вино. Надо отнести к

152

чести рыбака: его в этом случае не столько возмущала пропажа рыбы (хотя и это отчасти щемило его за сердце), сколько самый поступок. Родного сына, самого Ваню, не помиловал бы он - ни за что не помиловал бы за воровство. Глеб пришел все-таки к тому заключению, что надо дать напрягай Гришке и Захару. Он, конечно, не ограничился бы этим, если б знал, в какой мере повторялись ночные гулянки и попойки; но старик, как мы уже имели случай заметить, ничего не подозревал. Он думал, что это была первая проделка приемыша в таком роде, первое его ослушание, и потому решился только постращать его хорошенько, чтоб наперед страх имел. А то, пожалуй, не сократить парня - дойдет и до того дело, взаправду станут красть рыбу.

Такому снисходительному решению немало также способствовало хорошее расположение старика, который радовался втихомолку случаю выгодно сбыть пойманную вчера рыбку. Рыбка в последнее время действительно плохо что-то ловилась и приносила редкие барыши: нельзя же было не порадоваться!

Когда челнок Глеба пристал к берегу, Захар и Гришка занимались на площадке развешиванием бредня.

Оставив весло и шапку в челноке, старик прямо пошел к приемышу.

- Где ты был нонче ночью, а? - спросил он, останавливаясь перед парнем.

При этом неожиданном вопросе Гришка остолбенел, как будто его стукнули по голове; он опешил совершенно.

Захар между тем поспешно отошел несколько шагов, пригнулся к бредню и так усердно принялся за работу, что можно было подумать, что он ничего не слышит и не видит.

- Тебя спрашивают, говори, где был? - нетерпеливо повторил старик.

- Я... батюшка... где?.. Я не знаю, про что ты говоришь, - пробормотал Гришка, пятясь назад и украдкою косясь на Захара.

Но Захару было не до Гришки: работа, казалось, поглощала его совершенно.

- Ты со мной толком говори! - сказал Глеб, возвышая голос. - Что ты мне турусы путаешь... говори - ну!..

- Где ж мне быть, коли не дома?.. - оправляясь, произнес парень.

- Ой ли!.. А кто ж в кабаке-то был, а?..

- Провалиться мне на этом... - начал было Гришка, но старик не дал ему договорить.

- Ну, ладно, - промолвил он, нахмуривая брови и поворачиваясь к работнику. - Захар, поди сюда и ты...

Захар быстро выпрямился, весело тряхнул волосами и приблизился, сохраняя на лице своем выражение школьника, которого учитель вызывает на середину класса, с тем чтобы поставить в пример товарищам.

- Ну, слушай!.. Слушай и ты!.. - произнес старик, обращая суровые взгляды поочередно то на одного, то на другого. - У меня чтоб это было в последний - слышь, в последний, говорю! Узнаю, разделаюсь с вами по-свойски: тебя проучу... Ты у меня на эвтом месте трое суток проваляешься, я те найду укромное место... Тебя, Захар, одного-единого часу держать не стану, со двора сгоню! Коли пьянствовать хочешь, ступай к своим приятелям в Серпухов либо в другое место: там и распутничай!.. А то пришел в чужой дом, к чужим людям, да других еще сманивать вздумал!.. Зависть берет, видно, на хорошее житье; сам распутствуешь,

153

довел себя до того - одни лохмотья на спине только и есть... и других к тому же подвести хочешь!.. Губи себя сам, коли пришла такая охота, жизнь тебе недорога: дображничаешь до сумы; дойдешь, может статься, и до того - кандалы набьют, дарового хлебца отведаешь, узнаешь, примерно, в каких местах остроги стоят!.. За худым пошел - худое и найдешь... Других только не тронь; сам с собою управляйся, как знаешь; пожалуй, вовсе не наблюдай себя, а к чужим людям пришел, живи как велят - вот что! А ты, Гришка, в последний раз говорю: выкинь дурь из головы; увижу что, оборони тебя бог, тогда на себя одного пеняй: сам, значит, захотел - говорено было!.. Ну, пошел в избу, спроси у старухи ведро да сюда неси! - неожиданно заключил Глеб, поворачиваясь лицом к Оке.

Он направился к ручью. Почти против того места, где ручей впадал в реку, из воды выглядывала верхушка огромной плетеной корзины, куда Глеб прятал живую рыбу. Пока выбирал он из этого самодельного садка рыбу, приемыш успел вернуться с ведром.

Несколько минут спустя оба отчалили от берега.

Во все это время Захар не переставал возиться с бреднем; усердие его было беспримерно: он не поднял даже головы над работой!

Каким образом, стоя спиною к Оке, мог увидеть Захар, что Глеб переехал реку и как затем исчез в кустах - неизвестно; но только он мгновенно тряхнул головою, плюнул сажени на три и развалился на песке. Глаза его следили с каким-то нетерпеливым лукавством за Гришкой, который возвращался назад.

Увидев нахмуренное лицо приемыша, Захар залился тоненьким, дребезжащим смехом.

Гришка отвернулся и с досадою бросил весло. После того он сел наземь, уткнул локти в колени и положил голову в ладони.

Выходка эта окончательно, по-видимому, распотешила Захара: он залился еще звончее прежнего.

- Ну, что глотку-то дерешь? - с сердцем сказал приемыш. - Тебе все смешки да смешки...

- А то как же! По-бабьи зарюмить, стало быть? - насмешливо перебил Захар. - Ай да Глеб Савиныч! Уважил, нечего сказать!.. Ну, что ж ты, братец ты мой, поплачь хошь одним глазком... то-то поглядел бы на тебя!.. Э-х!.. Детина, детина, не стоишь ты алтына! - промолвил Захар.

И лицо его сделалось вдруг недовольным.

- Где тебе жить в людях по своей воле, - продолжал он тоном презрения, - только что вот куражишься! "Я да я!", а покажи кулак: "Батюшка, взмилуйся!", оторопел, тотчас и на попятный...

- Видали мы и тебя... сам больно хоробер... что ж ты молчал-то! - проворчал Гришка.

- Не о себе говорю, дружище! - произнес, поддразнивая, Захар. - Мое дело сторона; нонче здесь, завтра нет меня! Не с чего шуму заводить: взял пачпорт, да и был таков; сами по себе живем; таким манером, Глеб ли, другой ли хозяин, командовать нами не может никто; кричи он, надсаживайся: для нас это все единственно; через это нас не убудет! Тебе с ним жить: оттого, примерно, и говорю; поддавайся ему, он те не так еще скрутит!..

Гришка ничего не отвечал и только отвернулся.

Захар также отвернулся, подперся локтем и принялся беспечно посвистывать. Так прошло несколько минут. Наконец Захар снова обратился к приемышу; на лице его не было уже заметно признака насмешки или презрения.

- Гришка, - сказал он тоном дружбы и товарищества, - полно тебе... Ну, что ты, в самом деле? Слушай: ведь дело-то, братец ты мой, выходит неладно; надо полагать, кто-нибудь из домашних сфискалил. Сам старик, как есть, ничего не знал!

- Старуха сказала; она и то намедни грозилась, - отвечал Гришка, откидывая назад волосы.

- Ну, нет, брат, сдается не так. У нее коли надобность есть какая, подступить не смеет, три дня округ мужа-то ходит.

- Кто ж, по-твоему?.. Жена? Та не посмеет.

- Что говорить! Тебя спросится!

- Небось не скажет: побоится.

- Как не бояться!

- Знамо, боится! - хвастливо произнес Гришка.

- Много, брат, форсу берешь - вот что! Глядел бы лучше.

- А что?

- Да то же... Кабы глядел, не стала бы она фискалить.

- Ты рази видел? - вымолвил приемыш, оживляясь до последнего суставчика.

- Не видал бы, не стал бы говорить; стало быть, видел.

- Ну! - вымолвил Гришка, у которого при этом опустились брови и задрожали ноздри.

- Выходит, была, что ли, надобность со стариком шушукаться.

- Когда? - спросил Гришка, бросая злобный взгляд по направлению к воротам.

- Нынче утром, перед тем самым временем, как старику идти в Комарево.

Гришка сжал кулаки и сделал движение, чтобы приподняться на ноги; но Захар поспешил удержать его.

- Ну, что ты, полоумный! Драться, что ли, захотел! Я рази к тому говорю... Ничего не возьмешь, хуже будет... Полно тебе, - сказал Захар, - я, примерно, говорю, надо не вдруг, исподволь... Переговори, сначатия постращай, таким манером, а не то чтобы кулаками. Баба смирная: ей и того довольно - будет страх иметь!.. Она пошла на это не по злобе: так, может статься, тебя вечор запужалась...

- Все одно! Я ж ее проучу! - перебил Гришка, не отрывая от ворот грозно сверкающих глаз.

- А проучишь, так самого проучат: руки-то окоротят!.. Ты в ней не властен; сунься только, старик-ат самого оттреплет!.. Нам в этом заказу не было: я как женат был, начала это также отцу фискалить; задал ей трезвону - и все тут... Тебе этого нельзя: поддался раз, делать нечего, сократись, таким манером... Погоди! Постой... куда? - заключил Захар, видя, что Гришка подымался на ноги.

На этот раз, однако ж, Захар, движимый, вероятно, какими-нибудь особенными соображениями, не удержал Гришку. Он ограничился тем лишь, что следил за товарищем глазами во все время, как тот подымался по площадке. Как только Гришка скрылся в воротах, Захар проворно вскочил с места и побежал к избам, но не вошел на двор, а притаился за воротами.

Ступив на двор, Гришка натолкнулся прямехонько на жену.

155

- Ты это зачем отцу рассказывала, а? - крикнул он, останавливаясь перед ней.

- Что ты... Христос с тобою... - проговорила Дуня, бледнея.

- Зачем рассказала отцу? Говори! - подхватил он, яростно замахиваясь кулаком.

- Матушка! - невольно вырвалось из груди Дуни.

- А... так-то... кричать! - прошептал он, стискивая зубы, и бросился на нее.

Но в эту самую минуту на крылечке показалась Анна, а из ворот выскочил Захар. Последний, казалось, только этого и ждал. Оба кинулись на Гришку, который окончательно уже освирепел и, невзирая на двух заступников, продолжал тормошить жену.

- Батюшки-светы! Ба-а-тюшки! Держите его... окаянного! Ах, мои касатики! Бабу-то отымите! - завопила старушка, протискиваясь между мужем и женою.

- Оставь, пусти, хозяюшка! Неравно еще зашибет. Вишь, полоумный какой! - заботливо сказал Захар, отслоняя одною рукою старуху, другою отталкивая Гришку.

- Ты что? - крикнул приемыш. - Не твое дело!

- Нет, врешь! Погоди, брат... драться не велят! - подхватил с необычайной горячностию Захар, который нарочно между тем раздразнил Гришку, нарочно затеял все это дело, чтобы доставить себе случай явиться заступником Дуни. - Погоди, милый дружок! - продолжал он, обхватывая приемыша, который снова было бросился к жене. - Ах ты, сумасбродный! Разве я не говорил тебе?.. Авдотья Кондратьевна... отходи... Не бойся, Захар не пустит! Нет, врешь, брат, не вывернешься... справимся! Ступай-ка, ступай! - заключил Захар, подхватывая Гришку и увлекая его с необыкновенной ловкостию на площадку.

- Глупый! Что ты делаешь-то, а? Я рази не говорил тебе? - примирительно подхватил Захар, все еще не выпуская Гришку, хотя они были уже довольно далеко от дому. - Полно ершиться-то, бешеный! Хошь бы отозвал ее куда, а то при старухе!..

- Подвернется... одна будет... не уйдет от меня!.. Я ей дам знать... - задыхаясь проговорил приемыш.

- Ну, тогда-то и дело будет, а не теперь же! Старуха все расскажет... Экой ты, право, какой, братец ты мой! Говоришь: не замай, оставь; нет, надо было... Эх, шут ты этакой, и тут не сумел сделать!.. - промолвил Захар голосом, который легко мог бы поддеть и не такого "мимолетного", взбалмошного парня, каким был Гришка.

Но хитросплетенная штука Захара, несмотря даже на совершенно удачное выполнение - такое выполнение, которое могло сделать честь ловласу и не в ситцевой набивной рубашке по сорока копеек за аршин, - не принесла, однако ж, ожидаемых результатов. Во всем, впрочем, оказался виноватым сам Захар. Он хотя и сообразил, что с женою Гришки не годится действовать на манер серпуховских мещанок - ничего не возьмешь, что тут надо вести дело исподволь, но не выдержал такого плана. Самоуверенность вывела дело на чистоту. Обнадеженный успехом своей проделки и нимало не сомневаясь, что теперь дело пойдет наверняка - умей только взяться, - он решился сделать приступ на другой же день после описанной нами сцены. Все благоприятствовало этому. Гришка, посланный Глебом в Сосновку за каким-то делом, должен был возвратиться не ранее вечера. Самому Глебу как-то нездоровилось после вчерашней прогулки в Комарево. Старик потягивался весь день в избе на лавке.

Как только наступил послеобеденный отдых, Захар отправился под навес, примазал волосы, подвел их скобкою к вискам, самодовольно покрутил головой, взял в руки гармонию, пробрался в узенький проулок к огороду и стал выжидать Дуню, которая должна была явиться развешивать белье.

В то же самое время как Захар стоял настороже, тетушка Анна сторожила, в свою очередь, минуту, когда Дуня выйдет из избы развешивать белье. Старушка сказала, правда, снохе своей, что вчерашнее происшествие, равно как и другие проделки Гришки, останутся шиты и крыты, но в душе своей решилась рассказать обо всем мужу. Оставшись одна глаз на глаз с Глебом, который все еще лежал на лавке, она почувствовала вдруг неизъяснимую робость: точно сердце оторвалось у нее. На том бы, может статься, и остановилось дело, если б Глеб не заговорил с нею. Он завел речь о хозяйстве и говорил словоохотливо. Это обстоятельство придало тотчас же духу жене. Она подошла к лавке и поведала ему без обиняков все, что лежало на душе. Рассказав о вчерашнем происшествии, о ночных похождениях Гришки и сделав свои замечания насчет того, что Гришка стал хмелем зашибаться, старушка перешла к Захару. По мнению ее, Захар был во всем главным зачинщиком и виновником. Он втравил Гришку во все недобрые дела. Ей самой сколько раз приводилось слышать его непутные речи. Недели за три перед тем Дуня сказала теще, что Захар не дает ей проходу, всячески подольщается к ней и раз дал волю рукам. Старушка передала точно так же и это обстоятельство мужу. Из слов ее значилось ясно, как дважды два - четыре, что Захар погубил Гришку.

Зная нрав Глеба, каждый легко себе представит, как приняты были им все эти известия. Он приказал жене остаться в избе, сам поднялся с лавки, провел ладонью по лицу своему, на котором не было уже заметно кровинки, и вышел на крылечко. Заслышав голос Дуни, раздавшийся в проулке, он остановился. Это обстоятельство дало, по-видимому, другое направление его мыслям. Он не пошел к задним воротам, как прежде имел намерение, но выбрался на площадку, обогнул навесы и притаился за угол.

- Провалиться на этом месте, когда знаю, за что так невзлюбила! - говорил Захар заискивающим голосом. - Эти слова твои, что говоришь, выходит, напрасно, потому единственно, мы такими делами не занимались... Если и было что, знает одна моя добрая душа, как, примерно, дело было... Я не то чтобы худому учил его... Стараюсь изо всех сил, а все для тебя, потрафить, был бы, примерно... произвести его как есть настоящим человеком... норовлю, примерно, каков Захар есть, то все едино-единственно должон быть и Гришка... Кабы не добрая моя душа, он вчера волоска бы на тебе не оставил. Сама, я чай, видела, как я его уговаривал, беспутного! Забрал в голову, ты, вишь, отцу сказала... Я и так и сяк... Кабы не я...

- Ах, ты, бессовестный, бессовестный! - воскликнула Дуня дрожащим от волнения голосом. - Как у тебя язык не отсохнет говорить такие речи!.. Кого ты морочишь, низкий ты этакой? Разве я не знаю! Мне Гришка все рассказал: ты, ты, низкая твоя душа, заверил его, я, вишь, отцу сказала... Да накажи меня господь после того, накажи меня в младенце моем, коли сама теперь не поведаю отцу об делах твоих...

Глеб не дослушал остального. Он выскочил из-за угла и ринулся с поднятыми кулаками на Захара. Несмотря на неожиданное нападение, тот ловко, однако ж, вывернулся, отскочив на несколько шагов, тряхнул волосами и стал в оборонительное положение.

- Эй, слышь, рукам воли не давай! - сказал он, размахивая гармонией.

Одним ударом кулака Глеб послал гармонию на самую середину огорода.

- Батюшка, брось его! Оставь лучше! - воскликнула бледная как смерть Дуня, бросаясь к старику.

Но тот сурово оттолкнул ее и снова, грозный, дрожащий от гнева, подошел к Захару.

- Так вот ты какими делами промышляешь! - вскричал старик задыхающимся голосом. - Мало того, парня погубил, совратил его с пути, научил пьянствовать, втравил в распутство всякое, теперь польстился на жену его! Хочешь посрамить всю семью мою! Всех нас, как злодеев, опутать хочешь!.. Вон из моего дому, тварь ты этакая! Вон! Чтобы духу твоего здесь не было! Вон! - промолвил старик, замахиваясь кулаком.

- Погоди, брат, драться не велят! - произнес Захар, отступая, но все еще молодцуя: присутствие Дуни придавало ему некоторую храбрость. - Уйду; что ж такое? Надо, я чай, рассчитаться...

- Какие с тобой расчеты, нищий! Ты мне еще должен, не я тебе. За две недели забрал деньги вперед, а еще расчетов требуешь... Вон, говорю, вон ступай с того места, где стоишь!.. Ступай, говорю! Не доводи до греха... Вон!

- Уйду. Что куражишься! Не больно испужались... не на таковского напал. Уйду, не заплачу... Дай пожитки взять! - промолвил Захар с чувством достоинства.

Глеб отворил ворота ударом кулака, вошел на двор, сорвал с шеста тулупчик и картуз работника, единственные его пожитки, вернулся в проулок и бросил их к ногам Захара. Захар успел уже в это время завладеть гармонией.

- Можно и потише, - проговорил Захар, подбирая тулупчик.

- Ступай же теперь! - закричал старик, у которого при виде работника снова закипело сердце. - К дому моему не подходи! Увижу на пороге - плохо будет! Враг попутал, когда нанимал-то тебя... Вон! Вон! - продолжал он, преследуя Захара, который, нахлобучив молодцевато картуз и перекинув через плечо полушубок, покидал площадку.

Возвратясь на двор, Глеб увидел на крыльце Дуню, которая сидела, закрыв лицо руками, и горько плакала. Подле нее стояла, пригорюнясь, тетушка Анна. Глеб прямо пошел к ним.

- Ты о чем, Дуня? Что этого-то мошенника со двора согнал, радоваться надыть, а не убиваться! - сказал он расстроенным голосом, которому старался придать ласковое выражение. - Полно, перестань: ты ни в чем не виновата. Во всем моя вина, зачем не доглядывал. Много пожил на свете, пора бы, кажется, выучиться распознавать, каков таков есть человек - дурной либо хороший. Авось как мужа твоего негодного поучу, авось и тогда, бог даст, дело справим... Полно же... говорю... Уф! Устал!.. Вот маленечко того, погорячился... не стоило того... ну его совсем! Устал. Словно как кровь во мне разыгралась. В ушах шумит... Схожу, поразомнусь: отца твоего проведаю, авось полегче станет!..

Глеб застал дедушку Кондратия, по обыкновению, за добрым делом. Старик сидел на пороге своей лачужки и, греясь на солнышке, строгал обломком косы длинную хворостину, предназначавшуюся для новой удочки. Глеб подсел к нему.

- А я, дядя, примерно, вот зачем... Худые дела вершаются у нас в доме, - сказал Глеб.

- Христос оборони и помилуй! - промолвил дедушка Кондратий, опуская наземь обломок косы и хворостину и медленно творя крестное знамение.

- Да вот так и так, - начал Глеб и передал ему во всех подробностях о случившемся.

Он сообщил ему о том, что выгнал Захара, рассказал, за что выгнал его, рассказал все его проделки, перешел потом к Гришке, поведал все слышанное о нем от Анны и присовокупил к тому свои собственные замечания.

- Обманулся я в нем, дядя, шибко обманулся! - промолвил Глеб, потряхивая уже совсем поседевшими теперь кудрями. - Что говорить, смолоду ненадежен был, озорлив не в пример другому... Был тогда и другой парнишка у меня... Вместе росли: так оно, выходит, все тогда на виду было... А все не чаял, пойдет он у меня худым путем... Сам видишь, какое дело... Больше затем пришел к тебе, как ты, примерно, рассудишь... Оставить так не годится. Надо, пока время есть, сократить его при самом начале. По-моему, мало нагреть ему бока: образумится, пока болеть станут, а там опять, пожалуй, за свое примется. Надо, примерно, другое сыскать средствие... Как ты скажешь?..

- По-моему, коли слова моего послушать пришел, Глеб Савиныч, не тронь ты его. Пуще того, не грози, не подымай рук, - смиренно возразил старик, хотя на лице его проступало выражение глубокого огорчения, - побоями да страхом ничего ты не сделаешь. Не те уж лета его, и нрав не тот. Неровён человек, Глеб Савиныч! Господь и леса не сравнял, не только человека. Судишь по себе, по своей душе судишь. Смотришь, и обознался: иной человек-то хищнее зверя лютого... Оставь ты его, не тронь. По-моему, переговори лучше добрым словом, возьми кротостью да терпением. А пуще того, помолимся о нем, попросим господа: авось уймет он его сердце!.. А что бить-то? Хуже еще возмутится от того душа его. Возьмет злобу на тебя, на домашних, на житье свое: тошней тогда будет ему, да и всем вам... Много, Глеб Савиныч, много, признаться, и я в нем обознался!.. Мало ли положил он песку в мое сердце! Что-то вот словно сердце мое чуяло, как женили мы его. Не чаял я в нем и тогда степенства: мало добра в тех делах, что худым начались!.. И то сказать надо, Глеб Савиныч, не ему... нет, не ему прочил я свою дочку... Была она у меня одна радость в глазу, одно утешение. Денно и ночно молил о ней всевышнего создателя! Не дошли, видно, мои молитвы. Стало, прогневал я его грехами своими тяжкими! - заключил старик, с покорностию опуская свою белую голову.

Трудно решить, слова ли дедушки Кондратия изменили образ мыслей Глеба или подействовали на него воспоминания о возлюбленном сыне - воспоминания, которые во всех случаях его жизни, во всякое время и во всякий час способны были размягчить крепкую душу старого рыбака, наполнить ее грустью и сорвать с нее загрубелую оболочку; или же, наконец, способствовала самое время, преклонные годы Глеба, которые заметно ослабляли его крутой, ретивый нрав, охлаждали кровь и энергию, - но только он послушался советов дедушки Кондратия. Возвратясь домой, Глеб пальцем не тронул приемыша. Он приказал ему следовать за собой и пошел к лодкам.

Тетушка Анна и Дуня поспешили броситься к воротам. Дрожа и замирая от

159

страха, они приложили бледные лица к щелкам ворот; но сколько ни следили они за движениями грозного старика, ожидая с минуты на минуту, что он тут же, на месте, пришибет Гришку, ожидания их не оправдались. Глеб, однако ж, говорил с приемышем. Речь его, сначала суровая и отрывистая, заметно смягчалась, по мере того как он, истощив жестокие, укорительные слова, коснулся воспоминаний детства приемыша. Очевидным делалось, что, неразлучно с этими воспоминаниями, в душе старика возникали другие, более драгоценные воспоминания.

- Я тебя возрастил все одно как родного сына, а все это, выходит, напрасно только о тебе заботился! - заключил Глеб. - Думал, отнял у меня господь детей, ты останешься нам в утеху, станешь об нас сокрушаться да беречь под старость, а заместо того норовишь как бы злодеем нашим стать! Вспомни, Гришка, ведь ты жил у меня как односемьянин пятнадцать лет, слышишь, пятнадцать лет делил я с тобою хлеб-соль, кормил, обувал тебя... Рази, по-вашему, за добро злом надо отплачивать?.. Не о себе говорю: мой век недолог. Говорю, подумай ты о себе: ведь у тебя жена и дети. Зверь бесчувственный, и тот о детях своих заботу имеет... Опомнись, говорю: выкинь дурь-то из головы... Вспомнишь слова моя, да поздно будет!.. Худые дела к добру не поведут... Люди не взыщут - господь тебя покарает! Брось, говорю!.. Враг тебя путает... Помолясь богу, за дело возьмись... А о прошлом не поминай... пропадай оно совсем!..

Но разумные советы благодетеля не произвели решительно никакого действия на приемыша. Первые два дня действительно ходил он мрачный и задумчивый. Он как будто сознавал вину свою и каялся. Но чувство это мгновенно уступило место мелочной досаде и злобе, как только узнал он от жены настоящую причину изгнания Захара. Он ждал только случая посчитаться с товарищем, который обманул его. За неимением Захара Гришка вымещал досаду втихомолку на жене. Но мимолетная, соломенная душа Гришки, как метко назвал ее Захар, неспособна была долго сосредоточивать в себе одно какое-нибудь чувство. Злоба, дружба, досада, примирение - все сменялось одно другим с необычайной быстротой. Легкая, пустая душа его вспыхивала так же быстро, как зажженная солома, но зато скоро и потухала. Прошли две-три недели; в сердце Гришки возникло, вместе со скукой, сожаление о том, что не было Захара, с которым так весело, бывало, коротаешь однообразные часы послеобеденного времени. Сожаление живо сменилось радостью, когда случайно проведал он, что Захар поселился в одной из комаревских фабрик. С той минуты он только и помышлял о том, как бы встретиться с прежним товарищем. Так вот и подмывало его юркнуть на луговой берег. Комарево стало для него тем же, чем было когда-то озеро дедушки Кондратия. Случай не замедлил представиться, не замедлили также осуществиться мечты приемыша: он встретился с Захаром. Встреча была радостная с обеих сторон. О старом, конечно, не было и помину.

И снова очертя голову задурил Гришка. Снова, когда темная ночь окутывала площадку, Оку и луга и когда старики, утомленные дневными трудами, крепко засыпали, начал он украдкой исчезать из клетушки, - снова, полная беспокойства, затаенной грусти и трепетных ожиданий, стала просиживать Дуня целые ночи на завалинке, карауля возвращение беспутного мужа и отрываясь тогда лишь, когда призывал ее слабый крик младенца.

XXII

КРЕПКИЙ СТАРИК

- Полно, дядя!.. Ну что, в самом деле, уперся, на одном стал: "Нет да нет, не приходится, - то да сё!" Слушать, выходит, нечего. Полно, говорю, перебирайся-ка ты взаправду ко мне - лучше дело-то будет; по душе, примерно, говорю, не из чего другого; а то: "Нет да нет!" С чего ж нет-то? С чего отнекиваться-то? - говорил Глеб, сидючи раз как-то под вечер с дедушкой Кондратием на завалинке против площадки. - Жили мы с тобой, почитай, двадцать лет по-соседски, как следует - ладно и безобидно. Вот как жили: два сапога - одна пара!.. Ты обо мне извещен; знаю, примерно, и я, каков ты есть такой человек. Будь ты мне чужой, неизведанный - ну, не стал бы разговаривать... Чужие-то люди, неизведанные, вот где у меня сидят - на самой шее... Ты нам не чужой: дочка твоя живет в моем доме - породнились, выходит... И добро бы сам пришел ко мне: "Возьми, мол, меня, Глеб Савиныч", - стал бы так-то, примерно, напрашиваться; ведь я же заговорил сперва-наперво; и говорю: "Ступай, мол, дядя, жить ко мне!" Дело, выходит, полюбовное, незаказное... выходит, и сумлеваться нечего!.. На чем же твоя совесть?.. Дело, как есть, начистоту выходит...

- Спасибо, Глеб Савиныч, на добром слове твоем, - ласково возразил дедушка Кондратий. - Говоришь ты со мною по душе: точно, в речах твоих нет помышления, окромя мне добра желаешь; потому и я должон по душе говорить: худ буду я человек, коли тебя послушаю; право так: неправильно поступлю, согрешу против совести!..

- С чего ж так!.. Эвна! Послушай поди, что толкует-то, а?.. Не слушали бы уши мои! Все это, выходит, дядя, пустое говоришь только - вот что! - воскликнул Глеб.

- Полно, сосед, не греши; послушай прежде, осуждай потом, - кротко возразил старик. - Вот ты говоришь: приходи жить ко мне! Хорошо: польщусь я на такое твое доброе слово - приду. Значит, стану только даром хлеб есть, за спасибо стану объедать тебя!.. Положим, ты не взыщешь, не взыщешь по доброй по душе своей - люди осудят: "Пристроил, скажут, дочку, нашел ей укромное, теплое гнездо у добрых людей, да и сам туда же примостился, благо пустили; живет, скажут, хлеб жует, сложа руки, - даром, скажут, не работамши!" И скажут-то правильно - вот что! А пуще того попрекнет своя совесть... Послушаю я тебя, поступлю по-твоему - неугодное сотворю перед господом! Пока господь грехам терпит, не отымает рук, пока глаза видят, должон всяк человек трудиться, должон пробавляться сам собою, какие бы ни были его лета... Труды наши - та же молитва перед господом! Всякая тварь на земле: муравей, мошка какая-нибудь - и те трудятся; а человек должон и подавно! Коли трудишься, значит - радуешься на жизнь, доволен, значит, ею... Труды - наша благодарность господу за его великие для нас милости! Коли человек ропчет на земное бытье свое - опостыла его жизнь; бросает он тогда всякое о себе попечение, немила работа ему, перестанет трудиться... Святые отцы, Глеб Савиныч, в трудах жили! Апостолы Христовы также трудились... Были из них такие же, как мы, рыбари - стало, труд на себя принимали...

161

- Знамо, так. Да я, примерно, не о том говорю, рази я говорю: приходи, дядя, ко мне даром хлеб есть - рази я это говорю? - перебил Глеб. - Зову тебя на подмогу: станешь, примерно, мне подсоблять... Рази это тебе не работа?.. В чем не осилишь - знамо, лета твои уже не молодые, иной раз и рад бы сделать то, другое, да не по моготе - ну и бог с тобой! Знамо, попрекать да понукать не станем: не тот, примерно, ты человек; довольно тебя знаю: не охотник сидеть сложа руки, проклажаться не любишь, старик к работе завистливый, хлопотун... Не то, примерно, жил вот у меня, лет двадцать тому, сват... Акимом звали... Ты его знаешь... али запамятовал?.. Мудреного нет: человек был пустой, самый незаметный... да вот ты, никак, в тот самый год, как ему помереть, озеро снял... Ну, что толковать: ну, отец Гришки, тот самый! Так тот, бывало... У того вот эти только скворечницы на уме: скворечницы да дудки для ребят - тут вся его и работа была!.. А скажешь, бывало: "Сват Аким, - скажешь, - ступай сети таскать!" - "Ох, живот подвело, моченьки моей нет!" Скажи потом: "Сват, мол, Аким, ступай щи хлебать!" Ну, на это горазд был; тут об животе нет и помину; день-деньской, бывало, на печи обжигается, нет-нет да поохает: одним понуканьем только и руки-то у него двигались... самый что ни на есть пустой человек был... Так вот, дядя, к примеру такому говорю, рази ты с ним под одну стать?.. Слава те, господи, знаю я тебя не первый день! В двадцать-то лет было время насмотреться!.. Говорю - подсоблять станешь; в большой на тебя надежде: затем, примерно, и говорю. Сам видишь, лето подходит к концу, скоро листопад, осень; пойдет у нас пора самая любезная, а рук мало - недостача в руках! Нет батраков, да и полно! Что ты станешь делать!.. Три раза в Комарево наведывался, три раза сулили прислать, - все нет да нет; затем-то и говорю теперь: ступай, говорю, жить ко мне! Под стать, выходит, были бы мне твои хлопотливые руки! Сам-то стар добре становлюсь, хлопотать-то - силы мои уж не те: года побороли! Один с Гришкой не управлюсь; кабы ты присоединился - ну, и пошло бы у нас на лад: я старик, ты другой старик, а вместе - все одно выходит, один молодой парень; другому-то молодяку супротив нас, таких стариков, пожалуй что и не вытянуть!.. Народ-то нынче добре клев стал, слаб... износился, стало быть, что ли?.. Оно и все так-то: вот хошь бы теперь один палец - ну, что в нем! Хлеба ломоть, и тот не отрежешь! А подведи к нему другой, да третий, да четвертый - тут и вся ладонь... сила выходит... Что захотел, то, примерно, и сделал; так-то и мы с тобою...

- Разумная твоя речь, Глеб Савиныч: есть что послушать! - произнес дедушка Кондратий с добродушною улыбкой. - Только вот добре на меня много понадеялся... Сам посуди, какая и в чем может быть тебе моя помощь? В чем могу я подсобить тебе?.. Взгляни-ка ты на себя, взгляни на меня потом: ведь ты передо мной, что дуб стогодовалый; я же перед тобой - былье; всякий ветер качает, всякий паренек, хошь бы вот мой внучек, Дунин сынишка, и тот к земле пригнет!.. Какая я тебе помога?.. Лишняя только тягота, лишние зубы при хлебе... И зубов-то, и тех уж ни одного нет...

- Опять за свое! Ты что ни говори ему, он все свое поет! - воскликнул Глеб, махнув рукою. - Я ж те говорю - никто другой, слышь, я говорю: не твоя, выходит, об этом забота; знаю я, каков ты есть такой, мое это дело! Коли зову, стало, толк в этом вижу!..

- Было время, точно, был во мне толк... Ушли мои года, ушла и сила... Вот толк-то в нашем брате - сила! Ушла она - куда ты годен?.. Ну, что говорить, поработал и я, потрудился-таки, немало потрудился на веку своем... Ну, и перестать пора... Время пришло не о суете мирской помышлять, не о житейских делах помышлять надо, Глеб Савиныч, о другом помышлять надо!..

- Все так... вестимо... что говорить... А все, коли господь не отымет у человека жизнь, продлит его дни, все надо как-нибудь пробавляться! Живем на миру, промеж людей; должны руками кормиться...

- Тружусь по мере сил своих, не гневлю господа бога!.. О сю пору, Глеб Савиныч, благодаря милосердию всевышнего никто не попрекнул чужим хлебом. Окромя своего заработанного, другого не ел... благодарю за то господа!

- Да, братец ты мой, одно ты только в толк возьми: надо взять, примерно, в рассужденье: стоит ли хлеб-то, который ты ешь, трудов-то твоих? Сам говорил не однова: другой раз день-деньской сидишь на берегу с удою, день-деньской печешься на солнце, а все ничего! Хошь бы пескарь какой либо колюшка подвернулась!.. С чем пришел - пустой был кувшин - с тем и уйдешь! Выходит, напрасны только были труды твои... Вот о чем я толкую! У меня, по крайности, так хошь сидеть-то напрасно не станешь; дело, выходит; веселее тогда будет, занятнее! Все сердце-то возрадуется, как потянешь уду-то... Глянь, ан окунек или лещ... Как толк-то в работе есть, видишь, труды не напрасны... Благословил господь, так и согрешишь меньше... ей-богу, право! Ину пору вершу-то вынешь из воды, насилу на плече унесешь, ну и благодаришь творца; инда душа-то в тебе радуется, как словно даже человек другой - лучше прежнего стал... Право, дядя!.. А что в том: трудишься, трудишься, все нет ничего... ну, и согрешишь! Сам потом не рад; ходишь, как словно сомневаешься в чем... А согрешишь, не утерпишь; потому час не ровен, дядя, вот что... Да я бы, кажется, что хошь давай, трех бы ден не выжил на твоем озере - ей-богу, право!.. По мне, пескари эти да колюшки, мелкота эта, хошь бы ее вовсе не было! Само пустое, нестоящее дело!.. И добро бы вволю-то было их; а то, сам говоришь: день ото дня плоше да плоше, нет ловли никакой... Из чего ж бьешься-то?.. Не говорю о барышах - какие барыши!.. Давай бог оброк комарникам за наем озера выплатить!.. Десять целковых в год - деньги невелики, а все взять откуда-нибудь надо!.. Ну, положим, сведешь концы с концами, надо также и о своих нуждах подумать...

- Мои нужды небольшие, Глеб Савиныч: хлебушка кусочек, да свечку к образу было бы из чего поставить - вот и все мои нужды!

- Мало-мало, а все же надо! А ну, как рыба-то, пескари эти да колюшки... ну их совсем... как совсем перестанут ловиться?

- Что ж?.. Его на то святая воля!.. Бог дал, бог и взял; никто окромя него в этом не властен.

- А ну, как плевок на нее нападет, на рыбу-то, тогда что?

- Заслужил, значит, тяжкими грехами своими; не должон и тогда роптать!

- Да ведь кормиться-то надо же. Знамо, человек без хлеба не живет!..

- Самую что ни на есть мелкую пташку, и ту не оставляет господь без призрения, Глеб Савиныч, и об той заботится творец милосердный! Много рассыпал он по земле всякого жита, много зерен на полях и дорогах! Немало также и добрых людей посылает господь на помощь ближнему неимущему!.. Тогда... тогда к тебе приду, Глеб Савиныч!

- Чем тогда кланяться, ступай лучше теперь: сам зову!

- Нет, кланяться и тогда не стану: земля земле не кланяется!.. А так, зная твою добрую душу, приду, скажу: "Не под силу, мол, не смогу достать хлебец своими трудами; дай уголок помереть покойно..." - только и скажу.

- Нет, тебя, видно, не уломаешь! Эх, дядя! дядя! Право, какой!.. Норовишь только, как бы вот меня к осени без рук оставить - ей-богу, так! - заключил Глеб, не то шутливо, не то задумчиво, потряхивая седыми кудрями.

Такого рода объяснения происходили довольно часто между двумя стариками; с приближением осени Глеб стал еще убедительнее упрашивать дедушку Кондратия. Нельзя сказать, чтобы цель, управлявшая в этом случае Глебом, основывалась исключительно на одном расчете, нельзя сказать опять-таки, что расчет не входил в состав убеждений Глеба. Трудолюбивая, деятельная природа старого рыбака возмущалась при виде бездействия; почти в равной степени возмущали ее труды и старания, направленные без цели, не приносившие ровно никакой пользы. В нем невольно пробуждалось тогда какое-то досадливое сожаление, что-то похожее на чувство, с каким смотрит добросовестный труженик на золото, выброшенное за окно рукою богача. В самом честном сердце является невольное желание завладеть этим брошенным золотом. Глебу хотелось точно так же воспользоваться руками соседа. "Что это, прости господи! - ни себе, ни людям!" - думал Глеб, который никак не мог взять в толк причины отказов старика; он не понимал ее точно так же, как не понимал, чтобы смерть жены могла заставить дедушку Кондратия наложить на себя обещание вечного поста. "Живи он у меня, по крайности, хошь нам выйдет через него польза: мне подсоблять станет!.. Да и ему лучше: округ все свои, не чужие; при дочери будет, при внуке... Ведь ластится же к нему, не наглядится; тогда хоть весь день возись с ним! Так вот нет же, поди: уперся на своем, не уломаешь никак!.. Мыташится так, попусту, воду толчет на своем озере... провались оно, пересохни совсем!" - так думал и говорил Глеб; но убеждения его не подвигали вперед дела: дедушка Кондратий оставался при своем. А между тем подошла осень. Батраки из Комарева не думали являться; впрочем, давно уже прошло время наймов. В году всего два срока: от вешнего Николы до Петровок; от Петровок до заговенья. Петровки были давно за горами, что ж касается до второго срока, надо было думать раньше: все работники, какие только были, находились уже по местам. Глеб сам видел, какого дал маху, сам сознавался в этом, и потому, чтобы как-нибудь извернуться, принялся за промысел с каким-то пугливым усердием. Старик не давал себе отдыха ни днем ни ночью. Он трудился со всей горячностью, какую сохранила его кровь, его стариковские жилы, трудился с той неумеренностью, какую прикладывает всякий простолюдин к действиям, приносящим личную, существенную выгоду.

Не знаю, в какой степени действует на французского мужика или на английского перспектива барыша: надо полагать, одушевляет она и тех и других в равной степени, которая ничем не уступает степени одушевления русского мужика. Но разница есть, однако ж, в цели и последствиях приобретения. Прибыль на волос не изменит материального быта русского мужика: с умножением средств охотно остается он в той же курной избе, в том же полушубке; дети бегают по-прежнему босиком, жена по-прежнему не моет горшков. Как бы ни были велики барыши русского простолюдина, единственное

164

изменение в его домашнем быту будет заключаться в двух-трех лубочных картинках, прибитых вкривь и вкось и на живую нитку, стенных часах с расписным неизмеримым циферблатом и кукушкой, и медном, раз в век луженном, никогда не чищенном самоваре. Был у меня один знакомый старичок - увы! его уже нет на свете! - который, имея тысяч двести капиталу в московском опекунском совете, ходил в поддевке, в заплатанных сапогах. Это, положим, куда бы еще ни шло: надо быть снисходительным к старости. Но горе в том, что он постоянно отказывался учить грамоте детей своих: "Не на что - говорил он, - нанять учителя!" Детей своих он любил, однако ж: ласкал их и нянчил с утра до вечера. Его усовещевали почти каждый день; каждый день ему говорили: "Полноте гневить бога, перестаньте жаловаться на недостаток: всякий знает, что у вас есть деньги в ломбарде". При этом старик выходил из себя и возражал с горячностью: "Так разве то, что лежит в ломбарде, деньги? Разве можно их тратить?.. Это не деньги, это "капитал"!" Он умер с искренним убеждением, что капитал - не деньги! Точка воззрения нашего простолюдина на барыши, в сущности, не изменяется. В самом деле так: посмотрите на житье-бытье наших мещан, купцов среднего сословия, разбогатевших мужиков, содержателей дворов: в их домашнем быту не найдете вы ровно никакой перемены против того, как жили они без барышей, бедняками. А между тем хлопочут они с утра до вечера, и редко увидите вы их руки праздными: в действиях видны даже какая-то суета и торопливость, как будто запоздали они с каким-нибудь важным делом и спешат нагнать потерянное время; заметно желание сделать скоро, живьем, на живую нитку; мера на глаз, вес наугад! Как словно гонит кто, как словно нужда крайняя постигла, как словно не получит сегодня барыша, так завтра пропадать наверное! В виду барыша, они не щадят себя, рады уничтожиться, забывают, что руки их и кости не железные. Из чего же вся эта ненасытная жажда к приобретению? Из чего хлопочут, торопятся, мытащатся? - как говорит Глеб. Из чего, наконец, сам Глеб бьется как рыба об лед? И добро бы управляла им на этот раз его неугомонная, деятельная природа; но на этот раз и того даже не было. Глеб трудился против сил; всегда крепкий и здоровый как дуб, он не переставал жаловаться на поясницу, на ломоту в плечах я ребрах, не переставал даже жаловаться на усталость, чего за ним отроду не водилось. Но обстоятельство это, вместо того чтобы ослабить в нем дух, казалось, усиливало только ту принужденную пугливую деятельность, о которой мы говорили выше; немало также способствовало к тому время, которое, как назло, сильнейшим образом благоприятствовало промыслу: рыба ловилась отлично. Взглянув на него, можно было думать, что от успеха промысла настоящей осени зависела судьба его жизни, всего его семейства. Он решительно выбивался из сил.

- Полно тебе, Глеб Савиныч, утруждать себя так-то; вздохни маленько! Не те уже лета твои! - частенько говорил дедушка Кондратий, видя, как сосед надрывался. - Сам говоришь, одышка добре пуще одолела; жалуешься, поясница болит. Как не болеть, какой труд на себя принимаешь! Лета, знать, твои сказываются; сколько ни обманывай их, сколько ни крепись, они свое возьмут... Смотри, какой труд на себя принимаешь: молодой, и тот умается. Полно, послушай меня, господь благословил тебя достатком: из чего хлопочешь?.. В твои года пересилишь, надорвешься, ввек потом не поправишь: наша стариковская кость хрупкая... Полно тебе надсажаться, вздохни, говорю!..

165

- Эх, толкуешь ты, дядя! - восклицал обыкновенно Глеб, посмеиваясь (удачливый промысел невольно веселил душу старого рыбака). - Что ж, по-твоему, развесить сети, разложить верши по берегу, самому сесть, поджавши ноги, да смотреть, как щука хвостом бьет?.. Как у тебя на твоем озере пескари одни да колюшки, мелкота эта настоящая, так ты толкуешь!.. Вишь, какое у нас раздолье! Вишь, она, наша кормилица, рыбка-то, как разыгралась... радуется, значит, веселится!.. Хорошо говорить так-то, перед озером сидючи, перед лужей! А ну-ткась, усиди-ка здесь поди! Наскучит глазами-то хлопать; самого небось разберет охота!.. Вишь, как играет... вишь, эвна! Любо-дорого смотреть-то! - промолвил Глеб, указывая рукою на круги, которые местами появлялись на гладкой поверхности Оки, расширялись, разбегались серебряными обручами и наконец исчезали, уступая место другим кругам, которые так же быстро уносило течением. - А это мне, что жалуюсь вот, одышка одолела да поясница болит, это нам нипочем; наша кость не пареная, не неженая; слушать ее - вовсе на печку лечь!.. Придет зима, лежать-то и то наскучит... Не то время, дядя, отдыхать да проклажаться: вишь, какое сотворил господь рожденье! Супротив такого времени и не запамятую!.. Нечего, стало, тормозить руки. Устал! Упыхался!.. Знамо, упыхался!.. Даст бог, окончим благополучно промысел, пройдет осень, вздохну за все дни!.. Сам же говоришь: наш век не долог, лета наши сосчитаны; дней, так и тех, я чай, немного начтешь!.. Поэтому надо тормошиться, нече упускать время!.. Может статься, не дожить уж нам с тобою до такого рожденья, до такой осени; может статься, и до первой-то, до той осени не дотащимся... Так что уж тут жалеть себя!.. По крайности, хотя на последях-то натешусь, наловлю рыбки!.. А что, дядя Кондратий, без меня, как не буду, - я чай, соскучится рыбка-то? А? Почитай, пятьдесят годков, без малого, вместе пожили... Верши, и те, я чай, востоскуют! Как есть сиротами тогда останутся... ась? - заключил Глеб, посмеиваясь, хотя в серых глазах его, поочередно переходивших от лодок к площадке, от площадки к Оке, не было заметно особенной веселости.

И, как бы испугавшись, что он долго заболтался с соседом, как бы опасаясь в самом деле не дожить до другого удачного лова, Глеб принимался еще деятельнее за промысел.

Старик не мог жаловаться на своего помощника: Гришка работал исправно. По крайней мере, он находился постоянно при Глебе, подсоблял ему во всех делах и, что всего замечательнее, не обнаруживал уже прежнего своего неудовольствия. Он проводил, однако ж, теперь все свои ночи в Комареве. Зная Глеба, трудно предположить, чтобы он добровольно закрыл глаза на проделки своего питомца; кумовство Гришки с Захаром и последствия этого кумовства возбуждали, напротив того, сильнейшим образом подозрения старика; он смотрел за ним во все глаза. Но Гришка сделался уже, в свой черед, слишком ловок и опытен, чтобы попасться впросак, или в "кошель", - слово, заимствованное им у Захара. Глаза старика находили его всегда за работой; в продолжение целого дня молодой парень не давал хозяину своему повода быть недовольным. Этим способом - самым верным способом, каким только можно было подействовать на Глеба, - приемыш не замедлил освободиться от лишнего присмотра; он беспрестанно находил случай обманывать прозорливость старого рыбака - прозорливость, которая, как мы уже имели случай заметить, и без того становилась с каждым днем менее опасною.

166

Впрочем, все эти хитрости доказывали только, что молодой парень, несмотря на свою опытность, шибко все-таки боялся старика, хотя предосторожности были напрасны: он мог теперь безбоязненно, безгрозно исчезать по ночам. С наступлением ночи Глебу было уж не до приемыша: он радовался, что привел господь дотащиться до саней, служивших ему ложем, или до печки. Что ж касается до жены я до тетки Анны, Гришка принял также свои меры: он объявил жене, что, если ночные проделки его сделаются известными, он дня не останется в доме: возьмет жену, ребенка, отправится в Комарево и наймется на миткалевой фабрике. Дуня передала обо всем старушке. Сноха и теща, нимало не сомневаясь, что Гришка приведет в действие свое обещание, не только решились молчать, не только не показывали виду, но всячески даже старались, чтобы проделки его оставались тайною для старика. Обе действовали в этом случае весьма основательно. Под руководством Захара и еще других таких же негодяев из комаревских фабрик, которые один за другим пристали к Захару и вскоре составили одну компанию, Гришка так развертывался, что в самом деле мог потерять остаток страха и совести, в самом деле мог оставить дом и увести жену, в случае если б Глебу вздумалось поднять руку или голос. Не приводил он в исполнение своих угроз потому лишь, что не видел в этом пока надобности - жилось так, как хотелось: в кабак Герасима являлся он одним из первых, уходил чуть ли не последним; так не могли располагать собою многие фабричные ребята, у которых хозяева были построже. Одним словом, в ночное время Гришка был чуть ли еще не свободнее своих товарищей. С другой стороны, не видел он также никакой надобности бросать до поры до времени работу; он привык к рыбацкому ремеслу, оно казалось ему легче фабричного, к которому надо было приучаться да приловчаться. К тому же надо было как-нибудь пробавляться; Захар и другие товарищи также ведь работали - не сидели же сложа руки! Соображая все это, приемыш начал понемногу примиряться с настоящим своим положением. Опыт показал ему, что фабричная жизнь имела также свои невыгоды, житье у Глеба, при существующих обстоятельствах, было чуть ли не лучше. Мрачное, озлобленное настроение молодого парня исчезало с каждым днем: расположение его духа заметно улучшалось. Гришка, как мы видели, охотно даже подсоблял старику.

Со всем тем работа подвигалась все-таки не так успешно, как бы хотелось Глебу. Мудреного нет: количество рыбы, попавшейся в невод и верши, разжигало старика; тут нужны были не четыре руки, а десять, по крайней мере. Вместо четырех тоней, с которыми старый рыбак и Гришка едва-едва успевали справиться в продолжение дня, можно было бы тогда управиться с целою дюжиной. Глеб не переставал сокрушаться, что пропустил Петровки и не запасся своевременно работниками. В досаде своей нередко обращался он с укором к дедушке Кондратию.

- Эх, дядя, дядя! Все ты причиною - ей-богу, так!.. Оставил меня как есть без рук! - говорил он всякий раз, когда старик являлся на площадке. - Что головой-то мотаешь?.. Вестимо, так; сам видишь: бьемся, бьемся с Гришуткой, а толку все мало: ничего не сделаешь!.. Аль подсобить пришел?

- Коли помощь моя нужна, изволь! - отвечал обыкновенно старик.

- Ой ли?

Дедушка Кондратий без малейших разговоров снимал лапти, полушубок и

167

присоединялся к работающим. Помощь была, конечно, слабая; но как бы там ни было, в капитале рук и сил, необходимых для приведения в действие лишней тони, оказывалась все-таки маленькая прибыль. Это обстоятельство, видимо, поощряло усердие Глеба; он радовался точно так же, как радуется скупой, которому удалось поднять мелкую монету - безделица, а все лучше, чем ничего. Принимая в соображение воодушевление, с каким старый рыбак принимался за промысел, можно было думать, что пособие дедушки Кондратия превосходило даже его ожидания. "Ай да дядя! Спасибо! - не переставал восклицать он. - Нет, как погляжу, клев ноне стал молодой-то народ! Стары мы с тобою, а все толк есть; борозды не портим! Другому молодяку против нас того гляди не вытянуть - ей-богу, право! То-то вот: коли хороший жернов, так и стар, а все свое дело сделает!" Стариковская похвала оправдывалась, впрочем, как нельзя лучше на самом деле: подобно старому воину, который в пылу жаркого рукопашного боя не замечает нанесенных ему ран, Глеб забывал тогда, казалось, и ломоту в ребрах и боль в пояснице, забывал усталость, поперхоту и преклонные годы свои.

XXIII

ПОТЕРЯ

Но как бы там ни было, тяжкие трудовые дни, в продолжение которых старый Глеб, подстрекаемый присутствием дедушки Кондратия, надрывался и работал без устали, или, как сам он говорил: "Не берег себя, соблюдая промысел", - такие дни не проходили ему даром. Когда потухала вечерняя заря и старик возвращался домой, слабость и одышка овладевали им пуще прежнего; он с трудом взбирался на крылечко, едва-едва мог разогнуть спину. Нередко тетушка Анна и сноха ее принуждены были соединяться силами, чтобы подсобить ему подняться на печку. При всем том, оборони, помилуй бог, сказать ему, что причина всех его немощей происходит от излишнего труда и усилий: смерть не любил этого Глеб. Он с упорством, с досадою опровергал такие доводы; старик ни за что не хотел этому верить; он как будто старался даже обмануть самого себя.

- Что за напасть такая! Точно, право, крыша солгала - на спину обвалялась - не разогнешь никак; инда дух захватило... С чего бы так-то? Кажись, не пуще чтобы отощал; в хлебе недостатка не вижу; ем, примерно, вволю... - говорил Глеб, покрякивая на своей печке, между тем как тетушка Анна подкладывала ему под голову свернутый полушубок.

- Батюшка, отец ты наш, послушай-ка, что я скажу тебе, - подхватывала старушка, отодвигаясь, однако ж, в сторону и опуская руку на закраину печи, чтобы в случае надобности успешнее скрыться с глаз мужа, - послушай нас... добро затрудил себя!.. Шуточное дело, с утра до вечера маешься; что мудреного... не я одна говорю...

- Вестимо, батюшка, - ласково подтверждала Дуня, отрываясь от люльки и

168

подходя к печке, - отдохни день-другой; мы и то - я да матушка - хотели намедни сеть поднять сухую-то, и то с места не сдвинули; а ты, видела я нонче, один с нею управлялся...

- Врете вы обе! Послушай поди, что мелют-то! Сеть, вишь, всему причиной!.. Эх ты, глупая, глупая! Мне нешто с ней, с сетью-то, впервой возиться?.. Слава те господи, пятьдесят лет таскаю - лиха не чаял; и тут бы вот потащил ноне, да с ног смотался!

- Ну, не от сети, от другого чего, - смиренно возражала жена. - Ты бы, батюшка, - вот нонче печь истопили, - ты бы попарился: все бы отлегло маленько.

- Ничаво; полежу, проваляюсь ночь-то: авось к утру и так пройдет...

- Хорошо, кабы так-то...

- Надо полагать, все это пуще оттого, кровь добре привалила, - продолжал Глеб, морщась и охая, - кровища-то во мне во всем ходит, добре в жилах запечаталась... оттого, выходит, надо было мне по весне метнуть; а то три года, почитай, не пущал кровь-то...

- Вот то-то, отец родной, говорила я тебе об этом... все: нет да нет... Что ждать-то, право-ну!.. Сходи-кась завтра в Сосновку, отвори кровь-то; право слово, отпустит... А то ждешь, ждешь; нонче нет, завтра нет... ну, что хорошего? Вестимо, нет тебе от нее спокою... Полно, кормилец... право-ну, сходи!..

- Нет, теперь недосуг, - отвечал Глеб, с трудом приподнимаясь на локоть и переваливаясь на другой бок, - схожу опосля: работу порешить надо. И не то чтобы уж очень прихватило... авось и так сойдет. Встану завтра, промнусь, легче будет...

Проминание Глеба заключалось в том, что он проводил часа три-четыре в воде по пояс, прогуливаясь с неводом по мелководным местам Оки, дно которой было ему так же хорошо известно, как его собственная ладонь. Раз, однако ж, после такого "проминанья" он вернулся домой задолго перед закатом солнца: никогда прежде с ним этого не случалось.

Несмотря на заманчивое плесканье рыбы, которая с приближением вечера начинала играть, покрывая зеркальную поверхность Оки разбегающимися кругами, старый рыбак ни разу не обернулся поглядеть на реку. Молча приплелся он в избу, молча лег на печку. В ответ на замечание тетушки Анны, которая присоветовала было ему подкрепить себя лапшою, Глеб произнес нетерпеливо:

- Проваливай! - и перевалился на другой бок.

Всю ночь сон старика был тревожен. Дуня и тетушка Анна несколько раз были пробуждены тихими охами и стонами. Со всем тем на следующее утро Глеб встал еще раньше обыкновенного. День был серый, ненастный, - настоящий осенний день: мелкий дождь, перемешанный с крупою, косвенно ниспадал с неба, затканного от края до края хребтами сизых туч. Северный ветер покрывал чешуйчатою рябью Оку, которая мрачно синела в почерневших, мокрых берегах своих. Любо было бы пролежать такой день на печке в теплой избе. Особенно следовало бы поступить таким образом старому Глебу, у которого благодаря, вероятно, наступившей сырости всю ночь ломило кости; но Глеб рассудил иначе. Он, не медля ни минуты, отправился к лодкам. Он, очевидно, однако ж, пересиливал свою немочь; шаг его и движения отличались в это утро какою-то медленностью; он часто останавливался, потягивал руки, усиленно выгибал

169

спину; каждое из этих движений сопровождалось глухим стоном и нетерпеливым, досадливым потряхиванием головы. Видно было, что он сильно негодовал на свою немощь. Он добрался, однако ж, до конца площадки и начал собирать невод. Косвенное направление дождя и крепкий восточный ветер плохо способствовали удачной ловле; но Глеб забрал в голову ехать на промысел, и уже ничто в мире не в силах было заставить его изменить такому намерению. "Отчаливай!" - сурово крикнул он Гришке, который, сидя на носу с веслами, не переставал следить лукавыми глазами своими за движениями старика. Лодка выехала в реку. Забросили невод. Сверх всякого ожидания, в неводе оказалось довольно много рыбы. При всем том седые брови Глеба оставались по-прежнему нахмуренными. Мало этого: он прекратил ловлю и молча принялся убирать в лодку невод. Кой-как справились, однако ж, и Глеб приказал грести к берегу. Во все продолжение переезда он сидел, склонив голову на грудь, и задумчиво глядел на воду. "Что, взял? Небось и тебя проняло?" - подумал приемыш, искоса посматривая на старика. Одежда Глеба была мокра до последней ниточки: дождь лил теперь как из ведра. Но Глеб, как бы в опровержение догадкам приемыша, долго еще оставался на площадке после того, как сошел на берег. Он и в самом деле чувствовал нестерпимый озноб во всех членах - чувствовал, что холод прохватил его до самого мозга. Руки его тряслись, ноги онемели; но он все еще крепился. Нахмуренное выражение его лица, досадливые движения ясно показывали, что он с трудом решался признать себя побежденным старостью и погодою. Он упрямился и крепился до последней минуты, наконец покинул берег: ему уже невмочь было стоять на ногах, - но и тут-таки, раз или два, пересилил себя и вернулся к лодкам; его точно притягивало к реке и лодкам какою-то непонятною силой. Он точно предчувствовал, что последний раз видится с Окою и лодками. Мрачно, грустно, задумчиво было лицо старика, когда, взглянув в последний раз на реку, стал он подыматься по площадке; он точно нес на плечах своих гроб ближайшего родственника, которого много любил при жизни. Войдя в избу, Глеб, против обыкновения своего, не подошел даже к люльке, даром что ребенок кричал и протягивал к нему свои розовые голенькие ручонки. Ничто уже, по-видимому, не радовало теперь старика - не радовал даже запах горячих щей, которые дымились на столе; он отказался от обеда и молча улегся на печку. Тетушка Анна и Дуня заключили из всего этого, что лучше уж не приступать к нему нынче.

Вечером в тот же день приплелся дедушка Кондратий.

- Вот, дядя, говорил ты мне в те поры, как звал тебя в дом к себе, говорил: "Ты передо мной что дуб стогодовалый!" - молвил ты, стало быть, не в добрый час. Вот тебе и дуб стогодовалый! Всего разломило, руки не смогу поднять... Ты десятью годами меня старее... никак больше... а переживешь этот дуб-ат!.. - проговорил Глеб с какою-то грустью и горечью, как будто упрекал в чем-нибудь дедушку Кондратия.

- Полно, сосед... что ты загадываешь! Один создатель ведает, что будет впереди... Бог милостив!.. Авось еще поживешь с нами...

- Нет, уж я не встану! - отрывисто сказал Глеб.

- Чем так-то говорить, помолись-ка лучше богу: попроси у него облегчения, продлил бы дни твои! Теплые наши молитвы, по милосердию божию, дойдут до господа...

- Болезнь во всем во мне ходит: где уж тут встать! - проговорил Глеб тем же отрывистым тоном. - Надо просить бога грехи отпустить!.. Нет, уж мне не встать! Подрубленного дерева к корню не приставишь. Коли раз подрубили, свалилось, тут, стало, и лежать ему - сохнуть... Весь разнемогся. Как есть, всего меня разломило.

- Усталому-то последняя верста тяжелее пяти первых кажется... Вздохнешь маленько, бог даст, поправишься...

- Пятьдесят лет уставал каждый день, лиха не чаял... не от того совсем! - перебил Глеб.

- Мало ли что, Глеб Савиныч! Года твои не те были. Много на них понадеялся... Я говорил тебе не однова: полно, говорил, утруждать себя, вздохни; ты не слушал тогда...

- Слушать-то нечего! - нетерпеливо перебил Глеб. - По-твоему, брось работу, сам на печку ложись!

- Оборони, помилуй бог! Не говорил я этого; говоришь: всяк должен трудиться, какие бы ни были года его. Только надо делать дело с рассудком... потому время неровно... вот хоть бы теперь: время студеное, ненастное... самая что ни на есть кислота теперь... а ты все в воде мочишься... знамо, долго ли до греха, долго ли застудиться...

- Наша вода мягкая: с нее ничего не сделается... не от того совсем! - упрямо заключил Глеб и повернулся спиной к собеседнику, как бы желая показать ему, что не стоит продолжать разговора.

С этого дня он не вставал уже с печки. Трудно определить, в чем именно состояла болезнь Глеба. Отвергая с таким упрямством догадки домашних, которые единодушно утверждали, будто немощь его происходила от простуды, он был, может статься, более прав, чем казалось. И в самом деле, если б пребывание в студеной воде могло сокрушить Глеба, - если б ненастье, лютый ветер, мокрая одежда, просыхавшая не иначе, как на теле, в состоянии были производить на него какое-нибудь действие, Глебу давным-давно следовало умереть. Его не стало бы с двадцатилетнего возраста. Тогда еще начал он заниматься промыслом. Каждый год после этого, в глухую осень, когда Ока начинала стынуть и покрывалась тонкой корой ледяных игл, он проводил целые дни в воде по пояс, и все-таки ничего ему не делалось. Оттого, и дожив до семидесяти лет, он не хотел верить простуде. Самый лед мог уже казаться ему "мягкою водою". Вообще говоря, в простонародье так же редко умирают от простуды в зрелых годах, как часто умирают от той же причины в молодости. Оно понятно: выдержав все то, что выдерживают крестьянские работники, человек смело считает себя невредимым, как бы застрахованным от влияния всевозможных непогод и невзгод. Слова: "здоровяк, крепыш, усилок", которыми величают в простонародье крепкого человека, по-моему, еще слабо выразительны. Это просто богатыри со сталью вместо кожи, каменными мышцами и железными костями. Простолюдин зрелых лет делается по большей части жертвою удара, ушиба, порванных жил, старости и, наконец, истощения физических сил - необходимое следствие того неумеренного, принужденно-усиленного труда, о котором говорили мы в предшествовавшей главе. По всей вероятности, это последнее обстоятельство свалило Глеба. Он уже не чувствовал теперь никакой боли - чувствовал только, как силы оставляли его и

171

как постоянно слабли его члены. Послушался бы Глеб дедушку Кондратия, поберег бы силы свои, их стало бы, может статься, надолго. Силы Глеба были исчерпаны до последней капельки. Едва-едва доставало на то, чтобы поднять руку для крестного знамения. При всем том Глеб слышать не хотел о сосновских ворожеях и знахарях, которых предлагала ему жена. Такое же невнимание встречала тетушка Анна, когда, теряясь в скорбных догадках, советовала ему "порубить" спину, попариться в печи и пустить кровь. Он с упрямством отказывался от всякого пособия. "Так уж, знать, господом богом положено. Коли жить написано, так проживу и без этого; коли помереть суждено, так уж тут нечего хлопотать. Человек над смертью не властен!" Это был единственный ответ Глеба на все советы и замечания домашних. В критическую минуту, слепо отдаваясь на волю провидения, Глеб не унывал духом. Вера подкрепляла его. Он не терял надежды и, по-видимому, ждал выздоровления. А между тем жизнь заметно оставляла старого Глеба. Тело его уже только поддерживалось душою, которая до последней минуты сохраняла всю свою энергию. Казалось даже, деятельность, оживлявшая когда-то старика, перешла теперь вся в его душу. Он не переставал говорить о промысле, не переставал заботиться о хозяйственных делах своих, входил в мельчайшие подробности касательно домашнего управления, не переставал сокрушаться о том, какие произойдут упущения. Тело Глеба безжизненно почти лежало на печке, но душа его присутствовала всюду. Двадцать раз на дню призывал он жену или Дуню, посылал их в такое-то место двора и приказывал исправить такой-то предмет. Иногда все дело состояло в том, что надо было переложить верши из одного угла в другой или вынуть такой-то шест и поставить на его место другой. Гришка не выходил у него из головы. Он поминутно посылал за ним, заставлял его рассказывать о том, как идет промысел, входил во все мелочи, давал ему наставления. Первый вопрос, с каким он обращался к дедушке Кондратию, когда тот приходил навестить его, был всегда следующий: "Ну, что, дядя, как ловится рыбка?" Нередко дух Глеба проникался тревогою и сомнением. Ему казалось, что домашние исполняют наперекор все его приказания, что все идет не так, как бы следовало, что дом и все хозяйство гибнут от их нерадения. Слова старика показывали, что память не изменила ему. Он помнил мельчайшие подробности из жизни своих домашних, но выбирал те именно случаи, которые могли подтвердить его подозрения. Он осыпал их упреками, грозил лишить их благословения. Голос старика, прерывавшийся почти на каждом слове, звучал тогда негодованием. Страшно было смотреть на Глеба. Одно только появление дедушки Кондратия в силах было унять его. Душеспасительные слова кроткого, набожного старика мгновенно возвращали спокойствие встревоженной душе Глеба. Дедушка начал ходить каждый день и просиживал в избе рыбака с утра до вечера.

Раз Глеб не встретил уже его обычным вопросом своим о том, как ловится рыбка.

Глаза старого рыбака были закрыты; он не спал, однако ж, морщинки, которые то набегали, то сглаживались на высоком лбу его, движение губ и бровей, ускоренное дыхание ясно свидетельствовали присутствие мысли; в душе его должна была происходить сильная борьба. Мало-помалу лицо его успокоилось; дыхание сделалось ровнее; он точно заснул. По прошествии некоторого времени с печки снова послышался его голос. Глеб подозвал жену и сказал, чтобы его перенесли на лавку к окну.

Тетушка Анна, Дуня, дедушка Кондратий и приемыш поспешили исполнить его волю.

Пять минут спустя Глеб лежал на лавке, устланной соломой.

Голова Глеба, приподнятая свернутыми полушубками, была обращена по его просьбе к окну.

Взглянув на исхудалое, изнеможенное лицо своего мужа, на его руки - когда-то мощные и крепкие руки, похожие на ветвь старого вяза, но высохшие, как щепки, и безжизненно сложенные на груди, тетушка Анна вдруг зарыдала.

Старушка не могла дать себе отчета в своих чувствах: она не объяснила бы, почему рыдание вырвалось у нее теперь, а не прежде; тут только поняла она почему-то, что уже не оставалось малейшей надежды; тут только, в виду смерти, осмыслила она всю силу пятидесятилетней привязанности своей, всю важность потери.

- Полно, старуха, - сказал Глеб, находившийся, вероятно, под влиянием одних мыслей с женою, - перестань убиваться; надо же когда-нибудь умереть... все мы смертны! Пожили пятьдесят годков вместе... Ну, пора и расставаться. Все мы здесь проходимцы!.. Расстаемся ненадолго... Скоро все свидимся... Полно!..

Голос Глеба был спокоен и вполне отвечал спокойному выражению лица его. Последняя искра надежды на выздоровление погасла уже в душе его: он сознавал теперь близкую свою кончину. В последние два дня старик помышлял только о спасении души своей; он приготовлялся к смерти; в эти два дня ни одно житейское помышление не входило в состав его мыслей; вместе с этим какая-то отрадная, неведомая до того тишина воцарялась постепенно в душе его: он говорил теперь о смерти так же спокойно, как о верном и вечном выздоровлении.

- Полно вам убиваться!.. Что обо мне плакать-то! Мое дело решенное. Лучше о себе подумайте, - продолжал Глеб (жена его, Дуня, приемыш и дедушка Кондратий окружили лавку), - о себе, говорю, подумайте: оставляю вам немного... Ты, жена, не больно изъянься на мои похороны: мертвому не много надо; похорони, как хоронили, примерно, свата Акима, так и меня похорони... Положи только тело мое в Сосновку: хочу лежать подле покойных малых деток своих и сродственников... Там меня положи. Образ отпусти со мной тот, в серебряной ризочке, что Ваню-то благословляли... Это последняя моя воля... Окромя этого образа все вам оставляю. Живите, как при мне жили; жил я, как жили отцы мои и деды, и вы тому следуйте... Не оставил меня господь, и вас тогда не оставит!.. Проживете с мое, и вас сподобит умереть спокойно. В одном только отказал мне творец милосердый, - подхватил со вздохом старик, - не привел... не дал в последний раз наглядеться... на... Ваню... Не забывай его, смотри, жена!.. Не забывайте и все его!.. Мил был он моему сердцу, любил я его... Супротив всех других любил... Приведет вам господь увидеть его... Передайте ему мое родительское благословение, навеки нерушимое. Умирал старик, скажите, - умирал, его, милого детища, поминаючи... Так и скажите ему!..

Тут голос Глеба, до той минуты ровный и спокойный, как словно оборвался; он закрыл глаза и замолк.

Тетка Анна и Дуня плакали навзрыд. Дедушка Кондратий давно уже не

173

плакал: все слезы давно уже были выплаканы; но тоска, изображавшаяся на кротком лице его, достаточно свидетельствовала о скорбных его чувствах. Один приемыш казался спокойным. Он стоял склонив голову; ни одна черта его не дрогнула во все продолжение предшествовавшей речи.

- Гриша, - сказал неожиданно Глеб, - ты, Гриша, заступишь теперь мое место, будешь жить все одно, как сын родной в дому... Исполни последнюю мою родительскую волю: не оставляй старуху, береги ее, все одно что мать родную... Мы берегли тебя смолоду, растили, поили, кормили, как родного детища, - должон это помнить. Коли оставишь ты ее, не будет тебе моего благословения!.. Не будет также моего благословения, коли не станешь соблюдать жену свою, не станешь почитать тестя... Как меня слушал, так и его слушайся; почитай его, все одно как отца родного... А это, что вот приятели смущать будут, этого ты не слушай!.. Это, значит, враг путает! Приятели на один час, родные - на всю жизнь... их почитай и слушай!.. Ты уж не малолетний: сам должон видеть, что хорошо, что худо. Не послушаешь меня, отыму благословение!.. Востоскует душа моя, что оставил злодея в семье своей. Господь от тебя откажется, и не будет тебе тогда никакой радости в жизни!.. Смотри же, Гриша, веди себя крепко, живи по закону... Смотри же, не обмани меня! Ты вся моя надежда теперь... Окромя тебя и Вани, нет у меня... окромя вас, нет других детей! - заключил Глеб, причем на лице его изобразилась вдруг тоска.

Он, очевидно, хотел еще что-то прибавить, но дедушка Кондратий, догадавшись, вероятно, о чем пойдет речь, поспешил предупредить его.

- Полно, Глеб Савиныч, - сказал он, - полно, слободи ты свою душу... Христос велел прощать лютым врагам своим... Уйми свое сердце!.. Вспомяни и других детей своих... Вспомяни и благослови Петра и Василия.

Лицо Глеба мгновенно приняло строгое выражение, лоб покрылся морщинками, седые брови нахмурились.

- Помилуй их, Глеб Савиныч, - продолжал дедушка Кондратий.

- Батюшка, помилуй! - рыдая, воскликнула Анна.

- Глеб Савиныч! - подхватил отец Дуни. - Един бог властен в нашей жизни! Сегодня живы - завтра нет нас... наш путь к земле близок; скоро, может, покинешь ты нас... ослободи душу свою от тяжкого помышления! Наказал ты их довольно при жизни... Спаситель прощал в смертный час врагам своим... благослови ты их!..

- Прощаю всем врагам моим, какие у меня были... им прощаю... прощаю наравне с другими, - сказал Глеб.

- Этого мало, Глеб Савиныч! Они дети твои: должон благословить их!..

- Нет, они мне не дети! Никогда ими не были! - надорванным голосом возразил Глеб. - На что им мое благословение? Сами они от него отказались. Век жили они ослушниками! Отреклись - была на то добрая воля - отреклись от отца родного, от матери, убежали из дома моего... посрамили мою голову, посрамили всю семью мою, весь дом мой... оторвались они от моего родительского сердца!..

- Все же они дети твои, - убедительно произнес дедушка Кондратий, - какая их жизнь будет без твоего благословения? И теперь, может статься, изныла вся душа их... не смеют предстать на глаза твои... Не дай им умереть без родительского твоего благословения... Ты видел их согрешающих - не видишь кающихся... Глеб Савиныч!..

174

Строгость, изображавшаяся в чертах Глеба, постепенно смягчалась; но он не произнес, однако ж, слова.

Грустно было выражение лица его. Жена, Дуня, приемыш, Кондратий не были его родные дети; родные дети не окружали его изголовья. Он думал умереть на руках детей своих - умирал почти круглым, бездетным сиротою. Он долго, почти все утро, оставался погруженным в молчаливое, тягостное раздумье; глаза его были закрыты; время от времени из широкой, но впалой груди вырывался тяжелый, продолжительный вздох.

Около полудня он снова раскрыл глаза.

- Подымите меня... - сказал он ослабевшим голосом.

Дуня и тетушка Анна посадили старика на лавку; обе держали его под руки.

Глаза Глеба медленно обратились тогда к окну, из которого виднелись: часть площадки, лодки, опрокинутые на берегу, и Ока.

Дальний берег и луга застилались мелким, частым дождем. Был серый, ненастный день; ветер уныло гудел вокруг дома; капли дождя обливали и без того уже тусклые стекла маленького окошка. Мрачно синела Ока, мрачно глядел темный берег и почерневшие, вымоченные лодки. Печальный вид осеннего дня соответствовал, впрочем, как нельзя лучше тому, что происходило в самой избе.

- Прощай, матушка Ока!.. - сказал Глеб, бессильно опуская на грудь голову, но не отнимая тусклых глаз своих от окна. - Прощай, кормилица... Пятьдесят лет кормила ты меня и семью мою... Благословенна вода твоя! Благословенны берега твои!.. Нам уж больше не видаться с тобой!.. Прощай и вы!.. - проговорил он, обращаясь к присутствующим. - Прощай, жена!..

Старушка зарыдала так сильно, что дедушка Кондратий поспешил занять ее место и взял под руку Глеба.

- Полно печалиться, - продолжал Глеб, - не молода ты: скоро свидимся!.. Смотри же, поминай меня... не красна была твоя жизнь... Ну, что делать!.. А ты все добром помяни меня!.. Смотри же, Гриша, береги ее: недолго ей пожить с вами... не красна ее была жизнь! Береги ее. И ты, сноха, не оставляй старуху, почитай ее, как мать родную... И тебя под старость не оставят дети твои... Дядя!..

Дедушка Кондратий наклонил белую свою голову.

- Прощай, дядя!.. Продли господи дни твои! Утешал ты меня добрыми словами своими... утешай и их... не оставляй советом. Худому не научишь... Господь вразумил тебя.

Глеб долго еще прощался с домашними; он хотел видеть каждого перед глазами своими, поочередно поцеловал их и перекрестил слабою, едва движущеюся рукою. Наконец он потребовал священника.

Гришка тотчас же отправился в Сосновку.

Вплоть до самого вечера Глеб находился в каком-то беспокойстве: он метался на лавке и поминутно спрашивал: "Скоро ли придет священник?", душа его боролась уже со смертью; он чувствовал уже прикосновение ее и боялся умереть без покаяния. Жизнь действительно заметно оставляла его; он угасал, как угасает лампада, когда масло, оживлявшее ее, убегает в невидимое отверстие.

Поздно вечером приехал священник. Дедушка Кондратий и старуха встретили его в воротах и замолвили ему о старших сыновьях - Петре и Василии.

Дуня, ее отец, теща и муж оставались на крылечке.

175

По прошествии некоторого времени духовник уехал, объявив наперед, что старик исполнил их желание и велел им передать Петру и Василию родительское свое благословение.

Когда они вернулись в избу, Глеб лежал без языка.

Трепетный блеск свечи под образами освещал безжизненное лицо его с черными впадинами вместо глаз, с заостренною, холодною профилью, которая резко отделялась на совершенно почти темной стене. Он казался мертвым, и только легкое, едва приметное движение рубашки на груди показывало, что дух его не покинул еще земли. Тетка Анна и за ней поочередно все присутствующие прикладывали поминутно уши свои к губам его, в надежде услышать последнее слово, последнюю волю умирающего. В простонародье последнее слово покойника свято сохраняется домашними: оно переживает другие воспоминания, часто упоминается в семейных беседах, часто даже переходит к внукам.

Но Глеб ничего уже не сказал.

Дедушка Кондратий, который всю ночь не покидал его изголовья, принял на заре последний вздох Глеба и закрыл ему глаза.

- Полно, - сказал он, обратясь к старухе, которая рыдала и причитала, обнимая ноги покойника, - не печалься о том, кто от греха свободен!.. Не тревожь его своими слезами... Душа его еще между нами... Дай ей отлететь с миром, без печали... Была, знать, на то воля господня... Богу хорошие люди угодны...

В то время как обмывали покойника, дедушка Кондратий съездил на озеро за псалтырем. И вскоре в избе, посреди глухих, затаенных стонов, послышалось мерное, колеблющееся чтение при свете желтой восковой свечки, которая освещала почтенную, убеленную честными сединами голову дедушки Кондратия.

Дня через три, в воскресенье, у ворот рыбакова дома и на самом дворе снова стояли подводы; снова раздавались в избе говор и восклицания. Можно было подумать, что тут снова происходило какое-нибудь веселье.

Но желтая гробовая крышка, прислоненная к воротам, красноречиво опровергала неуместное предположение; длинные шесты, перевязанные веревками, ясно уже показывали, к чему съехались на этот раз сосновские родственники и родственницы.

Немного погодя со двора послышалось протяжное пение, и минуту спустя серый осенний день осветил погребальное шествие.

Позади гроба перед толпою шли дедушка Кондратий и Дуня, немного поодаль виднелся Гришка. За толпою ехала тележка, в которой лежала рыдавшая, осиротевшая теперь старушка.

Шествие обогнуло избу и медленно стало подниматься в гору. Вскоре все исчезло; один только гроб долго еще виднелся под темною линиею высокого берегового хребта и, мерно покачиваясь на плечах родственников, как словно посылал прощальные поклоны Оке и площадке...

XXIV

Первою мыслию Гришки после похорон Глеба было отправиться как можно скорее в Комарево. Болезнь старого рыбака - если считать с того дня, когда он в последний раз занимался промыслом, до той минуты, когда испустил последний вздох, - продолжалась три недели. Во все это время Гришка редко, украдкой, виделся с Захаром и другими комаревскими товарищами. Не мешает заметить, он терпеливо сносил, однако ж, свое положение, он не показывал даже особенного неудовольствия, когда старик в припадке тревожной подозрительности заставлял его вставать по ночам и посылал посмотреть, все ли обстоит благополучно на дворе и подле лодок.

По всей вероятности, Гришка обнадеживал уже себя тем, что недолго остается терпеть таким образом, что скоро, может статься, заживет он по своей воле и что, следовательно, не стоит заводить шума. Быть может, и это всего вероятнее, остаток совести - чувство, которое благодаря молодым летам не успело совсем еще погаснуть в сердце приемыша, - держало его в повиновении у изголовья умирающего благодетеля.

В последние пять дней Гришке ни разу не удалось урваться в Комарево; на него пали все хлопоты и распоряжения касательно похорон; чуть ли не по два раза в день принужден он был бегать в Сосновку. Он не мог располагать свободной минутой. Захар и товарищи ничего, следовательно, не знали еще о кончине Глеба. Известие это имело, впрочем, значение для одного Захара. После смерти рыбака он должен был бросить миткальную фабрику и перебраться на жительство к приемышу, который делался полным хозяином в доме усопшего. Приятели заранее в этом условились; условие было даже скреплено в свое время штофом вина.

При всем том в настоящую минуту Гришка мало помышлял о Захаре. Он спешил в Комарево, имея в виду одну цель: показаться товарищам в новом свете, хвастнуть перед ними завидной своей долей. Он не знал еще хорошенько, какое сделает употребление из сегодняшнего дня, не знал также, к какому способу прибегнет, чтобы вернее удивить товарищей. Новое положение, о котором он мечтал столько времени, наконец осуществилось. При этой мысли голова его шла кругом, в ушах шумело, сердце прыгало от нетерпения. Он чувствовал непобедимую, непреклонную потребность расходиться, разгуляться, закрутиться суток на пять, по крайней мере.

К сожалению, Гришка не мог поспеть в Комарево раньше вечера; помешали сосновские родственники, которые, по заведенному обычаю, приехали прямо с погоста поминать покойника. Поминки, начавшиеся далеко за полдень, продолжались вплоть до заката. Волей-неволей надо было ждать.

Было уже совершенно темно, когда Гришка очутился у комаревской околицы.

В такую позднюю пору, особенно осенью, пахотные деревушки давным-давно уже спят. Земледелец, обнадеженный скирдою ржи, которой наградил его господь за труды, ложится теперь рано. В сумерки вы не увидите огонька, не услышите звука в пахотной деревушке. Но Комарево, подобно всем промышленным фабричным селам, не утихало раньше полуночи. По вечерам благодаря окрестной тишине и темноте ночи, которая позволяла любоваться сотнями ярко освещенных окон, деятельность Комарева становилась еще заметнее. Длинные багровые полосы, пересекавшие главную улицу - центр фабрик и деятельности, огни, повторявшиеся в лужах, дикие взвизгивания и песни, глухо раздававшиеся внутри домов, страшная трескотня, производимая тысячью миткалевых станов на всем ходу, - все это придавало Комареву какой-то фантастический вид, вовсе не свойственный обыкновенным деревням. На главной улице не было окна, в котором бы не горели огни и не двигались человеческие фигуры, сгорбленные в три погибели и качавшиеся взад и вперед как маятники. В эту пору в Комареве спали одни только тучные, расплывшиеся жены хозяев фабрик и не менее тучные дети их. Остальное народонаселение, начиная с семилетних мальчиков и девочек и кончая шестидесятилетними стариками, неутомимо работало: сидело, перегнувшись над станом, или разматывало шпули. Расчет и нужда управляли здесь большим и малым. Самое время имело здесь свое особенное расчисление. Трудовой день не обусловливался восходом и закатом солнца, как в пахотной деревне; он определялся числом аршин сотканного миткаля. Часы меряли аршинами: час приносил работнику семь копеек; размотанная шпуля приносила копейку. Барыш или убыток каждого ткача, каждого размотчика зависели от них самих. Все бились из-за барышей и работали, следовательно, без устали.

По этому самому комаревские улицы были совершенно почти пусты. Во все время, как Гришка пробирался к фабрике, где работал Захар, он не встретил души. Изредка до слуха его доходили торопливое шлепанье по лужам, затаенный возглас или шушуканье. Раз, впрочем, наткнулся он и сшиб с ног мальчишку, перелетавшего стрелою улицу и посланного с пустым штофом к Герасиму.

Отвесив мальчику подзатыльник за оплошность, приемыш молодцевато поправил шапку и направился к двухэтажному зданию, стены и кровля которого сливались с мраком, между тем как верхний и нижний ряд окон горели, как отдушины огромной плавильной печи. Он не вошел, однако ж, на крыльцо: проникнуть во внутренность фабрики, переговорить с Захаром при свидетелях и вызвать его на улицу - значило накликать со стороны хозяина или приказчика град упреков и брань на голову товарища. Для избежания всего этого фабричными ребятами придуман был следующий порядок: постороннее лицо, нуждавшееся в ком-нибудь из них, должно было прежде всего обойти весь нижний ряд окон, высмотреть какое-нибудь знакомое лицо, ближайшее к окну, и затем слегка постучать пальцем в стекло. Знакомое лицо делало вид, как будто ничего не замечает, но минуту спустя оставляло работу, ловко шмыгало в дверь и выбегало на улицу. Ему-то поручали вызвать такого-то или такую-то и за хлопоты приглашали обыкновенно после окончания работы в "Расставанье" или к "Ивану Елкину" - названия, под которыми равно известно было заведение флегматического Герасима. В последние два месяца Гришка ознакомился уже в совершенстве с обычаями фабрик. Он поспешно обогнул крыльцо и подошел к первому окну.

Тут сидел один из ближайших приятелей Захара. Лишнее говорить, что он пользовался точно так же дружбою приемыша. То был рыжий и косой парень, но лихой и разбитной гуляка, по прозванию Семион, или Севка-Глазун. Этот Семион, или Севка, держался обычая пропивать в воскресенье все то, что зарабатывал в

178

продолжение недели, если только не успевал заблаговременно проигрывать заработки в три листка. В компании, где Захар играл роль коновода, Севка был чем-то вроде есаула.

Но прежде чем подать условный знак Севке, необходимо было убедиться, точно ли сидит он на своем месте. С этою целью Гришка приложил лицо свое к стеклу. В первую минуту он ничего не мог разглядеть: свет ослепил его совершенно.

Мало-помалу перед ним открылась нескончаемая перспектива брусьев, балок, столбов и жердей, скрещенных на все возможные лады, точно деревянная паутина. Весь нижний этаж, состоявший из четырех сквозных срубов, был занят фабрикой. Во всех промежутках этой деревянной паутины виднелись быстро вращавшиеся колеса, которыми управляли мальчики и девочки, покрытые струями пота. Они должны были задыхаться. Мудреного нет: самый дюжий работник, проживший год в этой духоте, начинал хилеть и сохнуть. Дерево сохло и трескалось; потолок и стены потели и лоснились, как в бане. Пламя сальных свечей горело неподвижно, окруженное желтыми, тусклыми кругами; оно с трудом проникало сгущенную атмосферу. Со всем тем в нижнем этаже фабрики никогда не находилось свободного уголка. Опустевшее место тотчас же замещалось. Народ теснился, как огурцы в бочке; решительно не было возможности ткнуть пальцем без того, чтобы не встретить бруса, протянутой основы или человеческого затылка. Головы баб, девок и ткачей всех возможных возрастов высовывались отовсюду: красные и синие платки, черные, рыжие затылки и бороды, бледные лица, розовые и белые рубашки пестрели в глазах, как стекла калейдоскопа, который стали бы вертеть против свечки. Все это двигалось при свете нескольких десятков сальных огарков, вставленных в жестяные подсвечники; подсвечники держались на воздухе помощью проволок, перпендикулярно висевших с потолка. Оглушительная трескотня челноков, удары ботанов, шипение колес, говор, хохот, песни наполняли все здание. В настоящую минуту, за неимением другого, более точного сравнения, этот нижний этаж мог казаться чем-то вроде исполинского желудка, в котором происходило сильное воспаление.

Севка сидел на обычном своем месте. Приемыш постучал в окно. Минуту спустя на темном крыльце застучали босые ноги.

- Кто? - произнес сиплый голос, весьма похожий на звук тупой пилы в мягком, гнилом дереве.

- Я, Гришка... с того берега...

- А, Жук! - воскликнул Севка, поспешно сбегая ступеньки крылечка.

Между комаревскими гуляками заведен был обычай давать друг другу прозвища: так, Севку благодаря, вероятно, огромным глазам навыкате величали Глазуном; черные как смоль волосы приемыша, смуглый цвет лица, нахмуренный вид заслужили ему название Жука.

- Где ты пропадал? Неделю не видали... - спросил Севка.

- Нельзя, брат: хлопотали... Ведь у меня старик-ат помер...

- Что ты?..

- Да так...

- Стало, ты теперь хозяин! - воскликнул Севка, имевший свои причины радоваться перемене в судьбе своего товарища. - Что ж, Жук, а? - промолвил он полушутовским-полусерьезным тоном. - Ведь, я чай, спрыснуть надо... как же так-то!.. Ей-богу, надо спрыснуть!

- Приходи опосля, как фабрику запрут, и других наших ребят зови.

- Вот так так! Ладно, будем!

- Зови к Герасиму, - подтвердил приемыш, - дойди только теперь к Захару, скажи: Гришка, мол, дожидает, оченно, скажи, беспременно надо видеть.

- Эвна, да рази ты не знаешь?

- А что?

- Стало, он у тебя вечор не был?

- Нет.

- Третий уж день не живет у нас.

- Полно...

- Право; расчелся.

- Где ж он? Стало, у Герасима?

- Знамо, там; где ж больше и быть! Ступай туда: найдешь.

- Ладно; так приходите же, - вымолвил Гришка, поспешно удаляясь.

- Духом будем! - отозвался Севка, исчезая в непроницаемой темноте фабричных сеней.

Кабак находился, как уже известно, у околицы. Гришке пришлось, следовательно, повторить свое путешествие по Комареву. Конец был порядочный, и прогулка сама по себе не представляла большого удовольствия, особенно в ночное время. Грязь и лужи покрывали улицы. Хворост, брошенный так только, для проформы, в глубокие ямы, наполненные грязной жижей, обманывал ногу. Нужно было иметь кошачьи глаза и кошачью легкость, чтобы выйти невредимым из этой топи.

Несмотря, однако ж, на все неудобства дороги, Гришка подвигался вперед быстро и весело. Свист его был даже причиной пробуждения нескольких собак, которые до того времени спокойно спали под телегами и воротами. Он находился в счастливейшем расположении духа и был похож на ленивого школяра, которого только что выпроводили из школы и которому сказали: "Ступай на все четыре стороны!"

По мере того как приемыш приближался к цели своего путешествия, освещенные окна становились реже. Шум внутри фабрик отдалялся с каждою минутой. Мало-помалу он пропал совершенно. В ушах приемыша раздавался только хляск, производимый его ногами, и шуршуканье ветра, который время от времени пробегал по соломенным кровлям.

Теперь уже тянулись по большей части маленькие лачужки и полуобвалившиеся плетни, принадлежавшие бедным обывателям. Густой, непроницаемый мрак потоплял эту часть Комарева. Кровли, плетни и здания сливались в какие-то черные массы, мало чем отличавшиеся от темного неба и еще более темной улицы. Тут уже не встречалось ни одного освещенного окна. Здесь жили одни старики, старухи и больные. Остальные все, от мала до велика, работали на фабриках.

Хриплый, удушливый лай и звяканье железной цепи возвестили наконец близость "Расставанья". Без этих признаков трудно было догадаться, что подходишь к обитаемому жилищу. Кабак казался еще мрачнее, еще темнее лачужек, потому, вероятно, что занимал больше пространства в темном небе. Отделенный от домов огородами, он оканчивал собою жилье с этой стороны Комарева. Большая часть навесов заведения и задние ворота выходили уже в луга - обстоятельство большой важности, если принять в соображение торговые операции Герасима, которые были такого рода, что должны были производиться по возможности тихомолком. Мертвое молчание окружало здание, одиноко возвышавшееся посреди пустыря. Лаяли только собаки, да шумел ветер, гулявший теперь на просторе. Но тюремная наружность "Расставанья" не произвела, однако ж, на Гришку неприятного действия. Напротив того, он ускорил шаг, как человек, достигнувший наконец своей цели после долгого странствования. Он проворно вбежал на крыльцо и смелою, уверенною рукою отворил дверь, обвешанную лохмотьями рогожи.

Герасим только что лег на скамью, скрывавшуюся за прилавок, когда Гришка вошел в кабак. Сальный огарок, воткнутый в железный искалеченный подсвечник, слабо освещал избу. Желтое пламя, придавленное шапкою нагара, выставляло напоказ дюжины две мелких, но неуклюже толстеньких стаканов с зеленым и фиолетовым отливом, которые теснились на сосновой доске прилавка, такой же жирной, как огарок, и черной, как пол. Свет с трудом уже досягал за пределы прилавка. Кой-где, впрочем, мелькали края полок, штофы и склянки, украшавшие заднюю стену. Бочка, стоявшая в дальнем углу, едва-едва обозначалась красноватым кругом. Медный кран бочки и жестяные воронки, прицепленные к ее боку и тронутые кой-где блеском свечи, казались висящими в воздухе. Бревенчатый потолок и стены передней части избы, предназначавшейся для посетителей, оставались в совершенной темноте (прилавок разделял избу пополам). Справа только не доходил он до стены, открывая посетителям сообщение с задней дверью.

Кроме сверчка, который жалобно трещал под каким-то косяком, тут не было, казалось, живой души. Но едва только успел Гришка перекинуть ногу за порог, над краем прилавка показалось продолговатое мертвенное лицо целовальника. Казалось, под полом кабака скрывался механизм, имевший непосредственное сообщение между петлями дверей и туловищем Герасима. Дверь отворялась - туловище приподымалось с лавки; дверь запиралась - туловище опускалось. Замечательнее всего, что туловище находилось в совершенном повиновении у двери и подымалось быстро или медленно смотря по тому, быстро ли или медленно отворяли дверь.

- Здорово, дядюшка Герасим! - молодцевато воскликнул приемыш, приподымая шапку и подходя к прилавку.

Целовальник лениво протер красные больные глаза свои и еще ленивее подперся локтем. Увидев молодого парня, лицо и денежные обстоятельства которого были ему довольно знакомы, он не удостоил даже опустить наземь длинных ног своих.

- Косушку, что ли? - произнес он сонливым, неохотливым голосом.

- Возьмем и четверть! Мало четверти, все ведро возьмем - дай срок! - сказал приемыш, очевидно старавшийся произвести выгодное впечатление на целовальника, перед которым играл до сих пор самую ничтожную роль. - Сами теперь хозяева, дядюшка Герасим!.. - подхватил он, подбоченясь и потряхивая волосами. - Живем как хотим!.. Слышь, дядюшка Герасим!.. Сами стали хозяева!

- Твое счастье, - промямлил целовальник, зевая и потягиваясь.

Он ничего не знал еще о смерти Глеба. В противном случае Герасим обошелся бы с парнем ласковее и словоохотливее. Ему не раз уже приводилось иметь дело с молодыми наследниками. Он знал, как сговорчивы они на первых порах, умел пользоваться случаем и обдирал их обыкновенно дочиста. Денег он никогда не спрашивал, пока в руках наследника находился хоть какой-нибудь ценный предмет из крестьянского хозяйства. Этим способом он наверняка приобретал каждую вещь за половину цены. О деньгах заботиться было нечего: деньги наследника, само собою разумеется, не минуют перейти в его руки. Но целовальник находился в неизвестности о кончине зажиточного рыбака и не видел пока надобности терять лишние слова с приемышем. Приписывая удаль и веселость парня какому-нибудь полтиннику, случайно попавшему в карман, Герасим нетерпеливо спросил, что ему надо.

- Погоди, дай срок: будет время покуражиться; теперь до Захара есть надобность, - торопливо отвечал Гришка.

- Так бы и сказал... Ступай в харчевню, - проворчал Герасим и снова повалился на лавку.

Гришка между тем прошел между стеною и прилавком и направлялся к задней двери.

Дверь открывалась в сени, служившие целовальнику складочным местом. Чего только не было в этих стенах! Каждый мог вдоволь любоваться кадками, корчагами, горшками и котлами, которые громоздились в свободных углах и даже, за неимением места, валялись на полу. Когда дверь, выходившая на двор, была затворена, в сенях царствовал полумрак даже среди белого дня. Потолка не было, и свет проходил сквозь щели соломенной кровли; но ночью, и особенно теперь, когда небо заслонялось тучами, тут легко было сломить себе шею. При всем том Гришке достаточно было несколько секунд, чтобы выбраться из этого лабиринта и нащупать рукоятку внутренней двери. Он не замедлил очутиться под длинным дощатым навесом - род крытой галереи, которая лепилась вдоль стены кабака и выходила открытой своей стороной на двор, окруженный сплошною стеною сараев и навесов. Кроме кабака и харчевни, Герасим содержал также постоялый двор. Две дороги: одна - из Зарайска, другая - из внутренней части уезда, в Коломну, проходили подле Комарева. Герасим не мог, следовательно, терпеть убытка. В базарные дни, осенью и зимою, в обозное время в посетителях не было недостатка. Лошади и подводы наполняли двор. Часто даже за теснотою приходилось помещаться у ворот. Галерея примыкала правым концом своим к большой избе, где жили целовальник и жена его, где ужинали и спали обозники и прохожие. Левый конец ее упирался в другую избу, составлявшую с задней стеною кабака прямой вогнутый угол. Постройки "Расставанья" представляли, следовательно, со стороны двора подобие изломанной буквы П. В этой последней избе находилась собственно харчевня. Окна смотрели на двор или навесы, так что с галереи не было возможности рассмотреть, что происходило в харчевне; но на этот раз огонь, отражавшийся в луже, достаточно показывал присутствие гостей. Гришка легко даже мог бы расслышать голос и песню Захара, если б не помешали звуки железной цепи и лай собаки, которая, заслышав шаги на галерее, металась и лаяла сильнее прежнего.

XXV

Отворив дверь харчевни, приемыш вступил в крошечную темную каморку, стены которой, живьем сколоченные из досок, не доходили до потолка. На полу шипел самовар, распространявший вокруг себя огненную вычурную звезду. Труба самовара, наполненная пылающими угольями, освещала раздутое лицо батрака Герасима.

Гришка не обратил на него ни малейшего внимания и поспешно вошел в просторную избу, уставленную множеством столов и лавок.

Два-три стола заняты были посетителями, принадлежавшими по большей части к сословию комаревских фабричных; между ними виднелись и женщины.

Неподалеку, за особым столом, восседал Захар. Перед ним возвышался штоф, зеленел стакан и красовалась гармония, неизменная его спутница.

- Гришка! Он самый! - воскликнул Захар, как только приемыш показался в дверях. - Ах ты, шут ты этакой! А я только тебя вспоминал! - подхватил он, стремительно подымаясь и подходя к товарищу. - Ну, садись, брат, присосеживайся, вот тебе стаканчик "жизни"... Качай! - заключил Захар, наливая вино.

Гришка оглянул присутствующих, молодцевато тряхнул волосами, выпил вино и стукнул даже стаканом об стол.

Приемыш, как вообще все молодые люди, начинающие разгульное поприще, стремился покуда к тому только, чтобы прослыть в кругу товарищей лихим, удалым малым. Самый верный способ сделаться лихим и выиграть во мнении таких товарищей заключается в том, чтобы выпивать с ними одинаковое число стаканов. Новичок, перепивший самого отчаянного пьяницу своей компании, занимает уже видное место. Гришке ни разу еще не удавалось перепить Севку, хотя он мало уже в чем уступал другим комаревским гулякам; но самолюбие его не удовлетворялось таким успехом. Многого еще недоставало ему, чтобы сравняться с товарищами. Так, например, Гришка, шумевший и кричавший громче всех на попойках, терял всю свою лихость в присутствии прекрасного пола. Им овладевала тогда страшная неловкость: у него отымался язык. Несмотря на стаканы вина, которые выпивал он залпом, чтобы сделаться заметным, никто не обращал на него внимания. В этом отношении последний мальчишка в Комареве был ловчее его. Быть может, сознание своей зависимости, безденежье, не перестававшее грызть ему сердце, сильнее еще возбуждали в нем робость: и рад бы показать себя перед людьми, да нечем! Наконец, ему попросту недоставало привычки к женскому обществу. При жизни Глеба он имел случай исчезать не иначе, как ночью, а в эту пору комаревские красавицы редко решались посещать "Расставанье". Одним словом, Гришка не знал "приличного обращенья", как говорил Захар.

Но теперь обстоятельства переменились. Гришка мог отправляться в Комарево, когда заблагорассудится, пребывать там, сколько душе угодно, пожалуй, хоть вовсе туда переселиться. Можно, следовательно, надеяться, что он употребит с пользой свою свободу. Под руководством такого наставника, как Захар, он, без сомнения, пойдет быстрыми шагами к просвещению и не замедлит постигнуть тайну "приличного обращенья".

- Где ж ты пропадал? - начал Захар.

- Чего, братец, рази ты не слыхал?

- А что?

- Да ведь у меня... старик-ат... ведь помер!

- Как? Может ли быть? - воскликнул Захар, откидываясь назад и выказывая на мгновенно вспыхнувшем лице своем все признаки удивленья, но вместе с тем и полнейшего восторга.

- Право, - отвечал Гришка, внимание которого с самого начала беседы исключительно почти принадлежало посторонним лицам, находившимся в харчевне, - помер, третьего дня помер.

- Скажи ты на милость! А? С чего ж так? Хворал, что ли? Да нет, когда было хворать! Должно быть, сила, силища задавила его! Я и в те поры говорил, оченно был силен, беспременно, как есть, задавит его сила! - убеждал Захар, окончательно уже захмелевший от радости. - То есть вот как, поверите ли, братцы, - подхватил он, оборачиваясь к сидевшим за другими столами и с живостью размахивая руками, - то есть отродясь не видал такого старика: плечи - вот!.. Рост... то есть четверых, выходит, молодцов заткнет за пояс... страшилище был... то есть ни вообразить нельзя никаким манером! Я и тогда говорил: тем и помрет - сила его задавит.

- Нонче утром хоронили, - перебил Гришка, который, очевидно, тяготился долгим молчанием.

- Скажи на милость! А? Вот она жисть-то, подумаешь! - произнес Захар тоном меланхолии, между тем как ястребиные глаза его так и прыгали. - Вот те и Глеб Савиныч! Жил, жил, да и фю... фю...

Тут Захар приподнял брови, сжал губы и, наклонив голову, издал протяжный, дребезжащий свист, но это продолжалось всего одну секунду. Он быстро обратился к приемышу и произнес отрывисто:

- Стало, ты, Гриша, хозяин теперича?

- Как же... все мне предоставил! - отвечал приемыш. - "Тебе, говорит, предоставляю весь дом, все мое добро, говорит; сыновьям, говорит, Петру и Василию, ничего не давай; все твое, говорит..."

- Ах, Глеб Савиныч, милый ты человек! - воскликнул Захар с неподдельным, но потому-то самому комически-отвратительным умилением. - То-то вот, напрасно мы тогда на него пеняли! И то и се - а он вон какую добродетель сделал... Уж подлинно наградил, можно сказать! Отец родной, все единственно! Скажи на милость! Таким манером, выходит, стал ты, Гриша, богачом теперича? Вот и знайте вы его, каков он есть! Все единственно первый наш фабрикант; а может, тот еще семь верст не доехал до его капитала! - подхватил Захар. - Да, так вот каков он есть такой человек теперича, - старик-ат жил в аккурате, лучше быть нельзя: может статься, двадцать лет копил, руб на руб складывал! Таким манером оставил по себе не одну сотню... Может статься, выкинем, как есть, и всю тысячку! Теперича парни наши - все это, выходит, шишь-голь перед ним - вот что! Ай да Григорий Акимыч! Знай теперь наших! Да нет, я его довольно знаю: не зазнается - парень бравый, - говорил Захар, дружески хлопая по плечу приемыша, который старался принять значительный вид и бодрился. - Слушай, Гриша, - заключил Захар, переменяя вдруг интонацию, - не о себе, брат, говорю: что мне! Ничего мне от тебя не надо! А только, воля твоя, надо бы на радостях-то повеселить товарищей, ей-богу! Так уж, брат, водится. Да вот и себя не мешает маленечко того, знаешь, этак, покуражить: ведь это, как есть, братец ты мой, по правилу следует... а?

- Только бы шли; за нами дело не станет, - самодовольно вымолвил Гришка, - я и то заходил на фабрику.

- Когда?

- Да вот перед тем, как сюда идтить; видел Глазуна, велел ему всех звать, как порешат за работой... От него и проведал, что ты здесь... Сказывал, тебя хозяин расчел...

Захар толкнул его ногою и прищурил левый глаз, давая этим знать, чтобы он молчал. Ему не хотелось, видно, чтобы причина размолвки с фабрикантом сделалась известна посторонним лицам; а может быть, знаки эти имели целью показать Гришке доверие и дружбу Захара.

- Да, как же! Держи карман! Нет, брат, не он меня расчел - сам отошел, - ловко подхватил он. - Станем, как же, угождать всякой шушере, то не так, это не так... Ах ты, в стекляночной те разбей! Чуфара ты этакая купеческая, самоварная! Разжился - поди ты, какой форс взял... не угодишь никак! Ну, значит, и отваливай!

Но по мере того, однако ж, как вино в штофе исчезало, наглая наружность Захара заметно теряла свою веселость. Он не умолкал, впрочем, ни на минуту, рассказывал потешные анекдоты, играл на гармонии и даже пел песни; но во всем этом проглядывало какое-то принуждение. Видно было, что Захар о чем-то заботился; он не переставал потирать лоб, хмурил брови, чесал переносицу своего орлиного носа - словом, был, как говорится, не в своей тарелке. Наконец он встал из-за стола, вышел из избы, выслал зачем-то батрака Герасима, который спал на полу подле самовара, приложил глаза к скважине перегородки и крикнул приемыша.

- Гриша, - сказал он озабоченным голосом, - подь-ка, брат, сюды... на два слова.

Секунду спустя Гришка очутился подле товарища.

- Слушай, есть у те деньги? - торопливо шепнул Захар.

- Нет, нету.

- Эх, плохо дело! - произнес Захар. - Как же это, братец мой, а? - подхватил он, досадливо тряхнув головою.

- Потому больше, думал, у тебя найдутся...

- Было точно целковых два, как расчелся с хозяином; все вышли: то да се. Слушай, Гриша, ты знаешь, каков я есть такой! - подхватил вдруг Захар решительным тоном. - Уж сослужу службу - одно говорю, слышь, заслужу! Теперь возьми ты: звал ребят, придут - угостить надо: как же без денег-то? Никаким манером нельзя. Ведь Герасим в долг не поверит - право, жид, не поверит; надо как-нибудь перевернуться, а уж насчет себя одно скажу: заслужу тебе!

- С тем и шел - думал, у тебя будут...

- То-то и есть, нету. Тогда бы и разговору не было: бери, да и все тут; что мое, то твое: это все единственно... Воля твоя, Гриша, надо добыть: придут ребята - как же? Не годится, брат, осмеют, осрамишься... Да что тебе! Не искать стать! Взял, да и баста! Свое берешь, не чужое! Сам говоришь, тебе все предоставил: таким манером это все единственно.

- Да где взять-то? Поди ж ты, в голову не пришло, как был дома! - произнес Гришка, проклиная свою опрометчивость. - Кабы наперед знал... Куда за ними идти! Время позднее... ночь...

- Вот, три-то версты! - живо подхватил Захар.

- Знамо, недалече, да, я чай, дома-то спят все; придем - всех только переполошим.

- Тихо можно обделать, никто даже ни... ни... не ворохнется. И то сказать, рази воры какие пришли? Чего им полошиться-то?.. Пришел, взял, да и баста; свое добро взял, не чужое... Ты не воровать пришел... Смотри, брат, тебя бы не обворовали.

- Небось.

- А где деньги-то?

- В сундучке, в каморе; куда хоронил старик, там и лежат...

- Эх ты, Фалалей! Ах! - воскликнул Захар чуть не во все горло. - Что ж это ты наделал? Сыми мою голову, не будь я Захар, коли найдем теперь хоша одну копейку! Рублем прост буду, коли старуха, тем временем как сюда шел, не забрала деньги!

- Небось не возьмет! - с уверенностью возразил Гришка. - Ведь ключ-то от каморы - я его взял... перед тем как идти, взял...

- Ой ли?

- Вот он.

- Так о чем же мы толкуем? Что ж мы стоим? Пойдем! - восторженно прошептал Захар, схватывая руку товарища. - Чего ждать-то? Толком говорят: рази мы воровать идем? Твое добро, тебе предоставлено: значит, все единственно, властен взять, когда хочешь. Теперь даже взять податнее через ту, выходит, причину: возьмешь днем - все увидят, содом подымут, шум, крик, упрекать станут; теперь никто не увидит - взял, да и баста! Дело выйдет в закрыв, самое любезное: подумают еще, ничего после себя не оставил; тем и обойдется... Пойдем, Гришуха: того и смотри, придут ребята.

Приятели вернулись за перегородку, взяли шапки, раскланялись с пирующими и вышли из харчевни.

- Вот что, дружище, - сказал Захар, когда они очутились в крытой галерее, - ты меня обожди минутку на улице. Признаться, малость задолжал нонче вечером Гараське: думал, Севка выручит. Надо слова два перемолвить с Герасимом; без того, жид, не выпустит... Духом выйду к тебе...

Гришка утвердительно кивнул головой, вступил в сени, потом в кабак. Голова целовальника тотчас же показалась над прилавком; но Гришка не обратил на него внимания и, оставив в кабаке Захара, вышел на улицу.

186

Приемыш недолго дожидался. Минуту спустя Захар явился к нему, но уже без полушубка и шапки. Оба эти предмета остались на время "в ученье" у Герасима, - так выразился, по крайней мере, Захар.

Несмотря на грязь и лужи, которые замедляли шаг, приятели скоро миновали луга и не замедлили очутиться в кустах ивняка, где скрывался челнок приемыша. Немного погодя они переехали Оку и вышли на площадку.

Тьма кромешная окутывала избушки. Не было никакой возможности различить их очертание посреди темного углубления высокого берегового хребта, который подымался черною, мрачною стеною. Жалобное журчание ручья да изредка шум ветра, который качал воротами, возмущали тишину площадки.

Шагах в двадцати от дому Гришка неожиданно остановился и поспешно удержал рукою Захара.

- Шт... никак... как словно кто-то на завалинке? - прошептал он изменившимся голосом.

В самом деле, сквозь темноту можно было различить на завалинке что-то белевшееся: казалось, сидел кто-то. Смолкнувший на минуту ветер позволил даже расслышать тяжкий вздох и затаенное рыдание.

- Должно быть, старуха все убивается, - шепнул Захар, - придется идти к огороду.

Оба затаили дыхание, припали к земле и бережно стали огибать избы. За углом они снова поднялись на ноги и поспешили войти в проулок, куда отворялись задние ворота.

- Все одно, и здесь услышат; ворота добре пуще скрипят, как раз услышат, - произнес нерешительно приемыш, потерявший вдруг почему-то всю свою смелость.

- Не годится, когда так... потому услышат... Может статься, там еще тесть твой? - шепнул Захар, торопливо оглядываясь назад.

- Не знаю... может, и там.

- Как же быть-то? Придется ведь лезть через крышу, когда так... потому хуже, если услышат... не драться же с ними. Все дело спортим. Надо как-нибудь так, чтобы не догадались... Подумают, не оставил старик денег - да и все тут. Ну, пойдем: начали - кончать, значит, надо! - проговорил Захар, ободряя товарища.

Они миновали проулок и выбрались к ручью.

С этой стороны тянулся сплошной навес, соединявшийся с избою посредством небольшой бревенчатой постройки. Одна стена постройки выходила в сени избы, другая примыкала к навесу: это была камора; соломенная кровля ее шла в уровень с кровлей избы, но значительно возвышалась над кровлей навеса, так что, взобравшись на навес, легко было проникнуть на чердак; с чердака вела лестница в сени, куда выходили дверь каморы, дверь избы и дверь на крылечко.

- Ну, что думать-то? Полезай! - шепнул Захар. - Сыми наперед сапоги-то - лучше: не равно застучат.

Он должен был, однако ж, два раза повторить совет приемышу. В ушах Гришки шумело; сердце его сильно билось в эту минуту, несмотря на то, что он всячески ободрял себя мыслями, что берет свое добро, что может взять его, когда заблагорассудится. При всем том страх невольно прохватывал его до самого сердца; он чувствовал, что дрожали его колени и пересыхало в горле. Он, может быть, отказался бы даже от предприятия, если б не боялся прослыть трусом в глазах Захара, если б не боялся насмешек товарищей, которым, без сомнения, обо всем расскажет Захар... Последнее соображение мгновенно возвратило ему бодрость; он снял сапоги, поставил ногу в ладонь Захара, махнул на кровлю и через минуту исчез в отверстии, которое оставалось между кровлями каморы и навеса.

Несколько минут тягостного ожидания прошли для Захара; по-видимому, он также не владел всею своею смелостию. Прижавшись к стене, Захар не переставал оглядываться то в одну сторону, то в другую.

Наконец доска, закрывавшая изнутри маленькое окошко каморы, тихо отошла в сторону, и лицо Гришки выглянуло наружу.

- Все спят... Ступай, - проговорил он едва слышно.

Захар проворно ухватился руками за верхний венец, нащупал правой ногой место в какой-то щели и с помощью локтей живо вскарабкался на кровлю. Попасть на чердак не стоило ни малейшего труда, стоило только лечь грудью на край навеса, спустить ноги в отверстие кровли - и делу конец: несравненно труднее было найти в темноте ход в сени. Но Захару слишком хорошо было известно жилище Глеба, чтобы мог он сбиться с пути или оступиться; он благополучно добрался до лестницы и еще благополучнее сошел вниз. Прислушавшись минуту и убедясь хорошенько, что точно никто не пробуждался, он вступил в камору, бережно заперев за собою дверь.

- Ну, брат, зевать нечего... живо! Где сундук? - произнес Захар, ощупывая в потемках товарища.

- Под нарой... завсегда там был, - отвечал Гришка, опускаясь наземь.

- Должон, значит, быть и теперича... Тащи... смотри только, не загреми... Что ж ты? - промолвил Захар после минутного напрасного ожидания.

- Что глотку-то дерешь! Дай прежде сыскать; не найду никак, - прошептал Гришка, ползая под нарою.

- Погоди... у меня, никак, вот тут спички были, - торопливо промолвил Захар, роясь в кармане шаровар, - так и есть, тут.

Захар пригнулся к полу; секунду спустя синий огонек сверкнул между его пальцами, разгорелся и осветил узенькие бревенчатые стены, кой-где завешанные одеждой, прицепленной к деревянным гвоздям; кой-где сверкнули хозяйственные орудия, пила, рубанок, топор, державшиеся на стене также помощию деревянных колышков; во всю длину стены, где прорублено было окошко, лепились дощатые нары, намощенные на козла, - осеннее ложе покойного Глеба; из-под нар выглядывали голые ноги приемыша.

- Смотри в оба, не зевай, - вымолвил Захар, просовывая руку с огнем под нару.

- Вижу... здесь, вот он! - шепнул Гриша.

- Шт... тащи... Эх, погасла, варварка! Ну, да ништо: и без огня теперича справимся.

Хриплый шорох по земляному полу возвестил, что сундук тронулся с места.

- Как же быть-то? Ведь у сундука замок, а ключа-то нет, - сказал Гришка, окончательно выдвигая сундук из-под нары.

- Ничего: был бы топор... Заднюю доску у сундука отымем: это все единственно, как есть все на виду окажется; оно и лучше... Ключ, верно, у старухи... Заложим опосля доску-то, на место поставим - она и не догадается. Кажись, тут был где-то топор.

- У двери на гвозде... нашел?

- Тута; на, бери его, а я пока засвечу спичку, - сказал Захар, подавая Гришке топор.

Спичка вспыхнула, и Гришка принялся за дело. Старый, изветшалый задок сундука отошел без больших усилий, но в ту самую минуту, как приемыш наклонил голову к отверстию сундука, Захар, успевший уже разглядеть кое-что на дне, уронил спичку.

- Эх, изменила, окаянная! - прошептал Захар, поспешно прислоняясь плечом к плечу товарища и стараясь показать, что шарит у себя в кармане.

В этом положении Захар мог чувствовать малейшее движение своего приятеля; суетливые движения Захара, который продолжал делать вид, как будто отыскивает спичку, не могли возбудить подозрений Гришки.

- Шут их знает! Не найдешь, да и полно! - повторил Захар, обшаривая между тем свободною рукою сундук. - Должно быть, все... Нет, погоди, - подхватил он, торопливо вынимая два целковых и запрятывая их с необычайным проворством один в карман шаровар, другой за пазуху, из предосторожности, вероятно, чтобы они не звякнули.

Захар, без сомнения, повторил бы свою проделку; но движение Гришки дало знать, что рука его также протягивалась к сундуку.

Спичка мгновенно отыскалась.

- Кошель! - сказал Гришка.

Соколиные глаза Захара жадно устремились на руки товарища, и горящая спичка задрожала между его пальцами при виде раскрытого кожаного кошеля, в котором находилось мелочью и целковыми рублей сто ассигнациями.

- Должно быть, еще есть, - глухо прошептал Захар, сдавливая пальцем огонь.

Но на этот раз хитрость ни к чему не послужила: рука приемыша была уже в сундуке, прежде чем Захар успел протянуть свою собственную.

- Тряпица с деньгами! - вымолвил Гришка голосом, задыхающимся от волнения.

В тряпице, завязанной в несколько узлов, нашлись, к сожалению, одни только заржавленные, старые скобки, задвижки, пуговицы, петли и гвозди, перемешанные, впрочем, с несколькими пятаками. Несмотря на тщательный розыск, в сундуке не нашлось больше ни одного гроша; все сокровища Глеба заключались в кожаном кошеле; то был капитал, скопленный трудолюбивым стариком в продолжение целого десятка лет!

- Ну, ничего! - сказал Захар. - Маленько обманул нас старик, а все хошь недаром сходили: будет, чем покуражиться!.. Пойдем: пора; я чай, ребята ждут, - заключил он и без дальних разговоров быстро вышел в сени.

- Погоди; дай управиться; куда ты? Вместе пойдем, - торопливо шептал Гришка.

- Один не уйду... Уж и струхнул... Эх ты! - грубо отозвался Захар.

Скрип лестницы возвестил, однако ж, Гришке, что товарищ его спешил пробраться на чердак каморы.

Торопливость окончательно овладела тогда Гришкой. Забыв все

189

предосторожности, он кой-как приложил оторванную доску к сундуку, пихнул его под нару, оставил топор на полу и, не захлопнув даже подвижной доски, которой запиралось окошко, выбежал в сени. Он сообразил, однако ж, всю необходимость запереть дверь каморы; сундук, топор, окно - все это можно было привести в порядок завтра, но во что бы то ни стало надо запереть камору; а ключ и замок никак между тем не отыскивались. Шаги Захара совсем умолкли. Гришка был один в сенях: ну что, если жена, старуха или дедушка Кондратий, пробужденные шумом, выбегут вдруг из избы?.. Ему послышалось даже, как словно кто-то ходил по избе. Гришка бросился со всех ног на лестницу, ведшую на чердак. Но едва только закинул он ногу на последнюю ступеньку, дверь в самом деле отворилась.

- Дунюшка? Ты, родная? Ась? - проговорила тетушка Анна.

Затаив дыхание, Гришка висел неподвижно на верхней ступеньке лестницы.

К счастью, ветер, зашумевший в эту минуту передними воротами, привлек внимание старушки: она прошла сени, загремела засовом, который замыкал дверь крыльца, и спустилась на двор.

Миновав чердак и выбравшись затем на кровлю навеса, Гришка дохнул свободнее. Скатываясь наземь, он чуть не сел на шею Захара, который ожидал его, притаясь за плетнем.

- Что ж ты меня оставил? - досадливо сказал приемыш. - Я чуть было не влопался: старуха из избы выходила...

- Кто ж на завалинке-то сидел? - отрывисто возразил Захар. - Стало, жена... Смотри, Жук, она за тобой присматривает.

Но Гришка думал о том только, что дверь каморы настежь отворена. Он готов был в эту минуту отдать половину своих денег, чтобы дверь эта была наглухо забита, заколочена, чтобы вовсе даже не существовала она в сенях.

- Захар, - сказал он, - ведь камора-то не заперта... как быть?.. А?.. Ведь ключ-то я обронил...

- Так что ж?.. Уж ты, брат, и оробел?.. Ах ты, соломенная твоя душа!.. Так что ж, что отворена? Пущай узнают! Рази ты воровать ходил? Твое добро, тебе предоставлено, и не может тебе запретить в этом никто; захотел - взял, вот те все!.. Эх ты, Фалалей, пра, Фалалей!.. Ну, качай! Чего стал!..

Ободренный таким доводом, Гришка надел сапоги и пустился догонять Захара. Он часто останавливался, однако ж, припадал к земле и шикал Захару, который почему-то выступал теперь, не принимая никаких предосторожностей, раз или два принимался даже посвистывать.

Шагах в тридцати от дома Гришка оглянулся назад.

Он явственно расслышал голос жены и старухи; но сколько ни напрягал слух, думая услышать крики, звавшие на помощь, ничего не мог разобрать. Ветер дул с Оки и относил слова двух женщин.

Смелость возвратилась к Гришке не прежде, как когда он очутился в челноке вместе с Захаром. Он начал даже храбриться. На луговом берегу Гришка перестал уже думать о растворенной двери каморы. Приближаясь к комаревской околице, он думал о том только, как бы получше выказать себя перед товарищами.

И действительно, не было возможности выказать себя лучше того, как сделал это Гришка. Даже Севка-Глазун и сам Захар наотрез объявили, что не ждали такой удали от Гришки-Жука, давно даже не видали такого разливанного моря.

Мудреного нет: пирушка обошлась чуть ли не в пятьдесят рублей. Гришка "решил" в одну ночь половину тех денег, которые находились в кошеле и которые стоили Глебу десяти лет неусыпных, тяжких трудов!

XXVI

ВЕСТОЧКА

Само собою разумеется, что Гришка, истратив большую половину своего наследства на угощение приятелей, щедро, чересчур даже щедро отблагодарил их за редкие стаканы вина, которыми угощали они его от времени до времени.

Но приятели - в том числе, конечно, Захар и Севка - были другого мнения. Убедить приемыша ничего не стоило: он тотчас же подался. Видное место, которое занимал он между ними в качестве главного распорядителя и виновника празднества, чрезвычайно льстило его самолюбию.

Роль амфитриона, особенно когда играешь ее в первый раз, способна увлечь и не таких легкомысленных малых, каким был приемыш; скряги, и те в подобных случаях забывают часто расчет. Самолюбие, как известно, отуманивает голову крепче всякого хмеля. Все это доставило приемышу такое удовольствие, было так ново для него, что он готов был на всевозможные жертвы, только бы продлить свое торжество.

С того самого вечера, как началась пирушка, Гришка не показывался уже дома. Дуня и тетушка Анна имели, однако ж, возможность видеть его каждый день. Вот как это было; избы покойного Глеба находились, если только помнит читатель, на значительной высоте над поверхностью воды. С завалинки легко было обозревать Оку на несколько верст в обе стороны. Дуня и старушка могли, следовательно, видеть, как Гришка и удалая его компания катались по реке в большой лодке. Дикие, разгульные песни, крики и хохот пьяной толпы явственно доносились по ветру до избушек; иной раз лодка подъезжала так близко, что старушка и сноха ее ясно различали без труда лица гуляк; Гришка сидел обыкновенно рядышком, рука в руку, или обнявшись с Захаром; остальные члены веселой компании работали вкривь и вкось веслами, пели песни, раскачивали лодку или распивали вино. Раз даже, в ненастный, дождливый день, они причалили к площадке; лодка была до того полна народу, что погружалась в воду до борта; немало также воды находилось в самой лодке. Те из присутствующих, которые были не так хмельны, вышли на берег и бросились к челнокам, смиренно лежавшим на песке. Во все время, как спускали челноки в воду, Гришка ни разу не обернулся, не взглянул на дом; ему не до того было: поддерживая рукой штоф, он распевал во все горло нескладную песню, между тем как голова его бессильно свешивалась то на одно плечо, то на другое...

Дуня и старушка наблюдали всю эту сцену из окошка. У них никогда не доставало духу оставаться на завалинке, и стоило показаться на Оке большой лодке, как обе спешили уйти в избу. На другой же день после похорон Глеба узнали они проделку с сундуком. Первый предмет, остановивший внимание тетки Анны, когда, встав на заре, вышла она в сени, была отворенная дверь каморы. В продолжении целых сорока лет глаза старушки привыкли видеть эту дверь на запоре. Отсутствие огромного железного замка, служившего единственным ее украшением, ошеломило старушку. Ноги ее подкосились, грудь наполнилась тяжким предчувствием. С ужасным криком бросилась она в избу и позвала Дуню.

Отпечатки грязных ног явственно обозначались на полу сеней и каморы. Комки мокрой грязи висели еще на перекладинах лестницы, ведшей на чердак. Спинка сундука, кой-как прислоненная, обвалилась сама собою во время ночи. Подле лежали топор и замок. Окно было отворено!.. Но кто ж были воры? Старушка и Дуня долго не решались произнести окончательного приговора. Отсутствие Гришки, прогулки в лодке, бражничество, возобновленная дружба с Захаром обличили приемыша. Надо было достать откуда-нибудь денег.

- Словно сердце мое чуяло! - сказала тетушка Анна, тоскливо качая головою (это были почти первые слова ее после смерти мужа). - Тому ли учил его старик-ат... Давно ли, касатка... о-ох!.. Я и тогда говорила: на погибель на свою связался он с этим Захаром!.. Добре вот кого жаль, - заключила она, устремляя тусклые, распухшие глаза свои на ребенка, который лежал на руках Дуни.

Дуня не плакала, не отчаивалась; по сердце ее замирало от страха и дрожали колени при мысли, что не сегодня-завтра придется встретиться с мужем. Ей страшно стало почему-то оставаться с ним теперь с глазу на глаз. Она не чувствовала к нему ненависти, не желая ему зла, но вместе с тем не желала его возвращения. Надежда окончательно угасла в душе ее; она знала, что, кроме зла и горя, ничего нельзя было ожидать от Гришки.

То, чего она так боялась, произошло скорее, чем можно было ожидать. На пятые сутки Гришка пришел домой в сопровождении Захара. Оба были шибко навеселе.

Увидев приемыша, тетка Анна забыла на минуту свое горе. Сердце ее задрожало от негодования.

- Разбойник! - вскричала она, всплеснув руками. - То ли сулил ты покойнику, а? Где ж твоя совесть, потерянная душа твоя? Где?

- Полно орать-то... - проговорил Гришка, с трудом ворочая язык.

- Разбойник! Вор! - подхватила старушка, все более и более разгорячаясь.

- Тише, тетенька, слышим, не оглохли! - промолвил Захар, нагло посматривая на Дуню, которая стояла в дальнем углу бледнее полотна.

- Ты, окаянный, зачем здесь? Ты зачем пришел? Твое это все дело! Ты погубитель наш! Ты поучил его воровать! - отчаянно кричала старушка.

- Да что ты в самом деле, тетка, размахалась? - проговорил наконец Захар, мало до сих пор обращавший на нее внимания. - Кто здесь кого обокрал? Смотри, не ты ли?.. Ему красть нечего... Хоша бы точно, заподлинно взял он деньги, выходит, красть ему нечего... Свое взял - да и шабаш!.. Пойдем, Гришка... что ее слушать, загуменную каргу...

- Знамо... свое... все мое... все мне пре... доставлено!.. - несвязно проговорил приемыш, следуя за Захаром и напутствуемый бранью тетушки Анны.

Причина появления двух приятелей обнаружилась вскоре после их ухода. На дворе, под навесом, недалеко от задних ворот, находилась клеть, или "летник". В этой клети сохранялись обыкновенно до первого снегу полушубки и вообще вся зимняя одежда. Заглянув туда случайно, тетушка Анна не нашла ни одного полушубка, даже своего собственного: клеть была пустехонька.

Во весь этот день Дуня не сказала единого слова. Она как словно избегала даже встречи с Анной. Горе делает недоверчивым: она боялась упреков рассерженной старухи. Но как только старушка заснула и мрачная ночь окутала избы и площадку, Дуня взяла на руки дочку, украдкою вышла из избы, пробралась в огород и там уже дала полную волю своему отчаянию. В эту ночь на голову и лицо младенца, который спокойно почивал на руках ее, упала не одна горькая слеза...

Слезам этим суждено было не пересыхать многие и многие дни и ночи. С того самого дня горе, как червь, основалось в сердце молодой женщины.

Одно из самых тяжких испытаний ее было разорение старика отца. Это произошло почти в то же время, как Гришка кутил в Комареве. Дедушке Кондратию нетрудно было разориться: стоило только напасть "плевку" на пескарей и колюшек, на всю эту мелкоту, которую так глубоко презирал покойный Глеб; так и случилось. Волей-неволей дедушка Кондратий должен был покинуть маленькое озеро и искать нового средства к пропитанию. Тяжко было семидесятивосьмилетнему старику добывать насущный хлеб другим, более трудным промыслом. Он перенес, однако ж, переворот судьбы с тою кротостию и смирением, какие отличали его во всех случаях жизни. Старик казался так же спокоен, как когда, бывало, удил рыбу на берегу своего озера. Он всячески старался уговорить и успокоить дочь, которая не переставала убиваться о том, что не может подать ему руки помощи. И в самом деле, при существующих обстоятельствах она ровно ничем не могла пособить преклонному родителю. Сама она со своим младенцем и тетушка Анна ждали уже минуты, когда останутся без куска хлеба. Обе, однако ж, приступили к старику и стали просить его перебраться в дом, хотя на первое время; но дедушка Кондратий напрямик отказался.

- Ничего из этого не будет, только обременю вас, - сказал он, - надо самому хлопотать как-нибудь. Пока глаза мои видят, пока терпит господь грехам - сил не отымает, буду трудиться. Старее меня есть на свете, и те трудятся, достают себе хлебец. Должон и я сам собою пробавляться... Может статься, приведет господь, люди добрые не оставят, вам еще пригожусь на что-нибудь... Полно, дочка, сокрушаться обо мне, старике: самую что ни на есть мелкую пташку не оставляет господь без призрения - и меня не оставит!..

И точно, господь не оставил дедушку Кондратия. Около этого времени в Сосновке оказалась надобность в пастухе. Прежний пастух по обстоятельствам своим принужден был оставить стадо. Дедушка Кондратий тотчас же занял его место и нанялся достеречь стадо до первого снегу. Он, может статься, не принял бы на себя такой хлопотливой тяжкой обязанности, приискал бы другое место, более сродное его привычкам: нанялся бы плести сети, вязать верши или ковырять лаптишки; но дело в том, что денег, вырученных за челнок и лачужку, проданные на дрова комаревскому фабриканту, едва-едва достало на уплату за наем озера. Срок платежа подоспел, как назло, к этому самому времени. И то еще: в Комареве (маленькое озеро, равно как другие озера лугового берега, принадлежали

Комареву), и то многие в Комареве положительно утверждали, что дедушка Кондратий дешево отделался!

После того как старика не стало на озере, дни потянулись еще печальнее, еще грустнее для его дочери.

Дни сами уже по себе не были веселы: мрачная, суровая осень стояла на дворе. Редко проглядывал бледный луч солнца. Чаще небо заслонялось хребтами сизых, зловещих туч; лились дожди, и дули свирепые ветры. Дни эти служили как бы продолжением тому печальному пасмурному вечеру, когда Глеб расстался с жизнью. Они соответствовали, впрочем, как нельзя лучше душевному состоянию двух женщин, единственных обитательниц площадки. И Дуня, и тетушка Анна имели одинаковые причины скорбеть душою. Горе в час времени изглаживает из памяти целые годы счастия! Обе они жили несколько суток одним горем; горе сделало их ровнями. Старуха, казалось, была только слабее духом. Она не переставала жаловаться и сетовать на горькую судьбу свою. Имя покойного не сходило с языка ее; утешение, которое могла она встретить в Дуне и ее ребенке, отравлялось или воспоминаниями, или огорчениями, которые доставил ей приемыш - этот второй сын, как говорила она когда-то.

- Он погубитель, лютый злодей наш! Того и норовит, как загубить нас... Наказал нас господь! Прогневали, знать, творца, - повторяла она.

Остановить Гришку не было никакой возможности. Попросить об этом сосновских родственников - не поможет. Пожалуй, хуже еще: назло задурит, как проведает! Прибегнуть к сосновским властям, к сотскому, например... Но у сотского и без того много своего дела. Впрочем, мысль о сотском не приходила даже в слабую голову старушки.

В один из тех сумрачных, ненастных дней, когда душа тоскует без печали и когда Дуня и тетушка Анна, подавленные горестию, переставали уже верить в возможность земных радостей, судьба нежданно-негаданно послала им утешение. Один из самых дальних сосновских родственников привез старушке письмо от Вани. То была первая о нем весточка. Ваня позаботился, однако ж, послать письмо более полугода назад; но оно лежало на почте и, без сомнения, долго бы еще не достигло своего назначения, если б не помог случай, этот бессменный, но не всегда верный почтальон простонародья; отцу родственника встретилась надобность съездить на почту для отправки паспорта. Письмо Вани, адресованное в Сосновку, случайно подвернулось под руку почтмейстеру. Податель паспорта был из Сосновки. Письмо поступило к нему за пазуху; но это ничего еще не значило: письмо могло бы пролежать целые годы в Сосновке, если бы сыну родственника не встретилась необходимость побывать в Комареве и если б дом Анны не был на пути.

Не берусь передать движение, с каким старушка ухватилась за весточку от возлюбленного сына. Лицо ее приняло выражение, как будто стояла она у ворот и глядела на Ваню, который подымался по площадке после двухлетней разлуки. Но первая мысль ее, когда она пришла в себя, первое воспоминание все-таки принадлежало мужу.

- Маленечко только и не застал-то! Всего одну недельку! Все бы порадовался, хоть бы в руках-то подержал, касатик! - проговорила она, глядя на письмо и обливаясь слезами. - Ваня! Сынок ты мой любезный... утеха ты моя... Ванюшка! - с горячностию подхватила она, прижимая грамотку к тощей, ввалившейся груди своей.

- Полно, матушка! Вишь, какую радость послал тебе господь! Чем плакать-то, ступай-ка лучше скорее к батюшке в Сосновку: он грамотку-то тебе прочитает... Ступай; я пособлю одеться, - говорила Дуня, следуя за старушкой, которая суетилась как угорелая и отыскивала платок, между тем как платок находился на голове ее.

Дуня проводила старушку до самой вершины берегового хребта и вернулась домой не прежде, как когда тетушка Анна исчезла из виду.

В обыкновенное время, если считать отдыхи, старухе потребовалось бы без малого час времени, чтобы дойти до Сосновки; но на этот раз она не думала даже отдыхать, а между тем пришла вдвое скорее. Ноги ее помолодели и двигались сами собою. Она не успела, кажется, покинуть берег, как уже очутилась на версте от Сосновки и увидела стадо, лежавшее подле темной, безлиственной опушки рощи.

Минуту спустя старуха и дедушка Кондратий, который поспешил опустить наземь кочедык и лапти, сидели рядышком.

- То-то вот горе-то наше: глазами нонче уже плох стал, матушка, - произнес старик, развертывая письмо с заметным удовольствием. - Святцы, ништо, пока еще разбираю, вижу, а вот уж писанную-то грамотку и не знаю как... разберу ли. Э-э! Да, никак, сам грамотку-то писал! - подхватил он, потряхивая головою - почтенною головою, окруженною прядями белых как снег и мягких как лен волос. - Точно, его, его рука! Уж мне ли не знать! Сам ведь, матушка, учил его! Вишь ты, и пригодилось теперь. То-то вот, доброе никогда не пропадает: рано ли, поздно ли, завсегда окажется... Ну-тка! Ну-тка! - заключил он, прищуривая глаза и прикладывая к ним в виде зонтика дрожащую ладонь свою.

Письмо начиналось, как начинаются обыкновенно все письма такого рода, - изъявлением сыновней любви и покорности и нижайшею просьбою передать заочный поклон всем родственникам, "а именно, во-первых" (тут с точностию обозначены были имена и отечества дражайшей родительницы-матушки, дедушки Кондратия, Дуни, братьев, приемыша, всех сосновских теток, двоюродных братьев с их детками и сожительницами, упомянут даже был какой-то Софрон Дронов, крестник тетушки Анны).

- И никого-то он не забыл, соколик мой, Ванюшка, и всех-то он, батюшка, помнит! Уж на что вот Софрона-крестника, и о нем помянул, золотой! - проговорила старушка, всхлипывая.

- Что говорить! Добрая, ласковая душа его: все оттого, матушка! Памятен оттого ему всяк человек, всяк уголок родного места... Да, добрый у тебя сынок; наградил тебя господь милосердый: послал на старости лет утешение!.. Полно, матушка Анна Савельевна, о чем тужить... послушай-ка лучше... вот он тут еще пишет:

"Что же касается до меня (писал дальше Ваня), то я, по милости ко мне всемогущего создателя, хранимый всеблагим его провидением, и по настоящее время нахожусь жив и здоров, весьма благополучен, чего стократно и вам, батюшка и матушка, желаю, как-то: мирных, благодетельных и счастливых дней, хороших успехов во всех ваших хозяйственных делах и намерениях. Продолжая дальше сие письмо, прошу вас, батюшка, вскоре по получении оного уведомить меня, живы ли вы и в каком положении находитесь..."

На этом месте всхлипывание старушки превратилось вдруг в громкое рыдание, и дедушка Кондратий прервал чтение, потому что глаза его вдруг плохо что-то, совсем плохо стали разбирать последние строки; почерк оставался, однако ж, все так же четок и крупен. Но "затмение" дедушки Кондратия, как называл он временное свое ослепление, продолжалось недолго. Старик протер ладонью глаза свои и снова стал читать:

- "...В каком положении находитесь... да, - и хотя я не могу никакой помощи на деле вам оказать, но усугублю хоть свои усердные ко господу богу молитвы, которые я не перестаю ему воссылать утром и вечером о вашем здравии и благоденствии; усугублю и удвою свои молитвы, да сделает вас долголетно счастливыми, а мне сподобит, что я в счастливейшие времена поживу с вами еще сколько-нибудь на земле, побеседую с престарелым моим родителем и похороню во время благоприятное старые ваши косточки..."

- Перестань, матушка Анна Савельевна! Послушай-ка лучше, что я скажу тебе, - произнес старичок, перевертывая последнюю страничку письма, на которой находились только подпись да название полка и губернии, куда следовало адресовать ответ. - Мы пока, слышь, ничего не скажем ему... об нашем об горе... Христос с ним! Ему, сердечному, и без того скучно жить в одиночестве. Проведает, и того, матушка, тошнее будет, востоскует оттого добрая душа его, ослабнет духом... в служебном действии человеку это не годится! Пущай до поры до времени ничего не ведает: легче будет от того на сердце и легче жизнь ему покажется... А написать - напишем. Надо порадовать его весточкой о сродственниках... все как следует... Полно, матушка Анна Савельевна! Божья на то была воля... Бог ровняет, матушка, наши скорби и радости... Вишь, какую сотворил тебе милость: какого дал сынка в утеху твоей печали и старости... Даст господь, доживешь до радостного дня, увидишься: какие еще твои года! Доживешь, сынка встрепешь... Призрит он тебя, успокоит... вместе поживете...

- Где уж дожить, отец! Где дожить! - произнесла старушка, зажмуривая глаза и покачивая головой. - Какая наша жисть-то, поглядел бы ты! Горе одно, горе горькое только, батюшка, и видишь! Не токма что мне, кормилец: Дуня помоложе меня, и той сотвори, господь, пережить жисть-то нашу!.. О-ох, Ванюшка, Ванюшка! Батюшка ты мой! Ох, нет, не видать уж мне, соколик, светлых глаз твоих! Может статься, и пожили бы, касатик, - подхватила она, утирая слезы и принимаясь махать руками, - и пожили, может статься, кабы не он, злодей-то наш! Поглядел бы ты теперь... И ее-то всее, дочь-то твою, без солнца злодей высушил!

- Слышал, матушка, знаю, - тягостно проговорил старик.

Но тетушка Анна не могла уже остановиться. Стоило только ей произнести имена Гришки и Захара, она мгновенно забывала свое горе и вся превращалась в негодование. В эту минуту она забыла даже письмо Вани. Слезы высохли на глазах ее, и только мокрые следы на впалых, сморщенных щеках показывали, что она за секунду перед тем разливалась-плакала. Каждое движение доброй старушки преисполнилось необычайною живостью. Произнося имя Гришки, она размахивала руками и сжимала даже костлявые, бескровные кулаки свои. Задумчивое молчание собеседника как словно сильнее еще поощряло старушку,

196

которая, может быть, во всю жизнь не имела еще такого удобного случая и вместе с тем таких побудительных причин изливать все свои несчастия и жаловаться - слабость, свойственная вообще всем старухам, жизнь которых была стеснена долгое время.

Но нет никакой возможности передать всех жалоб тетушки Анны; еще труднее было бы следить за прихотливыми изгибами ее крайне непоследовательной речи. Речь ее можно только сравнить с ручьем, который бежит по неровной местности: то журчит между камнями и делится на бесчисленное множество тоненьких струек, то вдруг разливается по лужайке, то низвергается с высоты и неожиданно пропадает, чтобы немного дальше снова зашуметь между прутьями лозняка... Голос старушки, выражение всей фигуры изменялись с непостижимою быстротою; все существо ее мгновенно отдавалось под влияние слов и воспоминаний, которые возникали вереницами в слабой голове ее: они переходили от украденных полушубков к Дуне, от Дуни к замку у двери каморы, от замка к покойному мужу, от мужа к внучке, от внучки к Захару, от Захара к дедушке Кондратию, которого всеслезно просила она вступиться за сирот и сократить словами беспутного, потерянного парня, - от Кондратия переходили они к Ване и только что полученному письму, и вместе с этими скачками голос ее слабел или повышался, слезы лились обильными потоками или вдруг пересыхали, лицо изображало отчаяние или уныние, руки бессильно опускались или делали угрожающие жесты.

Наружность дедушки Кондратия представляла между тем во все это время самую резкую противоположность с наружностию собеседницы. По мере того как она оживлялась, лицо его склонялось на грудь; время от времени он глубоко вздыхал, подымал шапку и крестился. Несмотря на глубокую грусть, изобразившуюся в чертах старика с самого начала этого объяснения, он не произнес ни одной жалобы, ни одного укорительного слова. Слушая рассказ о действиях зятя и горькой судьбе, которая, без сомнения, ожидала дочь и внучка, он скорее молился за них, чем негодовал на виновника их несчастия.

- То-то же вот и есть, сам суди, кормилец, какая жизнь-то наша: где уж тут дожить, родной! День-деньской ходишь вот так-то - ходишь убиваешься, слез-то однех выплачешь больше теперь, чем во всю жисть-то, - заключила старушка, неожиданно прекращая свою живую мимику и снова принимаясь всхлипывать. - Ее-то добре жаль, дочку-то твою, да и ребенка-то жаль пуще всего... Без солнца злодей высушил. Тоскует-убивается, касатка, как горька кукушечка... Утопил ее злодей в слезах горьких. Что и будет с нею, не ведаю... Хошь бы ты, право, батюшка, вступился за них; хошь бы разочек поговорил ему... А уж нам-то - и не знаем, как и быть-то! Знамо, бабье дело. Инда страх напал, родной! Сокрушил, злодей, совсем!.. Понаведайся, родной, поговори ему: авось он тебя послушает, посовестится...

- Где уж тут, матушка!.. Я и тогда говорил тебе: слова мои не помогут, только греха примешь! - произнес наконец старик тихим, но глубоко огорченным голосом. - Уж когда твоего старика не послушал - он ли его не усовещивал, он ли не говорил ему! - меня не послушает!.. Что уж тут!.. Я, признаться, и прежде не видел в нем степенства; только и надежда была вся на покойника! Им только все держалось... Надо бога просить, матушка, - так и дочке скажи: бога просить надобно. Един он властен над каменным сердцем!..

Этими словами окончилась беседа, потому что наступило время, когда старик должен был возвратиться со своим стадом в Сосновку. Тетушка Анна, бережно уложив за пазуху письмо Вани, пошла провожать его до околицы. Но вид деревни, в которой старушка родилась и провела свою молодость вплоть до замужества, соблазнил ее: она вошла на улицу. Первый человек, попавшийся ей навстречу, был какой-то родственник; мудреного нет: все почти сосновские жители приводились сродни тетушке Анне. Нельзя же было не подойти и не поздороваться; к тому же она вспомнила, что имя родственника находилось в письме Вани. Но Ваня крепко наказывал передать поклон всем сосновским родственникам и родственницам. Совесть взяла старушку: передать поклон одному и ничего не сказать другим значило нанести последним горькую, вовсе не заслуженную обиду. Основываясь на этом, тетушка Анна поспешила завернуть в первую избу. От поклонов перешло к тому, другому, третьему, десятому и наконец к настоящему житью-бытью старушки. Предмет этот, как уже известно, производил на нее действие раскаленных угольев, подложенных под кастрюлю с нагретою уже водою: она вскипела мгновенно; то же самое повторилось во всех почти сосновских избах, не исключая избы крестника Софрона Дронова. Одним словом, тетушка Анна, как говорится, закалякалась и хватилась, что пора домой, тогда уже, когда на дворе было темнее, чем в погребе. Делать нечего: пришлось позаночевать у крестника.

На другое утро она поднялась, однако ж, прежде чем дедушка Кондратий выгнал свое стадо, и, несмотря на убеждения родственников, приглашавших ее погостить еще денек в Сосновке, суетливо поплелась домой.

Тетушка Анна приближалась уже к краю углубления берегового хребта, где начиналась тропинка, ведшая к избам, когда, взглянув на Оку, увидела челнок, который быстро удалялся от площадки. В челноке, сколько могла рассмотреть она, сидели две фигуры: нетрудно догадаться, что то были Захар и Гришка. Ей показалось даже, что в ту минуту, как она стала спускаться к избам, один из них начал махать шапкой, как словно прощался с нею или здоровался. Старушка плюнула и поспешила домой: предчувствие чего-то недоброго мгновенно овладело ее душой. Она застала Дуню в страшных слезах и отчаянии. Из слов молодой женщины оказалось, что Захар и Гришка забрали невод и сети и отправились продавать их в Комарево. Чувство радости, пробужденное в сердце старушки весточкою любимого сына, мгновенно исчезло. Так глухою, позднею осенью бледный луч солнца, продравшись неожиданно сквозь мрачно нависнувшие тучи, оживляет на минуту безлиственную чащу маленькой рощи, которая давным-давно между тем ждет отдыха под мягким покровом снега.

Но Гришка был уже на слишком скользкой дороге, чтобы остановиться. Вскоре поразил он тетушку Анну чуть ли не в самую чувствительную часть ее сердца. В один прекрасный день он явился домой и завладел с помощью неизменного друга своего Захара всеми горшками, кочергами, самыми любимыми лагунчиками старушки, - словом, унес всю посуду. В ответ на отчаянные крики и вопли старушки приятели уверили, что с наступлением весны, когда начнется промысел, возвратят ей все горшки и накупят еще много новых, нарочно съездят за ними в Коломну, а не то и в самую Москву.

В ожидании этого благополучного времени они постепенно уносили из дому все, что ни попадалось под руку. За горшками последовал остаток муки, купленной Глебом в дешевую пору, за мукою кадки, в которых солили рыбу, и наконец не стало уже видно на берегу площадки большой лодки и верши.

Все эти предметы перешли, как и следовало ожидать, под широкие, поместительные навесы Герасима или в известные уже сени "Расставанья".

Тетушка Анна бегала неоднократно к дедушке Кондратию, но без малейшего успеха. И что, в самом деле, мог сделать дедушка Кондратий?

Так в самое непродолжительное время, всего в месяц какой-нибудь, разорился и опустел дом, полный когда-то как чаша и возбуждавший зависть самых зажиточных, хозяйственных мужиков околотка! Так пошло прахом и рассеялось хозяйство, сооруженное в продолжение многих десятков лет неусыпными трудами заботливого, честного рыбака Глеба Савинова!

Наконец, когда во всем доме не нашлось вещи, которую можно было бы променять на стакан вина, Захар и Гришка окончательно основались на площадке.

В первые дни пребывание их не ознаменовалось ничем особенно замечательным. Не произнося ни с кем ни слова, лежали они на лавке или бродили врозь по двору или окрестностям площадки. Оба, казалось, избегали даже разговора между собою и мрачно, недоверчиво поглядывали друг на друга. Взглянув на них, посторонний человек, не знающий прошлого Захара и Гришки, легко мог подумать, что то были два человека, которые только что совершили какое-нибудь недоброе дело, совестились глядеть друг другу в глаза и каялись в своем проступке, особенно тот, который был помоложе. Но Дуня и тетушка Анна думали иначе. Руководимые женским инстинктом, который в иных случаях открывает истину вернее, чем могли бы сделать это опыт и рассудок, они думали, что мрачное спокойствие, временно овладевшее Захаром и Гришкой, не поведет к добру. Душа их невольно наполнилась страхом и предчувствием.

Тишина в жизни буйного, необузданного человека не предвещает ничего доброго. То же самое бывает, говорят, на море.

Читатель узнает из следующей главы, насколько верно оправдались предчувствия Дуни и старушки.

XXVII

НОЧЬ НА ОКЕ

Страшная буря свирепствовала на Оке, в Комареве, в Сосновке и, вероятно, далеко-далеко во всей окрестности. Она началась с рассветом. Уже с самого утра юго-западный ветер переменил вдруг направление - превратился в "низовой", то есть начал дуть прямо против течения. Поверхность Оки, на которой во всю ночь отражался, словно в зеркале, полный месяц и небо с бегающими по нем облаками, покрылась на заре мелкой, чешуйчатой рябью; каждая из этих маленьких волн, бежавших в упор ветру, почти видимо вырастала. Вскоре река, смятая назад волнами и ветром, задержанная в своем течении, начала вздуваться и заливать низменные берега. Тучи, собиравшиеся несколько суток на горизонте, заволновались заодно с рекой. Разорванные в нескольких местах порывами ветра, они точно обрушились, но остановленные посреди падения, мигом превратились в груды фантастических развалин, которые продолжали двигаться, меняя с каждою секундой свой цвет, величину и очертание: то падали они друг на дружку, смешивались, растягивались тяжелыми закругленными массами и принимали вид исполинских темно-синих чудовищ, плавающих по разъяренному морю; то росли, вздымались, как горные хребты, и медленно потом расходились, открывая глубокие долины и пропасти, на дне которых проносились клочки других облаков; то снова все это смешивалось в один неопределенный хаос, полный страшного движения...

Ветер крепчал с каждым часом.

К полудню по широкому раздолью Оки, которая сделалась уже какого-то желтовато-бурого цвета, шумно гулял "белоголовец". За версту теперь слышался глухой гул, производимый плеском разъяренных волн о камни и края берега. Голос бури заглушал человеческий голос. Стоя на берегу, рыбаки кричали и надрывались без всякой пользы. Те, к кому обращались они, слышали только смешанный рев воды, или "хлоповень" - слово, которое употребляют рыболовы, когда хотят выразить шум валов.

"Хлоповень пошла!" - говорят они.

Часам к двум пополудни сверкнула молния и прокатился гром. Почти в ту же секунду ударил ливень. Каждое облако, каждая тучка превратились, казалось, в источники огромных рек и водопадов. Все это произошло так неожиданно, что рыбаки, стоявшие на берегу, не успели сделать крестного знамения, как уже потоки мутной, желтой воды, увлекавшие в быстрине своей пучки поблеклых трав, корни и булыжник, с ревом покатились по уступистым скатам нагорного берега. Земля замесилась и не держала ноги. Буря страшно грохотала по окрестности...

Рыболовам невольно пришли тогда в голову бедные путешественники, одиноко шествующие посреди безлюдной, пустынной дороги; они вспомнили также своего брата рыбака и помянули морехода, застигнутого на море. Море было далеко - верст за восемьсот, или даже за целую тысячу отстояло море, - но буря ревела с такой силой, что не было никакой возможности представить себе, чтобы находилось на земле хотя одно место, где бы светило солнце и раскидывалось голубое, ясное небо. К тому же простолюдин, и особенно коренной рыбак, который живет по большей части отделенный от общества и остается по тому самому при застарелых своих понятиях, твердо уверен, что если дождь обмывает его челнок, то все челноки, существующие на земле, терпят ту же участь; что если буря свирепствует над его домом, буря свирепствует с одинаковой яростью по всей "земле-планиде". Но это, в сущности, ничего не значит: застарелые понятия не мешают рыбаку молиться в такое время и просить бога послать утешение и помощь мореходам, плавающим в море, и пешеходам-странникам, идущим по дорогам.

Ливень и мрачное небо ускорили сумерки; в октябре и без того уже скоро окутывают они землю. Наступила ночь. Буря ожесточалась между тем с каждым часом и выла все яростнее и грознее. Так утверждали, по крайней мере, жители сел и деревень, лежащих на откосе берегового хребта, почти над самою Окою. Впрочем, ночью все кажется как-то страшнее. Самая тишина пробуждает уже страх. Буря ночью во сто раз ужаснее бури днем. Каждый звук, причину которого легко объяснить себе при дневном свете, приводит тогда в содрогание. Сердце невольно стесняется и бьется ускоренным тактом. Рассудок, не успокоенный, не поддержанный зрением, мгновенно наполняется ужасом, блуждает в смущении и потемках, как нищий-слепец, брошенный на дороге вожаком своим.

Октябрь был в половине. Полный месяц ярко светил теперь в звездном небе. А между тем над поверхностью земли висели слои тяжелых, зловещих туч, шел ливень, грохотала буря и немолчно раздавались удары грома, повторявшиеся в ущельях и долинах высокого берега.

Изредка посреди страшного смешения крутившихся туч появлялись как словно бледно-молочные пятна; изредка хребты туч, разорванные ветром, пропускали край серебрившегося облака, и вслед за тем в неизмеримой глубине воздушных пропастей показывался месяц, глядевший испуганными какими-то глазами. Порыв ветра мгновенно задувал его, но минуту спустя серебряный луч снова продирался в другом месте и нежданно озарял нагорный берег, который попеременно то выставлялся во всем диком величии своем, то вдруг пропадал посреди ночи. Ока также освещалась этими переходящими лучами и выказывала на мгновение свои пенистые буруны, разбивающиеся вдребезги; новый порыв ветра, и снова все застилалось мраком. Слух наполнялся дико ревущими голосами, шумом ливня, раскатами грома, который долго еще после того, как потухала молния, рокотал в отдаленных лощинах; слышалось завывание ветра, свиставшего в кустах и оврагах, и тысячи других неопределенных звуков, в которых суеверие находит всегда такую обильную пищу для того душевного волнения и ужаса, которых так боится, но которые, однако ж, любит.

При всем том подлежит сильному сомнению, чтобы кто-нибудь из окрестных рыбарей, начиная от Серпухова и кончая Коломной, оставался на берегу. Привыкшие к бурям и невзгодам всякого рода, они, верно, предпочитали теперь отдых на лавках или сидели вместе с женами, детьми и батраками вокруг стола, перед чашкой с горячей ушицей. Нужны были самые крайние побудительные причины: лодка, оторванная от причала и унесенная в реку, верши, сброшенные в воду ветром, чтобы заставить кого-нибудь выйти из дому.

Надо полагать, что такие причины встретились у Захара и Гришки, потому что часов около восьми вечера, в то время как буря была во всей своей силе, оба они вышли на площадку. Им нечего было, однако ж, беспокоиться о большой лодке, она, сколько известно, давным-давно красовалась на заднем дворе "Расставанья"; верши также спокойно лежали в защите от непогоды под всевмещающими навесами комаревского целовальника. При всем том Захар и Гришка спешили к реке.

Захар, опережавший несколькими шагами приемыша, часто останавливался, выжидал товарища и принимался делать живые пояснительные знаки, причем правая рука его каждый раз протягивалась к луговому берегу. Сквозь частую сетку ливня и темноту в той стороне мелькал время от времени огонь; пламя, заливаемое попеременно дождем или подживляемое сучьями, то потухало совершенно, то вспыхивало. В последнем случае легко было заметить, что костер располагался неподалеку от Оки. Причина, побудившая Гришку и Захара выйти из дому, очевидно, имела прямое, непосредственное отношение к этому огню. Глаза двух приятелей, не отрывавшиеся от костра, достаточно подтверждали такое предположение; оба, как видно, дома еще переговорили о своем предприятии. Во всю дорогу Захар ограничивался одними жестами.

Достигнув берега, они тотчас же спустили на воду челнок, лежавший опрокинутым на песке.

Принимая в соображение нетерпеливые движения Захара и не совсем ласковые наименования, какими снабжал он Гришку, легко было догадаться, что расторопность последнего не удовлетворяла требованиям первого или не исполнял он, как следовало, условий, в которых оба согласились заблаговременно. Гришка, точно, неохотно как будто бы решался подвергать дождю и ветру свою голову и спину, едва прикрытую лохмотьями рубашки. Не обращая ни малейшего внимания на брань товарища, он вяло взвалил на плечи багор и весла и медленно, словно по принуждению, вошел в челнок. Одной секунды достаточно было Захару, чтобы прыгнуть на корму, ударить рулевой лопатой в берег и отпихнуть челнок, который, подобно шелухе, тотчас же запрыгал по разъяренным бурунам.

Благодаря силе, сноровке молодцов, а также хорошему устройству посудинки им не предстояло большой опасности; но все-таки не мешало держать ухо востро. Брызги воды и пены ослепляли их поминутно и часто мешали действовать веслами. Но, несмотря на темноту, несмотря на суровые порывы ветра, которые кидали челнок из стороны в сторону, они не могли сбиться с пути. Костер служил им надежным маяком. Захар, сидевший на руле и управлявший посудиной, не отрывал глаз от огня, который заметно уже приближался.

- Клади весла - берег близко! - крикнул во всю мочь Захар, принимаясь сильнее грести рулевой лопатой и силясь повернуть нос челнока против ветра и гребня волн. - Багор, живо багор!.. Вечор гнали плоты... за погодой, должно быть, остановились... Они тут где-нибудь!.. Наткнемся как раз... щупай багром!..

Опасность мгновенно возвратила Гришке его проворство. Он бросил весла и, повернувшись лицом к носу челнока, вооружился багром. Минуту спустя раздался сухой удар - конец багра вонзился в дерево, и челнок ударился о край довольно большой лодки, свободно прыгавшей по волнам, но привязанной к берегу длинной веревкой. Захар не ошибся: плоты, которые прогонялись накануне, действительно были в нескольких шагах, и не будь багра в руках Гришки, челнок непременно бы налетел на них; лодка принадлежала прогонщикам леса. Привязав челнок к лодке, Захар и Гришка ловко перебрались в нее; из лодки перешли они на плоты и стали пробираться к берегу, придерживаясь руками за бревна и связи, чтобы не скатиться в воду, которая с диким ревом набегала на плоты, страшно сшибала их друг с другом и накренивала их так сильно, что часто одна половина бревен подымалась на значительную высоту, тогда как другая глубоко уходила в волны.

Грохот бури, казалось, усиливался еще оглушительнее по мере приближения к луговому берегу. Ветер завывал и рвался как бешеный в кустах ивняка, которые преграждали ему дорогу. К этому примешивался плеск волн, которые разбивались о плоты и берег, забегали в кусты, быстро скатывались назад, подтачивая древесные корни, увлекая за собой глыбы земли, дерну и целые ветлы; в заливах и углублениях, защищенных от ветра, вода, вспененная прибоем или наволоком, обломками камыша, прутьев, древесной коры, присоединяла ропот к яростному плесканью волн. Здесь вода и воздух рвались и метались, смешиваясь в один общий грохот, далеко слышный по всей луговой окрестности.

Наши молодцы продолжали карабкаться на четвереньках, переходя с одного плота на другой. Достигнув наконец берега с большими усилиями, чем употреблено было, чтобы переехать Оку, они остановились и перевели дух.

Месяц, украдкой глянувший в эту минуту, осветил бледное лицо приемыша. В чертах его обозначались явные следы внутренней тревоги и беспокойства. Не в первый раз, однако ж, приводилось Гришке переезжать Оку в такую бурю; он давно уже успел свыкнуться с опасностями жизни рыбака. Надо полагать, что смущение, овладевшее им, происходило совершенно от других причин. Захар догадывался, вероятно, в чем дело. Взглянув еще раз по направлению к костру, который заслонился кустами, как только ступили они на берег, он поспешно обратился к приемышу и, как бы желая ободрить его, весело воскликнул:

- Чего тут?.. Вишь, половину уж дела отмахнули!.. Рази нам впервака: говорю, как жил этта я в Серпухове, у Григорья Лукьянова - бывало, это у нас вчастую так-то пошаливали... Одно слово: обделаем - лучше быть нельзя!.. Смотри, только ты не зевай, делай, как, примерно, я говорил; а уж насчет, то есть, меня не сумневайся: одно слово - Захар! Смотри же, жди где сказано: духом буду... Ну что ж на дожде-то стоять?.. Качай! - заключил Захар, оправляя мокрые волосы, которые хлестали его по лицу.

Отклонив руками ветви ивняка, он снова пустился в путь. Гришка молча последовал за товарищем. Несколько времени пробирались они кустами; миновав их, они снова остановились. Захар повторил Гришке свои наставления, и оба опять расстались. Гришка пошел вправо, Захар прямехонько направился к костру, который показался, как только приятели выбрались на опушку ивняка.

Немного погодя ноги Захара ступали уже в тени, которую бросали головы и спины двух человек, сидевших против огня. Огромное стадо волов окружало костер со всех сторон на далекое расстояние. Захар явственно различал при свете огня, раздуваемого ветром, рогатые, склоненные к земле головы животных, которые то ярко выставлялись из мрака, то совсем как будто пропадали. Со всех сторон раздавалось глухое чавканье и фырканье, которых не мог заглушить шум ливня и ветра. Тряхнув мокрыми волосами, Захар подошел уверенной поступью к костру.

Заслышав шаги, гуртовщики проворно обернулись.

- Степка, ты? - спросил один из них.

- Нет, братцы, я... Здравствуйте, братцы! Бог помочь!.. Увидел огонек - завернул погреться... - скороговоркой возразил Захар, приводя в действие слова свои.

Гуртовщики оглядывали его с головы до ног.

Захар, потирая руки перед огнем, делал также свои наблюдения; но свет и тень перебегали с такою быстротою на лицах гуртовщиков, что не было решительно возможности составить себе верного понятия о их наружности.

203

Захар приступил тотчас же к объяснениям.

- Ну уж, братцы, погодка! - сказал он, покрякивая и топая ногами.

- Нешто! - равнодушно отвечали гуртовщики, снова усаживаясь на корточки перед костром.

Дождь яростно, однако ж, хлестал их по спине; но они мало об этом заботились, утешаясь, вероятно, тем, что грудь, руки и ноги оставались в тепле. Мокрая их одежда, подогреваемая спереди огнем, испускала от себя пар, подобный тому, какой подымается вечером над водою.

- Одолжите, братцы, местечко: смерть прозяб... Сесть некуда: вишь, кака мокреть!.. А что, можно, примерно, согнать вола? - спросил Захар.

- Згони, пожалуй, - флегматически сказал один из гуртовщиков.

- Эй, ты, цоп! цоп! ге! - крикнул Захар, толкая ногою ближайшего быка, который лениво поднялся на передние ноги, потом на задние и неохотно отошел в сторону.

Намерение занять место, где лежало прежде животное, показывало, что Захар действительно уже не в первый раз имел дело с гуртовщиками, как говорил он об этом Гришке. Гуртовщики, приготовляющиеся к ночлегу посреди пустыря, устраивают себе ложе следующим образом: они дадут сначала быку належаться на избранном месте, потом отгоняют его прочь и поспешно занимают его место; ложе оказывается всегда сухим и теплым и сохраняет свои качества на всю ночь. Захар уселся так, однако ж, что спина его была обращена к Оке, а лицо - к Комареву. Ему следовало во что бы ни стало отвлечь на время внимание собеседников от той части стада, которая располагалась к стороне Комарева.

- Отколь вы, братцы? - словоохотливо начал Захар.

- З Воронежа.

- Те-е-к, понимаю: сдалече, стало быть. Сам бывать не бывал, а слыхать слыхал... А я так вот из Серпухова иду в эту сторону... Не знаете ли, братцы, какое здесь такое есть Комарево-село? Перевозил меня рыбак с той стороны, говорил: "Пройдешь, говорит, луга, тут тебе и будет". А ще его искать-то? Леший его найдет теперь!.. Забежишь, пожалуй, в такое место, где сам сатана редьки не строгал: потому, выходит, зги не видать; ночь, все единственно; и ветер к тому пуще силен: собаки не услышишь... Вот даже шапку сорвал, как реку переезжали, что ты станешь делать!.. Вы, я чай, проходили через село-то, потому знать должны. Иду туда насчет, то есть, примерно, портняжеского дела: мы этим занимаемся... Комарево, слышь, Комарево? Должно быть, недалече?..

- Ко-марево? Эй, Лександр! Слышь, Комарево? - проговорил один из гуртовщиков, вопросительно взглядывая на другого.

- Комарево? Нет, не знаем, брат... Ге! Микитка!

- А?

- Не туда ли пошли Степка и другие товарищи? Комарево... Кажись, слыхал такое.

- А рази вы здесь не одни, братцы? Товарищи есть? - спросил Захар.

- Нас пять чиловик.

"Эх, плохо дело! - подумал Захар. - Того и смотри в кабаке теперь... Кабы только фалалей Гришка на них не наткнулся".

- Что ж они вас оставили? - громко промолвил Захар, озираясь на стороны и напрягая слух, не слышно ли чего со стороны села.

Шум ветра и ливня один раздавался в лугах; раскаты грома становились, однако ж, реже; буря как словно стала утихать.

- Так как же это они ушли, а вас оставили? - повторил Захар.

- Придут! - равнодушно отвечали гуртовщики.

- Надобность есть, стало, какая в Комареве?

- В шинок пошли.

- Ге-ге! - начал было Захар.

- Го-го! - подхватили гуртовщики в один голос.

- Вот как! Стало, они до винца-то охотники?

- Дюже пьют.

- Ну, а вы-то как же, братцы?

- Вси любят горилку.

- Небось принести посулили?

- Завтра об утро придут - принесут!

- Ночуют, стало, в Комареве?

- Ночуют.

Полагая, что пустопорожнее каляканье его с гуртовщиками продолжалось довольно долго, что Гришка, верно, успел уже в это время спроворить дело и ждал его в условном месте, Захар медленно поднялся на ноги.

- Нет, братцы, как здесь ни тепло, в избе, надо полагать, теплее, - сказал он без всякой торопливости, зевнул даже несколько раз и потянулся, - ей-богу, право, о-о. Пойду-ка и я тяпну чарочку: вернее будет - скорее согреешься... К тому и пора: надо к селу подбираться... О-хе-хе. Авось найду как-нибудь село-то - не соломинка. Скажите только, в какую сторону пошли ваши ребята?

- Туда все шли, - отвечали гуртовщики, неопределенно кивая головою в луга.

- Должно быть, недалече. Найду как-нибудь! Прощайте, братцы! Спасибо за хлеб-соль, за угощенье!.. Эх, шапки-то нет: поклониться нечем! - подхватил Захар, посмеиваясь. - Не взыщите, ребята: человек дорожный; прощайте и так.

- 3 богом! - флегматически отвечали гуртовщики.

По мере удаления от костра, Захар прибавлял шагу; отдалившись от него на значительное расстояние, он пустился в бежки. Время от времени он останавливался, столько же, чтобы перевести дух, столько же, чтобы прислушаться, и снова продолжал путь, стараясь по возможности держаться направления Комарева. Ветер дул с Оки, подталкивая Захара в спину, и облегчал ему ходьбу. Сообразив, вероятно, что жилье уже недалеко, Захар остановился, оглянулся направо и налево и, приложив сложенные пальцы к губам, пронзительно свистнул.

Минуту спустя где-то в отдалении ему отвечали таким же свистом.

Захар поспешно пошел в ту сторону и немного погодя сквозь темноту и частую сетку дождя, сменившего ливень, различил навесы. Тут он убавил шагу, подобрался к плетню и снова свистнул, но уже несравненно тише прежнего.

- Здесь! - сказал кто-то нетерпеливым голосом.

- Ай да Гриня! - произнес Захар, быстро подходя к приемышу. - Ну, что? Где товар?

- Тут, - глухо отозвался приемыш.

- Ой ли! Вот люблю! - восторженно воскликнул Захар, приближаясь к быку, который, стоя под навесом, в защите от дождя и ветра, спокойно помахивал хвостом. - Молодца; ей-богу, молодца! Ай да Жук!.. А уж я, братец ты мой, послушал бы только, какие турусы разводил этим дурням... то-то потеха!.. Ну вот, брат, вишь, и сладили! Чего кобенился! Говорю: нам не впервые, обработаем важнеющим манером. Наши теперь деньги, все единственно; гуляем теперича, только держись!..

Захар не счел нужным сообщить Гришке о том, что товарищи гуртовщиков находились, быть может, шагах в двадцати: дрожащий голос ясно обличал, что приемыш и без того уже струхнул порядком. Не обращая внимания на неприязненные слова приемыша и делая вид, как будто не замечает его робости, Захар подхватил дружеским, но торопливо-озабоченным голосом:

- Ну, дружище, теперича подожди меня здесь: требуется наперед перемолвить с Герасимом. Выходит, дело по-настоящему в дороге покедова... Без него нельзя: поговорить требуется... то да се... Товар смотри только не выпусти; это всему делу голова - заглавие!..

И Захар, не дожидаясь ответа, мигом исчез за углом навеса.

Гришка пробормотал глухим голосом проклятие и яростно топнул ногою. Секунду спустя он снова вернулся на прежнее свое место и, затаив дыхание, снова припал к плетню. Незачем было, однако ж, принимать излишних предосторожностей; один страх разве внушал их. Гришка мог петь, кричать, свистать сколько было душе угодно, не опасаясь привлечь на себя внимание: буря утихала, но рев ее все еще заглушал человеческий голос. Благодаря темноте в трех шагах не было даже возможности различить быка, который, как бы сговорившись заодно с Гришкой, смиренно, не трогая ни одним членом, изредка лишь помахивая хвостом, стоял подле навеса.

XXVIII

Отсутствие Захара продолжалось долее, чем он предполагал. Так, по крайней мере, показалось Гришке, который дрожал столько же от страха, сколько от стужи. В каждом звуке: в шорохе соломы, приподымаемой порывами ветра, в шуме воды, которая, скатываясь с кровель, падала в ближайшие лужи, поминутно слышались ему погоня и крики, звавшие на помощь. Он скорчивался тогда в три погибели, плотнее припадал к плетню и мысленно проклинал Захара, - проклинал час, в который вышел из дома. Несколько раз намеревался он пуститься в бегство; но каждый раз чувство ложного стыда и ложной совестливости удерживало его на месте. К этому примешивалось также другое чувство: он боялся этим поступком вооружить против себя Захара. Разрыв с Захаром казался ему теперь страшнее всего на свете. Он столько же боялся последствий такого разрыва, сколько одиночества.

Голос Захара, раздавшийся где-то неподалеку, мгновенно возвратил приемышу часть его смелости. Он выбрался из-под плетня и стал на ноги. Шаги приближались в его сторону; секунду спустя тихо скользнул деревянный засов, запиравший изнутри задние ворота "Расставанья", подле которого находился приемыш.

- Что тут много разговаривать! Надо сперва поглядеть, - послышался сонливый, гнусливый голос, по которому Гришка тотчас же узнал Герасима.

- Экой ты, братец мой, чудной какой, право! Чего глядеть-то? Веди, говорю, на двор: там, пожалуй, хошь с фонарем смотри. Как есть, говорю, первый сорт: Глеб Савиныч худого не любил, у него чтоб было самое настоящее. И то сказать, много ли здесь увидишь, веди на двор! - пересыпал Захар, точно выбивал дробь языком.

- Что вести-то! Может, еще не по цене, - промямлил целовальник и, не обращая внимания на дальнейшие замечания Захара, подошел к Гришке.

- Твоя животина? - спросил он, принимаясь ощупывать бока вола, который очень охотно поддался такому осмотру.

- Он хозяин, - живо подхватил Захар, - я так, примерно, для компанства.

- Какая же цена твоя? - спросил Герасим, обращаясь к приемышу.

- Да какая... я что... - начал было Гришка.

Но Захар тотчас же перебил его.

- Десять целковых, одно слово, - сказал он решительным тоном.

- Нет, что тут! Пожалуй, с вами еще беду наживешь, - флегматически произнес Герасим.

- Какую такую беду?

- Никак, Глеб не держал скотины. Кто вас знает, где вы ее взяли! - добавил целовальник, отворачиваясь и делая вид, будто хочет уйти.

- Ну, вот, поди ж ты, толкуй поди с ним! Эх, дядя, дядя! - воскликнул Захар, удерживая его. - Ведь я ж говорю тебе - слышишь, я говорю, перед тем как помереть ему, купил в Сосновке у родственника: хотел бить на солонину.

Тут Захар украдкой толкнул Гришку в спину.

- Точно... на солонину... это точно... - повторил Гришка, которым овладела вдруг, ни с того ни с сего, поперхота.

- Все одно, цена несходная, - флегматически возразил Герасим.

- Сколько ж, по-твоему?

- Пять целковых.

- Нет, милушка, тридцать лет поживешь, такой цены не найдешь! Когда так, мы лучше погодим до ярмарки: в том же Комареве двадцать целковых дадут.

- Ваше счастье. Ступайте.

- Мы насчет, то есть, примерно, тебе хотели сделать в уваженье.

- Мне не надо.

- Да ты скажи настоящую цену?

- Не надо, - проговорил целовальник, снова поворачиваясь к воротам.

- Погоди, постой!

Захар подбежал к Герасиму, пригнулся к его уху и шепнул скороговоркою:

- Ну, чего ты ломаешься? Ведь деньги-то опять к тебе придут!

- Ты-то из чего хлопочешь? - громко возразил целовальник. - Сбыть скорей с рук хочется. Видно, взаправду заморенная какая скотина-то.

- Ах! Э! Поди вот толкуй с ним! Эх ты! - воскликнул Захар, отчаянно ударяя ладонями по полам рубахи, с которой вода текла как из желоба.

- Вот тут у меня гуртовщики стоят: их, что ли, порасспросить, - сказал Герасим, умышленно растягивая каждое слово. - Я в этом товаре толку не знаю. Их нешто привести - поглядеть.

- Нет, нет, не надо! - подхватил Гришка, поспешно подходя к Герасиму. - Пожалуй, бери за пять целковых... бери...

- Что ты станешь делать! Э! Была не была! - снова воскликнул Захар. - Хозяин поддался, стало, мне тут нечего: веди на двор!.. Гришка, гони быка на двор! - заключил он, бросаясь отворять ворота.

Минуту спустя животное стояло под навесами в одном из задних углов, неподалеку от большой лодки.

- Ну, давай деньги! - сказал Захар, как только Герасим запер ворота.

- Экой прыткий! А подписку-то? - флегматически заметил целовальник.

- Какую тебе еще подписку?

- Без того не возьму; подписку надо от хозяина: может, бык-ат у вас краденый... я почем знаю...

- Экой... ах, братец ты мой, чудной какой, право! Говорят, купил в Сосновке, на солонину... Чего ж тебе еще?

- Я этого не знаю.

- Фу ты!.. Эх!.. Гришка, никак, ты грамоте обучался; развяжись, братец мой, подпиши поди.

- Знал, да забыл... как есть забыл... - торопливо отозвался приемыш, который все это время находился позади Захара и целовальника.

- Можно и без него, - лениво промолвил Герасим, - никак, в кабаке сидел Ермил-конторщик: пожалуй, он подпишет... Без того не возьму... ведите куда хотите.

- Так, стало, пять целковых? По рукам, что ли? Пять целковых и могарычи!

- Не мое дело: кто продавал, с того и могарычи, - как словно нехотя проговорил Герасим, подымаясь на крылечко, служившее сообщением между двором и известною уже галереей.

Тут целовальник сказал, чтобы спутники его шли в харчевню, а сам, повернувшись лицом к избе, противоположной этому зданию, закричал протяжным голосом:

- Матрена-а... Матрена-а-а!

Немного погодя босые ноги хозяйки Герасима торопливо застучали по деревянному помосту галереи, и она вся впопыхах остановилась перед мужем.

- Сбегай в кабак, Ермила-конторщика позови; скажи, хозяин, мол, требует; в харчевне, скажи... да принеси бумажки лоскуток, чернильницу захвати... ступай!..

И, как бы утомленный такой длинной речью, Герасим медленно, едва передвигая ноги, подошел к двери харчевни. Он провел тут несколько минут, но, сколько ни напрягал свой слух, ничего не мог расслышать из разговора приятелей, кроме того разве, что Захар называл товарища соломенной душой, фалалеем, смеялся и хлопал его по плечу, между тем как Гришка ругал его на все корки.

Герасим, шмыгнув раза два по полу котами, вошел в харчевню.

Почти вслед за ним явилась жена со свечой, клочком бумаги и пузырьком с чернилами, из которого выглядывал обглодок пера; за нею вошел Ермил-конторщик. То был низенький оборванный человек в синеватом сюртуке, пережившем несколько владельцев, с таким крутым и высоким воротником, что лысая голова Ермила выглядывала из него, как из кузова кибитки; крупный рдеющий нос определял пьянчужку с первого взгляда.

Герасим передал ему в коротких словах сущность дела.

- Что ж, можно, с нашим великим удовольствием, только бы вот молодцы-то, - промолвил Ермил, прищуривая стеклянные глаза на Гришку и Захара, - было бы, значит, из чего хлопотать... Станете "обмывать копыта"[14], меня позовите...

- Ладно, катай! - сказал Захар.

- Извольте, извольте, с нашим удовольствием, - шутливо вымолвил Ермил.

Затем немедленно он сел за стол и, вынув из пузырька обглодок пера и пригнув лысину к левому плечу, принялся выводить каракули.

Присутствующие пододвинулись, кроме Гришки, который стоял на прежнем своем месте и время от времени поглядывал с явным беспокойством на дверь.

По мере того как слова являлись на бумаге, Ермил произносил их во всеуслышание.

- "Я, нижеподписавшийся, сим свидетельствую, - читал Ермил, владевший, по-видимому, большим навыком в такого рода делах, - свидетельствую, что продал комаревскому целовальнику Герасиму Павлову быка; бык же сей получил я по наследию от покойного родителя моего, рыбака Глеба Савинова..."

- Купил, слышь, на солонину, - неожиданно перебил Захар.

- Это не наше дело, - вымолвил целовальник.

- Это он точно, - заметил Ермил, - это здесь несоответственно. "Деньги же с него, целовальника Герасима Павлова..." Сколько денег-то?

- Пять целковых, - сказал Герасим.

- "Деньги сполна полу..."

- Нет, погоди, стой! - закричал Захар. - Давай наперед деньги.

- Чего ты орешь-то! Отдам, - промолвил Герасим.

- Ну, и отдавай, когда так: нам не верил, и мы те не верим! - промолвил Захар.

Целовальник медленно повернулся и вышел из харчевни. Захар остановил его на пороге и велел захватить в счет два штофа.

Минут пять спустя вернулся целовальник в сопровождении жены, которая держала два штофа и стаканы. Захар поспешно завладел деньгами: сосчитав их на ладони, он кивнул головою Герасиму и подмигнул Гришке, который не обратил на него внимания; глаза и слух приемыша казались прикованными к выходной двери харчевни.

- Теперь пиши сколько хошь! - сказал Захар, обращаясь к Ермилу и запрятывая в карман деньги.

Ермил снова помакнул перо и продолжал:

- "Деньга же пять рублей серебром сполна получил, в чем и подписуюсь. За незнанием грамоты руку приложил отставной приказный Ермил Акишев".

---

[14] Всевозможные торговые сделки скрепляются в простонародье вином или чаем, - чаще, однако ж, вином. Когда дело идет о продаже скота, слово "могарыч" заменяется выражением: "обмывать копыта". (Прим. автора.)

- Погоди, - сказал целовальник, - подпиши уж ты и за свидетеля.

- А как, примерно, насчет, то есть, водочка будет, Герасим Павлыч? - спросил Акишев, лукаво прищуривая левый глаз.

- Будет.

- Самое, выходит, любезное дело, когда так, - подхватил Ермил.

И тотчас же подмахнул:

- "При сей продаже свидетелем был отставной приказный Ермил Акишев, в чем и руку приложил..."

- Ну, давайте, братцы, обмывать копыта, я свое дело исполнил, за вами дело, - проговорил Ермил, придвигаясь к штофам, которые привлекательно искрились перед огарком. - Что это товарищ твой не весел? Парень молодой - с чего бы так? - присовокупил он, посматривая на Гришку, между тем как Захар наливал стаканы.

- Скучает все по покойнике, братец ты мой; известно, жаль! - подхватил Захар.

Он подошел к Гришке и торопливо шепнул ему что-то на ухо; тот тряхнул волосами, приблизился к столу, взял стакан, залпом выпил вино, сел на лавку и положил голову в ладонь.

- Ну... ну, бывайте здоровы! - произнес Ермил, принимая стакан из рук Захара и медленно, как бы боясь пролить каплю, поднес вино к синим губам своим.

- Полно, Гришуха! Не воротишь, одно слово - не воротишь! У меня вот отца и матери нет; кабы не величали Силаичем, не знал бы, как и отца-то звали: сирота круглый, значит, все единственно, - а вишь, не тужу! - заговорил Захар, успевший уже опорожнить шкальчик и пододвигая Гришке штоф. - Ну-кась, тяпнем-ка по чарочке, с горя! Тяпнем за все хвосты!.. Ну, а вы-то что ж... Дядя Герасим! Хоша ты подвел нас, обмишулил, надул, все единственно - нам это наплевать! Мы зла не помним, Ермил, пейте же, чего стали!.. Эх, нет у меня гармонии! - подхватил Захар, воодушевляясь и ударяя кулаком по столу. - То-то бы повеселил честную компанию... эхма!..

Захар закинул при этом назад голову, кашлянул и затянул тоненьким, пронзительным дискантом своим:

> Попила-то моя головушка,
> Попила-то, погуляла-а-а!..
> И, эх, хотят-то меня, добра молодца,
> Поймати у прилуки, у моей сударышки,
> У милушки у Аннушки... и! и!..

- Что ж вы, ребята, подтягивай!

- Ты потише, брат, - равнодушно сказал Герасим, готовившийся уже выйти из харчевни.

- А что?

- Да то же, что тише; приходи завтра - нонче нельзя, - возразил Герасим, которым снова овладели вялость и сонливость, как только окончилась сделка.

- Это еще по какому случаю? - спросил удивленный Захар.

- Нельзя, да и только, вот те и все тут; ступайте вон! - вымолвил целовальник, направляясь к двери.

Захар разразился было бранью, но Ермил Акишев поспешил удержать его.

- Малый, удалая голова, не шуми! - сказал он, - не годится - по той причине не годится, слышь: с утра суд ждут; того и смотри, наедет. Михайла Иваныч давно здесь.

- Какой Михайло Иваныч?

- А становой!

При этом известии Гришка поднял голову, и лицо его побледнело как полотно.

Захар опустил стакан.

- Суд... зачем? - спросил он, значительно понижая голос, но стараясь сохранить спокойный вид.

- Покража случилась: фабриканта Никанора обокрали, - отвечал Ермил, приподымаясь с места.

Захар не расспрашивал дальше: на этот раз смущение овладело им столько же, сколько и самим Гришкой. Он торопливо забрал штофы и последовал за Ермилом, приемышем и целовальником, которые выходили из харчевни.

Задние ворота "Расставанья" открывались только в экстренных случаях. Гришке и Захару предстояло выйти из заведения не иначе, как через кабак.

В кабаке было немного народу, но тем не менее шел довольно живой разговор. Обкраденный фабрикант служил предметом беседы.

- Так как же, Кузьма Демьяныч, как, по-твоему, что с ними теперь будет? - спрашивал один из присутствующих, обращаясь к старику, занимавшему середину кружка.

- А что будет - известно что: за некошное дело будет поученьице тошное... знамо, спасибо не скажут.

- И будь без хвоста, не кажись кургуз, умей концы хоронить! - произнес кто-то.

- Вот так уж сказал! Ты думаешь, концы схоронил, так и прав вышел? Нет, брат, нонече не так: ночью сплутовал - день скажет; на дне морском, и там не утаишь концов-то. В неправде-то сам бог запинает... везде сыщут.

- И слава те господи!

- Ненаказанный не уйдет!

- Поделом: не воруй! - сказал высокий черноволосый человек в синей мещанской чуйке.

- Что больно сердит?

- Видно, самого обокрали: он и серчает.

- Было всего, - начал высокий человек, - гнал это я - вот все одно, как теперь, - гнал гурты: мы больше по этой части; сами из Москвы, скупаем товар в Воронеже. Так вот раз увели у меня вола.

- Как так?

- Да так, взяли и увели: дело было ночью.

- Эки мошенники!

- Ну, так что ж?

- Вестимо, не сидел скламши руки. Стоял это я подле села, под Рязанью: я к становому. Ну, спасибо ему, заступился; сейчас же кинулись это в кабак - тут и взяли.

- Ну, то-то вот и есть! Как не найти! Везде найдут. На дне окияна-моря, и там сыщут.

211

Мороз пробежал по всем суставчикам приемыша, и хмель, начинавший уже шуметь в голове его, мгновенно пропал. Он круто повернул к двери и шмыгнул на улицу. Захар, больше владевший собою, подошел к Герасиму, успевшему уже сменить батрака за прилавком, потом прошелся раза два по кабаку, как бы ни в чем не бывало, и, подобрав штофы под мышки, тихо отворил дверь кабака. Очутившись на крыльце, он пустился со всех ног догонять товарища.

Буря как словно приутихла. Дождь, по крайней мере, лил уже не с такою силою, и громовых ударов не было слышно. Один только ветер все еще не унимался. Унылый рев его, смешиваясь с отдаленным гулом волнующейся реки, не заглушаемый теперь раскатами грома и шумом ливня, наполнял окрестность.

Гришка дохнул вольнее не прежде, как когда вышел из Комарева и очутился в лугах. Он не убавлял, однако ж, шагу; забыв, казалось, о существовании Захара, он продолжал подвигаться к реке, то бегом, то медленно, то снова пускаясь бежать. В голове его была одна только мысль: он думал, как бы поскорее добраться домой. Время от времени в смущенной душе его как будто просветлялось, и тогда он внутренне давал себе крепкую клятву - никогда, до скончания века, не бывать в Комареве, не выходить даже за пределы площадки, жить тихо-тихо, так, чтоб о нем и не вспоминал никто. Но как быть с Захаром? Куда деть его? Он все дело погубит!.. При этом Гришка мысленно возвращался к Комареву, "Расставанью", прежней беспорядочной жизни и, наконец, к происшествию настоящей ночи. Встревоженное воображение приемыша рисовало те же полные ужаса картины, которые преследуют людей, имеющих причины бояться правосудия. Холод проникал его насквозь. Ноющая тоска, тяжкое предчувствие, овладевшее им в то время еще, как он выходил из избы, давили ему грудь и стесняли дыхание: точно камень привешивался к сердцу и задерживал его движение. Он не был в состоянии разъяснить себе своих мыслей. Смутно, бессознательно проносилось тогда в душе его что-то похожее на раскаянье; но раскаянье, внушенное в минуты страха, ненадежно. В душе парня снова делалось темно, как ночью после зарницы. Услышав за собою голос Захара, он остановился, столько же из опасения, чтобы кто-нибудь не услышал товарища и не пустился следить за ним, столько же и потому, что чувство одиночества казалось невыносимым. Он обрадовался бы теперь обществу маленького ребенка. При всем том во все продолжение пути он слова не сказал Захару. Он ограничился тем только, что шел подле. Обогнув на значительное расстояние костер, который все еще пылал у опушки, они достигли наконец кустов ивняка.

Встревоженные чувства приемыша заметно успокоились, когда он продрался вместе с Захаром в кусты. Кусты эти могли служить даже среди белого дня надежным убежищем от преследований. Забравшись в самую середину чащи, приятели остановились, как бы по условному знаку. Захар предложил выпить для смелости. Гришка молча взял штоф и поспешил привести в действие совет; в горле его и груди было сухо: после первых глотков он почувствовал уже облегчение - даже душа его как будто окрепла. Захар пил между тем из другого штофа, и таким образом оба значительно поубавили вина.

Переезд через Оку совершился благополучно: и люди и штофы вышли на берег невредимы. Подымаясь по площадке, Захар насвистывал уже песню. Гришка между тем, опередивший своего товарища, стучал кулаками в ворота.

212

- Что без толку шумишь-то? Ай кулаки-то наемные? - сказал Захар, на которого хмель действовал, по привычке вероятно, не так сильно, как на приемыша.

Он приблизился к воротам, нащупал веревочку, перекинутую через перекладину, потянул ее книзу и припер плечом ворота, которые тотчас же отворились.

- Вот тут стучи, пожалуй, коли есть охота: заперлись изнутри! - промолвил Захар, когда он и Гришка поднялись на крылечко. - Эк их заспались как! Все с горя, должно быть!.. Гей! Гей! Отворяй!..

Но Захар ошибся, потому что с первыми словами его в сенях раздались торопливые шаги и дверь отворилась.

- А-а-а! Авдотья Кондратьевна! Маленько как будто потревожили вас... Прости, милая! Как быть! С делами не справились! - воскликнул Захар.

- Что те не докличешься?.. Лучину! - сурово сказал Гришка, входя в сени.

- О-о-о! - густым басом подхватил Захар, передразнивая приемыша. - Сейчас видно, хозяин пришел. Эх ты! Женка-милушка встречает, дверь отворяет - чем бы приласкать: спасибо, мол, любушка-женушка, а он... Эх, ты, лапотник!.. Ну, пойдем, пойдем, - смеясь, примолвил он, пробираясь с Гришкой в избу.

- Кто там? - раздался голос с печки, как только переступили они порог.

- Хозяин пришел, касатушка-бабушка! - шутливо отозвался Захар.

- Мать наша, пречистая пресвятая богородица, спаси и помилуй нас, грешных! - простонала со вздохом старушка.

- Ну, скоро, што ль? Огня давай! - нетерпеливо крикнул Гришка, топнув ногою.

- Полно тебе! Ну, что ты вправду: о! да о! Что орешь-то! Дай срок. Авдотья Кондратьевна, може статься, не найдет... спросонья-то... Постой, милая, я подсоблю, - заключил Захар, ощупывая стены и пробираясь к Дуне.

Но в ту же минуту подле печки сверкнул синий огонек. Бледное, исхудалое лицо Дуни показалось из мрака и вслед за тем выставилась вся ее фигура, освещенная трепетным блеском разгоревшейся лучины, которая дрожала в руке ее. Защемив лучину в светец и придвинув его на середину избы, она тихо отошла к люльке, висевшей на шесте в дальнем углу.

Не обратив на нее внимания, а также и на тетушку Анну, которая слезала с печи, Гришка подошел к столу, сел на скамье подле окна и, уперев на стол локти, опустил голову в ладони.

- Э-эх! - воскликнул с притворным вздохом и жестом Захар, который не переставал до сих пор щурить соколиные глаза свои на Дуню.

Он приблизился к столу, поставил штофы, подсел к приемышу и дружески ударил его по спине.

Увидев штофы, тетка Анна сделала несколько шагов вперед, всплеснула руками и мгновенно разразилась градом упреков и жалоб.

В ответ на это Захар оглянул старушку с головы до ног и залился тоненьким смехом.

Выходка эта окончательно взорвала старуху. Но Захар и Гришка продолжали делать вид, как будто не замечают ее. Каждый попивал из своего штофа, но с тою разницею, однако ж, что приемыш, по мере того как исчезало вино, делался более и более сумрачным, тогда как Захар веселел с каждой минутой. Под конец он вступил даже в объяснения с тетушкой Анной. Отвечая на каждое ее слово скоморошной какой-нибудь выходкой, он нередко в то же время обращался к Дуне, которая изредка выглядывала из-за люльки и подымала кроткий, дрожащий голос, стараясь уговорить старушку.

- Слышь, тетка, Авдотья Кондратьевна настоящее тебе говорят: полно надсажаться... Эх, пустая какая!.. Ну, за что ты ругаешься? За что? Ой ли? Да рази мы пьянствуем! Так ли пьянствуют-то? Охота горло драть... к тому и года твои старые, слышь: покой требуется... - говорил, посмеиваясь, захмелевший уже Захар, между тем как старуха надрывалась, осыпая его бранью и всевозможными проклятиями. - Ой, перестань, право-ну, перестань! Лучше бы вот к нам подсела: знамо, горлышко промочить; оно же у тебя звонкое такое!.. Авдотья Кондратьевна! Эх, памятна ты, милая! Полно серчать-то. Ну, что! Садись, право, садись... А уж какую бы я вам песенку спел! И-их! Одно слово: распотешу!.. - заключил Захар.

И, уперши кулаками в бока, тряхнув молодцевато волосами, Захар запел, подмигивая Дуне:

> Что ты, Дуня, приуны-ы-ла?
> Воздохнула тяжело?
> Раздушенька вспомянула
> Любезного своего...

Дуня вынула из люльки спавшего ребенка, подошла к старухе и, взяв ее за руку, принялась увещевать ее.

- Уйдем, матушка, перестань... оставь их... пойдем лучше посидим где-нибудь... что кричать-то... брось... они лучше без нас уймутся... - шептала она, силясь увести старушку, которая хотя и подавалась, но с каждым шагом, приближавшим ее к двери, оборачивалась назад, подымала бескровные кулаки свои и посылала новые проклятия на головы двух приятелей.

- Куда вы? - крикнул было Захар, неожиданно прерывая свою песню.

Но Дуня захлопнула дверь за собою и старухой.

- А ну вас, когда так! - подхватил Захар, махнув рукою и опуская ее потом на плечо Гришки, который казался совершенно бесчувственным ко всему, что происходило вокруг. - Пей, душа! Али боишься, нечем будет завтра опохмелиться?.. Небось деньги еще есть! Не горюй!.. Что было, то давно сплыло! Думай не думай - не воротишь... Да и думать-то не о чем... стало, все единственно... веселись, значит!.. Пей!.. Ну!.. - заключил Захар, придвигая штоф к приятелю.

Но речь Захара не произвела никакого действия на товарища. Он сидел по-прежнему, подпершись локтем и опустив голову. Он не заметил даже, по-видимому, отсутствия жены и старухи.

Захар веселел с каждым новым глотком. Прошел какой-нибудь получас с тех пор, как ушли женщины, но времени этого было достаточно ему, чтобы спеть несколько дюжин самых разнообразнейших песен. Песни эти, правда, редко кончались и становились нескладнее; но зато голос певца раздавался все звончее и размашистее. Изредка прерывался он, когда нужно было вставить в светец новую лучину. Он совсем уже как будто запамятовал происшествие ночи; самые приятные картины рисовались в его воображении...

Приемыш не принимал ни малейшего участия в веселье товарища. Раскинув теперь руки по столу и положив на них голову свою с рассыпавшимися в беспорядке черными кудрями, он казался погруженным в глубокий сон. Раз, однако ж, неизвестно отчего, ветер ли сильнее застучал воротами, или в памяти его, отягченной сном и хмелем, неожиданно возник один из тех страшных образов, которые преследовали его дорогой, только он поднял вдруг голову и вскочил на ноги.

- Где они? Где? - проговорил он, оглядывая избу шальными, блуждающими глазами.

- Ушли, брат! - смеясь, отвечал Захар. - Ну их совсем! Ломаются - не таковские!

- Куда? Где? Куда ушли? - крикнул Гришка, сурово отталкивая Захара и выходя из-за стола.

Хмель совсем уже успел омрачить рассудок приемыша. Происшествие ночи живо еще представлялось его памяти. Мысль, что жена и тетка Анна побежали в Сосновку, смутно промелькнула в разгоряченной голове его. Ступая нетвердою ногою по полу, он подошел к двери и отворил ее одним ударом. Он хотел уже броситься в сени, но голос старухи остановил его на пороге и рассеял подозрения. Тем не менее он топнул ногой и закричал во все горло:

- Сюда ступайте! Сюда!

- Не ходи, родная, не ходи, ни за что не ходи! - воскликнула старушка, удерживая, вероятно, Дуню.

- Сюда ступай, коли хочешь быть цела! Сюда, говорю! - бешено закричал Гришка.

- Не ходи, Дунюшка! Не бойся, родная: он ничего не посмеет тебе сделать... останься со мной... он те не тронет... чего дрожишь! Полно, касатка... плюнь ты на него, - раздавался голос старушки уже в сенях.

Но так как увещевания эти ни к чему, видно, не служили, тетушка Анна бросилась вслед за Дуней, опередила ее, и не успела та войти в двери, как уже старуха влетела в избу и остановилась перед Гришкой.

- Чего тебе, разбойник, от нее надыть? - воскликнула она, заслоняя Дуню, которая тщетно старалась войти в двери. - Зачем она тебе? Погибели ее хочешь, что ли, злодей ты такой!

- Молчи! - сурово произнес Гришка, отталкивая ее руку.

Голос старухи вдруг оборвался, и она зарыдала; но это продолжалось одну секунду. Она снова заслонила Дуню, стоявшую в дверях со спавшим на груди ее младенцем, и подхватила с возраставшим негодованием:

- На кого руку-то поднял, вспомни! Вспомни, кому грозишь-то! Злодей ты, злодей этакой! Ведь я тебя, злодея, на руках на своих выносила! Вспомни ты это! Думаешь, боюсь я тебя? Не дам я ее, не дам тебе! Чего тебе от нее надо? Чего? Аль мало тебе, утопил нас в слезах горьких; погибели нашей хочешь, злодей ты этакой! Постойте, я найду еще суд на вас обоих, нехристей окаянных. Свет не без добрых людей! - подхватила она, отчаянно махая руками и обращаясь то к приемышу, то к Захару, который покачивался подле печки. - Вы думаете, я ничего про вас не ведаю? Погодите, вас спросят еще, где вы вино-то взяли: ведь денег-то у вас давно нету... Сама доведаюсь, сама спрошу пойду, душегубцы вы, нехристи! Завтра же схожу в Комарево... У всех стану спрашивать...

При этом Гришка, сделавший уже несколько шагов к столу, бросился со всех ног к старухе и бешено замахнулся.

В ту же самую минуту на дворе раздались голоса.

- Здесь! Не зевай, ребята, здесь! - закричал кто-то в сенях.

Гришка не успел прийти в себя, как уже в дверях показалось несколько человек. Первое движение Захара было броситься к лучине и затушить огонь. Гришка рванулся к окну, вышиб раму и выскочил на площадку. Захар пустился вслед за ним, но едва просунул он голову, как почувствовал, что в ноги ему вцепилось несколько дюжих рук.

- Гришка! - крикнул он отчаянно.

Но ответа не было.

- Ребята! - кричал один из молодцов, державших Захара. - Один дал тягу, в окно выскочил, беги за ним! Живей, ребята! Другого уж сцапали... Тащи его, ребята!

Два человека стремглав пустились из избы. Остальные вцепились еще крепче в Захара и, несмотря на то, что он бился, как белуга, попавшаяся в невод, втащили его в избу.

- Батюшки! Караул! Разбойники! - вопила тетушка Анна.

- Засвети огня, огня! - подхватило несколько голосов.

- Слышь, огня давай! Добрым словом говорят! - произнес кто-то над самым ухом старухи. - Каких тут нашла разбойников? Не разбойники - пришли за разбойниками - вот что! Ну, живо поворачивайся... Огня, говорят!

- Да кто ж вы, батюшка... О-ох! Какие такие? Ох! С нами крестная сила! Дайте хоть ребенка-то положить, - заговорила Анна, перебегая от люльки к печке.

- Ну, живо! Живо! Вздуешь огня, сама увидишь, какие такие... Крепче держи его, ребята: извернется - уйдет; давай кушак... вяжи его.

Послышалась свалка, сопровождаемая ударами и бранью. Но сила Захара ничего не могла значить перед силой пятерых дюжих молодцов. Когда старушка подошла с лучиной, он стоял уже окрученный по рукам.

- Так вот вы зачем! Вяжите его, отцы! Вяжите его, разбойника: он самый и есть злодей! - завопила Анна, после того как один из присутствующих взял из рук ее лучину и защемил ее в светец. - Всех нас погубил, отцы вы мои! Слава те господи! Давно бы надыть! Всему он причиной; и парня-то погубил...

Старушка ударилась в слезы.

- Не верьте ей, братцы, не верьте! Она так... запужалась... врет... ей-богу, врет! Его ловите... обознались... - бессвязно кричал между тем Захар, обращая попеременно то к тому, то к другому лицо свое, обезображенное страхом. - Врет, не верьте... Кабы не я... парень-то, что она говорит... давно бы в остроге сидел... Я... он всему голова... Бог тебя покарает, Анна Савельевна, за... за напраслину!

- Отцы вы мои! Отсохни у меня руки, пущай умру без покаяния, коли не он погубил парня-то! - отчаянно перебила старушка. - Спросите, отцы родные, всяк знает его, какой он злодей такой! Покойник мой со двора согнал его, к порогу не велел подступаться - знамо, за недобрые дела!.. Как помер, он, разбойник, того и ждал - опять к нам в дом вступил.

- Что же это в самом деле, братцы! Ведь это разбой, все единственно! - кричал Захар, ободряясь. - За что связали? Должны наперед спросить... Федот Кузьмич! Вступись! - подхватил он ласковее. - Вступись, знакомый человек! Ты меня знаешь... встречались... помнишь? Федот Кузьмич!

- Ладно, брат, там разберут; вишь, нашел какого знакомого? Федот Кузьмич! Слышь! - смеясь, отвечал Федот Кузьмич. - Крепче держи его, ребята! Там рассказывай, как придем; там вас разберут, что куда принадлежит.

- Отцы вы мои... Ох! Да что ж такое они наделали? Что прилучилось-то? - спросила тетушка Анна, неожиданно прерывая рыдания.

- Быка увели, обокрали вот этого молодца, - возразил Федот Кузьмич, указывая головой на высокого, плечистого мужика в синей чуйке, державшего Захара за ворот.

- Царица небесная! То-то вот! Я как вино-то увидела... ох, словно сердце мое чуяло... не добром достали вино-то!.. Да как же это, родной?.. Ох, батюшки!

- А так же, что этот вот мошенник калякал с работниками на лугу, а тот быка уводил: "Я, говорит, портной; портной, говорит, иду из Серпухова!" - смеясь, отвечал Федот Кузьмич. - И то портной; должно быть, из тех, что ходят вот по ночам с деревянными иглами да людей грабят.

- Отсохни руки и ноги, коли не по наговору! Меня там вовсе и не было; спроси хоть в Комареве, - быстро заговорил Захар.

- Ладно, там скажешь...

- Ну, пойдемте, братцы! - перебил гуртовщик.

- Нет, погоди, надо другого дождаться; далеко не убежит: парни ловкие - догонят!.. Слышь, еще и расписку целовальнику дали! - подхватил словоохотливый Федот Кузьмич. - "Так и так, говорят, бык достался, вишь, по наследию от отца-покойника..."

- Батюшка! Да у нас и в заводе скотины-то не было! Отродясь и не держали! - воскликнула Анна.

- Мы их и в кабаке-то нонче видели.

- Когда ты меня видел? В кое время? Меня там и не было! - произнес Захар.

Не обращая на него внимания, словоохотливый Федот Кузьмич рассказал старухе, как гуртовщик, отправляясь с другими работниками на ночлег в избу целовальника, услышал под навесом рев быка, как, движимый подозрением, спустился на двор с работниками, отыскал животное, убедился, что бык точно принадлежал ему, и как затем побежал к становому, который, к счастию, находился в Комареве по случаю покражи у фабриканта. Далее Федот Кузьмич сообщил о том, как становой, собрав понятых, вошел в кабак, допросил целовальника и как целовальник тотчас же выдал воров, показал расписку, пояснил, откуда были воры, и рассказал даже, где найти их.

- Добро еще лодка попалась у берега; спасибо прогонщикам, припасли! А то бы пришлось, пожалуй, бежать на паром в Болотово, - заключил рассказчик.

Во все время этого объяснения Захар не давал отдыха языку своему. Он опровергал с неописанною наглостью все обвинения, требовал очной ставки с Герасимом, называл его мошенником, призывал в доказательство своей невинности расписку, в которой не был даже поименован, складывал всю вину на Гришку, говорил, что приемыш всему делу голова-заглавие, поминутно обращался к дружбе Федота Кузьмича и проч. Но Федот Кузьмич только подтрунивал, а гуртовщик, державший Захара за ворот рубахи, не переставал его потряхивать.

- А вот, никак, и другого ведут! - произнес один из понятых, прислушиваясь к шагам, раздавшимся на дворе.

При этом Дуня сделала движение, как будто хотела броситься к двери; но в дверях показались только два человека, и она опустилась на лавку.

- Убежал! - сказали в один голос вошедшие.

Не было, однако ж, сомнения, что они употребили всевозможные старания, чтобы поймать беглеца: ноги их до колен были покрыты грязью, оба дышали, как опоенные клячи, проскакавшие десять верст без отдыху.

- Нет, не поймали! - подхватил один из них, с трудом переводя дыхание. - Совсем было схватили... да в реку кинулся... не подоспели...

- Ладно, далеко не убежит! - сказал Федот Кузьмич. - Пачпорта не успел захватить. Искать надо в Комареве либо в Болотове: дальше не пойдет, а может статься, и весь в реке Оке остался... Завтра все объявится, на виду будет!.. Добро хошь этого-то молодца скрутили: придем не с пустыми руками... Веди его, ребята!

И понятые потащили из избы Захара, который не переставал уверять, что идет своею охотой, что будет жаловаться за бесчестие, что становой ему человек знакомый, что все Комарево за него вступится, потому всякий знает, какой он есть такой человек, уверял, что он не лапотник какой-нибудь, а мещанский сын, что вязать мещанина - это все единственно, что вязать купца, - никто не смеет, что Гришка всему делу голова-заглавие, что обвинять его, Захара, в покраже быка - значит, все единственно, обвинять в этом деле Федота Кузьмича, и проч. Но его не слушали и продолжали тащить по двору, причем раздосадованный гуртовщик, не выпускавший из железной пятерни своей ворота рубахи, не переставал долбить кулаком другой руки мещанскую шею Захара.

XXIX

НАСЛЕДНИКИ

Буря утихла, хотя тяжеловесные, свинцовые тучи все еще бродили по небу, но они не посылали уже дождя. Ветер упал, переменил направление. Тучи быстро неслись теперь к западу, укладывались темно-сизыми слоями и медленно потом опускались к горизонту, который замыкался косыми полосами ливней. Там все еще сверкали молнии и время от времени грохотал гром; но удары удалялись и постепенно ослабевали. Часто после молнии их вовсе не было слышно. На востоке светлело между тем с каждым часом. Местами начинало уже открываться прозрачное, зелено-бледное дно осеннего неба. Но лучи солнца, продирающиеся сквозь редеющие облака, не веселили окрестности: при солнечном блеске резче еще выказывалось опустошительное действие бури и позднего времени года. Повсюду, куда ни обращался взор, расстилались черные, безжизненные поля, изрезанные бороздами, наполненными водою. Нагие деревья с ветвями, изломанными бурей, печально высились на окраине дороги. Самые лужи, засоренные мелкими ветками и желтыми листьями, тускло отражали лучи солнца. Темными полосами тянулись в отдалении пустынные леса. Ни один звук не веселил слуха. Вся природа ждала, казалось, отдыха под мягким покровом снега. Недолго дожидаться: октябрь на половине. Не сегодня-завтра, того и смотри, посыпятся пушистые хлопья снегу и покроют собою продрогнувшую землю...

Этого ждал также, заодно с природой, и дедушка Кондратий. Он давно уже с ног смотался, следуя за своим стадом по топким полям и обнаженным рощам, которые не защищали его от дождя и ветра. С первым снегом оканчивалась тяжкая пастуховская должность. Старик позаботился уже приискать к тому времени новое место: он нанялся плести сети у одного богатого сосновского мужика, торговавшего рыболовными снастями. Кроме того, что занятие это соответствовало летам и склонностям дедушки Кондратия, оно обеспечивало его верным куском хлеба на всю зиму. Этим способом не будет он никому в тягость. Быть может, даже, даст бог, пригодится еще дочери и внучку.

Занятый такими мыслями, старик торопливо следовал за стадом, которое, не находя корма, бродило ускоренным шагом по полям и оглашало их унылым ревом. Переходя с одной нивы на другую, дедушка Кондратий незаметно дотянул до полудня. Пора было подумать об обеде и отдыхе. Старик направился в небольшую лощину, лежавшую верстах в двух от Сосновки и служившую с незапамятных времен всем пастухам местом отдохновения. Осенью бока лощины, покрытые частым орешником, защищали пастуха и животных от ветра; в жаркие летние дни они служили надежным убежищем от зноя. Лощина представляла еще то удобство, что на дне ее, местами заросшем кустами лозняка и сочной травою, местами усеянном плитняком, бежал ручей. Стаду привольно было лежать на отдыхе подле берега.

В ожидании обеда, который приносили пастуху из Сосновки, дедушка Кондратий расположился на камнях подле ручья. Но дельный старик никогда не сидел без дела. Отцепив от кушака связку лык, положив на колени колодку и взяв в руки кочедык, он принялся оканчивать начатый лапоть.

Надо полагать, что старик обознался временем и было уже больше полудня. Едва успел он раза два ковырнуть кочедыком, как на дне лощины показался сын мужика, у которого дедушка Кондратий нанимал угол. Парень нес обед.

То был малый лет шестнадцати, с широким румяным добродушным лицом и толстыми губами. Нельзя было не заметить, однако ж, что губы его на этот раз изменяли своему назначению: они не смеялись. И вообще во всей наружности парня проглядывало выражение какой-то озабоченности, вовсе ему не свойственной; он не отрывал глаз от старика, как словно ждал от него чего-то особенного.

- Дедушка Кондратий, слышь! А дедушка Кондратий! - крикнул он шагов еще за тридцать. - Слышь! Что ты вечор-то говорил! Слышь, все по-твоему вышло!

- Что я говорил? Не помню, родной... о чем бишь? - промолвил старик, прерывая работу.

- А как же, помнишь, говорил, дома-то у вас, где дочка-то живет... слышь! Все как есть по-твоему вышло: ведь старшие-то сыновья Глеба Савиныча пришли!

- Так ли? Ты, паренек, толком говори - так ли? Правда ли? - произнес старик, задумчивое лицо которого вдруг оживилось.

В последнее время он только и помышлял о возвращении Петра и Василия: они, без сомнения, не замедлят оставить "рыбацкие слободы" и вернуться домой, как только проведают о смерти отца. На них основывались все надежды дедушки Кондратия: присутствие Петра и Василия должно было положить конец беспутству Гришки, должно было возвратить дому прежний порядок и спасти дочь, внучка и старуху от верной гибели. Старик не знал еще, до какой степени расстройства и разорения доведен был в последнее время дом Глеба Савиныча.

- Взаправду пришли, дедушка, - подхватил парень, - пришли ноне утром.

- Да кто ж тебе сказал? Небось Анна Савельевна у вас в Сосновке?.. Она сказала?

- Нет, вишь ты, пришли это они с нашими ребятами... те остались дома, а эти в Сосновку пришли; они все рассказали...

- Ну, слава те господи! - вымолвил, перекрестившись, старик. - Пришли-таки в дом свой! Все пойдет, стало, порядком! Люди немалые, степенные... слава те господи!

- Да ты, дедушка, послушай, дело-то какое! - живо подхватил парень. - Они, наши, сосновские-то ребята, сказывали, твой зять-то... Григорьем, что ли, звать?.. Слышь, убежал, сказывают, нонче ночью... Убежал и не знать куда!.. Все, говорят, понятые из Комарева искали его - не нашли... А того, слышь, приятеля-то, работника, Захара, так того захватили, сказывают. Нонче, вишь, ночью обокрали это они гуртовщика какого-то, вот что волы-то прогоняют... А в Комареве суд, говорят, понаехал - сейчас и доследились...

При этом дедушка Кондратий снова перекрестился, но уже голова его была опущена и дрожала вместе с рукою, творившею крестное знамение.

- Ты, дедушка, не пуще тужи: може статься, уйдет еще твой-то - не поймают! - добродушно подхватил парень. - А уж как, говорят, старший-то сын Глеба Савиновича на его, на Гришку-то, серчает... то-то бы ты послушал, как наши ребята сказывали: как увидал, говорят, как разорено в доме-то - сказывают, все, вишь, пустехонько, - так, говорят, и взлютовался! "Попадись, говорит, он мне в руки, живым не оставлю!" Так взлютовался, слышь, инда на жену его, на дочь твою, накинулся. Оба, и старший и младший, хотят, вишь, в суд жаловаться, и ей, слышь, дочери-то твоей, грозят... Уж как же, говорят, она, дочь-то твоя, убивается...

Во все это время старик не переставал крестить впалую грудь свою, которая тяжело подымалась.

- Яша, батюшка, голубчик, не оставь старика: услужи ты мне! - воскликнул он наконец, приподымаясь на ноги с быстротою, которой нельзя было ожидать от его лет. - Услужи мне! Поколь господь продлит мне век мой, не забуду тебя!.. А я... я было на них понадеялся! - заключил он, обращая тоскливо-беспокойное лицо свое к стороне Оки и проводя ладонью по глазам, в которых показались две тощие, едва приметные слезинки.

- Что ж, дедушка, я, пожалуй, туда сбегаю: погляжу, что у них; пожалуй, и дочке твоей скажу, коли что велишь.

- Нет, батюшка, не о том прошу: где уж тут! Самому идти надобность... Кабы ты, родной, на то время приглядел за стадом, я... что хошь тебе за это...

- Вот! Да я и безо всего останусь! Только бы... батюшка, смотри, только забранится!.. И то велел скорей домой идти. Сбегать разве попросить?

- Сбегай, родимый, сбегай!.. Сотвори тебе господь многие радости!.. Сбегай, батюшка, скажи отцу: Кондратий, мол, просит. Надобность, скажи, великая, беспременная... Он, верно, не откажет... Сбегай, родной, я здесь погожу...

- Ладно, дедушка, ладно! Только бы отпустил, духом вернусь! - сказал Яша.

И, поставив котомку с обедом наземь, пустился он из лощины, сопровождаемый благословениями старика.

Лишнее говорить, что дедушка Кондратий не прикасался к обеду, даром что давно прошел полдень: он забыл о голоде.

Как только молодой парень исчез за откосом лощины, старик снял шапку, опустился с помощью дрожащих рук своих на колени и, склонив на грудь белую свою голову, весь отдался молитве.

Остатки последних облаков заслонили солнце. Синяя тень потопляла дно и скаты лощины. Стадо окружало старика молчаливыми, неподвижными группами. Благоговейная тишина, едва-едва прерываемая журчаньем ручья, наполняла окрестность...

Молодому парню достаточно было одного получаса, чтобы сбегать в Сосновку и снова вернуться к старику. Он застал его уже сидящего на прежнем месте; старик казался теперь спокойнее. Увидев Яшу, он поднялся на ноги и поспешно, однако ж, пошел к нему навстречу.

- Ступай, дедушка! Ступай! - весело кричал парень. - Батюшка говорит - можно!.. Отпустил меня... старик, говорит, хороший; можно, говорит, уважить... так и сказал... Ступай, дедушка!

- Спасибо ему!.. И тебе, родной, спасибо! Пока господь век продлит, буду молить за вас господа! - проговорил Кондратий, между тем как Яша оглядывал его с прежним добродушным любопытством.

- Так ты, родной, посиди за меня... я скоро вернусь...

- Ты, дедушка, не пуще тормошись. Я вот и полушубок захватил: посижу, пожалуй, хошь до вечера; а коли не вернешься, стало, не управился, так я, пожалуй что, и стадо домой пригоню...

- Господь наградит тебя! - произнес умиленно старик. - Вот находит это сумление: думаешь, вывелись добрые люди! Бога только гневим такими помыслами... Есть добрые люди! Благослови тебя творец, благослови и весь род твой!

Старик надел обеими руками шапку, взял посох и, простившись с Яшей, торопливо вышел из лощины.

Семь верст, отделявшие Сосновку от площадки, пройдены были стариком с невероятной для его лет скоростью. В этот промежуток времени он передумал более, однако ж, чем в последние годы своей жизни. Знамение креста, которым поминутно осенял себя старик, тяжкие вздохи и поспешность, с какой старался он достигнуть своей цели, ясно показывали, как сильно взволнованы были его чувства и какое направление сохраняли его мысли.

Ока освещалась уже косыми лучами солнца, когда дедушка Кондратий достигнул тропинки, которая, изгибаясь по скату берегового углубления, вела к огородам и избам покойного Глеба. С этой минуты глаза его ни разу не отрывались от кровли избушек. До слуха его не доходило ни одного звука, как будто там не было живого существа. Старик не замедлил спуститься к огороду, перешел ручей и обогнул угол, за которым когда-то дядя Аким увидел тетку Анну, бросавшую на воздух печеные из хлеба жаворонки.

Но другого рода картина предстала глазам дедушки Кондратия; он остановился как вкопанный; в глазах его как словно помутилось. Он слышал только рыдания дочери, которая сидела на завалинке и ломала себе руки, слышал жалобный плач ребенка, который лежал на коленях матери, слышал охи и увещевательные слова Анны, сидевшей тут же.

- Мать пресвятая богородица! - воскликнула она, увидев Кондратия. - Сам господь тебя посылает!.. Дунюшка, глянь-кась, глянь: отец пришел.

Дуня откинула волосы, в беспорядке рассыпавшиеся по лицу ее, быстрым движением передала старухе ребенка и, зарыдав еще громче, упала отцу в ноги.

- Батюшка! Батюшка! - говорила она, хватаясь с каким-то отчаянием за одежду старика и целуя ее. - Батюшка, отыми ты жизнь мою! Отыми ее!.. Не знала б я ее, горемычная!.. Не знала б лучше, не ведала!..

- Дунюшка, опомнись! Христос с тобой... Не гневи господа... Един он властен в жизни... Полно! Я тебя не оставлю... пока жить буду, не оставлю... - повторял отец, попеременно прикладывая ладонь то к глазам своим, то к груди, то ласково опуская ее на голову дочери.

- Батюшка, отец ты наш! Да ведь дело-то какое, кабы знал ты! - всхлипывая, говорила тетушка Анна. - Ведь парень-то, муж-то ее, убежал! Убежал, отец! Нонче ночью убежал, касатик!.. Что затеяли-то лиходеи!.. Что затеяли, кабы знал ты!.. О-ох!.. Добро, батюшки, хоть того-то злодея схватили!.. Ох, как не плакать-ста, кормилец!.. А им, Петру и Василью, немало уж я говорила: ни в чем-то, говорю, она не виновница, за что, говорю, вы ее обижаете?.. Ох, родной! Нет, не вижу в них себе утехи! Не того ждала я от них, горькая!.. А тот так и убежал, злодей: не поймали! Покинул ее, сироту горькую, оставил с малым дитятком... Вася побежал, не проведает ли чего на той стороне: может, захватили... Что затеяли-то! Стояли это гурты, кормилец, - гурты стояли; а они...

- Знаю, матушка, знаю... - не слушая ее, проговорил старик, стараясь приподнять дочь, которая продолжала обнимать его ноги и рыдала, произнося несвязные причитанья.

Тетушка Анна мгновенно оставила свои объяснения, посадила внучка на завалинку, проворно утерла слезы и бросилась пособлять старику. Оба приподняли Дуню и повели ее к завалинке; но едва успели они усадить ее, в воротах показался Петр.

Если б дедушка Кондратий не был предуведомлен, что Петр и Василий точно возвратились домой, он, конечно, не узнал бы в вошедшем старшего сына покойного Глеба. Петр состарился целыми десятью годами, хотя всего-навсе четыре года, как покинул кров родительский; в кудрявых волосах его, когда-то черных как крыло ворона, серебрилась седина; нахмуренные брови, сходившиеся дугою над орлиным его носом, свешивались на глаза, которые глядели также исподлобья, но значительно углубились и казались теперь потухшими. Цыганское лицо его, дышавшее когда-то энергией и напоминавшее лицо отца в минуты гнева, теперь осунулось, опустилось; впалые щеки, покрытые морщинками, и синеватые губы почти пропадали в кудрявой, вскосмаченной бороде; высокий стан его сгорбился; могучая шея походила на древесную кору. Но не время и заботы состарили Петра.

Увидев Кондратия, Петр подошел к нему так быстро и так близко, что тетка Анна поспешила стать между ними.

- Петруша, касатик... выслушай меня! - воскликнула она, между тем как старик стоял подле дочери с поникшею головою и старался прийти в себя. - Я уж сказывала тебе - слышь, я сказывала, мать родная, - не кто другой. Неужто злодейка я вам досталась! - подхватила Анна. - Поклепали тебе на него, родной, злые люди поклепали: он, батюшка, ни в чем не причастен, и дочка его.

- Ни к чему не причастен! Это мы видим!.. - возразил Петр. - Свел свою дочь беспутную с отцовым приемышем, таким же мошенником, подольстились к отцу, примазались к нашему дому, а после покойника обокрали нас.

- Батюшка! - закричала Дуня, которая до того времени слушала Петра, вздрагивая всем телом. - Батюшка! - подхватила она, снова бросаясь отцу в ноги. - Помилуй меня! Не отступись... До какого горя довела я тебя... Посрамила я тебя, родной мой!.. Всему я одна виновница... Сокрушила я твою старость...

- Дитятко... Дунюшка... встань, дитятко, не убивай себя по-пустому, - говорил старик разбитым, надорванным голосом. - В чем же вина твоя? В чем?.. Очнись ты, утеха моя, мое дитятко! Оставь его, не слушай... Господь видит дела наши... Полно, не круши меня слезами своими... встань, Дунюшка!..

- Петруша, полно! Господь тебя покарает за напраслину! - твердила Анна, между тем как сын ее мрачно глядел в другую сторону. - Полно, не осуждай их! Не прикасались они - волоском не прикасались к нашему добру. Помереть мне без покаяния, коли терпели мы от них лихость какую; окромя доброго слова да совета, ничего не видали... Вы одни, ты да Вася, виновники всему горю нашему; кабы отца тогда послушали, остались бы дома, при вас, знамо, не то бы и было. Не посмел бы он, Гришка-то, волоска тронуть. Не то бы и было, кабы отца-то послушали!.. А его, старика, не осуждай, батюшка; отец твой почитал его, Петя: грех будет на душе твоей... Кабы не он, не было бы тебе родительского благословения: он вымолил вам у отца благословение!..

- Дай бог давать, не давай бог просить, матушка Анна Савельевна! Оставь его! - сказал дедушка Кондратий, обращаясь к старухе, которая заплакала. - Пускай его! Об чем ты его просишь?.. Господь с ним! Я на него не серчаю! И нет на него сердца моего... За что только вот, за что он ее обидел! - заключил он, снова наклоняя голову, снова принимаясь увещевать и уговаривать дочь, которая рыдала на груди его.

Лицо Петра оставалось по-прежнему бесчувственным.

- Меня не разжалобишь! Видали мы это! - промолвил он. - Только бы вот Васька поймал этого разбойника; там рассудят, спросят, кто велел ему чужие дома обирать, спросят, под чьим был началом, и все такое... Добро сам пришел, не надо бегать в Сосновку, там рассудят, на ком вина... Да вот, никак, и он! - присовокупил Петр, кивая головою к Оке, на поверхности которой показался челнок.

Дуня вырвалась из объятий отца, отерла слезы и устремила глаза в ту сторону; дыханье сперлось в груди ее, когда увидела она в приближающемся челноке одного Василия. Она не посмела, однако ж, последовать за Петром, который пошел навстречу брату. Старик и Анна остались подле нее, хотя глаза их следили с заметным беспокойством за челноком.

Василий пристал наконец к площадке. С того места, где находились Дуня, ее отец и Анна, нельзя было расслышать, что говорили братья. Надо думать, однако ж, что в некоторых случаях мимика выразительна не меньше слов: с первым же движением Василия Дуня испустила раздирающий крик и как помешанная бросилась к тому месту, где стояли братья. Старик и Анна, у которых при этом сердце стеснилось тягостным предчувствием, поспешили за ней. На этот раз стариковские ноги изменили; не успели сделать они и двадцати шагов, как уже Дуня была подле братьев. Страшный крик снова огласил площадку; он надрезал как ножом сердце старика. Дедушка Кондратий не остановился, однако ж, хотя колени его подгибались и дрожали заодно с сердцем. Что-то похожее на младенческое, но неизобразимо горькое вырвалось из груди его, когда увидел он, как Дуня отчаянно заломила руки и ударилась оземь. Силы изменили ему, но он все бежал, все бежал, всхлипывая и не переставая креститься. Тетка Анна следовала за ним и также крестилась и шептала молитву.

Подбежав к тому месту, где лежала дочь, старик опустился на колени и, приложив лицо свое к ее бледно-мертвенному лицу, стал призывать ее по имени.

- Нехристи! Что вы наделали! Бога в вас нет!.. Ведь вы бабу-то убили! - отчаянно вскричала Анна.

- Ничаво: очнется! - отрывисто возразил Петр, отходя в сторону и мрачно оглядываясь кругом.

- Полно, матушка! Брат настоящее говорит: не о чем ей убиваться! - сказал Василий, представлявший все тот же образец веселого, но пустого, взбалмошного мужика. - Взаправду, не о чем ей убиваться, сама же ты говорила, топил он ее в слезах, теперь уж не станет.

- Как... разве?..

- Да, потонул, вот и все тут, мокрою бедою погиб: выходит, рыбак был...

Старуха ухватилась руками за голову, села наземь и завопила, как воют обыкновенно о покойнике.

- Полно тебе серчать, Петруха! Что уж тут! - говорил между тем Василий. - Покойника худым словом не поминают. На том свете его лучше нас осудят.

Тут Василий тряхнул волосами с самым беспечным видом, подошел к матери и начал увещевать ее.

- О-ох, - произнесла она наконец, отымая руки от лица. - Как же, батюшка... о-ох! Где ж ты проведал о нем? Али где видел?

- Сам не видал, а сказывают, болотовские рыбаки вытащили его нонче на заре. Весь суд, сказывают, туда поехал: следствие, что ли, какое, вишь, требуется...

Тетка Анна снова опустилась было наземь, но глаза ее случайно встретили Дуню и дедушку Кондратия. Причитание, готовое уже вырваться из груди ее, мгновенно замерло; она как словно забыла вдруг свое собственное горе, поспешно отерла слезы и бросилась подсоблять старику, который, по-видимому, не терял надежды возвратить дочь к жизни. Анна побежала к реке, зачерпнула в ладонь воды и принялась кропить ею лицо Дуни. Глаза старика не отрывались от лица дочери. Надежда мало-помалу возвращалась к нему: лицо Дуни покрывалось по-прежнему мертвенною бледностью, глаза были закрыты, губы сжаты, но грудь начинала подыматься и ноздри дрожали.

Старик прошептал молитву, трижды перекрестился и снова устремил неподвижный, пристальный взор на дочь.

Немного погодя она открыла глаза и, как бы очнувшись после долгого сна, стала оглядывать присутствующих; руки и ноги ее дрожали. Наконец она остановила мутный взор на каком-то предмете, который находился совершенно в другой стороне против той, где стояли люди, ее окружавшие.

- Должно быть, ребенка ищет, сердечная, - вполголоса сказала Анна.

Дуня сделала движение, как будто хотела приподняться и кинуться в ту сторону, куда глядели глаза ее.

- Не сокрушайся о нем, родная, - ласково подхватила старушка, - я уложила его на завалинке, перед тем как пошли мы за тобою. Спит, болезная; не крушись...

- Полно взаправду убиваться, молодка!.. Э! Мало ль приняла ты из-за него горя-то! - сказал Василий, которому, в свою очередь, хотелось утешить молодую женщину. - Стало, так уж богу было угодно!.. Кабы не это, может статься, еще бы хуже было - знамо, так!.. Ведь вот товарища его - слыхал я ноне: в Комареве говорили - в Сибирь, сказывают, ушлют... Там у них в Комареве какого-то, вишь, фабриканта обокрали, так всю вину на эвтого слагают; он, сказывают, получил, а тот во всем ссылается на твоего на мужа: он, говорит, всему голова - затейщик... То-то же и есть! Лучше было помереть ему - право, так.

Обняв руками шею старика, приложив лицо к груди его, Дуня рыдала как безумная.

- Дуня, дитятко, полно! Не гневи господа; его святая воля! - говорил старик, поддерживая ее. - Тебе создатель милосердый оставил дитятко, береги себя в подпору ему... Вот и я, я стану оберегать тебя... Дунюшка, дитятко мое!.. Пока глаза мои смотрят, пока руки владеют, не покину тебя, стану беречь тебя и ходить за тобою, стану просить господа... Он нас не оставит... Полно!..

И долго еще говорил дедушка Кондратий, выбиваясь из сил и призывая остаток ослабевающего духа своего, чтобы утешить дочь.

Наконец, когда рыдания ее утихли, он передал ее на руки Анны, поднялся на ноги и, отозвав поодаль Василия, расспросил его обстоятельно о том, как отыскали Григория и где находилось теперь его тело. Старик думал отправиться туда немедленно и отдать покойнику последний христианский долг.

Во время объяснения его с Василием тетушка Анна подсобила Дуне стать на ноги; поддерживая ее под руку, старушка повела ее к дому. Петр последовал за ними. Он оставил, однако ж, обеих женщин у завалинки и, не сказав им ни слова, вошел в ворота.

Получив от Василия кой-какие сведения касательно покойного зятя, дедушка Кондратий поднялся по площадке и подошел к дочери и старухе. Тут старик, призвав на помощь все свое благоразумие и опыт, начал бережно уговаривать дочь последовать за собою в Болотово. Речь его, проникнутая благочестием, укрепила упавший дух молодой женщины, и хотя слезы ее лились теперь сильнее, может быть, прежнего, но она не произносила уже бессвязных слов, не предавалась безумному отчаянию. Тетушка Анна вызвалась на время их отсутствия смотреть за ребенком.

- И то, касатушка, я-то... горе, горе, подумаешь... о-охо-хо; а раздумаешь: будь воля божия!.. - заключила старушка, которая так же скоро утешалась, как скоро приходила в отчаяние.

Один Глеб постоянно только жил в ее памяти - Глеб да еще Ваня.

Василий взялся перевезти Дуню и дедушку Кондратия на другую сторону.

- А я, я на вас не серчаю, ей-богу, не серчаю! - сказал он, когда все трое очутились в челноке. - Брат серчает, а мне что? Я и то говорил ему, да поди, не столкуешь никак! Уперся, на одном стал!.. Вы ни в каких эвтих худых делах его, покойника-то, непричастны: за что серчать-то?.. Коли отец - дай бог ему царствие небесное - коли отец почитал тебя - человек также был с рассудком, худых дел также не любил - стало, обсудил тебя, каков ты есть человек такой, - ну, нам, стало, и не приходится осуждать тебя: отец знал лучше... Я на тебя не серчаю!..

- Спасибо тебе за ласковое, доброе твое слово. Пошли тебе создатель благословение в детках твоих! - промолвил дедушка Кондратий, подымая глаза на Василия, но тотчас же переводя их на дочь, которая сидела, прислонясь локтями в борт челнока, и, склонив лицо к воде, старалась подавить рыдания.

Рыдания изменяли ей, однако ж, во все продолжение пути.

Дорога в село Болотово проходила через Комарево; последнее отстояло от первого верстах в четырех. Но дедушка Кондратий пошел лугами. Этим способом избежал он встреч с знакомыми и избавился от расспросов, которыми, конечно, не замедлили бы осадить его, если б только направился он через Комарево.

Когда они пришли в Болотово, начинало уже смеркаться. Но сумерки замедлялись огненною багровою зарею, которая медленно потухала на западе. Надо было ждать холодной ясной ночи. Небо очистилось уже от облаков: кое-где начинали мигать звезды. На востоке, в туманном горизонте, чуть-чуть разгоралось другое зарево: то был месяц, светлый лик которого не суждено уже было видеть Григорию... Но месяц еще не показывался.

У дедушки Кондратия находился в Болотове один давнишний знакомый - также рыбак по ремеслу. Нельзя было миновать расспросить его о том, где находилось тело Григория, потому что Василий ничего не сказал об этом предмете; он знал только, что тело утопленника найдено рыбаками и находится в Болотове. С этой целью старик направился к знакомому рыбаку. Расспросив его обо всем, Кондратий вернулся к дочери и вышел с нею из Болотова, но уже в другую околицу.

Пройдя около четверти версты, они почувствовали под ногами песок и увидели светлую полосу Оки, которая описывала огромную дугу. Место было уединенное и глядело совершенным пустырем. Шум шагов пропадал в сыпучем песке, кой-где покрытом широкими листьями лопуха. Кой-где чернели головастые стволы ветел. У самого берега одиноко подымалась лачужка рыбака, отыскавшего утопленника. Свет мелькал в окне. Полный месяц, подымавшийся над горизонтом, бросал длинные черные тени. При свете его старик и его дочь различили неподалеку от лачуги, подле самого края берега, две человеческие фигуры, которые стояли, подпершись палками. То были караульщики, приставленные к телу утопленника; производилось еще следствие, и труп не велено было трогать. Дедушка Кондратий и Дуня подошли ближе.

Григорий лежал в том положении, в каком вытащили его из воды: руки его были закинуты за голову, лицо обращено к лугу; но мокрые пряди черных кудрявых волос совсем почти заслоняли черты его.

Кондратия и Дуню не подпустили близко. Они опустились поодаль на колени и стали молиться.

Из всех скорбных сцен, которые когда-либо совершались в этом диком пустыре, это была, конечно, самая печальная и трогательная; из всех рыданий, которые когда-либо вырывались из груди молодой женщины, оплакивающей своего мужа, рыдания Дуни были самые отчаянные и искренние. Ни один еще тесть не прощал так охотно зла своему зятю и не молился так усердно за упокой его души, как молился старик Кондратий.

Ему вновь потребовалось призвать на помощь весь остаток ослабевающего духа, чтоб оторвать дочь от рокового места и возвратить ее к знакомому рыбаку. Старик думал оставить у него на время дочь; сам он положил воспользоваться ночью и сходить в Сосновку. Ему хотелось отдать последний долг покойнику и предать как можно скорее тело его земле. Для этого ему необходимо было повидаться с отцом Яши, взять у него денег и уговориться с кем-нибудь занять место пастуха во время его отсутствия. Сообщив дочери свои намерения, старик, не медля ни минуты, расстался с нею и пошел к парому, который содержало болотовское общество.

На другой стороне он встретил несколько подвод, которые направлялись к Сосновке; мужики охотно согласились посадить старика. На заре он прибыл в Сосновку. Все устроилось согласно его желанию. Добродушный Яша вызвался стеречь стадо, отец его ссудил Кондратия деньгами и даже подвез его к тому месту Оки, против которого располагалось Болотово.

Дедушка Кондратий не нашел, однако ж, Дуни у рыбака. Он узнал, что следствие кончилось и тело велено было немедленно предать погребению. Старик отправился на погост, нимало не сомневаясь, что там найдет свою дочку. Он действительно нашел ее распростертой над свежим бугорком, который возносился немного поодаль от других могил.

Вечером того же дня, отслужив панихиду, они покинули Болотово. Возвращались они тем же путем, каким ехал ночью старик. Очутившись против Комарева, которое с высокого берега виднелось как на ладони, отец и дочь свернули влево. Им следовало зайти к тетушке Анне и взять ребенка, после чего Дуня должна была уйти с отцом в Сосновку и поселиться у его хозяина.

Издали еще увидели они старуху, сидевшую с внучком на завалинке. Петра и Василия не было дома: из слов Анны оказалось, что они отправились - один в Озеро, другой - в Горы; оба пошли попытать счастья, не найдут ли рыбака, который откупил бы их место и взял за себя избы. Далее сообщала она, что Петр и

Василий после продажи дома и сдачи места отправятся на жительство в "рыбацкие слободы", к которым оба уже привыкли и где, по словам их, жизнь привольнее здешней. Старушка следовала за ними.

- Эх, матушка Анна Савельевна, - сказал Кондратий, - уж лучше пожила бы ты с нами! Не те уж годы твои, чтобы слоняться по свету по белому, привыкать к новым, чужим местам... Останься с нами. Много ли нам надыть? Хлебца лохмоть да кашки ребенку - вот и все; пожили бы еще вместе: не много годков нам с тобою жить остается.

- О-ох, касатик, болезный ты мой! - твердила старушка, понурив голову и прикладывая сморщенные ладони к тощей груди своей. - Мне и то думалось, думалось так-то, отец; да вот с ними-то жаль, касатик, расстаться... с Васей-то; да и Петрушу жаль, отец!.. Как увидала их, родной, так вот теперь и расстаться-то тошнехонько... И внучат поглядеть хоцца; давно уж не видала... Сказывают, меня переросли!.. Нет, родной, уж я пойду, пойду, батюшка! - подхватила она вдруг с необыкновенной живостью. - Авось еще, приведет бог, приду, вас проведаю: всего-то, сказывают, двести верст оттолева - доплетусь как-нибудь... Пойду на богомолье в Коломну - к вам зайду: поживем, может статься, вместе.

Старуха передала ребенка Дуне, обещала прийти в Сосновку проститься, и они расстались, потому что было довольно уже поздно, а к свету дедушке Кондратию следовало возвратиться домой.

Старику и его дочери привелось прощаться с Анной скорей, чем они предполагали. Не прошло трех дней, как старушка явилась в Сосновку. Избы были проданы. Петр, Василий и Анна отправлялись на следующее утро в "рыбацкие слободы". Вечером Кондратий, Дуня и еще несколько родственников проводили старушку за околицу.

Прошло несколько месяцев.

Тетушка Анна, всегда точная, верная своему слову, не сдержала, однако ж, своего обещания. Не было о ней ни слуху ни духу. Уже дедушка Кондратий выплел все свои сети и давно бродил вместе с сосновским стадом по полям, которые теперь зеленели; уже Дуня начинала меньше тосковать и часто даже с улыбкой поглядывала на своего сынишку, который теперь бегал; но тетушка Анна все еще не выполняла своего обещания и не приходила навестить их.

Наконец Софрон, крестник старушки - тот самый Софрон Дронов, у которого раз как-то заболталась она и осталась ночевать, - привез известие, что тетушка Анна приказала долго жить...

В маленьком хозяйстве Дуни и отца ее было в ту пору очень мало денег; но деньги эти, до последней копейки, пошли, однако ж, на панихиду за упокой души рабы божией Анны, - и каждый год потом, в тот самый день, сосновские прихожане могли видеть, как дедушка Кондратий и его дочка ставили перед образом тонкую восковую свечу, крестились и произносили молитву, в которой часто поминалось имя доброй тетушки Анны.

XXX

ЗАКЛЮЧЕНИЕ

Я был на Волге в первые годы моего детства. В памяти моей успели изгладиться живописные холмы, леса и села, которые на протяжении многих и многих сотен верст смотрятся в светлые, благодатные волжские воды. Судьба забросила меня в другую сторону, перенесла на другую реку; с тех пор я не разлучался с Окою. Не знаю, обделила меня судьба или наградила, знаю только, что, прожив двадцать пять лет сряду на Оке, я ни разу не жаловался. Я скоро сроднился с нею и теперь люблю ее, как вторую отчизну. Не вините же меня в пристрастии - в некоторых случаях пристрастие извинительно, - не вините же, если берега Оки, ее окрестности и маленькие речки, в нее впадающие, кажутся мне краше и живописнее других берегов, местностей и речек России. Не стану распространяться о преимуществах одной реки перед другой, не скажу, например, что Ока пространнее Волги и тому подобное... Тут же сознаюсь, что необъятное, обаяющее раздолье, жизнь и кипучая, одушевленная деятельность принадлежит Волге. Ока уже, молчаливее, мельче и безрыбнее, по крайней мере в наших местах. Она вполне оживляется только в половодье. В остальное время года, и особенно летом, редко увидите вы на ней нескончаемые караваны расшив; не промелькнут перед очами вашими вереницы громадных судов и барок, нагруженных богатством целого края; редко услышите вы те звонкие клики и удалые, веселящие сердце песни бурлаков, которые немолчно, говорят, раздаются на Волге. Не тревожат также Оку колеса пароходов: невозмутимо гладкою скатертью стелются ее мирные воды. Барка целиком повторяется на ее ровной поверхности - повторяется вместе с высоким бородатым рулевым в круглой бараньей шапке, повторяется с соломенным шалашом, служащим работникам защитою от дождя и зноя, с белою костлявою бичевною клячей, которая, смиренно стоя на носу и пережевывая тощее сено, терпеливо ждет своей участи. Огонек, зажженный ночью в барке, отражается в воде, как в зеркале. В знойную летнюю пору Ока оживляется по большей части одними белыми чайками или рыболовами, снующими как угорелые по всем возможным направлениям. На песчаных отмелях, выдающихся иногда из середины реки, отмелях, усеянных мелкими, белыми как сахар раковинами, покрытых кое-где широкими пахучими листьями лопуха, трещат целые полчища коростелей, чибезов, куликов; кое-где над ними, стоя на одной ноге и живописно изогнув шею, высится серая цапля. К вечеру воцаряется совершеннейшая тишина; как словно приостанавливается даже тогда самое течение; поверхность реки не дрогнет. С такой отчетливостью повторяется в воде высокий хребет нагорного берега, что нет никакой возможности определить границы между водою и землею; берег кажется продолжением реки. В этом, часто темном, отражении начинают сверкать, как искры, играющие рыбки, появляются круги и долго потом дрожат серебряные разбегающиеся нити. Тихо, без шума, без погрома, отрываются тогда от берега легкие челноки рыбаков, которые спешат забросить свои верши.

Не знаю, как вам, мой читатель, но что до меня касается, люблю я эту торжественную тишину посреди широкого простора вод, замкнутого высоким, величественно живописным берегом! В виду природы на душу впечатлительную нисходят иногда минуты невообразимо благодатные и светлые. Душа превращается как будто тогда в глубокое, невозмутимо тихое, прозрачное озеро, отчетливо отражающее в себе голубое небо, над ним раскинувшееся, и весь мир, его окружающий. Достаточно уже ничтожного звука, чтобы докучливо потревожить сладкую задумчивость. Малейший шум в эти созерцательные минуты возмущает душу так же точно, как возмущается заснувшая поверхность озера от слабого прикосновения: все давным-давно уже смолкло, а между тем водяной круг все еще дрожит на его ровном зеркале... К тому же тишина никогда не бывает безмолвна. Чуткий, счастливый слух всегда сумеет передать душе таинственно робкие, но гармонические напевы...

Итак, тишина, в которую большую часть года погружены берега Оки, придает им в глазах моих еще новую прелесть. Особенно приятно любоваться высоким берегом, спускаясь в лодке вниз по течению от Серпухова до Коломны.

То покрытый плотною, кудрявою чащей орешника или молодого дубняка, то спускаясь к воде ярко-зелеными, закругленными, как купол, холмами, то исполосованный пашнями наподобие шахматной доски, берег этот перерезывается иногда пропастями, глубина которых дает еще сильнее чувствовать подъем хребта над поверхностью реки. Виды изменяются беспрерывно; точно стоите вы на месте и развертывают перед вами громадную панораму. Кое-где по зеленым косогорам, то плавным, то крутым, лепятся села, вьются тропинки, кажущиеся издали нежными полосками, нарисованными тонкою, прихотливою кистью. Там и сям белеют монастыри и скромные деревенские церкви с зеленеющими кровлями и блистающими на солнце крестами. Нередко между кремнистыми отвесными обрывами открываются, как бы для контраста, светлые, улыбающиеся долины. Резвые ручьи и маленькие речки вроде Смедвы, местами заслоненные ветлами, живописно извиваются посреди ярко-зеленых лощин, покрытых мелким березняком. Иногда весь берег представляет одну сплошную синеватую стену соснового бора, который не прерывается целые версты. На песчаных прибрежных отмелях мелькают кое-где лачужки рыбаков с прислоненными к ним баграми и саками, с раскинутым бреднем, лежащими неподалеку вершами и черными, опрокинутыми кверху, насквозь просмоленными челноками. Местами берег, подмытый водою, осыпался весь сверху донизу и отвесною стеною стоит над водою, показывая свои меловые, глиняные и песчаные слои, пробуравленные норками стрижей, водяных ласточек. В таких местах этих птичек появляется обыкновенно несметное множество. Над ними в неизмеримой вышине неба вы уж непременно увидите беркута, род орла: распластав дымчатые крылья свои, зазубренные по краям, распушив хвост и издавая слабый крик, похожий на писк младенца, он стоит неподвижно в воздухе или водит плавные круги, постепенно понижаясь к добыче. Местами берег удаляется, расходится амфитеатром и дает место злачным лугам, оживленным одинокими столетними дубами, под тенью которых отдыхает стадо ближней деревни. Но всего не опишешь! Одним словом - великолепная, непрерывная, блестящая панорама, которая ждет еще своего поэта и живописца. Но поэты и живописцы... впрочем, нам нет до этого дела.

Не думайте, однако ж, чтобы луговой берег не имел также своей прелести. Есть время в году, когда он кажется еще красивее, еще разнообразнее нагорного берега. Время это - Петровки. Не мешает вам сказать мимоходом, что луга эти в общей сложности могут составить добрый десяток маленьких германских герцогств; они проходят непрерывной лентой через несколько губерний - одним словом, длина их равняется длине Оки. В ширину простираются они средним числом верст на восемь и оканчиваются там, где начинаются леса и села. Ближе не селятся к реке за водопольем. К июлю пространство это представляет сплошное море трав, в которых крестьянские ребятишки могут свободно прятаться, как в лесу. Мириады душистых цветов и растений разливают в вечернем воздухе свое благоухание. В знойный полдень пестрое цветное море как словно зыблется и переливается из края в край, хотя ветер не трогает ни одним стебельком. Сюда-то в Петровки стекается народ окрестных деревень и толпы косарей, которых заблаговременно нанимают к этому времени жители Комарева, Гор, Болотова, Озер и других. В нашем простонародье покос считается праздником. Все являются сюда в полной воскресной пестроте своей. Если бы собрать весь кумач, все платки, понявы, пестрые рубашки и позумент, которые пестреют здесь во время покоса, можно бы, кажется, покрыть ими пространство в пятьдесят верст в окружности. Народ располагается кучками, артелями или даже целыми вотчинами, каждая семья подле своей подводы, подле котелка. Три недели сряду проживают здесь несколько тысяч человек. Подымитесь на нагорный берег, подымитесь ночью и взгляните тогда на луга: костры замелькают перед вами как звезды, им конца нет в обе стороны, они пропадают за горизонтом... С восходом солнца весь этот луговой берег представляет картину самого полного, веселого оживления. Косари выстраиваются в одну линию и, дружно звеня косами, начинают подвигаться к реке, укладывая направо и налево тучные ряды травы, перемешанной с клевером, душистой голкой, кашкой, медуникой и сотнями других цветов. Так подвигаются они, однако ж, целые две недели, между тем как бабы и девки, следуя за ними с граблями, ворочают сено или навевают его островерхими стогами. Вот тогда-то полюбуйтесь этими лугами, полюбуйтесь в праздник, когда по всему их протяжению несется один общий говор тысячи голосов и одна общая песня: точно весь русский люд собрался сюда на какое-то семейное празднество! Давно уже наступила ночь, давно зажглись костры. Уже заря брезжит на востоке, уже серебряный серп месяца клонится к горизонту и бледнеет, а песня между тем все еще не умолкает... и нет, кажется, конца этой песне, как нет конца этим раздольным лугам. Песню эту затянули еще, быть может, в далекой губернии, и вот понеслась она - понеслась дружным, неумолкаемым хором и постепенно разливаясь мягкими волнами все дальше и дальше, до самой Нижегородской губернии, а там, подхваченная волжскими косарями, пойдет до самой Астрахани, до самого Каспийского моря!.. И если песня эта, если вид этих лугов не порадуют тогда вашего сердца, если душа ваша не дрогнет, но останется равнодушною, советую вам пощупать тогда вашу душу, не каменная ли она... а если не каменная, то, уж верно, способна только оживляться за преферансом, волноваться при словах: "пас", "ремиз", "куплю" и прочей дряни...

Но простите мне, мой читатель, если я так далеко отвлек вас от главного

231

предмета. Мне следует еще досказать вам мою простонародную повесть. К общему нашему удовольствию, я на этот раз не займу вас слишком долго.

Лет десять после происшествий, описанных мною в последней главе, около Петровок и, кажется, даже в самый Петров день, на дороге из Сосновки к площадке, служившей сценой нашему рассказу, можно было встретить одинокого пешехода. С первого взгляда делалось очевидным, что пешеход был бессрочный солдат, возвращавшийся на родину. Легко было также догадаться, что родина его была Ока, потому что, не обращая внимания на знойное солнце, обливавшее его потом, он быстро подвигался вперед, взбегал на все возвышенности и поминутно щурил глаза по направлению к Оке, которая заслонялась еще холмами.

Пешеход этот был Ваня, младший сын покойного рыбака Глеба Савинова. Солдатская шинель и пятнадцать лет, проведенные вне дома, конечно, много изменили его наружность; но при всем том трудно было обознаться: возмужалое, загоревшее лицо его отражало, как и прежде, простоту души, прямизну нрава и какое-то внутреннее достоинство - словом, он представлял все тот же благородный, откровенный, чистый тип славянского племени, который, как мы уже сказали, так часто встречается в нашем простонародье. Светлые, умные, хотя несколько задумчивые глаза Вани смотрели по-прежнему откровенно и приветливо.

Ваня пришел накануне в Сосновку. О смерти отца, матери и приемыша знал он уже давно. Ему известно также было о продаже родных изб и разъединении старших братьев, которые после ссоры неизвестно где проживали. Ему оставалось только проведать о том, живы ли Дуня и дедушка Кондратий. После отца и матери они были для него самыми близкими по сердцу людьми. Дедушка Кондратий все еще жив. Мало того: несмотря на свои восемьдесят девять лет, старик все еще не хотел даром есть хлеб, все еще трудился. Он нанялся в это лето караулить комаревский сад заодно с дочкой. Ваня спешил, следовательно, в Комарево.

По мере приближения к цели сердце его все сильней и сильней сдавливалось тем невыразимо тягостным волнением, какое приводится испытывать каждому в минуты, предшествующие свиданию после долгой разлуки. В поспешности человека, который бежит на свидание самое радостное, заключается, кажется, столько же желания скорее освободиться от этого тягостного волнения, сколько нетерпения обнять близких сердцу.

Вскоре перед ним сверкнуло маленькое озеро, окаймленное, как бахромою, купами ольхи, орешника и ветел. Еще минута, и показалась Ока во всем своем величии; еще шаг, и он очутился на тропинке у берегового углубления, увидел площадку - эту площадку, заменявшую ему целую родину. Каждый предмет, попадавший на глаза, вызывал в душе его дорогие воспоминания. Ваня перешел ручей - свидетель детских игр...

Ручей, вырываясь по-прежнему из-под камней и узловатых корней ветел, огибал светлою журчащею струею огород, избы и, прошумев между булыжником, вливался в Оку подле того места, где когда-то тетушка Анна постукивала вальком. Время не оставило на нем ни малейшего следа, не изменило его на волос, между тем как все изменилось вокруг. Отец покойного Глеба плескался еще в том ручье в ребяческом возрасте; Глеб родился на этом ручье; Глеб умер седым стариком, умерла жена его - ручей все еще бежит тою же светлою, говорливою струею; и нет сомнения, долго еще переживет он детей тех маленьких ребятишек, звонкие голоса которых раздавались теперь на площадке...

Миновав огород, миновав проулок, Ваня повернул за угол. Он недолго оставался перед избами. Каждая лишняя минута, проведенная на площадке, отравляла радостное чувство, с каким он спешил на родину. Мы уже объяснили в другом месте нашего рассказа, почему родина дороже простолюдину, чем людям, принадлежащим высшим сословиям.

Отерев мокрые пальцы свои о засученные полы серой шинели, Ваня прошел мимо детей, которые перестали играть и оглядывали его удивленными глазами. Ребятишки проводили его до самого берега. Два рыбака, стоя по колени в воде, укладывали невод в лодку. То были, вероятно, сыновья седого сгорбленного старика, которого увидел Ваня в отдалении с саком на плече.

Ваня подошел к рыбакам и попросил, чтобы который-нибудь из них перевез его на ту сторону.

Переехав реку, Ваня пробирался между кустами ивняка, шел тою же самой песчаной дорожкой, усеянной мелкими раковинами, на которой, бегая когда-то с приемышем, встретил в первый раз Дуню. Немного погодя очутился он у опушки, и чуть ли не на том месте, где сидел тогда дедушка Кондратий.

Ваня прибавил шагу. Спустя несколько времени увидел он Комарево.

Ваня совсем почти не был знаком с Комаревым и потому, вступив в околицу, не обратил решительно никакого внимания на то, что на крыльце "Расставанья" вместо Герасима стоял жирный, коренастый мужик в красной рубахе, плисовых шароварах и высоких сапогах. После уже узнал он, что прежний целовальник Герасим попался в каком-то темном деле и отправлен был на поселение.

Как мы уже сказали, был Петров день. Благодаря этому обстоятельству комаревские улицы были полны народа; отовсюду слышались песни и пискливые звуки гармонии. Но Ваня ни на минуту не остановился, чтобы поглазеть на румяных, разряженных в пух и прах девок, которые ласково провожали его глазами.

Он продолжал так же ходко подвигаться к двум церквам, которые занимали середину села. К задней части церквей примыкало кладбище; за кладбищем начинался сад. Там, где оканчивалось кладбище, плетень сада делал крутой поворот влево, образуя с задворками соседней улицы узенький извилистый переулок. С одной стороны тянулся непрерывный ряд навесов, с другой - плетень, обросший ежевичником и крапивой; над плетнем круглились сплошной темно-зеленой массой фруктовые деревья, покрытые дозревающим плодом. Ветви старых рябин, клена и черемухи, рассаженных кое-где за плетнем, досягали иногда до кровель навесов и местами бросали в переулок синюю тень, испещренную мелкими солнечными пятнами. В переулке было так же тихо, как было шумно на улице.

Сделав несколько шагов по этому переулку, Ваня услышал как словно знакомый голос. Он поспешно приложил глаза к щелям плетня; но в этом месте зелень совершенно заслонила внутренность сада. Он прошел еще несколько шагов - и вдруг остановился. Сердце его сильно забилось, краска заиграла на загоревших щеках его.

Неподалеку, под густою тенью развесистой яблони, увидел он соломенный

233

шалаш, у входа в который сидел дряхлый, сгорбленный, беловатый старик. Несмотря на подслеповатость и сильное дрожание в руках, дедушка Кондратий все еще работал; на коленях его лежали длинные тесьмы лык и начатый лапоть, в который, однако ж, не всегда удачно попадал он кочадыком своим. На траве подле него сидела его дочь; против нее возвышался кленовый гребень с тучным пучком льну, из которого тянула она левою рукою тонкую, дрожащую нитку, между тем как в правой руке ее гудело и подпрыгивало веретено.

Жаркий луч солнца, скользнув между листами яблони и захватив на пути своем верхушку шалаша, падал на руки Дуни, разливая прозрачный, желтоватый полусвет на свежее, еще прекрасное лицо ее. В двух шагах от Дуни и дедушки Кондратия резвился мальчик лет одиннадцати с белокурыми вьющимися волосами, свежими глазами и лицом таким же кругленьким и румяным, как яблоки, которые над ними висели.

Наружность ребенка, его движения и голос так живо напомнили мать, что Ване представилось, будто он снова видит перед собою Дуню, собирающую валежник в кустах ивняка; картина счастливого, беззаботного детства промелькнула перед ним, и сердце его забилось еще сильнее, краска еще ярче заиграла на загорелых щеках.

Он бросился к калитке сада и побежал к шалашу...

Не стану утруждать читателя описанием этой сцены. И без того уже, увидите вы, найдется много людей, которые обвинят меня в излишней сентиментальности, излишних, ни к чему не ведущих "излияниях", обвинят в неестественности и стремлении к идеалам, из которых всегда "невесть что такое выходит"... и проч., и проч. А критики? Но у "критиков", как вы знаете, не по хорошему мил бываешь, а по милу хорош; нельзя же быть другом всех критиков!

Впрочем, их в сторону.

Доскажу вам в нескольких словах историю моих сермяжных героев.

Сосновское общество отрезало бессрочному узаконенный участок земли. Но Ваня не захотел оставаться в Сосновке. Вид Оки пробудил в нем желание возвратиться к прежнему, отцовскому промыслу. Землю свою отдал он под пашню соседу, а сам снял внаймы маленькое озеро, на гладкой поверхности которого с последним половодьем не переставала играть рыба. Он обстроился и тотчас же перевел к себе в дом дедушку Кондратия, его дочь и внучка.

И снова сквозь темную листву орешника, ольхи и ветел стала просвечивать соломенная, облитая солнцем кровля; снова между бледными ветвями ивы показалась раскрытая дверь. Под вечер на пороге усаживался дедушка Кондратий, строгавший дряхлою рукою удочку, между тем как дочка сидела подле с веретеном, внук резвился, а Ваня возвращался домой с вершами под мышкой или неся на плече длинный сак, наполненный рыбой, которая блистала на солнце, медленно опускавшемся к посиневшему уже хребту высокого нагорного берега.

Так проходила их жизнь. Ваня ходил за стариком как родной сын, берег его внучка, ласково, как брат, обходился с Дуней и никогда ни единым словом не поминал ей о прежних, прожитых горестях...

www.ingramcontent.com/pod-product-compliance
Lightning Source LLC
Chambersburg PA
CBHW020552020726
47494CB00006B/2042